Die drei Lesungen von Gesetzen
im Deutschen Bundestag

Europäische Hochschulschriften

Publications Universitaires Européennes
European University Studies

Reihe II
Rechtswissenschaft

Série II Series II
Droit
Law

Bd./Vol. 3073

PETER LANG
Frankfurt am Main · Berlin · Bern · Bruxelles · New York · Oxford · Wien

Thilo Igwecks

Die drei Lesungen von Gesetzen im Deutschen Bundestag

Ein Beispiel für den europäischen Einfluß auf die Entwicklung eines Institutes des Deutschen Gesetzgebungsverfahrens

PETER LANG
Europäischer Verlag der Wissenschaften

Die Deutsche Bibliothek - CIP-Einheitsaufnahme

Igwecks, Thilo:

Die drei Lesungen von Gesetzen im Deutschen Bundestag : ein Beispiel für den europäischen Einfluß auf die Entwicklung eines Institutes des Deutschen Gesetzgebungsverfahrens / Thilo Igwecks. - Frankfurt am Main ; Berlin ; Bern ; Bruxelles ; New York ; Oxford ; Wien : Lang, 2002
(Europäische Hochschulschriften : Reihe 2, Rechtswissenschaft ; Bd. 3073)
Zugl.: Marburg, Univ., Diss., 1999
ISBN 3-631-36144-0

D 4
ISSN 0531-7312
ISBN 3-631-36144-0

Meinen Eltern gewidmet

als Dank für Alles

GLIEDERUNG

Literatur- und Quellenverzeichnis

A. Literaturverzeichnis

Abmeier, Klaus — Die politischen Befugnisse des Abgeordneten des Deutschen Bundestages nach dem Grundgesetz, Berlin 1984; zit.: Abmeier, Befugnisse

Angermann, Erich — Robert von Mohl, 1799-1875, Leben und Werk eines altliberalen Staatsgelehrten, Neuwied 1962; zit.: Angermann, Robert Mohl 1799-1875

Anschütz, Gerhard — Die Verfassungs-Urkunde für den Preußischen Staat vom 31.01.1890 - Ein Kommentar für Wissenschaft und Praxis, 1. Band Einleitung. Die Titel. Vom Staatsgebiete und von den Rechten der Preußen, Berlin 1912; zit.: Anschütz, Verfassungs-Urkunde für den Preußischen Staat

Anson, William R. — The Law and Custom of the Constitution, Part I, Parliament, third edition, Oxford 1847; zit.: Anson, Law and Custom

Aubry, Octave — Die Französische Revolution, Band I. Die Zerstörung des Königtums, Zürich, ohne Jahresangabe; zit.: Aubry, Französische Revolution

Bader, Karl Siegfried Zur politischen und rechtlichen Entwicklung Badens, in: Baden im 19. und 20.Jahrhundert, Band I, S. 7 - 22, ohne Jahresangabe; zit.: Bader, Zur politischen und rechtlichen Entwicklung Badens

Bartier, John — Politische Parteien und soziale Klassen in Belgien, in: Beiträge zur deutschen und belgischen Verfassungsgeschichte im 19. Jahrhundert, Hrsg.: Werner Conze, Stuttgart 1967, S. 93 - 146; zit.: Bartier, Politische Parteien

Bauer, Wolfgang — Lexikon der Symbole; 9. Auflage.; Wiesbaden 1987 Dümotz, Irmtraud Golowin, Sergius

Beckow, Otto — Bismarcks Ringen um Deutschlands Gestaltung, hrsg. und ergänzt Alexander Scharff, Heidelberg 1958; zit.: Becker, Bismarcks Ringen

Beinhofer, Paul — Das Kollegialitätsprinzip im Bereich der Regierung, Juristische Dissertation, München 1981; zit.: Beinhofer, Das Kollegialitätsprinzip im Bereich der Regierung

Bentham, Jeremias — Regeln, welche in der Kammer der Communen des britischen Parlaments bei dem Debattieren und Abstimmen beobachtet werden; Aus dem Englischen. Nebst einem Vorwort des Herausgebers (1789 gedruckt und von Mirabeau publicirt), ohne Ortsangabe; zit.: Bentham, Regeln ders. Tactik und Theorie des Geschäftsganges in deliberierenden Volksständeversammlungen, nach dessen hinterlassenen Papieren bearbeitet von St. (Etienne) Dumont, Erlangen 1817; zit.: Bentham, Tactik oder Theorie des Geschäftsganges

Beyerle, Franz — Über Normtypen und Erweiterungen der Lex Salica, in: ZRG GA (1924), Band 44, S. 216-261; zit.: Beyerle, Normtypen und Erweiterungen

Birke, Adolf M. — England, in: Parlamentarismus und Demokratie im Europa des 19. Jahrhunderts, S.21-32, Hrsg.: Hans-Dietrich Loock und Hagen Schulze, München 1982; zit.: Birke, England

Bleicken, Jochen — Lex publica, Gesetz und Recht in der römischen Rebuplik, Berlin 1975; zit.: Bleicken, Lex publica ders. Ursprung und Bedeutung der Provocation; in ZRG RA (1959), Band 76, S. 324-377; zit.: Bleicken, Ursprung und Bedeutung ders. Die Verfassung der Römischen Republik - Grundlage und Entwicklung, 2. Auflage, Paderborn 1978; zit.: Bleicken, Verfassung der Römischen Republik

Blische, Werner/
Scholz, Peter — So arbeitet der Deutsche Bundestag - Organisation und Arbeitsweise, Die Gesetzgebung des Bundes, Geschäftsordnung, 2. Auflage, Rheinbreitbach 1984; zit.: Blische/Scholz, Bundestag

Bracher, Karl Dietrich/Sauer, Wolfgang/Schulz, Gerhard

Die nationalsozialistische Machtergreifung, Studien zur Errichtung des totalitären Herrschaftssystems in Deutschland 1933/34, 2. Auflage, Köln/Opladen 1962, Hrsg.: Steiner, Otto; zit.: Bracher/Sauer/Schulz, Die nationalsozialistische Machtergreifung

Blos, Wilhelm — Der Untergang des Frankfurter Parlaments, Frankfurt a. M. 1926; zit.: Blos, Der Untergang des Frankfurter Parlaments ders. Die Deutsche Revolution, Geschichte der Deutschen Bewegung von 1848 und 1849, Stuttgart 1893; zit.: Blos, Die Deutsche Revolution

Böhr, Susanne — Die Verfassungsarbeit der preussischen nationalversammlung 1848, Frankfurt a. M. 1992; zit.: Böhr, Die Verfassungsarbeit

Boldt, Hans	Deutsche Staatslehre im Vormärz, Düsseldorf 1975; zit.: Boldt, Deutsche Staatslehre im Vormärz ders. Deutscher Konstitutionalismus und Bismarckreich, in: Das kaiserliche Deutschland - Politik und Gesellschaft 1870-1918, Hrsg.: Stürmer, Michael, S. 119-142, Düsseldorf 1970; zit.: Boldt, Deutscher Konstitutionalismus
Born, Philipp	Das Staatsrecht der Preußischen Monarchie von Ludwig von Rönne, 5. Auflage. neu bearbeitet von Born, Erster Band, Leipzig 1899; zit.: Born, Staatsrecht
Bornhak, Conrad	Preußische Staats- und Rechtsgeschichte, Berlin 1903, Unveränderter Nachdruck 1979; zit.: Bornhak, Staats- und Rechtsgeschichte ders. Preußisches Staatsrecht, Erster Band, Freiburg i. B. 1888; zit.: Bornhak, Preußisches Staatsrecht
Botzenhart, Manfred	Deutscher Parlamentarismus in der Revolutionszeit 1848 - 1850, im Handbuch der Geschichte des deutschen Parlamentarismus, Hrsg. Gerhard A. Ritter, Düsseldorf 1977; zit.: Botzenhart, Deutscher Parlamentarismus ders. Das preußische Parlament und die deutsche Nationalversammlung im Jahre 1848, S.14-40, in: Regierung, Bürokratie und Parlament in Preußen von 1848 bis zur Gegenwart, Hrsg.: Gerhard A.Ritter, Düsseldorf 1983; zit.: Botzenhart, Preußische Parlament

Brandt, Hartwig — Landständische Repräsentation im deutschen Vormärz - Politisches Denken im Einflußfeld des monarchischen Prinzips, Neuwied, Berlin 1968; zit.: Brandt, Landständische Repräsentation im deutschen Vormärz

Brockhaus — Enzyklopädie in zwanzig Bänden, 17.Aufl.,12 Band MAI - MOS, ohne Angabe des Herausgebers, Wiesbaden 1971; zit.: Brockhaus, Enzyklopädie Lord Campion An introduction to the procedure of the house of commons, third edition, London 1958; zit.: Lord Campion, An introduction to the procedure

de Castreis, Duc — Mirabeau- Das Drama eines politischen Geistes, Stuttgart 1963; zit.: de Castreis, Mirabeau

Chaussinand-Nogaret, Guy — Mirabeau, Paris 1982; zit.: Chaussinand-Nogaret, Mirabeau

Chevallier,Jean-Jaques/Canac, Gerard — Histoire des institutions et des régimes politiques de la France des 1789 à nos jours, 8. Auflage, Paris 1991; zit.: Chevallier/Conac, histoires des institutions

Cohen, Gottfried — Die Verfassung und Geschäftsordnung des englischen Parlaments, mit Hinweis auf die Geschäftsordnungen deutscher Kammern, Hamburg 1861; zit.: Cohen, Geschäftsordnung des englischen Parlaments

Collins, Irene — Napoleon and his Parliaments, 1800-1815, London 1979;
zit.: Collins, Napoleon and his Parliaments

Croce, Benedetto — Geschichte Europas im neunzehnten Jahrhundert, Frankfurt a.M. 1968; zit.: Croce, Geschichte Europas

Custance, George — A concise view of the Constitution of England, Third Edition, London 1819; zit.: Custance, Constituion of England

Czepluch, Wolfgang — Abgeordnetenstatus und politische Partei: zu den Voraussetzungen und Folgen der Professionalisierung des Abgeordnetenmandats, Frankfurt a. M. 1991; zit.: Czepluch, Abgeordnetenhaus und politische Parteien

Dahlmann, Friedrich.Christoph
Die Politik, auf den Grund und das Maß der gegebenen Zustände zurückgeführt, 1.Band, 2. Auflage, Leipzig 1847;
zit.: Dahlmann, Politik
DDR-Handbuch herausgegeben von: Peter Christian Luck unter Mitwirkung von Johannes Kuppe, 2. Auflage, Köln 1979; zit.: DDR-Handbuch, Stichwort

Deslandres, Maurice — Histoires constitutionell de la France de 1789 a 1870; Tome premier, De la Fin de l`Ancien Régime a la Chuff de L`Empire (1789-1819), Paris 1932; zit.: Deslandres, Histoires constitutionell

Deutscher Bundestag (Hrsg.)
Parlamentsrecht in der Entwicklung, Änderungen der Geschäftsordnung des Deutschen Bundestages in der 10. und 11. Wahlperiode, Band 1, Bonn 1991

Duguit, Léon
Traité de Droit Constitutionnel, 2. Teil: La Theorie Generale de L`Etat, 3. Auflage, Paris 1928; zit.: Duguit, Traité de Droit Constitutionnel

Ebel, Wilhelm
Geschichte der Gesetzgebung in Deutschland; um Nachträge erweiterter Neudruck der 2. Auflage 1958, besorgt von Friedrich Ebel, Göttingen 1988; zit.: Ebel, Geschichte der Gesetzgebung

Erbe, Michael
Frankreich, in: Parlamentarismus und Demokratie im Europa des 19. Jahrhunderts, Hrsg. Loock, Hans-Dietrich, Schulze, Hagen, München 1982; zit.: Erbe, Frankreich

Errera, Paul
Das Staatsrecht des Königreichs Belgien, Tübingen 1909;
zit.: Errera, Staatsrecht des Königreichs Belgien

v. Eyck, Frank
Deutschlands große Hoffnung - Die Frankfurter Nationalversammlung 1848-49, aus dem Englischen übersetzt von Thomas Eichstätt, Originaltitel: The Frankfurt Parliament 1848-49, München 1973;
zit.: v. Eyck, Deutschlands große Hoffnung

Feddersen, Dieter — Die Rolle der Volksvertretung in der Deutschen Demokratischen Republik, Hamburg 1964; zit.: Feddersen, Die Rolle der Volksvertretung

Feldmann, Roland — Jacob Grimm und die Politik, Kassel, ohne Jahresangabe
zit.: Feldmann, Jacob Grimm und die Politik

Fisher, Herbert; Albert Laurens
Die Geschichte Europas, 2. Band, Stuttgart 1936; zit.: Fisher, Geschichte Europas

Forsthoff, Ernst — Deutsche Verfassungsgeschichte der Neuzeit - Ein Abriß, 3. Auflage, Stuttgart 1967; zit.: Forsthoff, Deutsche Verfassungsgeschichte - Ein Abriß

Frank, Hans — Nationalsozialistisches Handbuch für Recht und Gesetzgebung, München 1939; zit.: Frank, Nationalsozialistisches Handbuch

Frehse, Michael — Ermächtigungsgesetzgebung im Deutschen Reich 1914-1933, phil. Dissertation, Pfaffenweiler 1989; zit.: Frehse, Ermächtigungsgesetzgebung

Freytag, Michael — Möglichkeiten und Grenzen einer Parlamentsreform für den Deutschen Bundestag, Regensburg 1990; zit.: Freytag, Parlamentsreform

Fröhlich, Paul — Die grosse Zeitwende von der Bürokratie des Absolutismus zum Parlament der Revolution, Frankfurt a. M. 1957;
zit.: Fröhlich, Die grosse Zeitwende

Frotscher, Werner / Pieroth, Bodo
Verfassungsgeschichte, München 1997; zit.: Frotscher/Pieroth, Verfassungsgeschichte

Frotscher, Werner — Regierung als Rechtsbegriff, Verfassungsrechtliche und staatsrechtliche Grundlagen unter Berücksichtigung der englischen und französischen Verfassungsentwicklung, Berlin 1975;
zit.: Frotscher, Regierung als Rechtsbegriff

Gangl, Hans — Der deutsche Weg zum Verfassungsstaat im 19. Jahrhundert, in: Beiheft 1 zu "Der Staat - Probleme des Konstitutionalismus", S.23-58,
Hrsg. Ernst-Wolfgang Böckenförde, Berlin 1975;
zit:. Gangl, Verfassungsstaat
ders. Die Verfassungsentwicklung in Frankreich 1814 - 1830, in HZ (1966), Band 202, S. 269 - 308; zit.: Gangl, Die Verfassungsentwicklung in Frankreich 1814-1830

Gäfgen, Gerard — Theorie der wirtschaftlichen Entscheidung, Untersuchungen zur Logik und ökonomischen Bedeutung des rationalen Handelns, 2. Auflage, Tübingen 1968; zit.: Gäfgen, Theorie der wirtschaftlichen Entwicklung

Gaxotte, Pierre — La Révolution Francaise, Paris 1970; zit.: Gaxotte, La Révolution Francaise

Gilissen, John — Die belgische Verfassung von 1831 - ihr Ursprung und ihr Einfluß, in: Beiträge zur deutschen und belgischen Verfassungsgeschichte im 19. Jahrhundert, S. 38 - 69, Hrsg.: Werner Conze, Stuttgart 1967;
zit.: Gilissen, Die belgische Verfassung von 1831
ders. Introduction historique au droit, Brüssel 1979;
zit.: Gilissen, Introduction historique au droit

Gneist, Rudolf — Englische Verfassungsgeschichte, Berlin 1882; zit.: Gneist, Englische Verfassungsgeschichte
ders. Die Geschichte des Selfgovernment in England oder die innere Entwicklung der Parlamentsverfassung bis zum Ende des achtzehnten Jahrhunderts, Ergänzungsband zur 1. Auflage des II. Hauptteils des Englischen Verfassungs- und Verwaltungsrecht (Darstellung der heutigen Kreis- und Gemeindeverfassung), Berlin 1863;
zit.: Gneist, Geschichte des Selfgovernment in England

Goesster, Peter — Der Dualismus zwischen Volk und Regierung im Denken der vormärzlichen Liberalen in Baden und Württemberg, Tübingen 1932;
zit.: Goesster, Dualismus zwischen Volk und Regierung

Göhring, Martin	Geschichte der Grossen Revolution, Band I: Sturz des Ancien Regime und Sieg der Revolution, Tübingen 1950; zit.: Göhring, Geschichte der Grossen Revolution
Goldschmidt, Hans	Das Reich und Preußen im Kampf um die Führung - von Bismarck bis 1918, Berlin 1931; zit.: Goldschmidt, Reich und Preußen
Goldschmidt, Robert	Geschichte der Badischen Verfassungsurkunde 1818-1918, Karlsruhe 1918; zit.: Goldschmidt, Geschichte der Badischen Verfassungsurkunde
de Grais, Hue	Der Preußische Staat, 1. Band: Staatsverfassung und Staatsbehörden im Handbuch der Gesetzgebung in Preußen und dem Deutschen Reiche, Hrsg.: Graf Hue de Grais, Berlin 1903; zit.: de Grais, Der Preußische Staat
Grawert, Rolf	Gesetz und Gesetzgebung im modernen Staat, in: JURA 1982, S.247-255; S. 300 - 309; zit.: Grawert, Gesetz und Gesetzgebung
Griewank, Karl	Ursachen und Folgen des Scheiterns der deutschen Revolution von 1848, in: HZ (1950), Band 170, S.495-523; zit.: Griewank, Ursachen und Folgen

Grimm, Jacob — Deutsche Rechtsalterthümer, 4. Auflage, besorgt durch Andreas Heuse und Rudolf Hübner, Band I, Leipzig 1899; zit.: Grimm, Rechtsalterthümer

Grotefend, Georg August — Geschichte der allgemeinen landständischen Verfassung des Königreichs Hannover in den Jahren von 1814 bis 1848 - Staatsrechtlicher Versuch, Hannover 1897; zit.: Grotefend, Geschichte der allgemeinen landständischen Verfassung des Königreichs Hannover

Grünthal, Günther — Parlamentarismus in Preußen 1848/49-1857/58; in: Handbuch der Geschichte des deutschen Parlamentarismus, Hrsg.: Ritter, Gerhard A., Bonn 1982; zit.: Grünthal, Parlamentarismus in Preußen

Guttmann, Bernhart — England im Zeitalter der bürgerlichen Reform, Stuttgart 1949; zit.: Guttmann, England im Zeitalter der bürgerlichen Reform

Hamerow, Theodore S. Die Wahlen zum Frankfurter Parlament, S. 219 - 236, in: Moderne deutsche Verfassungsgeschichte (1819-1918), Hrsg. Ernst-Wolfgang Böckenförde, Köln 1972; zit.: Hamerow, Wahlen zum Frankfurter Parlament

ders. Die Vertretung des bayerischen Volkes im Landtag, in: Nach 20 Jahren Diskussionen der bayerischen Verfassung, S. 37 ff., München 1966; zit.: Hamerow, Die Vertretung des bayrischen Volkes im Landtag

Hardy, Ouffus Modus tenendi Parliamentum, London 1846; zit.: Hardy, Modus tenendi Parliamentum

Hartmann, Peter Claus Französische Verfassungsgeschichte der Neuzeit (1450-1980) - Ein Überblick, Darmstadt 1985; zit.: Hartmann, Französische Verfassungsgeschichte

Hartung, Fritz Deutsche Verfassungsgeschichte vom 15. Jahrhundert bis zur Gegenwart, Leipzig 1914; zit.: Hartung, Deutsche Verfassungsgeschichte vom 15.Jahrhundert bis zur Gegenwart

Haug, Volker Bindungsprobleme und Rechtsnatur parlamentarischer Geschäftsordnungen, Tübingen 1994; zit.: Haug, Rechtsnatur parlamentarischer Geschäftsordnungen

Hatschek, Julius	Deutsches und Preußisches Staatsrecht, neu bearbeitet und herausgegeben von Paul Kurtzig, 2. Auflage, Berlin 1930; zit.: Hatschek, Deutsches und Preußisches Staatsrecht ders. Englisches Staatsrecht - mit Berücksichtigung der für Schottland und Irland geltenden Sonderheiten, I. Band: Die Verfassung, Tübingen 1909; zit.: Hatschek, Englisches Staatsrecht ders. Englische Verfassungsgeschichte bis zum Regierungsantritt der Königin Victoria, München, Berlin 1913; zit.: Hatschek, Englische Verfassungsgeschichte ders. Das Parlamentsrecht des Deutschen Reiches, Erster Teil, Berlin, Leipzig 1915; zit.: Hatschek, Parlamentsrecht
Hatsell, John	Precedents of proceedings in the House of Commons under seperate titles with observations, Vol. I - IV, 3. Auflage, London 1796; zit.: Hatsell, Precedents of proceedings in the House of Commons
Heinrich, Benedikt	Vom Inselstaat zum Weltreich, Geschichte Englands 1485-1815, Wiesbaden 1950; zit.: Heinrich, Vom Inselstaat zum Weltreich
Heinrich, Herbert	Über den Einfluß des Westens auf die Badische Verfassung von 1818, in: Baden im 19. und 20.Jahrhundert, Karlsruhe S. 23-80; zit.: Heinrich, Einfluß des Westens auf die Badische Verfassung von 1818

Heinz-Mohr, Gerd — Lexikon der Symbole, Bilder und Zeichen der christlichen Kunst, Düsseldorf, Köln 1971; zit.: Heinz-Mohr, Lexikon der Schule, Bilder und Zeichen der christlichen Kunst

Helbeck, Paul — Wie das englische Volk sich selbst regiert - Die englische Staatsverfassung und Verwaltung, die politischen Parteien und ihre Führer -, mit einem Nachwort von Friedrich Naumann über den englischen Staat, Berlin 1912; zit.: Helbeck, Das englische Volk

von Henning, Leopold — Handbuch des Parlamentsrechts - Darstellung der Verhandlungsweise und Geschäftsganges beim englischen Parlament und beim Congreß der Vereinigten Staaten von Nordamerika, Übersetzung von Jefferson, Thomas, Berlin 1819;
zit.: von Henning, Handbuch des Parlamentsrechts

von Herzog, Ernst — Geschichte und System der Römischen Staatsverfassung, Band 1: Königszeit und Republik, Abteilung 1: Königszeit, Geschichte der Verfassung der römischen Republik, Abteilung 2: System der republikanischen Staatsverfassung, Neudruck der Ausgabe:
Leipzig 1884, Aalen 1965; zit.: von Herzog, System der Römischen Staatsverfassung

Hesse, Joachim Jens/ Ellwein, Thomas
Das Regierungssystem der Bundesrepublik Deutschland, Band 1, 7. Auflage, Opladen 1992; zit.: Hesse/Ellwein, Regierungssystem

Hiersemenzel, E. Die Verfassung des Norddeutschen Bundes, erläutert mit Hilfe und unter vollständiger Mitteilung ihrer Entstehungsgeschichte, Berlin 1867; zit.: Hiersemenzel, Die Verfassung des Norddeutschen Bundes

Holtzmann, Robert Französische Verfassungsgeschichte, München, Berlin 1910;
zit.: Holtzmann, Französische Verfassungsgeschichte

Huber, Ernst Rudolf Deutsche Verfassungsgeschichte
Band I, Stuttgart 1961, Reform und Restauration 1789 - 1830
Band II, Stuttgart 1960, Der Kampf um Einheit und Freiheit 1830 bis 1850
Band III, Stuttgart 1963, Bismarck und das Reich
zit.: Huber, Deutsche Verfassungsgeschichte, Band

Huber, Ernst Rudolf Verfassungsrecht des Großdeutschen Reiches, 2. Auflage der Verfassung, Hamburg 1939; zit.: Huber, Verfassungsrecht des Großdeutschen Reiches

Ismayr, Wolfgang Der Deutsche Bundestag, Funktionen. Willensbildung. Reformansätze, Opladen 1992;
zit.: Ismayr, Der Deutsche Bundestag

Jekewitz, Jürgen — Ein ritualisierter historischer Irrtum - Zur Herkunft, Ausgestaltung und Notwendigkeit von drei Lesungen im parlamentarischen Gesetzgebungsverfahren, in: Der Staat (1976), S. 537-552;
zit.: Jekewitz, Ein ritualisierter historischer Irrtum

Jennings, Ivor — Parliament, 2. Auflage, Cambridge 1957; zit.: Jennings, Parliament

Jungheim, B. — Die Geschäftsordnung für den Reichstag mit Anmerkungen, Berlin 1816; zit.: Jungheim, Die Geschäftsordnung für den Reichstag

Kaehler, Siegfried August — Studien zur deutschen Geschichte des 19. und 20. Jahrhunderts, Aufsätze und Verträge, Hrsg. Bußmann, Walter, Göttingen 1961;
zit.: Kaehler, Studien zur deutschen Geschichte

Karpen, Ulrich — Die geschichtliche Entwicklung des liberalen Rechtsstaates: vom Vormärz bis zum Grundgesetz, in: Studien zur politischen Bildung, Hrsg.: Rüther, Günther, Band 10, Mainz 1985; zit.: Karpen, Die geschichtliche Entwicklung des liberalen Rechtsstaates

Kern, Bernd-Rüdiger — Georg Beseler - Leben und Werk, Berlin 1982; zit.: Kern, Georg Beseler

Kimminich, Otto — Deutsche Verfassungsgeschichte, 2. Auflage, Baden-Baden 1987;
zit.: Kimminich, Deutsche Verfassungsgeschichte

Kleinheyer, Gerd, Jan Schröder (Hrsg.) — Deutsche Juristen aus fünf Jahrhunderten - Eine biographische Einführung in die Rechtswissenschaft, 4. Auflage, Karlsruhe 1996;
zit.: Kleinheyer/Schröder, Deutsche Juristen aus fünf Jahrhunderten

Kotulla, Michael — Die Tragweite der Grundrechte der revidierten preußischen Verfassung vom 31.01.1890, Frankfurt a. M. 1992; zit.: Kotulla, Die Tragweite der Grundrechte

Krammer, Mario — Zur Entstehung der Lex Salica, Weimar 1910; zit.: Krammer, Zur Entstehung der Lex Salica

Kraul, Heinz — Zur Ausfüllung von Lücken in parlamentarischen Geschäftsordnungen, München 1972; zit.: Kraul, Zur Ausfüllung von Lücken in parlamentarischen Geschäftsordnungen

Kröger, Klaus — Einführung in die jüngere Verfassungsgeschichte 1806-1933, München 1988; zit.: Kröger, Verfassungsgeschichte

Kruis, Walter — Anmerkung des Richters Kruis zu dem Urteil des Zweiten Senats vom 13.Juni 1989, abgedruckt als Anhang zum betreffenden Urteil, in: EuGRZ 1989, S.302-303; zit.: Kruis, Anmerkung zu dem Urteil des zweiten Senats vom 13.Juni 1989

Kühne, Jörg-Detlef — Die Reichsverfassung der Paulskirche - Vorbild und Verwirklichung im späteren deutschen Rechtsleben, Frankfurt. a. M. 1985; zit.: Kühne, Die Reichsverfassung der Paulskirche

Lammert, Norbert — "Zur Geschäftsordnung", Notizen zur Entstehung und Bedeutung parlamentarischer Verfahrensregeln, in: Einführung in "Die Geschäftsordnungen deutscher Parlamente seit 1848" - Eine systematische Darstellung, Hrsg.: Deutscher Bundestag, Bonn 1986; zit.: Lammert, "Zur Geschäftsordnung"

Lapp, Peter-Joachim — Die Volkskammer der DDR, Opladen 1975;
zit.: Lapp, Die Volkskammer der DDR

Laufs, Adolf — Eduard Lasker. Ein Leben für den Rechtsstaat, Heidelberg 1984;
zit.: Laufs, Eduard Lasker. Ein Leben für den Rechtsstaat
ders. Recht und Gericht im Werk der Paulskirche, Heidelberg 1978;
zit.: Laufs, Recht und Gericht

Lebon, Andre
Das Verfassungsrecht der französischen Republik, Tübingen 1909;
zit.: Lebon, Das Verfassungsrecht der französischen Republik

Liebs, Detlef
Lateinische Rechtsregeln und Rechtssprichwörter, Darmstadt 1982;
zit.: Liebs, Lateinische Rechtsregeln

Lenz, Carl-Otto/Kretschmer, Gerald
Strukturfragen - Die Alternativen der Enquete-Kommission Verfassungsreform, in: Parlamentsreform - Problem und Perspektiven in westlichen Demokratien, Hrsg. Heinrich Oberreuter, Passau 1981, S. 183-200; zit.: Lenz/Kretschmer, Strukturfragen

Liesegang, Helmuth C.F.
Parlamentsreform in der Bundesrepublik Deutschland - Dokumente zur Reform von Aufgabe und Arbeit des Parlaments und seiner Abgeordneten im parlamentarischen Regierungssystem im parlamentarischen Regierungssystem, Berlin, New York 1974;
zit.: Liesegang, Parlamentsreform

Linke, Bernhard
Von der Verwandtschaft zum Staat: Die Entstehung politischer Organisationsformen in der frührömischen Geschichte, Stuttgart 1995;
zit.: Linke, Von der Verwandtschaft zum Staat

Loewenberg, Gerhard — Parlamentarismus im politischen System der Bundesrepublik Deutschland - mit einer Bibliographie des Schrifttums zum Deutschen Bundestag; zusammengestellt von Heinz Matthes und Peter Schindler, Tübingen 1969; zit.: Loewenberg, Parlamentarismus

Loewenstein, Karl — Staatsrecht und Staatspraxis von Großbritanien, Band I: Parlament. Regierung. Parteien., Berlin, Heidelberg 1967; zit.: Loewenstein, Staatsrecht und Staatspraxis von Großbritannien
ders. Der britische Parlamentarismus - Entstehung und Gestalt, Reinbek bei Hamburg 1964; zit.: Loewenstein, Der britische Parlamentarismus

de Lolme, J. L. — The rise and progress of the English Constituion: The treatise of J. L. de Lolme with an historical and legal introduction and notes by A. J. Stephens, Vol.1 in two volumes, London 1838; zit.: de Lolme, The rise and progress

von Lucius, Robert — Gesetzgebung durch Parlamentsausschüsse - Möglichkeiten der Entlastung des Bundestagplenums durch Verlagerung des Gesetzesbeschlusses in Ausschüsse (italienisches Modell), in: AöR 97, S. 568-595; zit.: von Lucius, Gesetzgebung durch Parlamentsbeschlüsse

von Lübtow, Ulrich — Das Römische Volk, Frankfurt a. M. 1955; zit.: von Lübtow, Das Römische Volk

Magiera, Siegfried — Parlament und Staatsleistung in der Verfassungsordnung des Grundgesetzes - Eine Unterredung zu den Grundlagen der Stellung und Aufgaben des Deutschen Bundestages, Berlin 1979; zit.: Magiera, Parlament und Staatsleistung

Majonica, Ernst — Ein Parlament im Geheimen ? Zur Arbeitsweise der Bundestagsausschüsse, in: Der Bundestag von innen gesehen, 24 Beiträge, Hrsg.: Emil Hübner, Heinrich Oberreuter, Heinz Rausch, S.114-126; zit.: Majonica, Bundestagsausschüsse

Mampel, Siegfried — Die sozialistische Verfassung der Deutschen Demokratischen Republik, 2. Auflage, Frankfurt a.M. 1982; zit.: Mampel, Die sozialistische Verfassung der Deutschen Demokratischen Republik

von Mangoldt/Klein — Das Bonner Grundgesetz, Band II, 2. Auflage, Berlin 1966;
zit.: Mangoldt/Klein, Grundgesetz

Mann, Bernhard — Das Ende der Deutschen Nationalversammlung im Jahre 1849,
in: HZ (1972), Band 214, S.269-309; zit.: Mann, Ende der Deutschen Nationalversammlung

Mann, Golo — Deutsche Geschichte des neunzehnten und zwanzigsten Jahrhunderts, Frankfurt a. M. 1958; zit.: Mann, Deutsche Geschichte des neunzehnten und zwanzigsten Jahrhunderts

ders. Politische Entwicklung Europas und Amerikas 1815 - 1871, in: Propylen Weltgeschichte, Eine Universalgeschichte, Hrsg. Golo Mann, Achter Band, S.367 – 582, Berlin 1960; zit.: Mann, Politische Entwicklung

Maurenbrecher, Wilhelm — Gründung des Deutschen Reiches 1859 - 1871, 3. Auflage, Leipzig 1903; zit.: Maurenbrecher, Gründung des Deutschen Reiches

Maurois, Andre — Die Geschichte Frankreichs, Wiesbaden, ohne Jahresangabe
zit.: Maurois, Geschichte Frankreichs

May, Thomas Erskine — A treatise upon the law, privileges proceedings an usage of parliament, first edition, London 1844, reprinted Shannon 1971; zit.: May, The Law, privileges proceedings an usage of parliament

Meinecke, Friedrich — Weltbürgertum und Nationalstaat - Studien zur Genesis des deutschen Nationalstaates, 2. Auflage, Minden und Berlin 1911; zit.: Meinecke, Weltbürgertum und Nationalstaat

Menger, Christian-Friedrich
Deutsche Verfassungsgeschichte der Neuzeit - eine Einführung in die Grundlagen, 5. Auflage, Heidelberg 1986; zit.: Menger, Deutsche Verfassungsgeschichte

Meyer, Ernst
Römischer Staat und Staatsgedanke, 2. Auflage, Darmstadt 1961;
zit.: Meyer, Ernst, Römischer Staat und Staatsgedanke

Meyer, Jürgen A.E.
Die Entstehung und Entwicklung des privilegs of Freedom from arrest and molestation und des privilege of freedom of speech des englischen Parlaments bis zum Jahre 1688 - Eine Untersuchung unter Benutzung von Quellen, Kiel 1971; zit.: Meyer, Die Entstehung und Entwicklung des privilegs freedom

Meyer, Hermann
Zur Transparenz der politischen Ordnung der Bundesrepublik, Beilage zur Wochenzeitung "Das Parlament", B 46/1968, S. 26 ff.;
zit.: Meyer, Hermann, Zur Transparenz der politischen Ordnung der Bundesrepublik

Milhauser, Friedrich
Das Staatsrecht des Königreichs Sachsen mit Einschluß des Privatfürstenrechts und der völkerrechtlichen Verhältnisse, systematisch dargestellt, 1. Band, Leipzig 1839;
zit.: Milhauser, Staatsrecht des Königreiches Sachsen

Möller, Horst — Das Ende der Weimarer Demokratie und die nationalsozialistische Revolution von 1933, in: Das Dritte Reich - Herrschaftsstrukturen und Geschichte -, Hrsg. Broszat, Martin / Möller, Horst, München 1983; zit.: Möller, Das Ende der Weimarer Demokratie

Moldenhauer, Rüdiger — Aktenbestand, Geschäftsverfahren und Geschäftsgang der "Deutschen Verfassungsgegebenden Reichsversammlung" (Nationalversammlung) 1848/49 und ihrer Ausschüsse, in: Deutsche Archivalische Zeitung 1969, S.41-91; zit.: Moldenhauer, Aktenbestand, Geschäftsverfahren Und Geschäftsgang

von Mohl, Robert — Geschichte und Literatur der Staatswissenschaften - in Monographien dargestellt Band I, Graz 1960, unveränderter Abdruck der 1855 in Erlangen erschienen Ausgabe; zit.: von Mohl, Geschichte und Literatur der Staatswissenschaften
ders. Das Staatsrecht des Königreiches Württemberg, Erster Band. Das Verfassungsrecht., 2. Auflage, Tübingen 1840; zit.: von Mohl, Staatsrecht des Königreiches Württemberg
ders. Vorschläge zu einer Geschäfts-Ordnung des verfassungsgebenden Reichstages, Heidelberg 1848; zit.: von Mohl, Vorschläge

Mommsen, Theodor — Abriß des römischen Staatsrecht, 2. Auflage, Leipzig 1907;
zit.: Mommsen, Abriß des römischen Staatsrechts
ders. Römisches Staatsrecht, Dritter Band, 1. und 2. Teil, Nachdruck der 3. Auflage, Graz 1953; zit.: Mommsen, Römisches Staatsrecht

Morrison, Herbert — Regierung und Parlament in England, München 1856; zit.: Morrison, Regierung und Parlament

Neugebauer, Gero — Die Volkskammer der DDR, in: Zeitschrift für Parlamentsfragen 1974, S. 386-411, zit.: Neugebauer, Die Volkskammer der DDR

Nürnberger, Richard — Das Zeitalter der Französischen Revolution und Napoleon, in: Propyläen Weltgeschichte. Eine Universalgeschichte, Hrsg. Golo Mann, Achter Band, Berlin 1968, S. 59-192; zit.: Nürnberger, Das Zeitalter der Französischen Revolution

Obenaus, Herbert — Anfänge des Parlamentarismus in Preußen bis 1848, in: Handbuch des Geschichte des deutschen Parlamentarismus, Hrsg. Gerhard A. Ritter, Düsseldorf 1984; zit.: Obenaus, Anfänge des Parlamentarismus in Preußen

Obberreuter, Heinrich — Scheinpublizität oder Transparenz ? Zur Öffentlichkeit von Parlamentsausschüssen, in: Zeitschrift für Parlamentsrecht 1975, S. 77-92; zit.: Oberreuter, Zur Öffentlichkeit von Parlamentsausschüssen

Peters, Hans — Geschichtliche Entwicklung und Grundfragen der Verfassung, bearbeitet von Jürgen Salzwedel und Günter Erbel, in: Enzyklopädie der Rechts- und Staatswissenschaft, Berlin 1969, Herausgeber: Jürgen Salzwedel und Günter Erbel ; zit.: Peters, Geschichtliche Entwicklung

Phillips, Owen Hood — Constitutional and administrative law, third edition, London 1962;
zit.: Phillips, Constitutional and administrative law

Pierre, Eugene — Traite de Droit Politiqué électoral et parlamentaire, cingième édition, Paris 1919; zit.: Pierre, Traité de Droit Politique

Pike, O. — Constitutional History of the House of Lords, ohne Orts- und Jahresangabe; zit.: Pike, Constitutional History

Pirenne, Henri — Geschichte Europas - von der Völkerwanderung bis zur Reformation, Berlin 1956; zit.: Pirenne, Geschichte Europas

Plate, A. — Die Geschäftsordnung des Preußischen Abgeordnetenhauses - ihre Geschichte und ihre Anwendung - unter Berücksichtigung der Geschäftsordnung und der Gewohnheiten des Deutschen Reichstages, 2. Auflage, Berlin 1904; zit.: Plate, Die Geschäftsordnung des Preußischen Abgeordnetenhauses

Pohl, Heinrich Die Entstehung des belgischen Staates und des Norddeutschen Bundes - Eine staatsrechtliche Studie -, Tübingen 1905; zit.: Pohl, Entstehung des belgischen Staates

Pölitz, Karl Heinrich Ludwig
Die europäischen Verfassungen seit dem Jahre 1789 bis auf die neueste Zeit - Mit geschichtlichen Erläuterungen und Einleitungen, 2. Band, 2. Auflage, Leipzig 1833; zit.: Pölitz, Die europäischen Verfassungen

Pollard, Albert Frederick
The Evolution of Parliament, 2. Auflage, London 1926 (Neuausgabe London 1964); zit.: Pollard, The Evolution of Parliament

Pollmann, Klaus Erich
Parlamentarismus im Norddeutschen Bund 1867 - 1870, Düsseldorf 1989; zit.: Pollmann, Parlamentarismus im Norddeutschen Bund 1867-1870
ders. Parlamentseinfluß während der Nationalstaatsbildung 1867-1871, in: Regierung, Bürokratie und Parlament in Preußen und Deutschland von 1848 bis zur Gegenwart, Hrsg. Gerhard A. Ritter, Düsseldorf 1983, S. 56-75; zit.: Pollmann, Parlamentseinfluß

Redlich, Josef — Recht und Technik des Englischen Parlamentarismus - Die Geschäftsordnung des House of Commons in ihrer geschichtlichen Entwicklung und gegenwärtigen Gestalt -, Leipzig 1905; zit.: Redlich, Recht und Technik des Englischen Parlamentarismus

Riecke, Karl Viktor — Verfassung, Verwaltung und Staatshaushalt des Königreichs Württemberg, Stuttgart 1882; zit.: Riecke, Verfassung des Königreiches Württemberg

Riedel, Ulrich — Der Einfluß des Sowjetrechts und der Weimarer Verfassung auf die Verfassung der Deutschen Demokratischen Republik vom 7.10.1949, jur. Dissertation, Göttingen 1973; zit.: Riedel, Einfluß des Sowjetrechts

Ritter, Gerhard A. — Die deutschen Parteien 1830-1914: Parteien und Gesellschaft im konstitutionellen Regierungssystem, Göttingen 1985;
zit.: Ritter, Die deutschen Parteien 1830-1914

Ritzel, Heinrich G./ Bücker, Joseph — Handbuch für die Parlamentarische Praxis mit Kommentar zur Geschäftsordnung des Deutschen Bundestages, von Joseph Bücker unter Mitarbeit von Hermann Josef Schreiner, Udo Ahrens, Günter Heinschel, Ingeborg Renner, Stand Juli 1995, Neuwied 1990 mit Ergänzungen; zit.: Ritzel/Bücker, Kommentar zur Geschäftsordnung

Robolsky, Hermann — Der Deutsche Reichstag, Geschichte seines fünfundzwanzigjährigen Bestehens 1867-1892, 2. Auflage, Berlin 1897; zit.: Robolsky, Der Deutsche Reichstag

Roggemann, Herzig — Die DDR-Verfassung: Einführung in das Verfassungsrecht der DDR; Grundlagen und neuere Entwicklung, 4. Auflage, Berlin 1989; zit.: Roggemann, Verfassungsrecht der DDR

Rothfels, Hans — Bismarck - Vorträge und Abhandlungen, Stuttgart, Berlin, Köln, Mainz 1970; zit.: Rothfels, Bismarck - Vorträge und Abhandlungen

Rössle, Wilhelm — Bismarcks Politik - nach seinen Staatsschriften und Reden -, Jena 1943; zit.: Rössle, Bismarcks Politik

Rümelin, Gustav — Aus der Paulskirche. Berichte an den Schwäbischen Merkur aus den Jahren 1848 und 1849, hrsg. und eingeleitet von H.R. Schäfer, Stuttgart 1892; zit.: Rümelin, Aus der Paulskirche

Schäfer, Friefrich — Der Bundestag, Eine Darstellung seiner Aufgaben und seiner Arbeitsweise, 4. Auflage, Lengerich 1982; zit.: Schäfer, Der Bundestag

Schauer, Kurt — Der Einzelne und die Gemeinschaft - Vom Geschäftsverfahren des Frankfurter Parlaments, Frankfurt a.M. 1923; zit.: Schauer, Der Einzelne und die Gemeinschaft

Schellknecht, Helmut — Große Meinungsvielfalt wird kanalisiert - Organisation des Bundestages: Organe - Geschäftsordnung - Verfahrensweise, in: Der Bundestag im Verfassungsgefüge der Bundesrepublik Deutschland - Beiträge zum dreißigjährigen Bestehen des Deutschen Bundestages, hrsg. von Hartmut Klatt, Bonn 1980, S.35-38; zit.: Schellknecht, Meinungsvielfalt

Scheyhing, Robert — Deutsche Verfassungsgeschichte der Neuzeit, Köln, Berlin, Bonn, München 1968; zit.: Scheyhing, Deutsche Verfassungsgeschichte der Neuzeit

Schieder, Theodor — Das Deutsche Kaiserreich von 1871 als Nationalstaat, Köln, Opladen 1961; zit.: Schieder, Das Deutsche Kaiserreich

Schiller, Hermann/ Voigt, Moritz — Die römischen Staats-, Kriegs- und Privataltertümer, 2. Auflage, München 1893; zit.: Schiller/Voigt, Staats-, Kriegs- und Privataltertümer

Schmidt, Ludwig — Allgemeine Geschichte der germanischen Völker bis zur Mitte des sechsten Jahrhunderts, München, Berlin 1909; zit.: Schmidt, Geschichte der germanischen Völker

Schmidt-Wiegand, Ruth
Untersuchungen zur Entstehung der Lex Salica, in: Stammesrecht und Volkssprache, Ausgewählte Aufsätze zu den leges barbarorum, Hrsg.: Hüpper, Dagmar / Schott, Claus Dieter / Höfinghoff, Hans / Lade-Messerschmied, Ulrike, Weinheim 1991, S. 3 - 38;
zit.: Schmidt-Wiegand, Entstehung der Lex Salica

Schmitt, Carl
Das Gesetz zur Behebung der Not von Volk und Reich, in DJZ 1933, Sp. 455-458; zit.: Schmitt, Das Gesetz zur Behebung der Not von Volk und Reich

Schmitt, Herbert
Das vormärzliche Staatsdenken und die Revolution von 1848/49 in Baden, in: Baden im 19. und 20. Jahrhundert, Band II, Karlsruhe, ohne Jahresangabe; zit.: Schmitt, Das vormärzliche Staatsdenken

Schmitz, Helmut
Die Staatsauffassung Robert von Mohls unter Berücksichtigung der verfassungsgeschichtlichen Entwicklung und des positivistischen Staatsdenkens, Dissertation, Köln, Krefeld 1965; zit.: Schmitz, Die Staatsauffassung Robert von Mohls

Schmoller, Gustav
Preußische Verfassungs-,Verwaltungs-und Finanzgeschichte, Berlin 1921; zit.: Schmoller, Preußische Verfassungs-, Verwaltungs- und Finanzgeschichte

Scholler, Heinrich (Hrsg.)
Die Grundrechtsdiskussion in der Paulskirche - Eine Dokumentation, Darmstadt 1982; zit.: Scholler, Grundrechtsdiskussion

Scholz, Peter
Bilanz der Parlamentsreform '69, in: Parlamentsreform - Problem und Perspektiven in westlichen Demokratien, Hrsg. Heinrich Oberreuter, Passau 1981, S. 157 - 172;
zit.: Scholz, Bilanz der Parlamentsreform ´69

Schulin, Ernst
Die Französische Revolution, München 1988; zit.: Schulin, Die Französische Revolution

Schultz, Franz
Professoren im Paulskirchenparlament, in: Männer und Ideen der achtundvierziger Bewegung, Frankfurt a. M. 1990, S.59-76;
zit.: Schultz, Professoren im Paulskirchenparlament

Schulze, Hagen
Preußen und das Reich, in: Parlamentarismus und Demokratie im Europa des 19. Jahrhunderts, Hrsg. Loock, Hans-Dietrich, Schulze, Hagen, München 1982, S.156-172; zit.: Schulze, Preußen und das Reich

Schulze, Hermann
Das preussische Staatsrecht auf Grundlage des deutschen Staatsrechts, 1. Band, 2. Auflage, Leipzig 1888; zit.: Schulze, Das preussische Staatsrecht

Sohm, Rudolph — Die Fränkische Reichs-und Gerichtsverfassung, Weimar 1871, unveränderter Nachdruck Leipzig 1917; zit.: Solm, Fränkische Reichs-und Gerichtsverfassung

Sparwasser, Reinhard — Zentralismus, Dezentralisation, Regionalismus und Föderalismus in Frankreich: eine institutionen-, theorien- und ideengeschichtliche Darstellung, Berlin 1986; zit.: Sparwasser, Föderalismus in Frankreich

Siber, Heinrich — Die ältesten römischen Volksversammlungen, in: ZRG RA (1937), Band 57, S.233-271; zit.: Siber, Die ältesten römischen Volksversammlungen

Staatslexikon — Recht - Wirtschaft - Gesellschaft - in 5 Bänden, 3. Band Hoffmann-Naturrecht, 7. Auflage, Freiburg, Basel, Wien 1987

Staatsrecht der DDR — Lehrbuch, Berlin (Ost) 1977

Stein, Ekkehart — Staatsrecht, 14. Auflage, Tübingen 1993, zit.: Stein, Staatsrecht

Stier-Somlo, Fritz — Das Preußische Verfassungsrecht, auf der Grundlage der Verfassung des Freistaates Preußen systematisch dargestellt, Bonn 1922;
zit.: Stier-Somlo, Das Preußische Verfassungsrecht

Stolleis, Michael — Geschichte des öffentlichen Rechts in Deutschland, zweiter Band: Staatsrechtlehre und Verwaltungswissenschaft, München ....;
zit.: Stolleis, Geschichte des öffentlichen Rechts

Straßberger, Gudrun — Abstimmungspraxis und Abstimmungsgrundsätze in der Bundesrepublik Deutschland, München 1969;
zit.: Straßberger, Abstimmungspraxis

Taine, Hippolyte — Die Entstehung des modernen Frankreich, 2. Band: Das revolutionäre Frankreich, 3. Auflage, Leipzig, ohne Jahresangabe;
zit.: Taine, Entstehung des modernen Frankreich

Tarrab-Maslaton, Martin — Rechtliche Strukturen der Diskriminierung der Juden im Dritten Reich; Berlin 1993;
zit.: Tarrab-Maslaton, Rechtliche Strukturen

Thaysen, Uwe — Parlamentsreform in Theorie und Praxis zur institutionellen Lernfähigkeit des parlamentarischen Regierungssystems - Eine empirische Analyse der Parlamentsreform im 5. Deutschen Bundestag, Opladen 1972; zit.: Thaysen, Parlamentsreform

Tormin, Walter — Geschichte der deutschen Parteien seit 1848, 3. Auflage, Stuttgart 1968; zit.: Tormin, Geschichte der deutschen Parteien

Todd, Alpheus — Über die parlamentarische Regierung in England - ihre Entstehung, Entwicklung und praktische Gestaltung, aus dem Englischen übersetzt von R. Assmann in zwei Bänden, 2.Band, Berlin 1871;
zit.: Todd, Über die parlamentarische Regierung in England

Townsend (ohne Vorname)
History of the House of Commons from 1688 to 1832, 2. Band, London 1843; zit.: Townsend, History of the House of Commons from 1688 to 1832

Treue, Wilhelm/ Treue, Wolfgang
Parlamentarismus in Deutschland - Entstehung und Entwicklung, Bonn 1969; zit.: Treue/Treue, Parlamentarismus in Deutschland

Trossmann, Hans — Parlamentsrecht des Deutschen Bundestages - Kommentar zur Geschäftsordnung des Deutschen Bundestages unter Berücksichtigung des Verfassungsrechts, München 1977; zit.: Trossmann, Parlamentsrecht

Trossmann, Hans/Roll, Hans-Achim
Ergänzungsband Parlamentsrecht, München 1981;
zit.: Trossmann/Roll, Ergänzungsband Parlamentsrecht

Tomuschat, Christian — Verfassungsgewohnheitsrecht - Eine Untersuchung zum Staatsrecht der Bundesrepublik Deutschland, Heidelberg 1972;
zit.: Tomuschat, Verfassungsgewohnheitsrecht

Vauthier, M. — Das Staatsrecht des Königreichs Belgien, Freiburg 1892;
zit.: Vauthier, Staatsrecht des Königreichs Belgien

Vogel, Walter — Deutsche Reichsgliederung und Reichsreform in Vergangenheit und Gegenwart, Leipzig 1932; zit.: Vogel, Deutsche Reichsgliederung

Vordemfelde, Hans — Die Germanische Religion in den deutschen Volksrechten, 1. Halbband: Der religiöse Glaube, Gießen 1923;
zit.: Vordemfelde, Die Germanische Religion

Waitz, Georg — Das alte Recht der Salischen Franken, Kiel 1846;
zit.: Waitz, Das alte Recht

Walz, Ernst — Das Staatsrecht des Großherzogtums Baden, Tübingen 1909;
zit.: Walz, Staatsrecht des Großherzogtums Baden

von Wedel, Henning — Das Verfahren der demokratischen Verfassungsgebung, dargestellt am Beispiel Deutschlands 1848/49, 1919, 1948/49, Berlin 1976; zit.: von Wedel, Das Verfahren der demokratischen Verfassungsgesetzgebung

Wencke, Paul — Die erste deutsche Nationalversammlung und ihr Werk, Ausgewählte Reden, eingeleitet von Paul Wencke, in: Der deutsche Staatsgedanke- Eine Sammlung - Begründet von Arno Duch: Erste Reihe: Führer und Denker XVII 1848, 1.Band, München 1922; zit.: Wencke, Die erste deutsche Nationalversammlung

Weichelt, Wolfgang — Der sozialistische Staat - Hauptinstrument der Arbeiterklasse zu Gestaltung der sozialistischen Gesellschaft, Berlin (Ost) 1972; zit.: Weichelt, Der sozialistische Staat

Wentzcke, Paul/ Klötzer, Wolfgang — Ideale und Irrtümer des ersten deutschen Parlaments, Heidelberg 1959; zit.: Wentzcke/ Klötzer, Ideale und Irrtümer

Werkmüller, Dieter — Über Aufkommen und Verbreitung der Weistümer - Nach der Sammlung von Jacob Grimm, Berlin 1972; zit.: Werkmüller, Über Aufkommen und Verbreitung der Weistümer

Graf von Westphalen, Raban
Parlamentslehre - das parlamentarische Regierungssystem im technischen Zeitalter, München 1993;
zit.: von Westphalen, Parlamentslehre

Wielandt, Friedrich — Das Staatsrecht des Großherzogtums Baden, Freiburg 1895;
zit.: Wielandt, Staatsrecht des Großherzogtums Baden

Wicks, Frederick — Britische Verfassung und Verwaltung, Originaltitel: "The british constitution and government", Eine Beschreibung des Ganges der englischen Gesetzgebung und Gesetzesausübung in Verbindung mit einer Darstellung der Funktionen der obersten Beamten in jedem staatdepartement, aus dem englischen der 6. Aufl. von Rudolf G. Binding, Leipzig 1909; zit.: Wicks, Britische Verfassung und Verwaltung

Wieacker, Franz — Vom Römischen Recht. Zehn Versuche, 2.Auflage, Stuttgart 1961;
zit.: Wieacker, Vom Römischen Recht

Willoweit, Dietmar — Deutsche Verfassungsgeschichte, 3. Auflage, 1998
zit.: Willoweit, Deutsche Verfassungsgeschichte

von Witzleben, Carl-Dietrich
Die Entstehung der constitutionellen Verfassung des Königreiches Sachsen. Zur Feier des fünfzigjährigen Bestehens der Verfassungsurkunde vom 4. September 1831 im Auftrage der Königlichen Staatsregierung, Leipzig 1881; zit.: von Witzleben, Die Entstehung der constitutionellen Verfassung des Königreichs Sachsen

Zeh, Wolfgang
Altersschichten in der Geschäftsordnung des Deutschen Bundestages, in: Zeitschrift für Parlamentsfragen 1986, S. 396-413; zit.: Zeh, Altersschichten in der Geschäftsordnung

Ziebura, Gilbert
Anfänge des deutschen Parlamentarismus, Geschäftsverfahren und Entscheidungsprozeß in der ersten deutschen Nationalversammlung 1848/49, in: "Faktoren der politischen Entscheidung", Festgabe für Ernst Fränkel, Hrsg.: Gerhard Albert Ritter und Gilbert Ziebura, Berlin 1963, S.189 - 236; zit.: Ziebura, Anfänge des deutschen Parlamentarismus

Zöllner, Erich
Geschichte der Franken bis zur Mitte des sechsten Jahrhunderts, Auf der Grundlage des Werkes von Ludwig Schmidt unter Mitwirkung von Joachim Werner neu bearbeitet, München 1970;
zit.: Zöllner, Geschichte der Franken

B. Quellenverzeichnis (Bei fehlender Angabe wird diese Zitierweise im Text festgelegt.):

Ausgewählte Urkunden zur ausserdeutschen Verfassungsgeschichte seit 1776, zum Handgebrauch für Historiker und Juristen, Altmann, Wilhelm (Hrsg.) Berlin 1897; zit.: Altmann, Ausgewählte Urkunden

Anlagen zu den Stenographischen Berichten über die Verhandlungen des Reichstages des Norddeutschen Bundes, Berlin

Anlagen zu den Stenographischen Berichten über die Verhandlungen des Preußischen Abgeordnetenhauses, Berlin

Archives parlamentaires de 1787 a1860, Requeil complet des Débats législatifs & politiques des chambres FRANÇAISES, II. Serie, Band LXIV und LXV, LXIII, Paris

Burhenne, Wolfgang(Hrsg.) Recht und Organisation der Parlamente - Systematische Sammlung des Verfassungs- und Wahlrechts, der Geschäftsordnungen und aller sonstigen Materialien der Parlamente des Bundes und der Länder, der Europäischen Union und der Vereinten Nationen, Bielefeld 1958, mit weiteren Loseblattlieferungen; zit.: Burhenne, Recht und Organisation der Parlamente

Der Erste Vereinigte Landtag in Berlin
Herausgegeben unter Aufsicht des Vorstehers des Central-Bureaus im Ministerium des Innern und des Bureaus des Vereinigten Königlichen Kanzlei-Raths Eduard Bleich, Erster Theil, Königliche Propositionen und Botschaften, Denkschriften, Protokolle und andere Aktenstücke, Berlin 1847

Die Geschäftsordnungen deutscher Parlamente seit 1848- Eine systematische Darstellung, bearbeitet von Werner Günther und Gerald Kretschmer, mit einer Einführung von Norbert Lammert, Herausgeber: Deutscher Bundestag, Bonn 1986

Verhandlungen des Deutschen Bundestages / Drucksachen, Bonn

J. B. Duvergier, Collection Complète des Lois, Décrets, Ordonannances, Réglemens et avis du Conseil-d' état, Paris 1831; Année 1789, Année 1791, Année 1792, Année 1814, Année 1830

Eckhardt, Karl August (Hrsg.) Pactus Legis Salicae, Hannover 1962

Franz, Günther Staatsverfassungen, Eine Sammlung wichtiger Verfassungen der Vergangenheit und Gegenwart im Urtext und Übersetzung, 2. Auflage, München 1964; zit.: Franz, Staatsverfassungen

Großherzogliches Hessisches Regierungsblatt auf das Jahr 1820, Darmstadt

Hansard Parliamentary Debates, Vol. XIII, London

Huber, Ernst Rudolf Dokumente zur Deutschen Verfassungsgeschichte Band 1, Deutsche Verfassungsdokumente 1803-1850, Stuttgart 1961 Band 2, Deutsche Verfassungsdokumente 1851-1918, Stuttgart 1964
Band 4, Deutsche Verfassungsdokumente 1919-1933, 3. Auflage, Stuttgart 1991;
zit.: Huber, Dokumente, Band

Landtagsacten Sachsen, Jahrgang 1833, Erste Abtheilung die Königl. Mittheilungen an die Stände und die Eingaben der Stände oder einzelner Kammern an den König enthaltend, Erster Band, Dresden

Moreau, Félix/ Delpech, Joseph
Les règlements des Assemblées législatives, Tome seconde, Paris 1907;
zit.: Moreau/Delpech, Les règlements des Assemblées legislatives

Noack, Erwin Die Gesetzgebung des Dritten Reiches, Berlin 1938

Pasinomie ou Colllection complète des lois, Décrets, Arrêtés et Réglemens généraux qui peuvent être invoqués en belique, Troisième Série, Dédiée au Roi, Brüssel 1834

Protokolle der Deutschen Bundesversammlung, Frankfurt a. M. 1848, S. 399 ff.

Sammlung von Gesetzen für Kurhessen, Jahr 1831, Nr. 1, Januar

Sammlung sämmtlicher Drucksachen des Reichstages des Norddeutschen Bundes im Jahre 1868, Berlin, 1868

Stenographischer Bericht der "Versammlung zur Vereinbarung der Preußischen Staats-Verfassung, Berlin

Stenographische Berichte über die Verhandlungen des Preußischen Abgeordnetenhauses, Jahrgang 1861, Berlin

Stenographische Berichte über die Verhandlungen des Reichstages des Norddeutschen Bundes, Berlin 1869 und folgende Jahrgänge, Berlin
zit.: Sten. Bericht Verfassungsgebender Reichstag, Band, Seite und Sten. Bericht Norddeutscher Reichstag, Session, Band, Seite)

Stenographischer Bericht über die Verhandlungen des Deutschen Reichstages, Berlin 1871 und folgende Jahrgänge

Verhandlungen zur Vereinbarung der Preußischen Staats-Verfassung, Berlin 1848

Verhandlungen der durch das Allerhöchste Patent vom 5. Dezember 1848 einberufenen Kammer, Zweite Kammer, Jahrgang 1848, Berlin

Verhandlungen der Kammer der Abgeordneten des Königreichs Würtemberg im Jahre 1821, Amtlich herausgegeben durch J. E. Schmid; Siebzehnter Abtehilung Unter-Beylage zu Nr. CCLXIX (Württemberg), Stuttgart

Verhandlungen der Stände-Versammlung des Großherzogthums Baden, Enthaltend die Protokolle der Zweyten Kammer mit deren Beylagen von ihr selbst amtlich herausgegeben, Erstes Heft, Jahrgang 1819, Karlsruhe, Beylage Nro. 30

Verhandlungen der zweyten Kammer der Ständeversammlung des Königreichs Bayern vom Jahrem 1831; Elfter Beylagenband, München 1831

Verhandlungen des Deutschen Bundestages, Stenographische Berichte, Bonn

Wigard, Franz: Stenographischer Bericht über die Verhandlungen der deutschen constituirenden Nationalversammlung zu Frankfurt am Main, Frankfurt 1848

Erster Teil. Einleitung

„Gesetzgebung ist staatliche Rechtsetzung, das Gesetz ist ein Willensakt des Staates. Neu auftauchende Probleme des sozialen Lebens setzen unverzüglich die Gesetzgebungsmaschine in Gang; die zur Gesetzgebung berufenen Organe des Staates schaffen ständig und unermüdlich neues Recht. Diese scheinbare Selbstverständlichkeit birgt vielfältige und weitläufige Probleme, denen nachzugehen zu einer Besinnung auf unsere staatliche und rechtliche Situation überhaupt führt" (Wilhelm Ebel)[1].

Auch die drei Lesungen eines Gesetzes im Deutschen Bundestag erscheinen dem Betrachter des politischen Lebens in Deutschland als eine selbstverständliche Einrichtung des Gesetzgebungsverfahrens. Ursprung und Entwicklungsgeschichte dieser mittlerweile zu einer Institution erstarkten dreifachen Beratung eines Gesetzes sind dagegen bis jetzt weitgehend unbekannt geblieben. Die Erforschung der historischen Entwicklungen und Zusammenhänge ist Gegenstand und Zielsetzung dieser Untersuchung.

Gerade die Schöpfer der verschiedenen Geschäftsordnungen mußten oftmals auf Vorbilder zurückliegender Parlamente aus dem In- und Ausland zurückgreifen. Da die Geschäftsordnung und damit das System der Gesetzesberatung naturgemäß zu Beginn der Parlamentssitzungen geschaffen werden mußte, begegnet man bei den Untersuchungen Parlamenten mit unterschiedlichen Voraussetzungen. Neben einem Parlament wie dem englischen Unterhaus, das auf eine jahrhundertealte Erfahrung zurückblicken konnte, existierten auch Häuser wie beispielsweise die Französische Constituante oder auch die Frankfurter Nationalversammlung, denen aufgrund drängender politischer Umstände kaum Zeit für die sorgfältige Ausarbeitung einer Geschäftsordnung blieb. Namentlich diese Parlamente mußten nahezu zwangsläufig auf Erfahrungen früherer Parlamente zurückgreifen. Durch Verknüpfung mit den eigenen vertrauten Parlamentsvorgängen entstand in der Regel ein neues System zur Beratung eines Gesetzes, das dann wiederum späteren Parlamenten als Vorbild dienen konnte.

---

[1] Ebel, Geschichte der Gesetzgebung, S. 7

Die Darstellung dieser Entwicklungen erscheint notwendig, um die verschiedenen Einflüsse sichtbar zu machen, die auf die Bildung unseres derzeitigen Gesetzesberatungssystems eingewirkt haben. Hierbei ist auf Struktur und Verfahren der früheren deutschen Länderparlamente einzugehen und zu untersuchen, welche Voraussetzungen und Bedingungen zu notwendigen Änderungen der Geschäftsordnungen z. B. im Deutschen Reichstag bzw. in den Ländern der Weimarer Republik geführt haben.

Unter dieser Prämisse ist auch die Gesetzesberatungstechnik der heutigen Bundesländer zu betrachten. Selbst wenn die Einzeldarstellung der jeweiligen Beratungssysteme zunächst recht reizlos erscheinen mag, so dürfte sie aufgrund der vielfach zu beobachtenden gegenseitigen Befruchtung hinsichtlich ihrer Arbeitsmethoden zwischen den Parlamenten der Länder und dem "Parlament des Staates" für eine genaue Analyse der Entwicklungsgeschichte des Gesetzesberatungssystems unentbehrlich sein. Außerdem bietet sie dem Betrachter die Möglichkeit, die Entstehung der Gesetzesberatungstechnik in "seinem" Land zu ergründen und hieraus auch Schlüsse auf die gesamte Parlamentsentwicklung zu ziehen, zumal gerade die älteren Geschäftsordnungen nicht ohne Probleme zugänglich sind. Hier kann die Arbeit praktisch als "Nachschlagewerk" dienen, da sie nahezu alle bisher in den Parlamenten Deutschlands verwendeten Gesetzesberatungssysteme behandelt.

Aber nicht nur dem historisch interessierten Leser nutzt eine Darstellung der Entwicklungsgeschichte der Gesetzesberatung. Auch für eine eventuelle Weiterentwicklung der deutschen Gesetzesberatungstechnik ist ein Blick auf die Erfahrungen vergangener Parlamente unerläßlich. Die Geschäftsordnung des Deutschen Bundestages, in der die Gesetzesberatung geregelt ist, kann nicht als "Jahrhundertwerk" bezeichnet werden, das keinerlei Änderungen und Anpassungen zuläßt. Regelungen des parlamentarischen Verfahrens müssen, wenn der Parlamentarismus lebendig bleiben soll, ständig neu auf ihre Effektivität und Praktikabilität überprüft und gegebenenfalls geändert werden[2].

Gelegentlich wird die Institution der drei Gesetzesberatungen im Deutschen Bundestag in Zweifel gezogen und teilweise sogar wegen der langen Tradition

---

[2] vgl. Ehlers, Kommentar zur Geschäftsordnung, Vorwort, VII.

als nicht mehr zeitgemäß betrachtet. Immer wieder werden Reformvorschläge zum Gesetzesberatungsverfahren erarbeitet und zur Diskussion gestellt. Doch können keine Neuschöpfung, kein noch so detaillierter theoretischer Entwurf für sich Ausschließlichkeit beanspruchen, bevor nicht dessen Effektivität im Parlamentsleben unter Beweis gestellt worden ist.

Vornehmlich aus dieser Tatsache und der fehlenden Möglichkeit eines ständigen "Ausprobierens" verschiedener Reformvorschläge im Parlament ergibt sich die Notwendigkeit, die positiven wie auch negativen Erfahrungen früherer Parlamente bei einer Beurteilung und eventuellen Weiterentwicklung des heutigen Systems der Gesetzesberatung zu verwerten. Es ist in diesem Zusammenhang hilfreich zu wissen, welche Gründe, Gedanken und Entwicklungen die jeweiligen Initiatoren der Geschäftsordnung zu der Ausgestaltung "ihres" Gesetzesberatungssystems bewogen haben, ob sich Schwierigkeiten hinsichtlich der Praktikabilität innerhalb der eigenen Parlamentsarbeit herauskristallisierten und inwieweit diese Probleme durch Abänderungen des Gesetzesberatungssystems behoben werden konnten.

Gerade die Urheber solcher "Verbesserungsvorschläge" vernachlässigen aber fast vollständig diese historische Komponente bei ihren Überlegungen. Sie sehen meistens nicht die Notwendigkeit, sich mit den Gründen zu befassen, die frühere Schöpfer von Geschäftsordnungen zu ihren Regelungen der Gesetzesberatung bewogen haben. Die mangelnde Kenntnis der Entwicklungsgeschichte des Gesetzesberatungsverfahrens führte sogar zu der Charakterisierung der drei Lesungen des Bundestages als "ritualisierter historischer Irrtum"[3], ohne daß die eigentlichen Beweggründe für die Einführung der drei Lesungen ergründet wurden.

Diese Arbeit will versuchen, dieses historische Gerüst für eine Betrachtung des deutschen Gesetzesberatungsverfahrens im Lichte einer jahrhundertealten Tradition zu erstellen. Hiermit kann auch der Außenstehende das derzeitige Gesetzesberatungssystem der Bundesrepublik Deutschland hinsichtlich seiner Effizienz und Transparenz unter Berücksichtigung historischer Erwägungen betrachten. Naturgemäß kann es nicht Aufgabe und Zielsetzung einer vorwiegend historisch angelegten Arbeit sein, ein vollkommenes, in allen Einzelheiten ausgestaltetes Reformmodell zu erarbeiten, das in allen Punkten den parlamentarischen Anforderungen des Gesetzgebungsalltags Rechnung trägt. Jedoch können durch die Untersuchungen zumindest Schwachstellen des derzeitigen Gesetzesberatungssystems aufgedeckt und Lösungsansätze aufgezeigt werden, die sich sowohl an den aktuellen Problemen des Parlamentslebens als auch an den Erfahrungen früherer Parlamente orientieren.

Nicht zuletzt vermag diese Untersuchung möglicherweise auch eine Hilfestellung bei der Auslegung der heutigen Gesetzesberatungsregeln zu geben. Die Bedeutung der historische Komponente für eine solche Auslegung hat das Bundesverfassungsgericht ausdrücklich ausgesprochen: "Die parlamentarische Geschäftsordnung sichert das geordnete Funktionieren des Parlaments im Staats- und Verfassungsleben. Sie regelt das Verfahren für die Abwicklung der Parlamentsgeschäfte. Aus dem Wesen und der Aufgabe der Geschäftsordnung ergibt sich, daß für ihre Auslegung besondere Grundsätze gelten müssen. Bei der Auslegung der Geschäftsordnung ist die parlamentarische Tradition und Praxis mit heranzuziehen, wie sie durch die historische und politische Entwicklung geformt worden ist."[4]

---

[3] so die Bezeichnung von Jekewitz, Ein ritualisierter historischer Irrtum, schon in der Überschrift seines Aufsatzes.

[4] BVerfGE 1, 144, 148 f.

Zweiter Teil. Die Gesetzesbehandlung in den Versammlungen der römischen Republik als Ausgangspunkt für die Beurteilung der Beratungsformen konstitutioneller Parlamente

Eine entwicklungsgeschichtliche Untersuchung von Parlamentsgewohnheiten oder -institutionen macht zumindest eine kurze Betrachtung der Verhandlungspraxis antiker Versammlungen erforderlich, in denen sich in einem langen Zeitraum feste Züge des Beratungs- und Beschlußverfahrens entwickelt hatten. Die in diesen Versammlungen eingehaltenen Gepflogenheiten und Rituale könnten auch heute noch in den Verfahrensweisen der konstitutionellen Parlamente fortwirken.

Die Versammlungen der Antike standen im Prinzip vor einer vergleichbaren Aufgabe wie die heutigen Parlamente. In ihnen mußten die Meinungen einer Vielzahl von Personen festgestellt, gegeneinander abgewogen und mit einem Beschluß "kanalisiert" werden, so daß letztlich durch die Versammlung eine Entscheidung getroffen werden konnte. Die damals angewandte Vorgehensweise läßt sich aufgrund der teilweise fehlenden Aufzeichnungen nur eingeschränkt nachvollziehen. So mußte schon der Parlamentarismusforscher Dumont im Jahre 1816 einräumen: "Ich hätte gerne bei Gelegenheit einer jeden Regel die verschiedenen Gebräuche der Völker angegeben, die deliberierende Versammlungen besessen haben; gerne den Leser nach Athen, Rom, Venedig und die ehemaligen Republiken Italiens versetzt. Aber unsere Kenntnisse über ihre inneren Formen sind sehr mangelhaft. Die Schriftsteller haben diese Details vernachlässigt, entweder weil sie sie als überflüssig für ihre Zeitgenossen hielten, die damit bekannt waren, oder weil sie die Wichtigkeit derselben nicht ahnten"[5].

Die Quellenlage hinsichtlich der Versammlungen in der römischen Republik ist durch die Forschung mittlerweile ergiebiger. Aufbau und Geschäftsgang der Versammlungen können weitgehend nachvollzogen werden. Durch Auswertung von Primärquellen ist es möglich, zumindest die Grundzüge des Verfahrens im römischen Senat und der Volksversammlung nachzuzeichnen. Auch wenn die römische Republik über fünfhundert Jahre Bestand hatte, blieben die

---

[5] vgl. Dumont in der Vorrede zu Bentham, Tactik des Geschäftsganges, XIX

Grundstrukturen der Behandlung der Gesetze in diesen Versammlungen weitgehend gleich.

A. Die Behandlung der Gesetze im römischen Senat

I. Der Senat als Vorberatungsorgan zum Beschluß von Volksgesetzen

Im Senat der römischen Republik wurden die Beschlüsse der Volksversammlung vorberaten[6]. Auch wenn der Wirkungskreis des Senats insgesamt eher dem einer Regierungsbehörde und nicht dem eines Parlamentes nach heutiger Sichtweise entsprach[7], mußte der Entschluß, ein Gesetz der Volksversammlung vorzulegen, zunächst innerhalb des Senats behandelt werden, so daß die Kenntnis der angewandten Beratungsformen möglicherweise aufschlußreich sein könnte.

II. Die Beratung im Senat

Die Geschäftsordnung des Senats und damit die Behandlung der anstehenden Fragen war genau geregelt[8]. So wurden die Sitzungen zunächst nach religiösem Ritus eingeleitet, indem ihnen Auspizien und Opfer vorangingen[9]. Innerhalb der Sitzung des Senats gab es eine streng einzuhaltende Sitzordnung, die sich an der politischen Stellung der jeweiligen Senatsmitglieder orientierte[10].

Zu Beginn der Sitzung referierte der magistratische Leiter der Senatsverhandlung einleitend über die zu behandelnden Fragen. Der Verhandlungsleiter wurde daher nicht aus der Mitte der Senatsmitglieder

---

6 vgl. zur Entwicklung der Kompetenzen des römischen Senats: Bleicken, Verfassung der Römischen Republik, S. 113; hier insb. S. 115

7 so Mommsen, Römisches Staatsrecht, Band III, 2. Teil, S. 1034; Wieacker, Vom Römischen Recht, S. 45, spricht von einem fehlenden Bewußtsein des römischen Staates für die Trennung der gesetzgebenden und vollziehenden Gewalt.

8 Einen Überblick über die Geschäftsordnung bietet: Bleicken, Verfassung der Römischen Republik, S. 110 ff.; ausführlicher: Mommsen, Römisches Staatsrecht, Band III, 2. Teil, S. 905 ff.

9 vgl. von Herzog, System der Römischen Staatsverfassung, Band I, 2. Abt., S. 913

10 vgl. von Herzog, System der Römischen Staatsverfassung, Band I, 2. Abt., S. 913 f.

bestimmt, sondern durch diejenigen Magistrate, die den entsprechenden Beschluß des Senates gefordert hatten, gestellt[11]. Der Vortrag des magistratischen Leiters konnte sich auf das bloße Vorlegen des zu behandelnden Gegenstands beschränken; es war allerdings auch möglich, einen bestimmten, sogar vorformulierten Vorschlag in einer Rede zu entwickeln[12]. Der Vortrag stellte jedoch formal keine eigene Antragstellung dar[13]. Erst aus dem Vortrag des Verhandlungsleiters wurde ein Antrag formuliert, über den der Senat abschließend zu entscheiden hatte[14].

Die eigentliche Formulierung des Antrags und seine Behandlung vollzog sich in Form einer "Umfrage"[15], in der sich die Senatsmitglieder in einer sich aus der Sitz- und damit auch Rangordnung der Senatsmitglieder ergebenden Reihenfolge zu dem Antrag äußern konnten[16]. Bei der Vorberatung eines Gesetzes innerhalb des Senats hatten - dies galt auch für die Vorberatung von Volksgerichtsurteilen[17] - sowohl die patrizischen, als auch die plebejischen Senatoren[18] die Möglichkeit, über das Gesetzesvorhaben zu diskutieren und abzustimmen[19]. Allerdings war es bei unumstrittenen Anträgen durchaus möglich, ohne Wortmeldung abzustimmen[20].

Schritt man jedoch zur Umfrage zwischen den Senatsmitgliedern, hatten die nicht stimmberechtigten Personen - abgesehen von den zuständigen Magistraten

---

11 Bleicken, Verfassung der Römischen Republik, S. 904 f.

12 vgl. von Herzog, System der Römischen Staatsverfassung, Band I, 2. Abt., S. 919

13 Mommsen, Römisches Staatsrecht, Band III, 2. Teil, S. 956

14 Bleicken, Verfassung der Römischen Republik, S.110; vgl. zum Verhältnis zwischen Vortrag und Antrag: Mommsen, Römisches Staatsrecht, Band III, 2. Teil, S. 961 f.

15 Mommsen, Römisches Staatsrecht, Band III, 2. Teil, S. 965, bezeichnet die Umfrage als "eine der eigenartigsten und eingreifensten Besonderheiten des römischen Parlaments".

16 vgl. zu der Rangfolge: Bleicken, Verfassung der Römischen Republik, S.110 f.;

17 Zu den einzelnen Vorberatungskompetenzen bei verschiedenen Beratungsgegenständen vgl. Mommsen, Römisches Staatsrecht, Band III, 2. Teil, S. 1043 ff.

18 Zur Entwicklung der Zusammensetzung des Senats, in dem zunächst nur die Oberhäupter der römischen Geschlechter saßen: von Lübtow, Das Römische Volk, S. 142 ff.; Mommsen, Römisches Staatsrecht, Band III, 2. Teil, S. 835 ff.; von Herzog, System der Römischen Staatsverfassung, Band I, 1. Abt., S. 83 ff.; Band I, 2. Abt., S. 867 ff.

19 vgl. Mommsen, Römisches Staatsrecht, Band III, 2. Teil, S. 1043

20 von Herzog, System der Römischen Staatsverfassung, Band I, 2. Abt., S. 919

- den Abstimmungssaal verlassen. Die einzelnen Mitglieder wurden vom Vorsitzenden nacheinander namentlich aufgerufen. Der zuerst Aufgerufene - dies war meistens das ranghöchste Senatsmitglied - hatte dann einen aus seinem Vortrag resultierenden Antrag zu stellen. Dieser konnte auch dazu führen, daß erst später Beschluß über die Sache gefaßt werden sollte oder die Beschlußfassung ganz unterblieb. Die nachfolgend Aufgerufenen konnten entweder einen anderslautenden Antrag stellen oder einem bereits gestellten Antrag zustimmen[21]. Eine eigentliche Diskussion konnte so zweifelsohne nicht stattfinden, da jedes Senatsmitglied nur einmal sprechen durfte und so ein späteres Eingreifen in die Debatte nicht mehr möglich war[22]. Nur der Vorsitzende des Senats hatte das Recht, während der Umfrage jederzeit das Wort zu ergreifen[23].

Die festgelegte Reihenfolge der Redner führte dahin, daß die Mitglieder des Senats mit der geringsten politischen Stellung erst gegen Ende der Umfrage sprechen durften. Allerdings hatten sie noch die Möglichkeit, Gegen- oder Änderungsanträge zu stellen. Selbst wenn das Interesse der Zuhörer bei den letzten Rednern oftmals nachgelassen haben dürfte, konnte eine Rede unmittelbar vor der Abstimmung natürlich auch einen Vorteil bedeuten[24].

Nachdem die Umfrage beendet war, schritt man zur Festlegung der Fragestellung. Die von den Senatsmitgliedern aufgeworfenen Gegen- und Änderungsanträge mußten durch den Vorsitzenden dahingehend geordnet werden, ob verschiedene Vorschläge sich gegenseitig ausschlossen oder nebeneinander bestehen bleiben konnten[25]. Es kam auch vor, daß der Vorsitzende einen Antrag gänzlich unberücksichtigt ließ[26]. Die Senatoren hatten bei komplexen Anträgen grundsätzlich immer das Recht, die Teilung der

---

21 Mommsen, Römisches Staatsrecht, Band III, 2. Teil, S. 978 ff.

22 Mommsen, Abriss des römischen Staatsrechts, S. 314

23 Schiller/Vogt, Staats-, Kriegs- und Privataltertümer, S. 125

24 vgl. Mommsen, Römisches Staatsrecht, Band III, 2. Teil, S. 981

25 Mommsen, Römisches Staatsrecht, Band III, 2. Teil, S. 986

26 von Herzog, System der Römischen Staatsverfassung, Band I, 2. Abt., S. 923

Frage zu beantragen[27]. Die Verkündung vor der Abstimmung bestand wahrscheinlich in einer Verlesung der abzustimmenden Vorschläge[28].

Die Abstimmung selbst geschah nach einer formelhaften Aufforderung durch Auseinandertreten der Stimmberechtigten. Bei jedem Antrag entschied die einfache Mehrheit der Anwesenden. Das Resultat wurde vermutlich stets durch formelles Ausrufen bekanntgemacht und festgestellt[29].

B. Der Beschluß eines Gesetzes in der Volksversammlung

I. Die Volksversammlung als Beschlußorgan für Gesetze

Die römische Volksversammlung war für die Wahl der Beamten und die Aburteilung schwerer politischer Verbrechen[30], daneben aber auch für die Beschlußfassung von Gesetzen zuständig. Dieses Recht der normativen Gesetzgebung hatte sich die Volksversammlung gegen Ende der Ständekämpfe erstritten[31]. Die Ausübung des Stimmrechts innerhalb der Volksversammlung gehörte deshalb zu den wichtigsten Bürgerrechten. Die Volksversammlungen mußten stets durch die Magistratur einberufen werden[32], so daß die Bürger sich nicht aufgrund eigener Initiative versammeln konnten[33].

II. Die Verfahrensweise der Volksversammlung

Die Berufung der Bürgerschaft geschah durch Bekanntgabe des Verhandlungsgegenstandes und Benennung des Verhandlungstages. Bei Gesetzesvorlagen mußte der Wortlaut durch Aushang bekanntgemacht

---

[27] vgl. Mommsen, Römisches Staatsrecht, Band III, 2. Teil, S. 987 f.

[28] So vermutet es Mommsen, Römisches Staatsrecht, Band III, 2. Teil, S. 986.

[29] von Herzog, System der Römischen Staatsverfassung, Band I, 2. Abt., S. 924

[30] vgl. zu den Delikten, die vor dem Volksgericht verhandelt wurden: Bleicken, Ursprung und Bedeutung, S. 369 ff.

[31] vgl. Bleicken, Verfassung der Römischen Republik, S. 101; zu der Entwicklung des Volksbeschlusses Bleicken, Lex publica, S. 82 ff.; Siber, Die ältesten römischen Volksversammlungen, S. 233 ff.

[32] ausführlich zur Einberufung: Mommsen, Abriss des römischen Staatsrechts, S. 300 f.

[33] vgl. Meyer, Römischer Staat und Staatsgedanke, S. 190

werden[34]. Schon in der frühen Geschichte der Volksversammlung bildete sich die Gewohnheit einer längeren Ankündigungsfrist heraus, die später auch durch Gesetz angeordnet wurde. Zur Information über das vorgelegte Gesetz waren die alle acht Tage wiederkehrenden Markttage geeignet, an denen sich die Landbewohner ohnehin größtenteils in der Stadt aufhielten. So entwickelte sich die Sitte, die Volksversammlung am dritten auf den Ankündigungstag folgenden Markttag abzuhalten. Der Ankündigungstag und der Abstimmungstag wurden in diese Frist eingerechnet, so daß sich eine Frist von 21 - 23 Tagen ergab[35].

Aufgrund dieser "promulgatio trinundinum" ergab sich somit die Möglichkeit, den Gesetzesentwurf unter den Bürgern auf den dazwischenliegenden Markttagen zu diskutieren[36]. Diese Möglichkeit zur Rede und Information bestand direkt auf dem Marktplatz, wo sich in einiger Entfernung von der üblichen Abstimmungsstelle ein Sprecherplatz (rostra) befand. Bei den von der Volksversammlung auszusprechenden Gerichtsurteilen war sogar eine vorherige dreimalige Verhandlung der Sache auf dem Markt zwingend vorgeschrieben[37].

War der Tag der Abstimmung gekommen, konnte der Gesetzesbeschluß nur unter drei Voraussetzungen Wirksamkeit erlangen[38]: Zunächst mußte die Möglichkeit der persönlichen Mitwirkung der stimmberechtigten Mitglieder gewährleistet sein. Daher wurde die Bürgerschaft am Abstimmungstag durch Heroldsruf aufgefordert, sich zwecks Abstimmung an einem bestimmten Ort einzufinden[39].

Ein Beschluß der Gemeinde als einseitiger Akt war nach römischer Staatsauffassung nicht möglich. Deshalb mußte als zweite Voraussetzung für

---

34 vgl. Mommsen, Abriss des römischen Staatsrechts, S. 301

35 von Herzog, System der Römischen Staatsverfassung, Band I, 2. Abt., S. 1179 f.

36 von Herzog, System der Römischen Staatsverfassung, Band I, 2. Abt., S. 1180; auch S. 1092 f.

37 vgl. Mommsen, Abriss des römischen Staatsrechts, S. 302

38 vgl. hierzu: Mommsen, Römisches Staatsrecht, Band III, 1. Teil, S. 303 ff.

39 vgl. Mommsen, Abriss des römischen Staatsrechts, S. 302

die Wirksamkeit des Beschlusses eine Zweiseitigkeit des geplanten Handlungsaktes vorliegen[40]. Dementsprechend stellte der Magistrat die als Frage formulierte, offizielle Formulierung bei Gesetzesanträgen: "vos rogo, Quirites, velitis iubeatis" (Ich frage Euch, Quiriten, wollt Ihr und wollt Ihr als Recht setzen, daß ...?)[41].

Diese Frage hatte die Versammlung nun zu beantworten. Die Meinungsfindung mußte - und dies war die dritte Voraussetzung eines wirksamen Volksbeschlusses - durch eine Abstimmung der Majorität ihrer verfassungsmäßig geordneten Teile vollzogen werden. Jeder Teil der Versammlung stimmte dabei getrennt ab[42]. Die römische Volksversammlung war keine ungegliederte Masse von Bürgern, sondern stellte stets die Summe einzelner Abteilungen dar. Hinsichtlich dieser Abteilungen gab es drei Gliederungsprinzipien. Zunächst bestand das Gliederungsprinzip der Curie als eine in einer Verwaltungseinheit zusammengefaßte Summe von Familien bzw. Geschlechtern[43]. Erst in den Ständekämpfen konnten die Plebejer eine Einteilung auf militärischer Grundlage nach Centurien - diese wurden durch jeweils hundert Personen gebildet - erreichen. Darüber hinaus gab es nach den Ständekämpfen auch die Einteilung nach lokalen Bezirken[44].

Die Abgabe der Stimmen bestand in der Antwort auf die Frage durch jede einzelne Abteilung. Die Entscheidung erfolgte ohne Diskussion. Auch Änderungsanträge durften nicht gestellt werden[45]. Die den Antrag bejahende Antwort lautete "uti rogas" (wie Du beantragst), die verneinende "antiquo" (ich belasse es beim alten Zustand)[46]. Formell wurde die Abstimmung vollzogen, indem jeder Abteilung ein räumlicher Bereich zugewiesen wurde, der

---

40 Mommsen, Römisches Staatsrecht, Band III, 1. Teil, S. 303 f.

41 zitiert nach: Meyer, Römischer Staat und Staatsgedanke, S. 193

42 Mommsen, Römisches Staatsrecht, Band III, 1. Teil, S. 305

43 Bleicken, Verfassung der Römischen Republik, S. 97; vgl. zu der Entstehung dieser Einteilung: Linke, Von der Verwandtschaft zum Staat, S. 77 ff.

44 Bleicken, Verfassung der Römischen Republik, S. 98 f.; vgl. ausführlich zu der Einteilung der Bürgerschaft: von Herzog, System der Römischen Staatsverfassung, Band I, 2. Abt., S. 1013 ff

45 vgl. von Herzog, System der Römischen Staatsverfassung, Band I, 2. Abt., S. 1186

46 zitiert nach: Meyer, Römischer Staat und Staatsgedanke, S. 193

Stimmberechtigte aus diesem heraustrat und dem vom Magistrat der Abteilung zugewiesenen "rogator" mündlich die zustimmende oder verneinende Antwort gab. Nach Zählung der Stimmen übermittelte jede Abteilung ihr Ergebnis dem vorsitzenden Magistrat, der die einzelnen Entscheidungen der Abteilungen auszuzählen hatte. Für das Gesamtergebnis war eine absolute Mehrheit der Abteilungen erforderlich.

Nach der Auszählung wurde das Gesamtergebnis vom Vorsitzenden der Volksversammlung als Antwort auf die Ausgangsfrage des Magristraten verkündet[47]. Die Volksbeschlüsse trugen damit den Charakter einer zweiseitigen Vereinbarung ungleicher Partner[48]. Das beschlossene Gesetz wurde schriftlich zusammengefaßt und bekanntgemacht, wobei der Name des antragstellenden Magistrats, die eventuell erforderliche Zustimmung des Senats und der gesetzliche Hergang des Beschlusses der Volksversammlung sowie Ort und Zeit der Abstimmung erwähnt sein mußten[49].

C. Zusammenfassung der für die weitere Betrachtung wesentlichen Merkmale des römischen Gesetzesberatungsverfahrens

Die Art der Behandlung der Gesetze im römischen Senat und in der Volksversammlung kann naturgemäß nicht im vollen Umfang für die Untersuchung des Gesetzesberatungsverfahrens der konstitutionellen Parlamente herangezogen werden. Trotzdem ist die Situation insofern vergleichbar, als auch in den genannten römischen Versammlungen die Notwendigkeit bestand, die Mitglieder über den geplanten Gesetzesentwurf zu informieren und einen Beschluß herbeizuführen.

Zur Gesetzesberatung innerhalb des Senats ist festzuhalten, daß die Reihenfolge der Redner fest vorgegeben und hierdurch keine Diskussion im heutigen Sinne möglich war. Zwar durften Änderungsanträge gestellt werden, doch ließ das einmalige Rederecht keine eigentliche Beratung zwischen den

---

[47] vgl. Mommsen, Abriss des römischen Staatsrechts, S. 304

[48] Bleicken, Lex publica, S. 178

[49] von Herzog, System der Römischen Staatsverfassung, Band I, 2. Abt., S. 1186

Senatsmitgliedern zu. Grundsätzlich ist festzuhalten, daß jeweils lediglich eine einmalige Behandlung der Gesetze stattfand.

Das in der Volksversammlung vorgelegte Gesetz konnte - wie oben erläutert - nur angenommen oder abgelehnt werden. In der römischen Volksversammlung gab es durch die drei Marktage zwischen der Verkündung und der Debatte allerdings die Möglichkeit der vorbereitenden Diskussion unter den Mitgliedern der Volksversammlung. Die Tage der Verkündung und der Abstimmung wurden zwar mitgerechnet, aber auch an diesen Tagen bestand die Möglichkeit einer Diskussion, so daß von einer in der Regel dreimaligen Beratung auszugehen ist.

Bemerkenswert ist auch die grundsätzliche Einteilung der Volksversammlung in einzelne Abteilungen. Bei der endgültigen Auszählung zählte nicht die einzelne Stimme des Mitglieds, sondern die Mehrheit der Abteilungen.

Dritter Teil. Die symbolische Bedeutung der Zahl "Drei" im Rechtsbereich der Antike, der Germanen und des Mittelalters

Schon immer haben die Menschen versucht, den Zahlen einen über ihren Zählwert hinausgehenden Sinn zu geben[50]. Die Zahl Drei galt hierbei stets als die Zahl der Vollkommenheit und der Vollendung[51]. So deuten ältere Rechtssprichwörter wie "Drei sind frei" oder "Aller guten Dinge sind drei". die symbolische Bedeutung der Zahl "drei" an[52]. Obwohl die drei Lesungen eines Gesetzes im Deutschen Bundestag nicht als ein ausschließlich symbolischer Akt verstanden werden, erscheint es zum Verständnis ihrer Entwicklungsgeschichte sinnvoll, auch auf eine eventuell symbolische Bedeutung einer dreifachen Gesetzesberatung einzugehen.

---

50 vgl. Suntrup, Artikel "Zahlensymbolik", HRG ,39. Lieferung, Sp. 1599 - 1606

51 Heinz-Mohr, Lexikon der Symbole, Art. "Zahlensymbolik", S. 308

52 vgl. zu der Symbolik dieser Sprichwörtern: Stammler/Erler, Artikel "Drei", HRG I, Sp. 784

A. Die rechtliche Bedeutung der Zahl "Drei" im antiken Rechtskreis

Die Zahl Drei war schon in der antiken Geisteswelt und im Rechtsbereich eine bevorzugte Zahl. Ihre Hochschätzung läßt sich vermutlich auf indogermanisches Gemeingut zurückführen. Dies könnte eine Erklärung für die Tatsache sein, daß die Griechen und Römer der Zahl Drei eine gewichtige Rolle zukommen ließen. Die Griechen hielten die Drei sogar für eine heilige Zahl[53]. So ging schon Pythagoras davon aus, daß "das All durch die Zahl Drei vollendet bestimmt sei"[54]. Im gleichen Sinne beinhalteten aber auch bei den Römern viele Rechtsregeln die Zahl Drei. So bestimmte zum Beispiel der Ausspruch "Tres faciunt collegium", daß ein Verein aus mindestens drei Personen bestehen müsse[55]. Das Gesetzesberatungssystems der römischen Volksversammlung kannte - wie beschrieben - den Abstand von drei Markttagen zwischen der Ankündigung und der Abhaltung einer Volksversammlung, so daß die zu beschließenden Gesetze dreimal diskutiert werden konnten. Für die Vorbereitung von Strafprozessen in der Volksversammlung war sogar zwingend eine dreifache Vorbehandlung vorgesehen. Schon bei der Festlegung der drei Markttage wurde dieser Verfahrensweise neben Praktikabilitätsgründen mit einiger Wahrscheinlichkeit auch ein symbolischer Charakter zugemessen.

B. Die rechtliche Bedeutung der Zahl "Drei" im germanischen Rechtskreis

Wie im römischen Rechtsbereich hatte die Zahl Drei auch im germanisch-deutschen Rechtskreis oftmals in gleicher Weise symbolischen Charakter. Das heute noch bekannte Sprichwort "Aller guten Dinge sind drei" ist zum Beispiel mittelalterlichen Ursprungs, wobei "Dinge" hier ursprünglich im Sinne von Gerichtsterminen gemeint waren[56].

Auch in der Gesetzgebung der fränkischen Zeit finden sich Quellen, die von einer dreifachen Beratung eines Gesetzes sprechen. Die symbolische Bedeutung

---

53 vgl. Stammler/Erler, Artikel "Drei", HRG I, Sp. 783

54 Bauer/Dümotz/Golowin, Lexikon der Symbole, Stichwort: Pythagoras, S. 446

55 vgl. hierzu: Liebs, Lateinische Rechtsregeln, S. 209; auch Grimm, Rechtsalterthümer, S. 286; weitere Beispiele bei Stammler/Erler, Artikel "Drei", HRG I, Sp. 783 f.

56 Stammler/Erler, Artikel "Drei", HRG I, Sp. 784; weitere Bespiele in: Grimm, Rechtsalterthümer, S. 286 ff.

der dreifachen Beratung kann anhand des Prologs der Lex Salica deutlich gemacht werden. Die Lex Salica, älteste geschriebene Quelle des fränkischen und deutschen Rechts, überragt bei weitem alle übrigen Rechtsquellen der fränkischen Epoche[57]. Das Gesetz geht wahrscheinlich auf die letzten Regierungsjahre Chlodwigs zurück und stellt keine Arbeit privater Gelehrter dar[58].

Über die Vorgänge der Entstehung der Lex Salica gibt der sogenannte "kurze Prolog" Auskunft[59]: "Extiterunt igitur inter eos electi de pluribus uiri quattor nominibus: Uuisogastus, Arogastus, Salegastus, Uuidogastus ... , qui per tres mallos convenientes omnes causarum origines sollicite discutientes de singulis iudicium decreuerunt hoc modo: ...".

Dieser Prolog ist ein Beleg für das später oft zu erkennende Verfahren bei der Gesetzgebung[60]. Der erste Teil des Prologs weist auf den Typus der Lex Salica als ein Produkt der Konsensgesetzgebung hin[61]. Die Bindung des "Gesetzgebers" an die Zustimmung der Betroffenen war ein ungeschriebenes Gesetz der germanisch-mittelalterlichen Herrschaftskontrolle[62].

Im Prolog ist von vier erwählten, mit symbolischen Namen belegten Männern die Rede, die an drei verschiedenen Rechtstagen zusammenkamen, um alle Anlässe zu Streitsachen in sorgfältiger Erörterung zu behandeln und darüber Beschluß zu fassen[63]. Die Beratung der einzelnen Rechtsbestimmungen der

---

57 so Ebel, Geschichte der Gesetzgebung, S. 31

58 vgl. Zöllner, Geschichte der Franken, S. 147

59 Vgl. den Abdruck in: Eckhardt, Pactus legis Salicae, S. 3; nicht eingegangen werden soll hier auf die verschiedenen Fassungen des kurzen Prologs. Der sog. lange Prolog enthielt zusätzlich einen Hymnus auf die Franken, in dem besonders auf ihr katholisches Bekenntnis, ihr Streben nach göttlicher Weisheit und ihre Gerechtigkeits- und Friedensliebe hingewiesen wurde; vgl. zu den verschiedenen Prologen: Waitz, Das alte Recht, S. 36 ff.; Beyerle, Normtypen und Erweiterungen, S. 225 ff.; zusammenfassend: Schmidt-Wiegand, Entstehung der Lex Salica, S. 7 ff.

60 vgl. Schmidt-Wiegand, Artikel "Lex Salica", HRG II, Sp. 1950

61 vgl. Kaufmann, Artikel "Konsens", HRG II, Sp. 1095; auch Schmidt-Wiegand, Artikel "Lex Salica", HRG II, Sp. 1950

62 so Kaufmann, Artikel "Konsens", HGR II, Sp. 1090

63 Diese freie Übersetzung ist angelehnt an v. Krammer, Entstehung der Lex Salica, S. 52.

Lex Salica erfolgte damit unter dem Vorsitz der erwählten vier Männer[64] auf drei Gerichtsversammlungen, die zu der damaligen Zeit aus hundert Männern bestanden[65].

Die Vorgehensweise der Schöpfer des Gesetzes hat der Verfasser des Prologs sicherlich ausgemalt[66]. Die Namen der vier Vorsitzenden waren ohne Zweifel fingiert[67]. Trotzdem kann der Prolog nicht als ein reines literarisches Phantasieprodukt charakterisiert werden[68]. Die Lex Salica ist auf jeden Fall in der Form eines Weistums ergangen[69]. Diese Art der hypothetischen Urteilsfindung ließ es zu, statt nur für einen Fall ein Weistum gleich für eine Reihe von Fragen zu schöpfen. Das Urteil erging als Auskunft über eine tatsächliche oder hypothetische Rechtslage[70].

Ob tatsächlich eine Beratung an drei verschiedenen Rechtstagen stattgefunden hat, ist zweifelhaft. Zwar waren die Einflüsse auf die Lex Salica sowohl christlicher, als auch heidnischer Natur[71], doch ist eine eher symbolhafte Bedeutung dieser dreifachen Beratung im Sinne der christlichen Lehre zu vermuten.

Als Indiz für den christlichen Ursprung der Symbolik ist die Tatsache zu werten, daß sich Chlodwig im Jahr 496 mit seiner Taufe zum Christentum bekannt hatte[72]. Auch der sog. längere Prolog ergänzte den kürzeren dahingehend, daß erneut die Bekehrung Chlodwigs zum Christentum vermittelt und das Streben der Franken nach göttlicher Weisheit, sowie ihre

---

[64] vgl. Sohm, Fränkische Reichs- und Gerichtsverfassung, S. 52

[65] vgl. Sohm, Fränkische Reichs- und Gerichtsverfassung, S. 53, 57

[66] so behauptet es Krammer, Entstehung der Lex Salica, S. 57

[67] so Sohm, Fränkische Reichs- und Gerichtsverfassung, S. 52, Fn. 43

[68] vgl. die als noch nicht abgeschlossen bezeichneten Untersuchungen bei: Schmidt-Wiegand, Entstehung der Lex Salica, S. 8 f.

[69] vgl. Schmidt-Wiegand, Artikel "Lex Salica", HRG II, Sp. 1950; Ebel, Geschichte der Gesetzgebung, S. 32

[70] Werkmüller, Aufkommen und Verbreitung der Weistümer, S. 68

[71] vgl. hierzu Vordemfelde, Die germanische Religion, S. 5

[72] vgl. zu diesen Vorgängen: Schmidt, Geschichte der germanischen Völker, S. 223 f.

Gerechtigkeitsliebe herausgestellt wurde[73]. Gerade in der christlichen Symbolik hatte die Zahl Drei den Charakter der Vollkommenheit und Vollendung. Sie galt allgemein als Symbol Gottes bzw. der Dreifaltigkeit[74]. Da die Gesetzgeber der Lex Salica in dem Prolog das Bekenntnis zum Christentum und den Anspruch der Gerechtigkeit für sich vereinnahmten, ist die Vermutung gerechtfertigt, daß die Erwähnung einer Beratung an drei Rechtstagen die angesprochene symbolische Bedeutung hatte.

Vierter Teil. Die Gesetzesberatung in England zu Beginn des 19. Jahrhunderts als Grundlage für die Beurteilung der kontinentalen Rezeption

Die genaue Kenntnis des englischen Gesetzesberatungssystems ist eine unerläßliche Voraussetzung für die Ergründung des Einflusses auf die kontinentalen Gesetzesberatungssysteme. Durch einen Vergleich des englischen Systems mit den Regelungen der kontinentalen Parlamente wird sichtbar, inwieweit hier auf englische Methoden zurückgegriffen wurde bzw. inwieweit Erfahrungen aus der englischen Parlamentspraxis in die Überlegungen eingeflossen sind.

A. Festlegung des Untersuchungszeitraumes

Im Interesse der Untersuchung parallel verlaufender Entwicklungen ist die englische Gesetzesberatungspraxis zur Zeit der Entstehung kontinentaler Parlamente zu erläutern. Die Untersuchung wird hier neben einem Blick auf die ältere Entwicklungsgeschichte auf die Regelung am Anfang des 19. Jahrhunderts beschränkt, da in dieser Phase immer wieder neue Parlamente entstanden und sich daher auch die Notwendigkeit zur Schöpfung neuer Gesetzesberatungssysteme ergab.

---

73 vgl. Schmidt-Wiegand, Entstehung der Lex Salica, S. 7

74 Heinz-Mohr, Lexikon der Symbole, Art. "Zahlensymbolik", S. 308

B. Die Entwicklungsgeschichte des englischen Parlaments bis zum Beginn des 19. Jahrhunderts

Die Organisation des Unterhauses im angegebenen Untersuchungszeitraum wird nur im Lichte seiner eigenen Geschichte verständlich[75]. Gerade in England wirkte sich die aus der Vergangenheit ererbte Tradition auf die Formen und das Verfahren des politischen Prozesses in besonders starkem Maße aus[76], da das parlamentarische Verfahren dort zu Beginn des 19. Jahrhunderts hauptsächlich durch althergebrachtes Gewohnheitsrecht bestimmt wurde[77]. Kein europäischer Staat hat bei der Ausbildung seiner Verfassungsordnung auf derart weit zurückreichende Vorbilder zurückgreifen können wie England[78].

Das englische Parlamentsverfahren ist hinsichtlich seiner "Technik" ein besonderer Ausdruck der historisch und national bedingten Eigenart des englischen Parlamentarismus[79]. Das Parlament war zunächst inmitten einer feudalen Gesellschaftsordnung entstanden und durch stetige Wahrung und Fortbildung seiner Rechte und Befugnisse zum politischen Souverän eines großen Staates gewachsen, der zu Beginn des 19. Jahrhunderts - ein halbes Jahrtausend nach dem ersten Auftreten des Parlaments - die endgültige Umgestaltung und Konsolidierung zu einem Weltreich in Angriff genommen hatte[80]. Daher ist ein Abriß der Entwicklungsgeschichte des Parlaments, seiner Wirkungsweise und seines Verfahrens unerläßlich, zumal viele europäische Staaten später ähnliche staatsrechtliche Entwicklungen durchschritten haben.

Schon in den frühen Zeiten der Angelsachsen[81] existierte ein sog. "Witegamot" als gesetzgebende Körperschaft, eine Versammlung von "weisen Männern", mit deren Rat und Beistand die damaligen Könige Gesetze erließen und Steuern

---

[75] Campion, An introduction to the procedure, S. 1

[76] Loewenstein, Staatsrecht und Staatspraxis, S. 2

[77] Hatschek, Englisches Staatsrecht, S. 363

[78] Campion, An introduction to the procedure, S. 1; vgl. zur Entwicklungsgeschichte des Englischen Parlaments grundlegend: Jennings, Parliament

[79] Redlich, Recht des Englischen Parlamentarismus, Vorrede X

[80] Redlich, Recht des Englischen Parlamentarismus, S. 1; vgl. auch insgesamt zur Entwicklungsgeschichte Englands: Heinrich, Vom Inselstaat zum Weltreich.

erhoben[82]. Allerdings waren ihre Befugnisse noch nicht verfassungsrechtlich verankert[83]. Auch nach der normannischen Eroberung bildeten sich unter Wilhelm I.[84] ein sog. "magnum concilium" und ein "commune concilium". Die beiden councils standen zwar zu dem König grundsätzlich in einem gleichwertigen Verhältnis, doch bestand der Unterschied zwischen ihnen vornehmlich darin, daß das commune concilium häufiger berufen wurde, um den König bei Geldbewilligungen zu beraten[85].

Ausgangspunkt für die Bindung der Krone beim Erlaß von Steuergesetzen war der lehensrechtliche Grundsatz, daß der Lehnsherr von seinem Vasallen grundsätzlich nur diejenige Leistung verlangen konnte, die dieser nach dem Lehensvertrag schuldete. Jede Erhöhung der Forderung wurde nur mit Zustimmung des Betroffenen rechtswirksam[86].

Aus diesem Prinzip entsprang auch der in chapter 12 der Magna Charta aufgestellte bekannte Grundsatz "No taxation without representation." Die Magna Charta[87], in der angelsächsischen Welt als eines der berühmtesten Rechtsdenkmäler angesehen[88], wurde König Johann[89] am 15. Juni 1215 durch aufständische Barone und mit Unterstützung ihrer Verbündeten abgerungen. Neben dem erwähnten Grundsatz war sicherlich auch die Regelung des Chapter 39 bedeutend, in dem alle in die Privatsphäre des Bürgers eingreifenden Handlungen des Staates unter einen Gesetzesvorbehalt nach "dem Urteil der

---

81 vgl. hierzu: de Lolme, rise and progress, S. 3 ff.

82 Wicks, Britische Verfassung und Verwaltung, S. 44; vgl. auch Todd, Über die parlamentarische Regierung in England, S. 3 f.

83 vgl. Helbeck, Das englische Volk, S. 18

84 zu seiner Regentschaftszeit: de Lolme, rise and progress, S. 19 ff.

85 vgl. Todd, Über die parlamentarische Regierung in England, S. 9 f.

86 vgl. Pollard, The evolution of parliament, S. 104

87 vgl. zu ihr bspw.: Gneist, Englische Verfassungsgeschichte, S. 240 ff.

88 so bspw. die Formulierung von Loewenstein, Staatsrecht und Staatspraxis von Großbritannien, S. 5; vgl. allgemein zur Magna Charta: Pirenne, Geschichte Europas, S. 219 ff.

89 zu seiner Regentschaft: de Lolme, rise and progress, S. 50 ff.

Standesgenossen" gestellt wurden[90]. In der Verleihung der Magna Charta wird teilweise sogar die grundsätzliche Anerkennung des Unterhauses gesehen[91].

Unter Eduard I. sind viermal Parlamente einberufen worden[92], wodurch die aufgekommene neue Mittelschicht der Städte und des niederen Adels verstärkt in die "Kunst" des Mit- und Selbstregierens eingeführt wurde. Hierdurch entwickelten sich engere Kontakte zwischen der Krone und maßgebenden Teilen der Bürgerschaft[93]. Gerade in der Einberufung zu seinem "Modellparlament"[94] im Jahr 1295 - das Parlament konnte sich nicht aufgrund eigener Macht versammeln[95] - verkündete Eduard I. den aus dem Corpus juris civilis durch das kanonische Recht vermittelten Satz: "ut quod omnes tangit, ab omnibus comprobetur", der durch die Mitwirkung der "Commons" bei der Beschlußfassung über Steuern auch verwirklicht wurde[96].

Aus der Verbindung der hohen Gerichtsversammlung (Parliamentum[97]) und den gleichzeitig einberufenen Bürgerversammlungen zur Steuerbewilligung erwuchs das englische Parlament im Laufe des 14. Jahrhunderts zu einem einheitlichen Ganzen und zu einer dauernden Gestalt[98]. Unter Eduard III.[99]

---

90 "No free man shall bei seized or imprisoned, or stripped of his rights or possession, or outlawed or exiled, or deprived of his standing in any other way, nor will we proceed with force against him, or send others to do so, except by the lawful judgment of his equals or by the law of the land." (zitiert nach Loewenstein, Staatsrecht und Staatspraxis von Großbritannien, S. 6, Fn.. 1)

91 Todd, Über die parlamentarische Regierung in England, S. 14 f.

92 vgl. hierzu de Lolme, rise and progress, S. 82 ff.

93 Loewenstein, Der britische Parlamentarismus, S. 27

94 so die Bezeichnung von Loewenstein, Staatsrecht und Staatspraxis von Großbritannien, S. 7

95 Custance, Constitution of England, S. 62

96 Redlich, Recht des englischen Parlamentarismus, S. 21

97 vgl. zu der Entwicklungsgeschichte und den verschiedenen Bedeutungen des Begriffs "parliamentum" im 13. und der ersten Hälfte des 14. Jahrhunderts: Pike, Constitutional History of the house of lords, S. 47 ff.; das Schwanken der Bedeutung des Begriffs "Parliamentum" zeigt, in welchem Maße damals der Parlamentsgedanke "im Flusse und in steter Fortbildung begriffen war"; so Redlich, Recht des englischen Parlamentarismus, S. 22, Fn. 2); vgl. auch Gneist, Englische Verfassungsgeschichte, S. 262.

98 Redlich, Recht des englischen Parlamentarismus, S. 22

99 vgl. zu seiner Regentschaft: de Lolme, rise and progress, S. 110 ff.

hatte sich letztlich das ständige staatsrechtliche Prinzip entwickelt, wonach die "Commons" den entscheidenden Anteil an der Bewilligung von Steuern besaßen[100].

Im 14. Jahrhundert bildete sich dann die noch heute bestehende Trennung in die beiden Parlamentshäuser der Lords und der Commons heraus. Zwar fanden einheitliche Tagungen statt, die Einzelberatungen wurden jedoch in getrennten Räumlichkeiten des königlichen Palastes von Westminster abgehalten[101]. So ist seit 1352 als besonderer Versammlungsort der Commons das "Chapterhouse" von Westminster beurkundet. Seit dem Beginn der Regierung Eduards III. war die Trennung in die beiden Häuser der "Grantz" und "Commons" permanent vorhanden[102].

In den folgenden zwei Jahrhunderten wurde nach dem Regierungsantritt von Heinrich VII. im Jahr 1485 bis zu der mit der Vertreibung des Stuart-Königs Jakob II. im Jahre 1688 vollzogenen "Glorious Revolution"[103] der englische Verfassungsstaat in seiner noch heute bestehenden Form begründet[104], auch wenn die Herrschaft der Tudors gelegentlich als Scheinparlamentarismus bezeichnet wird[105]. Beispielsweise wurde schon im Jahre 1512 in der Parliamentary Privilege Act die absolute Redefreiheit der Parlamentarier als wesentliche Voraussetzung für eine effektive Parlamentsberatung verankert[106].

---

[100] Redlich, Recht des englischen Parlamentarismus, S. 21

[101] Loewenstein, Der britische Parlamentarismus, S. 28

[102] Redlich, Recht des englischen Parlamentarismus, S. 24 f.

[103] vgl. zu diesem Zeitraum: Gneist, Geschichte des Selfgovernment in England, S. 253 ff.

[104] Loewenstein, Staatsrecht und Staatspraxis von Großbritannien, S. 9

[105] Helbeck, Das englische Volk, S. 17

[106] So antwortete Henry VIII. auf die Beschwerde des Papst Clemens VII. im Jahre 1529 über die Reden im Parliament: " ... The discussion in the English parliament are free and unrestricted; the crown has no power to limit their debates, or to control the votes of their members. They determine everything for themselves, as the interests of the commonwealth require...". (zitiert aus: Meyer, Die Entstehung und Entwicklung des privilege of freedom, S. 191)

Die Glorious Revolution institutionalisierte sich zum einen in der Bill of Rights von 1688, in der die von den Stuarts[107] mißachteten Verfassungsbräuche noch einmal festgeschrieben wurden. Als Folge durften nun auch Gesetze nicht ohne Zustimmung des Parlaments verkündet werden[108]. Des weiteren legte die Triennial Meeting of Parliament Act von 1694 fest, daß mindestens alle drei Jahre ein neues Parlament einberufen werden mußte. Schließlich wurde mit der Act of Settlement von 1700 unter anderem die Thronfolge der Nachkommen von Kurfürstin Sophia von Hannover geregelt[109].

Nach dieser Revolution ging das Streben des Unterhauses dahin, sämtliche Geldbewilligungen in die eigenen Hände zu bekommen. Aus diesem Grunde nahm es gegenüber dem Oberhaus das sog. Budgetprivileg in Anspruch, so daß alle parlamentarischen Geldbewilligungen im Unterhaus ihren Anfang nehmen mußten[110]. Das Oberhaus blieb nun gänzlich von der Teilhabe an der Kontrolle über die Finanzen ausgeschlossen[111]. Die Krone zeigte weitgehendes Desinteresse an den politischen Tätigkeiten des Parlaments. Der erste König der Dynastie Hannover Georg I. beispielsweise nahm infolge seiner mangelhaften Englischkenntnisse und aufgrund fehlenden Interesses an englischen Angelegenheiten kaum an den Beratungen seines Kabinetts, geschweige denn an Beratungen des Parlamentes teil[112].

England ist seit dieser Revolution das Beispiel einer über Jahrhunderte bestehenden parlamentarischen Regierungstradition. Es hatte sich unter Vermeidung des Weges absolutistischer Monarchien ein internes Gleichgewicht zwischen der Krone, der Hocharistokratie und dem Adel herausgebildet[113]. Obwohl die Mitglieder des House of Commons die Macht des Monarchen ab dem 18. Jahrhundert in weiten Bereichen übernommen hatten, blieben bei allen

---

107 vgl. zu ihrer Herrschaft: de Lolme, rise and progress, S. 312 ff.

108 vgl. hierzu Loewenstein, Staatsrecht und Staatspraxis von Großbritannien, S. 14 f.

109 vgl. hierzu Loewenstein, Staatsrecht und Staatspraxis von Großbritannien, S. 15

110 Hatschek, Englische Verfassungsgeschichte, S. 401

111 vgl. hierzu Lord Campion, An introduction to the procedure, S. 31 ff.

112 vgl. hierzu Loewenstein, Staatsrecht und Staatspraxis von Großbritannien, S. 16

113 Birke, England, S. 22

am politischen Prozeß beteiligten Kräften des 18. Jahrhundert bedeutsame Züge aus ihrer Ursprungszeit im Mittelalter erhalten[114].

C. Die Tätigkeitsform und Verfahrensweise des englischen Parlaments bis zum Beginn des 19. Jahrhunderts

Auch die Form der Ausübung der Tätigkeit und das Parlamentsverfahrens selber entwickelten sich in verschiedenen Phasen, die in ihrer Abhängigkeit von der jeweiligen staatsrechtlichen Situation zu sehen sind.

Beginnend mit den Parlamenten Heinrichs III. und Eduard I. bildete in der Anfangszeit der ständischen Parlamente die "petition" die alleinige Form der parlamentarischen Tätigkeit[115]. Die Petition, wie das Parlament selbst aus dem ständischen Staatswesen erwachsen, entsprach der Vorstellung, daß es jedem Untertanen freistehen müsse, sich mit Beschwerden unmittelbar an den König als "oberste Quelle des Rechts" zu wenden[116].

Ein Beleg für diese Rechtsauffassung ist die Tatsache, daß im Jahr 1305 nahezu fünfhundert Petitionen im Parlament eingebracht wurden. Die meisten dieser Petitionen stammten von Einzelpersonen, einige von Gruppen außerhalb des Parlaments und nur wenige von Gruppen innerhalb des Parlaments. Lediglich zwei Petitionen - eingebracht von der "les pauvres homines de la terre" - können als gemeinsamer Antrag aller Parlamentsmitglieder angesehen werden[117]. Erst allmählich wurden die als "petition pur toute la commune" bezeichneten Petitionen der gesamten "Commons" üblich[118].
Der entscheidende Nachteil der Petitionen bestand darin, daß der König sie nach eigenem Ermessen ablehnen, ihren Wortlaut abändern oder durch eine

---

114 Loewenstein, Staatsrecht und Staatspraxis, S.1

115 So ist schon in der ältesten Schrift über das Parlamentsverfahren, dem "Modus tenendi Parliamentum", Ausgabe Hardy, S. 44 zu lesen: "parliamentum departiri non debet dummodo aliquis petitio pendeat indiscussa vel ad minus ad quam non sit determinata responsio."

116 so Phillips, Constitutional and administrative law, S. 199; Redlich, Recht des englischen Parlamentarismus, S. 20

117 Campion, An introduction to the procedure, S. 11; anders Loewenstein, Der britische Parlamentarismus, S. 27, der die erste von den Commons kollektiv vorgelegte Petition auf 1327 datiert.

königliche Verordnung ersetzen konnte. Eine bereits stattgegebene Petition konnte am nächsten Tag annulliert werden[119]. Unter Heinrich V. setzte das Parlament durch, daß die Krone ihr Abänderungsrecht gegenüber dem Wortlaut der Petition aufgab und sich nur die Annahme oder Ablehnung vorbehielt[120].

Das Zusammentreffen von Petition[121] und dem oben angesprochenen Recht der Steuerbewilligung bei denselben Personen bildete die Grundlage zur fortwährenden Steigerung des politischen Einflusses und wurde zu "einer unerschöpflichen Kraftquelle, aus der alle Macht, aber auch die ganze staatsrechtliche Entwicklung des Unterhauses sich herleitet"[122].

Mit dem Beginn des 15. Jahrhunderts wurde - und dies stellt eine zweite Entwicklungsphase dar[123] - mehr und mehr die bill zur regulären Form des Verfahrens. Der Charakter der Petition änderte sich. Das Parlament war zu einem greifbaren Staatsorgan geworden[124]. Die Petition mit den ihr anhaftenden Schwächen stand nunmehr im Widerspruch zu den politischen Ansprüchen der Commons[125]. Es ist einleuchtend, daß das aus dem ständischen Anschauungskreis übernommene Instrument der Petition nicht mehr mit dem damaligen staatsrechtlichen Anspruch der Commons zu vereinbaren war[126].

Als Folge wurde unter Heinrich V. ansatzweise und unter Heinrich VI. endgültig die aus damaliger Sicht größte Reform des Parlamentsverfahrens

---

118 vgl. Jennings, Parliament, S. 456

119 Phillips, Constitutional ad administrative law, S. 207; Loewenstein, Staatsrecht und Staatspraxis, S. 317 f.

120 Loewenstein, Staatsrecht und Staatspraxis, S. 318

121 vgl. zu den einzelnen Entwicklungsstufen der Petition: Campion, An introduction to the procedure, S. 11 f.

122 so Redlich, Recht des englischen Parlamentarismus, S. 24

123 anders Redlich, Recht des englischen Parlamentarismus, S. 19, und Campion, An introduction to the procedure, S. 1, die die Phase der Tätigkeit in Form der Bill und der Petition zusammenfassen. Dies ist allerdings aufgrund der grundlegenden Unterschiede beider Tätigkeitsformen abzulehnen.

124 so Redlich, Recht des englischen Parlamentarismus, S. 27

125 Redlich, Recht des englischen Parlamentarismus, S. 28

vollzogen: das Ersetzen der Petition durch die bill[127]. Unter geschickter Ausnutzung der ständigen Geldnöte der Krone, die nur mit parlamentarischer Zustimmung behoben werden konnten, zwang das Parlament den König, von seinem formal bestehenden Vetorecht Abstand zu nehmen[128].

Durch die grundsätzliche Einführung des Parlamentsgesetzes ergab sich die Notwendigkeit einer weiteren Verfahrensausgestaltung innerhalb des Parlaments[129]. Die Regelungen der Debatten und der Beratung einer bill müssen in dieser Zeit ausgebildet worden sein[130]. Aufgrund der fehlenden Aufzeichnungen der Parlamentsberatungen ist ein detaillierter Einblick in die Debatten und in technische Details des Gesetzesberatungsverfahrens dieser Entwicklungsphase nur bedingt möglich[131]. Schriftliche Überlieferungen über die bei der Gesetzesdebatte befolgten Regeln sind in den Urkunden der mittelalterlichen Parlamente kaum enthalten. Bis zum Jahr 1492 vermitteln die "Rolls of Parliament" keine mehrfachen Lesungen[132]. Die Beratungsstufen, die zur Verabschiedung der bills geführt haben, lassen sich daher für diesen Zeitraum nur erahnen[133]. Aber schon mit dem Beginn der Parlamentsaufzeichnungen (Journals) ab Mitte des 16. Jahrhunderts wurde das Verfahren der mehrfachen Lesung als selbstverständliche, längst bestehende Praxis vorausgesetzt. De facto muß die mehrfache Lesung der Gesetze daher schon wesentlich früher entstanden und gebräuchlich gewesen sein[134].

Der Beginn der Parlamentsaufzeichnungen mit den "Journals" im Jahr 1547 kann als der Beginn eines weiteren Abschnitts - vielfach als "period of ancient

---

126 Redlich, Recht des englischen Parlamentarismus, S. 31

127 Phillips, Constitutional and administrative law, S. 207; Redlich, Recht des englischen Parlamentarismus, S. 31; Campion, An introduction to the procedure, S. 12

128 Loewenstein, Staatsrecht und Staatspraxis, S. 8

129 Loewenstein, Staatsrecht und Staatspraxis, S. 318

130 Phillips, Constitutional and administrative law, S.207

131 Redlich, Recht des englischen Parlamentarismus, S. 35; Campion, An introduction to the procedure, S. 16

132 Campion, An introduction to the procedure, S.22

133 vgl. Campion, An introduction to the procedure, S. 16

134 Campion, An introduction to the procedure, S. 22; Redlich, Recht des englischen Parlamentarismus, S. 38

usage" bezeichnet[135] - angesehen werden. Die Aufzeichnung der Parlamentsdebatten und -geschäfte ging einher mit der Herausbildung einer weitgehend ungeschriebenen Geschäftsordnung, die sich durch die nun verstärkt stattfindende Beratungstätigkeit des Parlaments schrittweise entwickelte[136].

Das Gesetzgebungsverfahren zu dieser Zeit wurde von Sir Thomas Smith in seinem zeitgenössischen Werk "Angli de re publica Anglorum" aus dem Jahre 1576 anschaulich geschildert[137]:

"All bills be thrice, in three divers days, read and disputed upon, before they come to the question ... After the bill hath been twice reade, and then engrossed, and eftsoones reade and disputed upon enough as is thought; the speaker asketh if they will the question. And if they agree he holdeth the bill up in his hand an sayeth, as amny as will have this bill forwarde ... say yea. Then they which allow the bill crie yea, and as many as will not say no: as the crie of yea or no is bigger, so the bill is allowed or dashes. If it be a doubt which crie is bigger, they divided the House ... It chanceth sometimes that some part of the bill is allowed, some other part hath much doubt and contrariety made of it: and it is thought if it were amended it would forwarde. Then they choose certain committees of them who have spoken with the bill and against it to amende it, and bring it in againe soe amended, as they amongst them shall think meete: and this is before it is engrossed, yea and some time after. But the agreement of these committees is no prejudice to the House. For at the last question they will either accept it or dash it as it shall seeme good, notwithstanding that whatsoever the comittees have done."

Gerade die hier bildhaft dargestellten Abstimmungsmodalitäten erhellen die Vorstellung einer auch heute noch im englischen Unterhaus zu beobachtenden lebhaften Abstimmung durch die Lautstärke beim Rufen von "Yea" oder "No". Smith spricht dennoch von einer "wunderbar schönen Ordnung" bei den

---

135 so bspw. Phillips, Constitutional and administrative law, S. 197; vgl. hinsichtlich einer weiteren Unterteilung: Campion, An introduction to the procedure, S. 15

136 vgl. Redlich, Recht des englischen Parlamentarismus, S. 19

137 zitiert nach: Campion, An introduction to the procedure, S.22

Diskussionen im Unterhaus[138]. Aus dem Smith'schen Bericht läßt sich eine dreifache Lesung der Gesetze entnehmen. Smith geht näher auf die Problematik von Gesetzesänderungen während des Beratungsverfahrens und auf das in diesem Fall angewandte Komiteeverfahren ein. Gerade das Komiteeverfahren hat sich mit den zunehmenden Geschäften des Parlamentes weiterentwickelt[139].

In Bezug auf das eigentliche Gesetzesberatungsverfahren ist festzustellen, daß die drei Lesungen des Gesetzes zwar um diese Zeit die schon übliche, aber nicht die ausschließliche Form der Gesetzesberatung darstellten. So wurden Gesetze in der Zeit bis 1580 mehrfach einer vierfachen Lesung unterzogen. Nachweislich ist beispielsweise im Jahre 1554 eine sechsfache, im Jahre 1549 sogar eine achtfache Lesung eines Gesetzes vorgekommen[140].

Gegen Ende des 16. Jahrhunderts war das Unterhaus zunehmend bestrebt, die Praxis der Parlamentsarbeit schriftlich festzuhalten und Präzedenzfälle hinsichtlich des Verfahrens aufzuzeichnen. Es ist daher kein Zufall, daß die Journals des Parlaments erst gegen Ende des 16. Jahrhunderts mit zunehmender Ausführlichkeit verfaßt worden sind[141]. Die Aufzeichnung der Präzedenzfälle in den Journals bot vor allen Dingen der Nachwelt die Möglichkeit einer wissenschaftlichen Auseinandersetzung mit dem damaligen Parlamentsverfahren[142]. Das Ergebnis der Entwicklung und die Ausgestaltung des Parlamentsverfahrens werden oftmals als die "historische Geschäftsordnung des Unterhauses" bezeichnet[143].

Den Anfang der nächsten Epoche bildete die bereits angesprochene Glorious Revolution von 1688. Diese Phase, die bis zur Wahlrechtsreform von 1832

---

138 "marvellous good order"; zit. nach Redlich, Recht des englischen Parlamentarismus, S. 45

139 vgl. zu der Entwicklungsgeschichte des Kommitteverfahrens: Redlich, Recht des englischen Parlamentarismus, S. 469 ff.; auch Hatschek, Englische Verfassungsgeschichte, S. 397 ff.

140 Campion, An introduction to the procedure, S. 22

141 Redlich, Recht des englischen Parlamentarismus, S. 61

142 vgl. bspw.: Hatsell, Precedents of proceedings in the House of Commons, hier insb. Band 2

143 Redlich, Recht des englischen Parlamentarismus, S. 66

reichte, wird üblicherweise als "period of later Parliamentary practice" bezeichnet[144]. Mit ihr begann in England die Zeit der konservativen Parlamentsherrschaft[145]. Der starke konservative Zug wirkte sich insbesondere in der Beibehaltung und konsequenten Anwendung des parlamentarischen Gewohnheitsrechts aus[146]. Es sind kaum neue Entwicklungen des Parlamentsverfahrens bzw. des Gesetzesberatungsverfahrens zu erkennen[147]. Trotz oder gerade aufgrund der unveränderten Beratungsformen vermochten die Parlamente dieser Entwicklungsphase, dem gesteigerten Gesetzesaufkommen gerecht zu werden[148].

Machtpolitisch wurde die Phase des "Parliamentary practice" von der Wechselherrschaft der damaligen Gruppierungen der Tories und Whigs geprägt[149]. Die in der Zeit der Restauration der Stuarts innerhalb des Parlaments gebildeten Gruppierungen können als Beginn eines sich zunächst rudimentär präsentierenden Parteiwesens angesehen werden[150].

Das englische Gesetzesberatungsverfahren konnte zu Beginn des 19. Jahrhunderts auf eine jahrhundertealte Tradition zurückgreifen. Gerade die Form der Gesetzesberatung hat sich nach ihrer Ausgestaltung nicht mehr grundlegend geändert. Damit hatte sich ein feststehendes, durch langjährige Parlamentserfahrung zur Vollendung gelangtes System der Gesetzesberatung etabliert. Für die Länder des Kontinents ergab sich die Möglichkeit, bei der Ausgestaltung der eigenen Gesetzesberatungssysteme durch Berücksichtigung

---

144 vgl. nur Phillips, Constitutional and administrative law, S. 197; auch Campion, An introduction to the procedure, S. 29

145 Redlich, Recht des englischen Parlamentarismus, S. 20

146 Redlich, Recht des englischen Parlamentarismus, S. 79

147 Campion, An introduction to the procedure, S. 29

148 vgl. die Zahl der beschlossenen Gesetze der Parlamente innerhalb dieser Entwicklungsphase:

Wilhelm III.	(1689 - 1701)	809	Gesetze
Königin Anne	(1701-1714)	943	Gesetze
Georg I	(1714 - 1727)	758	Gesetze
Georg II.	(1727 - 1760)	2691	Gesetze
Georg III.	(1760 - 1824)	15137	Gesetze

149 vgl. Helberg, Das englische Volk, S. 18; Gneist, Englische Verfassungsgeschichte, S. 609

150 Loewenstein, Staatsrecht und Staatspraxis, S. 13

bzw. Übernahme der englischen Parlamentsbräuche von dieser langen Erfahrung zu profitieren.

D. Die Gesetzesberatung in England zu Beginn des 19. Jahrhunderts

I. Die theoretische Gesetzesberatungstechnik im englischen Parlament

1. Die Untersuchungsgrundlage

a) Die Rechtsquellen des englischen Parlamentsverfahrens

Das Geschäftsverfahren des englischen Parlamentes wurde zu Beginn des 19. Jahrhunderts im wesentlichen durch zwei Gruppen von Rechtsquellen bestimmt. Einerseits herrschte das althergebrachte Gewohnheitsrecht, das, wie ausgeführt, bereits im Mittelalter das parlamentarische Verfahren bestimmt hatte[151]. Das Gewohnheitsrecht bildete den "einflußreichsten rechtsbildenden Faktor" des damaligen Parlamentsverfahrens[152], da der größte Teil der Regelungen über die Abläufe der Verhandlungen des Unterhauses ungeschrieben blieben[153].

Die zweite Gruppe bildeten die sogenannten "orders", deren Inkrafttreten ausschließlich vom Unterhaus beschlossen werden konnte. Die orders lassen sich in die standing orders, sessional orders und die einfachen orders unterteilen[154].

Die standing orders des Unterhauses gehörten zu den Geschäftsordnungsregeln, die - wenn sie einmal beschlossen waren - erst außer Kraft traten, wenn sie expressis verbis aufgehoben wurden[155]. Trotzdem erhielten sie durch

---

[151] vgl. Hatschek, Englisches Staatsrecht, S. 363

[152] so Redlich, Recht des englischen Parlamentarismus, S. 256

[153] Phillips, Constitutional and administrive law, S. 197

[154] Hatschek, Englisches Staatsrecht, S. 363

[155] Redlich, Recht des englischen Parlamentarismus, S. 258 f.; Hatschek, Englisches Staatsrecht, S. 364

einfachen Beschluß Gesetzeskraft[156]. Die standing orders wurden regelmäßig jährlich zusammengefaßt und gedruckt dem Haus vorgelegt.

Die sessional orders bildeten Geschäftsordnungsregeln, die nur für eine Session galten und daher für ihre weitere Wirksamkeit in jeder Session erneut beschlossen werden mußten. Die Zahl der sessional orders war nie sonderlich hoch. Zusätzlich hatten viele sessional orders durch permanenten Neubeschluß praktisch die Rechtsnatur eines standing order erlangt[157].

Die einfachen orders stellten Resolutionen dar, die sich auf die Geschäftsordnung bezogen, deren Geltungsdauer aber nicht von vornherein bestimmt war. Gewöhnlich verloren sie ihre Geltung mit dem Sessionsschluß[158]. Zumeist wurden diese auch als "ad hoc"-Orders bezeichneten Beschlüsse für einzelne Angelegenheiten geschaffen[159].

b) Das Werk von Thomas Erskine May als Untersuchungsgrundlage

Dieses Konglomerat aus Gewohnheitsrecht - entstanden durch die immer wiederkehrende Vorgehensweise wie bei früheren Präzedenzfällen - und den zahlreichen orders erschwert eine zusammenhängende, strukturierte Schilderung des Gesetzesberatungsverfahrens des englischen Parlaments zu Beginn des 19. Jahrhunderts. Glücklicherweise wird jedoch die Erfassung des parlamentarischen Verfahrens durch die sogenannte "Bibel des parlamentarischen Verfahrens"[160] erleichtert: die Schrift von Thomas Erskine May "A Treatise on the Law, Privileges, Proceedings and Usage of Parliament". Der Autor war schon im Alter von sechzehn Jahren im Jahr 1831 Hilfsbibliothekar im Unterhaus geworden. Bis zu seinem Tod im Jahr 1886 stand er im Dienste des Parlaments.

---

156 Phillips, Constitutional and administrive law, S. 198

157 Redlich, Recht des englischen Parlamentarismus, S. 259

158 Hatschek, Englisches Staatsrecht, S. 364

159 Phillips, Constitutional and administrive law, S. 198

160 So wird das Werk bezeichnet von: Morrison, Regierung und Parlament, S. 262.

Das Werk von May bestand aus einer Aufzeichnung der Regeln, die von den Sprechern des Unterhauses im Laufe der Zeit erörtert und festgelegt worden waren und die Thomas Erskine May zum Nutzen seiner Kollegen und des Sprechers zusammengestellt hatte[161]. Hierbei berücksichtigte er naturgemäß auch weit zurückliegende Präzedenzfälle und Geschäftsgebräuche.

Die erste Ausgabe seines Werkes erschien 1844. Im Abstand von wenigen Jahren folgten überarbeitete Ausgaben, so daß May vierzig Jahre später persönlich noch die neunte Auflage seines Werkes publizieren konnte. Gerade die erste Auflage beschreibt Verfahrensweisen, die schon seit sehr langer Zeit im englischen Parlament existiert hatten und auch heute noch die Eckpfeiler des englischen Parlamentsverfahrens bilden[162]. Das englische Gesetzesberatungsverfahren soll demzufolge auf der Grundlage der ersten Auflage von May`s "A treatise upon the law, privileges, proceedings and usage of parliament" erläutert werden. Allerdings darf man sich das Werk von May nicht als lückenlose Kodifikation vorstellen[163]. Daneben müssen andere zeitgenössische, aber auch aktuellere Bearbeitungen des englischen Parlamentsverfahrens in die Darstellung einbezogen werden.

c) Die Beschränkung der Darstellung auf die Beratung von "Public bills"

Bei der Betrachtung der Behandlung von Gesetzesvorlagen im englischen Parlament ist zwischen den sogenannten Public bills und den Private bills zu unterscheiden. Die Private bills wurden in der Regel aufgrund von Petitionen interessierter Gruppen eingebracht[164]. Sie entstanden folglich auf Initiative von parlamentsfremden Personen[165], die aufgrund eines besonderen Interesses die Gesetzgebung um Festsetzung von Rechtsnormen oder Befugnissen ersuchten[166]. Die Private bill gehörte zwar formal zum legislativen Prozeß, konnte aber ihrem Wesen nach als eine "aus der Verbindung von richterlichen

---

161 Morrison, Regierung und Parlament, S. 262

162 King, Inroduction to May, The law, privileges, proceedings und usage of parliament, VI

163 Darauf weist auch Morrison, Regierung und Parlament, S. 263 hin.

164 May, The law, privileges, proceedings und usage of parliament, S. 271

165 Phillips, Constitutional and administrive law, S. 208

166 Redlich, Recht des englischen Parlamentarismus, S. 530 f.

und rein administrativen Elementen eigentümlich zusammengesetzte Tätigkeit des Parlamentes auf dem Gebiete der obersten Staatsverwaltung"[167] angesehen werden. Das Verfahren war gerichtsähnlich, bei dem sich die davon betroffenen oder daran beteiligten Parteien durch Anwälte vertreten ließen und Zeugen vernommen werden konnten[168]. Im Grunde genommen würde die Darstellung dieser Tätigkeit des Parlaments in die des Verwaltungsrechts gehören, wenn es ein solches in England in dem uns bekannten Sinne zum damaligen Zeitpunkt gegeben hätte[169].

Dagegen waren die "Public bills" solche Gesetze, die von Mitgliedern des Hauses oder der Regierung selbst eingebracht wurden[170]. Eine Public bill war eine Maßregel des staatlichen Lebens, an der im Gegensatz zu den private bills alle Bürger interessiert waren, da sie sich meist auch an alle Bürger richtete[171]. Es ist unschwer zu erkennen, daß dieser Zweig der Gesetzgebung eher der kontinentalen Praxis entsprach, während die Verabschiedung von Private bills als eine Eigentümlichkeit des englischen Parlamentarismus bezeichnet werden kann. Daher ist es für eine Beurteilung der kontinentalen Rezeption des Gesetzesberatungsverfahrens sinnvoll, sich - unabhängig von der Ähnlichkeit der Behandlung beider Arten der bills[172] - auf die Darstellung der Gesetzesberatung von Public bills zu beschränken.

2. Die Gesetzesberatung im Unterhaus

a) Die Erlaubnis zum Einbringen des Gesetzes und die Vorverhandlungen

Dem offiziellen Einbringen des Gesetzes gingen grundsätzlich bestimmte Präliminarien voraus. Hierbei wurde nach dem Initiator des Gesetzesvorschlags unterschieden.

---

167 Redlich, Recht des englischen Parlamentarismus, S. 732

168 Loewenstein, Staatsrecht und Staatspraxis, S.318 f., Fn. 3

169 Redlich, Recht des englischen Parlamentarismus, S. 732

170 May, The law, privileges, proceedings und usage of parliament, S. 271

171 Loewenstein, Staatsrecht und Staatspraxis, S. 318; Redlich, Recht des englischen Parlamentarismus, S. 531

Wollte ein Mitglied des Unterhauses ein Gesetz einbringen, mußte es hierfür zunächst die Erlaubnis des Hauses erhalten. Nach einer vorangegangenen Anmeldung seines Begehrens mußte der Abgeordnete beantragen, "that leave be given to bring a bill". Außerdem hatte er einen geeigneten Titel für das von ihm geplante Gesetz zu benennen. Mit dem Stellen des Antrags war es üblich, den Gegenstand des Gesetzes näher zu bezeichnen und die Gründe für das Einbringen darzulegen. War dem Antrag stattgegeben worden - und dies war mehrheitlich der Fall[173] -, fand keine weitere Debatte statt. Bei wichtigen Gesetzen wurde dagegen manchmal die Gelegenheit genutzt, den Sinn und Zweck des Gesetzes gründlich darzulegen[174].

Nachdem der Antrag zur Einbringung des Gesetzes angenommen worden war, wurden der Antragsteller und häufig noch ein weiteres unterstützendes Mitglied beauftragt, das Gesetz vorzubereiten. Oftmals traten noch andere Mitglieder hinzu. Es war durchaus möglich, daß diesen Mitgliedern vom Haus die Anweisung gegeben wurde, Bestimmungen hinzuzufügen, die noch nicht im ursprünglichen Antrag oder in der Erlaubnis zum Einbringen enthalten waren[175].

Aber nicht alle Public bills wurden auf Antrag eines einzelnen Mitglieds eingebracht. Auch das Unterhaus selbst beschäftigte sich mit den Vorbereitungen von geplanten Gesetzeseingaben. Manchmal wurde zunächst eine entsprechende Resolution verfaßt und unmittelbar danach die Anfertigung einer bill angeordnet. In anderen Fällen ließ man die Resolutionen aus früheren Sitzungen verlesen und die Einbringung einer bill anordnen. Es war außerdem üblich, Teile der Thronrede, Stellen aus dem Protokollbuch, Ausschußberichte oder andere dem Haus vorliegende Urkunden als Anlaß für eine Gesetzeseinbringung zu nehmen und dementsprechend den erforderlichen Antrag auf Erlaubnis zur Gesetzeseinbringung zu stellen.

---

[172] vgl. May, The law, privileges, proceedings und usage of parliament, S. 271; Redlich, Recht des englischen Parlamentarismus, S. 762

[173] Redlich, Recht des englischen Parlamentarismus, S. 636

[174] vgl. May, The law, privileges, proceedings und usage of parliament, S. 271

Am häufigsten wurden jedoch Berichte des sogenannten "committee of the whole house" zu einzelnen Resolutionen als Vorbereitung von Gesetzesvorschlägen benutzt[176]. Bei manchen Arten von Gesetzen war sogar vorgeschrieben, daß sie ihren Ursprung in diesem Organ nehmen mußten[177]. Neben Geldbewilligungs- und Steuerfragen standen Resolutionen zu Religions- und Handelsfragen und auch solche bezüglich der Todesstrafe zunächst im "comittee of the whole house" zur Debatte[178].

Dieser Ausschuß des ganzen Hauses bestand aus allen Abgeordneten des Unterhauses, demnach im Grunde genommen aus dem Haus selbst. Allerdings wurde der speaker durch einen Vorsitzenden (chairman) vertreten[179]. Das committee of the whole house zeichnete sich durch eine weniger formale Verhandlungsordnung aus, die eine freiere Debatte ermöglichte. So war beispielsweise bei den Anträgen keine Unterstützung nötig. Jedes Mitglied konnte zu einer Frage mehrfach das Wort ergreifen[180]. Das "committee of the whole house" blieb auch zu Beginn des 19. Jahrhunderts an der eigentlichen Gesetzberatung - nicht nur bei der Vorberatung - maßgeblich beteiligt, so daß innerhalb der Darstellung der eigentlichen Gesetzesbehandlung im Parlament noch näher auf die Arbeitsweise dieses Organs einzugehen ist.

b) Das Einbringen der bill

Eine bill konnte noch am selben Tag und in derselben Sitzung offiziell eingebracht werden, in der die Erlaubnis zum Einbringen der Vorlage erteilt

---

175 vgl. May, The law, privileges, proceedings und usage of parliament, S. 272

176 vgl. May, The law, privileges, proceedings und usage of parliament, S. 272

177. So bestimmt bspw. ein standing order von 1707, welches zu Beginn des 19. Jahrhunderts noch nicht aufgehoben worden war: "That this house will not proceed upon any petition, motion, or bill, for granting any money, or for releasing or compounding any sum of money owning to the Crown, but in a comittee of the whole house". (zit. nach May, The law, privileges, proceedings und usage of parliament, S. 273)

178 vgl. die Aufzählung in: May, The law, privileges, proceedings und usage of parliament, S. 272 ff.

179 vgl. May, The law, privileges, proceedings und usage of parliament, S. 224

180 vgl. hierzu auch Redlich, Recht des englischen Parlamentarismus, S. 466 f.

worden war[181]. Sie wurde von dem Mitglied des Parlaments dem Unterhaus "überreicht", welches vorher beauftragt worden war, sie anzufertigen oder einzubringen[182]. Die Einbringung erfolgte nach einem festen Zeremoniell. So bestimmte ein bis zum Untersuchungszeitraum nicht aufgehobener standing order vom 11. Dezember 1692: "... that every member presenting any bill to this house, do from his place down to the bar of the house, and bring the same up from thence to the table..."[183]. Der Abgeordnete hatte den speaker mit den Worten "A bill, sir!" anzusprechen. Laut vorgeschriebenem Ritual lautete die Antwort: "Bring it up!". Daraufhin brachte der Abgeordnete die bill an die Tafel und übergab sie dem Clerk des Hauses. Dieser las den Titel der bill laut vor und endete mit den Worten: "received by the house". Erst damit galt die bill als offiziell vom Unterhaus als Gesetzesvorschlag entgegengenommen[184].

c) Die erste Lesung der bill

Nach Entgegennahme der bill durch das Unterhaus, wurde die Frage gestellt, ob die erste Lesung des Gesetzes sofort erfolgen solle ("That this bill be now read the first time")[185]. In der Regel wurde diese Frage nur selten verneint, obwohl grundsätzlich die Möglichkeit bestand, eine entgegengesetzte Frage zu stellen[186].

Die Lesung einer bill erfolgte meistens nicht in der Weise, daß das gesamte Gesetzeswerk vorgelesen wurde, vielmehr war es seit Beginn des 19. Jahrhunderts üblich geworden, die bills in Druck zu geben und an die Mitglieder des Parlamentes zu verteilen[187]. Vor dieser Erneuerung war es

---

181 May, The law, privileges, proceedings und usage of parliament, S. 275

182 May, The law, privileges, proceedings und usage of parliament, S. 276

183 zitiert nach: May, The law, privileges, proceedings und usage of parliament, S. 276

184 May, The law, privileges, proceedings und usage of parliament, S. 276

185 vgl. Cohen, Geschäftsordnung des englischen Parlaments, S. 115; May, The law, privileges, proceedings und usage of parliament, S. 276; Anson, Law and Costom, S. 254

186 May, The law, privileges, proceedings und usage of parliament, S. 276

187 May, The law, privileges, proceedings und usage of parliament, S. 276 f.; Redlich, Recht des englischen Parlamentarismus, S. 637

dagegen durchaus gebräuchlich gewesen, daß der Clerk bei der ersten Lesung dem Haus zuerst den Titel und dann den geplanten Text der bill vorlas[188]. Insgesamt gesehen bildete die erste Lesung schon zu Beginn des 19. Jahrhunderts lediglich eine Formalie. Es fand während der Lesung keine eigentliche Beratung oder eine Fragestellung hinsichtlich des Gesetzesvorschlages statt, da eine Debatte in diesem Stadium von den Mitgliedern des Unterhauses in der Regel mißbilligt wurde[189].

d) Die zeitliche Festlegung der zweiten Lesung

Unmittelbar nach der ersten Lesung wurde durch das für die bill verantwortliche Parlamentsmitglied die Frage gestellt, ob das Gesetz zum zweiten Mal gelesen werden solle. Diese Frage wurde offenbar immer bejaht. Die zweite Lesung nahm man nie unmittelbar im Anschluß an die erste Lesung vor. Vielmehr wurde ein späterer Zeitpunkt benannt, an dem die zweite Lesung durchgeführt werden sollte[190]. Diesen Tag schlug regelmäßig das für die bill verantwortliche Mitglied des Unterhauses vor[191]. Gleichzeitig wurde veranlaßt, daß die bill gedruckt und an alle Mitglieder vor Beginn der zweiten Lesung verteilt wurde[192].

e) Die zweite Lesung der bill und die Möglichkeit ihrer Ablehnung

aa) Möglichkeiten zur Verhinderung der zweiten Lesung

War der festgesetzte Tag der zweiten Lesung gekommen - die Tagesordnungspunkte hielt man in einem sog. "order book" fest -, wurde die

---

188 May, The law, privileges, proceedings und usage of parliament, S. 276

189 Campion, An introduction to the procedure, S. 24; vgl. auch Hatschek, Englisches Staatsrecht, S. 448; anders als alle und unzutreffend: Cohen, Geschäftsordnung des englischen Parlaments, S. 117 ff., der davon ausgeht, daß es sich bei der ersten Lesung nicht um eine bloße Form handelte und fast immer eine umfangreiche Debatte über die Grundsätze des geplanten Gesetzes erfolgte.

190 May, The law, privileges, proceedings und usage of parliament, S. 276

191 Redlich, Recht des englischen Parlamentarismus, S. 637

192 May, The law, privileges, proceedings und usage of parliament, S. 276

bill aufgerufen[193]. Der Antragsteller oder eine ihn unterstützender Abgeordneter stellte den Antrag, "that this bill be now read a second time"[194].

Für die Gegner des Gesetzes bestand bereits hier die Möglichkeit, ihrer Ablehnung Ausdruck zu geben und das geplante Gesetz zu Fall zu bringen. Unüblich war es, einfach gegen die Abhaltung der zweiten Lesung zu stimmen. Dem Beschluß, die zweite Lesung des Gesetzes durchzuführen, war bekanntlich schon zugestimmt worden, so daß sich ein solcher Antrag zu diesem Beschluß im Widerspruch befunden hätte[195]. Vielmehr brachte man eine ablehnende Haltung dadurch zum Ausdruck, daß ein Änderungsantrag zu dem ursprünglichen Antrag des verantwortlichen Mitglieds gestellt wurde, das Wort "now" durch die Worte "three months" oder "six months" zu ersetzen[196]. Der gestellte Antrag hatte dann die Formulierung "that this bill be in six (three) months read a second time". Es wurde demnach bewußt ein Zeitraum ausgewählt, in dem das Parlament voraussichtlich nicht mehr tagen würde[197]. Aber auch wenn der nachträglich beantragte Termin noch in dieselbe Session des Unterhauses fiel, wurde die bill nicht mehr weiterbehandelt. Somit bedeutete der Beschluß eines derartigen Änderungsantrags faktisch eine vollständige Ablehnung der bill[198]. Diese Form der Ablehnung konnte in jedem Stadium der Gesetzesberatung durch die Gegner der bill betrieben werden[199].

---

193 May, The law, privileges, proceedings und usage of parliament, S. 277

194 vgl. Cohen, Geschäftsordnung des englischen Parlamentes, S. 115

195 Redlich, Recht des englischen Parlamentarismus, S. 639; anders Hatschek, Englische Verfassungsgeschichte, S. 448, der in diesem Fall von der Möglichkeit ausgeht, daß sich die Ablehnung der zweiten Lesung aufgrund des entgegenstehenden Beschlusses nur auf den jeweiligen Tag beziehen könne. Hierdurch ergebe sich die für die Gegner des Gesetzes ungünstige Möglichkeit, das die zweite Lesung jederzeit wieder beantragt werden könne. Allerdings übersieht er hier, daß sich der ursprüngliche Beschluß des Hauses nur auf einen bestimmten Tag bezog ("that this bill be read a second time on ...").

196 May, The law, privileges, proceedings und usage of parliament, S. 278; Phillips, Constitutional and administrive law, S. 211

197 Cohen, Geschäftsordnung des englischen Parlamentes, S. 122

198 vgl. Redlich, Recht des englischen Parlamentarismus, S. 638 f.

199 May, The law, privileges, proceedings und usage of parliament, S. 278

Neben diesen formellen Gründen für eine derartige Antragstellung galt das Hinausschieben der zweiten Lesung als höflichste Art, die weitere Behandlung der bill abzuschneiden[200]. Dagegen war es in früheren Zeiten des Parlaments zuweilen vorgekommen, daß bills auch ohne derartige "Höflichkeitsfloskeln" gänzlich verworfen wurden. In diesen Fällen erfolgte die Anordnung, die "bill im Plenum zu zerreißen"[201].

bb) Die zweite Lesung des Gesetzes

War die zweite Lesung des Gesetzes beschlossen, gab der Vorsitzende dem verantwortlichen Mitglied zunächst die Möglichkeit, die Grundprinzipien "seiner" bill zu erläutern. Die zweite Lesung des Gesetzes galt stets als wichtigste Phase des Gesetzesberatungsverfahrens[202]. Dort wurden die Grundprinzipien der bill diskutiert[203]. Der Gesetzesinhalt stand hier in Frage und mußte in der zweiten Lesung durch ein Votum des Hauses bejaht oder verneint werden[204]. Begrifflich werden die eigentliche zweite Lesung des Gesetzes und die vorhergehende Diskussion in der Literatur zumeist in ihrer Gesamtheit als zweite Lesung bezeichnet.

Es entsprach nicht den Regeln des Unterhauses, jeden einzelnen Paragraphen durchzuberaten[205]. Dementsprechend war es in diesem Beratungsstadium noch nicht möglich, die bill in ihren Einzelpunkten zu verändern. Man mußte sich mit der Möglichkeit begnügen, Amendments - dies war die allgemein übliche Bezeichnung für Änderungsvorschläge - für den weiteren Verlauf der Gesetzesberatung anzukündigen[206].

---

200 May, The law, privileges, proceedings und usage of parliament, S. 278

201 vgl. die Beispiele bei: May, The law, privileges, proceedings und usage of parliament, S. 278

202 vgl. Redlich, Recht des englischen Parlamentarismus, S. 637 f.; May, The law, privileges, proceedings und usage of parliament, S. 278; Hatschek, Englisches Staatsrecht, S. 448

203 Phillips, Constitutional and administrive law, S. 211

204 vgl. May, The law, privileges, proceedings und usage of parliament, S. 277; Redlich, Recht des englischen Parlamentarismus, S. 637 f

205 vgl. Redlich, Recht des englischen Parlamentarismus, S. 638

206 vgl. hierzu Cohen, Geschäftsordnung des englischen Parlamentes, S. 124

Die zweite Lesung beinhaltete bis zur Mitte des 19. Jahrhunderts hauptsächlich auch das Stadium der Gesetzesberatung, in dem die Möglichkeit bestand, diejenigen Gruppen anzuhören, die durch das geplante Gesetz in ihren Interessen betroffen worden wären[207]. Nachdem das Unterhaus über die Grundprinzipien des Gesetzes beraten hatte, konnte für oder gegen eine zweite (Vor-)Lesung votiert werden, die auch hier in der Regel mit dem Vorlesen des Titels vollzogen wurde[208].

f) Die Beratung des Gesetzesentwurfs im "Committee of the whole house"

Die Behandlung des Gesetzesentwurfes im sog. "committee of the whole house" wurde zumeist nach der zweiten Lesung des Gesetzes durchgeführt. Wie bereits an anderer Stelle erwähnt, gingen Gesetzesentwürfe mit bestimmtem Inhalt schon aus Beratungen eines Ausschusses des "ganzen Hauses" hervor.

Die Frage, ob die bill an den Ausschuß gehen sollte oder nicht ("that this bill is committed"), wurde in der Regel direkt im Anschluß an die zweite Lesung gestellt und nur sehr selten vom Unterhaus verneint. Nach der Zustimmung legte man einen Termin für die Sitzung des committee of the whole house fest[209].

Die Umwandlung des Parlaments in einen Ausschuß des ganzen Hauses vollzog sich an dem festgelegten Tag durch eine im Parlament beschlossene Resolution mit dem Wortlaut: "That this house will resolve itself into a committee of the whole house". Danach stellte der Sprecher des Parlaments regelmäßig die Frage: "That I do now leave the chair". Auch hier konnte das Amendment gestellt werden, alle Wörter nach dem "that" zu streichen und einzufügen: "this house will on this day six months[210] resolve itself into a committee"[211]. War die ursprüngliche Frage bejaht worden, verließ der speaker sofort seinen Sitz,

---

207 vgl. May, The law, privileges, proceedings und usage of parliament, S. 278 f.; Redlich, Recht des englischen Parlamentarismus, S. 638

208 Cohen, Geschäftsordnung des englischen Parlamentes, S. 124

209 May, The law, privileges, proceedings und usage of parliament, S. 279

210 Möglich war auch die Formulierung "Three month".

211 May, The law, privileges, proceedings und usage of parliament, S. 279

der Stab (mace) wurde vom Tisch entfernt und unter den Tisch gelegt[212]. Diese Handlung galt gleichzeitig auch als Beginn der Ausschußsitzung[213].

Normalerweise nahm im Unterhaus der Vorsitzende des Geldbeschaffungsausschusses ("Chairman of ways and means") den Vorsitz in der Ausschußsitzung ein. Allerdings war es auch möglich, daß das Haus sich für einen anderen Vorsitzenden entschied[214]. Das dem "committee of the whole house" vorsitzende Parlamentsmitglied nahm jedoch nie den ursprünglichen Stuhl des "speakers"[215] ein, so daß der Platz während der Ausschußsitzung zwingend unbesetzt blieb[216].

Nachdem sich, wie beschrieben, kaum etwas an der Zusammensetzung des beratenden Körpers geändert hatte, veränderte sich das Organ im Rechtssinne[217]. Die Beratung im "committee of the whole house" bot die Möglichkeit, in ungezwungener Art und Weise über die vorliegende Problematik zu verhandeln[218]. Änderungsvorschläge (Amendments) bedurften, wie bereits ausgeführt, keine Unterstützung anderer Abgeordneter mehr[219]. Des Weiteren konnten die Abgeordneten im Gegensatz zu den Verhandlungen im Parlament auch mehrmals zu einer Sache sprechen. Hierdurch wurde eine fruchtbare Diskussion für und gegen den Gesetzesvorschlag begünstigt[220]. Die Reden, die im Komitee des ganzen Hauses gehalten wurden, waren nach Schilderungen im Schrifttum fast ausnahmslos kurz, sachlich pointiert und geschäftsmäßig nüchtern gehalten. Die Sprechweise war meist frei von jeder

---

212 vgl. zu den Ritualen auch: Redlich, Recht des englischen Parlamentarismus, S. 465 f.

213 vgl. May, The law, privileges, proceedings und usage of parliament, S. 224

214 vgl. Cohen, Geschäftsordnung des englischen Parlamentes, S. 129; May, The law, privileges, proceedings und usage of parliament, S. 224; ungenau Hatschek, Englisches Staatsrecht, S. 449, der von einem generellen Vorsitz des "Chairman of ways and means" ausgeht.

215 vgl. zu diesem Organ, das dem heutigen Präsidenten eines Parlaments ähnelt: Campion, An introduction to the procedure, S. 44 f.

216 Redlich, Recht des englischen Parlamentarismus, S. 466

217 Redlich, Recht des englischen Parlamentarismus, S. 463 f.

218 vgl. Cohen, Geschäftsordnung des englischen Parlamentes, S. 129

219 May, The law, privileges, proceedings und usage of parliament, S. 225

220 May, The law, privileges, proceedings und usage of parliament, S. 226

Rhetorik, da es darauf ankam, über einzelne sachliche Fragen und über das Wesen des Gesetzes Stück für Stück Detailarbeit zu leisten[221].

Grundsätzlich hatte sich das committee of the whole house nur mit den ihm übertragenen Gegenständen zu befassen[222]. Jedoch war es möglich, daß das Parlament dem Ausschuß den Auftrag erteilte, dem Gesetzeswerk eigene Sätze hinzuzufügen oder beispielsweise zwei Gesetze in ein Gesetz umzuwandeln[223].

Zu Beginn der Sitzung des committee of the whole house stellte der Chairman zunächst die Frage, ob das Gesetz der ersten Lesung der Ausschußberatung unterzogen werden sollte. Diese Frage wurde fast immer bejaht. Daraufhin fragte der Chairman , ob das Gesetz "be read a second time, paragraph by paragraph". Wurde diese Frage ebenfalls bejaht[224], verschob man die Beratung der Präambel des Gesetzes auf das Ende der Beratung[225].

Der Ausschußvorsitzende hatte nun die Aufgabe, jeden Artikel des Gesetzes vorzulesen und seine Bedeutung zu erläutern. War zu keinem Teil des Artikels ein Amendment eingebracht worden, stellte der Chairman die Frage, "that this clause stand part of the bill". Danach ging man zum nächsten Artikel des Gesetzes über[226]. Beantragte jedoch ein Abgeordneter ein Amendment, war es Auftrag des Chairmans, genau die Stelle zu bezeichnen, an welcher die Änderung eintreten sollte[227]. Amendements mußten in der Regel nicht vor der Kommissionsberatung angekündigt werden, da sich ihre Notwendigkeit und ihr Inhalt oftmals erst aus der Debatte ergaben. Es bestand jedoch die Gepflogenheit, alle wichtigen Amendments vorher anzukündigen[228].

---

221 Redlich, Recht des englischen Parlamentarismus, S. 642

222 May, The law, privileges, proceedings und usage of parliament, S. 225

223 May, The law, privileges, proceedings und usage of parliament, S. 281

224 Allerdings wurden die Anträge, das Gesetz innerhalb des Comittee of the whole house ein erstes und zweites Mal zu lesen durch ein standing order relative to public buisiness am 19. Juli 1854 abgeschafft (abgedruckt in Redlich, Recht des englischen Parlamentarismus als Anhang, S. 816, Nr. 36).

225 May, The law, privileges, proceedings und usage of parliament, S. 281

226 May, The law, privileges, proceedings und usage of parliament, S. 280 f.

227 May, The law, privileges, proceedings und usage of parliament, S. 280

228 vgl. Redlich, Recht des englischen Parlamentarismus, S. 644

Diejenigen Mitglieder, die ein Amendement zu einem bestimmten Artikel beabsichtigten, hatten dem Verlauf der Beratungen aufmerksam zu folgen. Amendments konnten nicht mehr gestellt und behandelt werden, nachdem der Ausschuß zu einem anderen Artikel oder zu einem anderen Satz innerhalb des Artikels übergegangen war. War ein Satz verändert worden, fragte der vorsitzende Chairman, "that this clause as amended stand part of the bill"[229].

Grundsätzlich bestand für die Abgeordneten die Möglichkeit, alle Arten von Amendments zu stellen. So waren Amendments hinsichtlich eines Teils der bill, der Präambel, der einzelnen Artikel, der einzelnen Sätze, manchmal sogar bezüglich einzelner Wörter möglich[230]. Formal zielten die Änderungsanträge darauf, einzelne Wörter oder Sätze aus dem Gesetzesentwurf zu entfernen und diese durch neue Wörter zu ersetzen. Andererseits konnten auch ohne vorherige Streichung neue Wörter oder Begriffe hinzugefügt werden[231]. Der Ausschuß des ganzen Hauses hatte daneben die Möglichkeit, einen Satz des Gesetzes in zwei Sätze zu teilen oder zwei Sätze zu einem zusammenzufügen. Das committee of the whole house besaß aber nicht das Recht, über den Titel der bill abzustimmen[232]. Waren alle Sätze besprochen und mit oder ohne Amendment bejaht, wurde die zunächst verschobene Behandlung der Präambel nachgeholt und ihr Wortlaut gegebenenfalls den durch die Amendments erfolgten Änderungen des Gesetzes angeglichen. Letztlich stellte der Chairman die Frage, "that this be the preamble of the bill"[233].

Wenn der Ausschuß nicht innerhalb eines Sitzungstages das gesamte Gesetz abhandeln konnte, wurde der Chairman beauftragt, dem - aus den gleichen Personen bestehenden - Parlament über die Fortschritte zu berichten und um die Erlaubnis zu fragen, die Sitzung des Unterhauses fortzusetzen[234]. Der

---

229 May, The law, privileges, proceedings und usage of parliament, S. 280

230 May, The law, privileges, proceedings und usage of parliament, S. 281

231 vgl. zu dieser Möglichkeit ausführlich: May, The law, privileges, proceedings und usage of parliament, S. 181

232 May, The law, privileges, proceedings und usage of parliament, S. 281

233 May, The law, privileges, proceedings und usage of parliament, S. 281

234 May, The law, privileges, proceedings und usage of parliament, S. 281

Chairman des Ausschusses stellte die Frage, "that I do report this bill with the amendments to the house".

Nach Bejahung dieser Frage nahm der Speaker wieder den Sitz ein. Der Chairman trat vor die Stufen zu seinem Stuhl und berichtete - wenn Amendments beschlossen worden waren -"they had gone through the bill, and have made amendments" oder "several amendments thereunto". Waren keine Amendments beschlossen worden, berichtete er, "that they have gone through the bill, and directed him to report the same without amendment"[235].

Über die Ausschußsitzung des ganzen Hauses wurde in jedem Falle ein Bericht verfaßt. War dieser dem Parlament vorzulegen, erschien ein Mitglied und erwiderte auf die Ansprache des speakers, daß er einen Ausschußbericht vorliegen habe. Hatten sich in der Ausschußsitzung keine Amendments ergeben, wurde der Report ohne weitere Fragen zum Speakertisch gebracht. Waren jedoch Amendments beschlossen worden, wurde formal die Frage gestellt, "that it be brought up"[236].

Die außergewöhnliche Stellung des "committee of the whole house" trug mit Sicherheit auch zu dem zu Beginn des 19. Jahrhunderts fehlenden Einfluß der Spezialausschüsse bei. Sie konnten zwar einige Gesetzesvorschläge vorbereiten, hatten aber keineswegs die Aufgabe, dem Haus vollständige Beschlüsse über den Text von Gesetzesvorlagen zu unterbreiten. Kein Bericht eines Spezialausschusses konnte die Arbeit des "committee of the whole house" ersetzen[237].

In der Beratung des "committee of the whole house" kann ein wesentlicher Schwerpunkt der legislativen Tätigkeit des englischen House of Commons zu Beginn des 19. Jahrhunderts gesehen werden, da sich dort zumeist die endgültige Gestalt des Gesetzes herausbildete. Hier wurden auch die entscheidenden Weichen für das Schicksal des Gesetzes gestellt[238].

---

[235] vgl. May, The law, privileges, proceedings und usage of parliament, S. 282

[236] vgl. May, The law, privileges, proceedings und usage of parliament, S. 282

[237] vgl. zu dem geringen Einfluß: Redlich, Recht des englischen Parlamentarismus, S. 444

[238] vgl. Redlich, Recht des englischen Parlamentarismus, S. 642

g) Das Reportstadium bei unveränderten und veränderten bills

War der Ausschußbericht vom Unterhaus angenommen, trat man in das sogenannte "report stadium" ein[239], das mehrere Möglichkeiten zur weiteren Behandlung des Ausschußberichtes und damit des Gesetzes zuließ. Generell war bei den durch das Oberhaus eingereichten Gesetzen, die innerhalb der Ausschußsitzung nicht geändert worden waren, eine sofortige dritte Lesung des Gesetzes im Unterhaus üblich[240]. Bei Gesetzen auf eigene Initiative wurde bei einem vorangegangenem Ausschußbericht ohne Abänderungen des ursprünglichen Gesetzesvorschlags ein späterer Tag für die dritte Lesung des Gesetzes bestimmt[241].

Lag es Beschluß vom Komitee des ganzen Hauses auf Änderung des Gesetzesvorhabens vor, mußte dieser nachträglich ein zweites Mal im Parlament gelesen und danach über seine Annahme oder Ablehnung abgestimmt werden[242]. Lesung und Abstimmung fanden meist in einer späteren Sitzung statt, so daß der Ausschußbericht vor der Verhandlung gedruckt und an die Mitglieder des Unterhauses verteilt werden konnte[243]. Neben der Beratung und Abstimmung über die Amendments des committee of the whole house hatte das Haus an diesem Tag auch die Möglichkeit, neue Amendments zu beschließen. Es war sogar noch möglich, völlig neue Teilregelungen zu beschließen. Dies wurde allerdings in der Regel vermieden, da sich dieselben Personen schon innerhalb der Ausschußsitzung mit dem Gesetzesentwurf befaßt hatten.

Nach Beratung und Abstimmung über die amendments des Komitees des ganzen Hauses, konnten noch nachträglich eingebrachte Sätze besprochen und beschlossen werden. Bereits bei Einfügung eines einzigen neuen Satzes in das Gesetz mußten die zwei Lesungen bezüglich dieses einen Satzes nachgeholt

---

239 so bspw. bezeichnet von Redlich, Recht des englischen Parlamentarismus, S. 647

240 vgl. May, The law, privileges, proceedings und usage of parliament, S. 282 .

241 vgl. May, The law, privileges, proceedings und usage of parliament, S. 282 f.

242 vgl. May, The law, privileges, proceedings und usage of parliament, S. 283

243 Redlich, Recht des englischen Parlamentarismus, S. 647

werden[244]. Letztlich ergab sich die Gelegenheit, Amendments zu anderen Teilen der bill zu beraten und auch darüber abzustimmen[245]. Schließlich bestand die Möglichkeit, so oft wie nötig eine bill wieder an den Ausschuß zurückzuüberweisen. Hier konnte noch der Auftrag für einzelne Verbesserungen angefügt werden.[246]

Nach der Beendigung des "report stadium" wurde die bill in ihrer nun erarbeiteten Endfassung für offizielle Zwecke auf Pergament abgeschrieben (engrossed). Jedem Mitglied des Unterhauses händigte man noch vor der dritten Lesung ein gedrucktes Exemplar aus[247].

h) Die dritte Lesung des Gesetzes

Nachdem der Termin für die dritte Lesung genehmigt worden war[248], beinhaltete die dritte Lesung des Gesetzes hauptsächlich die Betrachtung der vollständigen bill, wie sie durch alle Stadien des Gesetzesberatungsverfahrens erwachsen war[249]. Allerdings konnten selbst im Vorfeld der dritten Lesung weitere Amendments beantragt werden, die Beratung der bill um sechs bzw. drei Monate zu vertagen[250], was auch noch in diesem Spätstadium der Gesetzesberatung einer Ablehnung gleichkam. Grundsätzlich war es auch zu diesem Zeitpunkt noch möglich, wiederum Amendments zu jedem Teil des Gesetzes zu stellen. Diese Möglichkeit wurde aber nur selten genutzt, da primär die Ausschußsitzung des ganzen Hauses für derartige Anträge zuständig war.

---

244 Gerade hier zeigt sich der strenge Formalismus des englischen Gesetzesberatungsverfahrens: Es mußten vier Anträge hinsichtlich des neuen Satzes gestellt werden: 1. "That it be brought up"; 2. "That it be read a first time"; 3. "That it be read a second time"; 4. "That it be made a part of the bill". Gerade diese Fragen wurden allerdings oftmals verneint; vgl.: May, The law, privileges, proceedings und usage of parliament, S. 283.

245 vgl. May, The law, privileges, proceedings und usage of parliament, S. 283

246 vgl. zu dieser Möglichkeit: May, The law, privileges, proceedings und usage of parliament, S. 284

247 vgl. Cohen, Geschäftsordnung des englischen Parlamentes, S. 132; May, The law, privileges, proceedings und usage of parliament, S. 284

248 mit der Frage "that this bill be read a third time on ..."; vgl. hierzu Cohen, Geschäftsordnung des englischen Parlamentes, S. 116

249 vgl. May, The law, privileges, proceedings und usage of parliament, S. 285

250 Redlich, Recht des englischen Parlamentarismus, S. 649

Schließlich folgte die Frage, "that this bill be now read a third time"[251]. Nach der Bejahung der Frage wurde die bill vorgelesen. Selbst nach diesem Zeitpunkt war es noch möglich, die Einfügung eines Satzes zu beantragen. Dies gab offensichtlich den Gegnern der bill noch einmal die Gelegenheit, ihre ablehnende Haltung zu dokumentieren, indem ein dem Sinn des Gesetzes widersprechender Satz beantragt wurde[252].

Nach der dritten Lesung entsprach es den Gepflogenheiten des englischen Parlaments, sofort die Frage zu stellen, "that this bill do pass"[253]. Anschließend wurde noch einmal über den Titel der bill abgestimmt[254]. Damit hatte die bill schließlich das vollständige Gesetzesberatungsverfahren des englischen Unterhauses durchlaufen und galt als beschlossen.

II. Die Gesetzesberatung im englischen Parlament zu Beginn des 19. Jahrhunderts anhand eines Beispiels aus den Parlamentsverhandlungen

Es trägt wesentlich zum besseren Verständnis des englischen Gesetzesberatungssystems bei, wenn der Weg eines Gesetzes durch das englische Unterhaus anhand eines Beispiels verdeutlicht wird. Hierzu eignet sich insbesondere ein umfangreiches Gesetz, welches kontrovers diskutiert wurde. Aus diesem Beweggrund wird hier der Weg der "Roman Catholic Relief Bill" durch das englische Unterhaus beschrieben.

1. Die Katholikenfrage als innenpolitischer Streitfaktor

Englands Innenpolitik war zu Beginn des 19. Jahrhunderts unter anderem durch die Frage der Gleichbehandlung der Katholiken bestimmt. Die wiederholten politischen Niederlagen der Katholiken hatten in Irland gefährliche Unzufriedenheit geweckt, die bis in die heutige Zeit nachwirkt. Die Führer der

---

251 vgl. Cohen, Geschäftsordnung des englischen Parlaments, S. 116

252 vgl. zu dieser Antragsart auch nach der dritten Lesung: May, The law, privileges, proceedings und usage of parliament, S. 286

253 vgl. Cohen, Geschäftsordnung des englischen Parlamentes, S. 116; May, The law, privileges, proceedings und usage of parliament, S. 286

Katholiken appellierten aufgrund ihrer Mißerfolge zunehmend an die Volksleidenschaft[255]. Infolgedessen wandten sich die Gegner einer Gleichbehandlung der Katholiken zur Sicherung des Friedens in Irland am 15. Februar 1825 mit einer Petition an das Parlament, um die sog. "Catholic Association" zu verbieten[256]. Mitten in der Beratung dieser Petition und diesbezüglicher Gegenpetitionen[257] wurde die Katholikenfrage wiederum durch einen neuen Gesetzesvorschlag des Abgeordneten Francis Burdett erneut Gegenstand der Parlamentsverhandlungen[258].

2. Die Gesetzesberatung der "Roman Catholic Relief Bill"

a) Der Wunsch Burdetts nach einem "Committee of the whole house" und die Vorbereitung des Gesetzesentwurfs in diesem Organ

Zunächst hatte Sir Francis Burdett beantragt, aufgrund der anhaltenden Probleme eine Kommissionsberatung des ganzen Hauses abzuhalten. Bereits die Diskussion über diesen Antrag zog sich sehr lange hin. Schon innerhalb dieser Debatte wurden die bestehenden Probleme ausführlich erörtert[259].

Wie schon im vorangegangenen Teil ausgeführt, war das committee of the whole house eine Vorstufe zur eigentlichen Schaffung des Gesetzesentwurfs. Ein Gesetzesentwurf bezüglich der Katholikenfrage mußte zwangsweise in einem committee of the whole house seinen Anfang nehmen, da er unzweifelhaft Religionsfragen betraf[260]. Mit der knappen Mehrheit von 247 Mitgliedern gegen 234 Gegenstimmen entschied sich das Unterhaus für die

---

254 vgl. hierzu May, The law, privileges, proceedings und usage of parliament, S. 286

255 May, Verfassungsgeschichte Englands, S. 337

256 vgl. Hansard Parliamentary Debates, Vol. XII, Sp. 166 ff.

257 vgl. Hansard Parliamentary Debates, Vol. XII, Sp. 422 ff.

258 May, Verfassungsgeschichte Englands, S. 337

259 siehe Hansard Parliamentary Debates, Vol. XII, Sp. 764 - 840

260 Zwei standing orders vom 9. November 1703 und vom 30. April 1772 bestimmten: "That no bill relating to religion ... or the alteration of The laws concerning religion ... , be brought into this house, until the proposition shall have been first considered in a comittee of the whole house..."; zitiert nach: May, The laws, privileges, proceedings ans usage of parliament, S. 272.

Einberufung eines "committees of the whole house"[261], das am 28. Februar 1825 eine Resolution der Commons bezüglich der an das Unterhaus herangetragenen Wünsche römisch-katholischer Institutionen und Personen verfaßte. In dieser Resolution wurde dem Abgeordneten Francis Burdett der Auftrag erteilt, eine entsprechende bill zu entwerfen[262].

b) Die Einbringung der bill durch den Abgeordneten Francis Burdett

Knapp einen Monat später, am 23. März 1825, brachte der Abgeordnete Francis Burdett den Gesetzesentwurf im Unterhaus ein[263]. Er gab "seiner" Gesetzesvorlage den Titel "bill for the removal of the Disqualifications under which his Majesty`s Roman Catholic subjects now labour"[264]. Mit dem Einbringen dieser bill brachte Burdett den Wunsch zum Ausdruck, daß die vorgelegte bill zum ersten Mal gelesen werde.

c) Die erste Lesung der Roman Catholic Bill

Bevor jedoch die eigentliche erste Lesung abgehalten werden konnte, entspann sich im Parlament eine kurze Diskussion über einige formale Fragen[265]. Unter anderem erörterten die Abgeordneten, inwieweit das Gesetz den zahlreichen Petitionen von verschiedenen Seiten gerecht werde. Die zur Sache sprechenden Abgeordneten vermieden jedoch ausdrücklich, über die Grundsätze oder Details der bill zu diskutieren[266]. So wurde die bill ohne eine Abstimmung im Unterhaus der ersten Lesung unterzogen[267].

---

261 vgl. die Verkündung des Abstimmungsergebnisses in: Hansard Parliamentary Debates, Vol. XII, Sp. 840

262 Die Resolution ist abgedruckt in: Hansard Parliamentary Debates, Vol. XII, Sp. 844 ff.

263 Hansard Parliamentary Debates, Vol. XII, Sp. 1143

264 Der vollständige Gesetzesentwurf ist abgedruckt in: Hansard Parliamentary Debates, Vol. XII, Sp. 1151 ff.

265 Hansard Parliamentary Debates, Vol. XII, Sp. 1143 ff.

266 So wies bspw. Mr. Secratary Peel darauf hin, "that he did not rise with any intention of provoking any discussion, upon this stage of bill."; abgedruckt in: Hansard Parliamentary Debates, Vol. XII, Sp. 1146

267 vgl. Hansard Parliamentary Debates, Vol. XII, Sp. 1149

d) Die zeitliche Festlegung der zweiten Beratung

Den Termin der zweiten Beratung diskutierten die Deputierten bereits vor der Durchführung der ersten Lesung. So war die zweite Lesung vom Antragsteller Burdett zunächst auf den 14. April 1825 festgelegt worden. Gegen diese Terminierung wandten sich schon vor der ersten Lesung mehrere Abgeordnete, weil an diesem Tag viele Abgeordnete nicht anwesend sein würden[268]. Gerade die Diskussion über den Termin der zweiten Lesung vor dem eigentlichen Einbringen des Gesetzes zeigt den weitgehend formalen Charakter der ersten Lesung, da offenbar - trotz der sich schon hier abzeichnenden kontroversen Meinung der Abgeordneten - nicht von einer Ablehnung in erster Lesung ausgegangen wurde.

Auch im Anschluß an die erste Lesung entspann sich wiederum die Diskussion über den Termin der zweiten Lesung. Gegen den wiederum durch den Antragsteller Burdett festgelegten 14. April erhob sich gerade von seiten der Gesetzesgegner heftiger Widerspruch. Der Zeitpunkt der zweiten Lesung sei ungünstig gewählt, da die Hälfte der Abgeordneten an diesem Termin nicht anwesend sein könne[269]. Schließlich ging Burdett auf diese Kritik ein und beantragte die Durchführung der zweiten Lesung der Roman Catholic Relief bill am 18. April 1825. Diesem Antrag stimmte das Unterhaus zu[270].

---

268 So wandte der Abg. Mr. Estcourt ein, "that the 14 th of April would be in the middle of the quarter-sessions week, and that it would be a great inconvenience to hon. members who where magistrates to be obliged to be absent from their duties in the country". Abgedruckt in: Hansard Parliamentary Debates, Vol. XII, Sp. 1134.

269 vgl. die Ausführungen vom Abgeordneten Estcourt, " (that) an extraordinary time had been selected for the second reading of the bill. There was but one week in the whole session in which ... a large portion of members ought to be in their different counties; and yet this was the very week selected for the discussion of this important question. If the hon. baronet (gemeint ist der Antragsteller) would only postpone his motion for four days, the gentlemen ... of the House would have no objection to offer...", abgedruckt in: Hansard Parliamentary Debates, Vol. XII, Sp. 1149 f.

270 vgl. Hansard Parliamentary Debates, Vol. XII, Sp.1151

e) Die zweite Lesung der bill und der Versuch ihrer Ablehnung

Am 18. April 1825 stand folglich die zweite Lesung der Roman Catholic Relief bill auf der Tagesordnung[271]. Schon vor der eigentlichen zweiten Lesung entspann sich eine langwierige, heftig geführte Debatte über die Grundsätze der geplanten bill[272]. Formell bezog sich die Debatte auf ein Amendment, die Lesung des Gesetzes erst in sechs Monaten abzuhalten. Dies war, wie bereits ausgeführt, die höflichste und damals übliche Form für die Gesetzesgegner, das Gesetz abzulehnen[273]. In der Hitze der Debatte wurde sogar teilweise erwogen, - ohne Einhaltung der üblichen Höflichkeitsfloskeln - einen damals unüblichen Antrag gegen die Abhaltung der zweiten Lesung zu stellen[274]. Am Ende der Debatte wurde der Antrag "That the word `now` stand part of the question" mit 268 zu 241 Stimmen angenommen. Damit ergab sich eine knappe Mehrheit von 27 Stimmen für die zweite Lesung, welche sich unmittelbar hieran anschloß[275].

f) Die Beratung der Roman Catholic Relief bill im "Comittee of the whole house"

Mit der zweiten Lesung hatte die Roman Catholic Relief bill trotz einer nur knappen Mehrheit von 27 Stimmen eine wichtige Hürde überwunden. Nun hatte die bill mit dem "comittee of the whole house" ein weiteres wichtiges Stadium des englischen Gesetzesberatungssystems zu überstehen.

---

271 vgl. Hansard Parliamentary Debates, Vol. XIII, Sp. 21: "Sir Francis Burdett moved the order of the day for the second reading of this bill."

272 Die Debatte wurde über zwei vollständige Sitzungstage geführt; abgedruckt in: Hansard Parliamentary Debates, Vol. XIII, Sp. 22 - 61 und Sp. 71 - 123.

273 vgl. Hansard Parliamentary Debates, Vol. XIII, Sp. 71: "Sir Francis Burdett moved the order of the day, for resuming the adjourned debate on the amendment proposed to be made to the question, "That the bill be now read a second time; which amendment was, to leave out the word 'now', and at the end of the question to add the words 'upon this day six month'."

274 vgl. die Äußerungen des Lord Ennismore, der ausführte: "that he intended to vote against the second reading of this bill. He had voted in favour of the motion for going into a comittee on this subject, in the hope that some arrangement might have been divised in it, which would have been satisfactory to all parties. No such arrangement was visible in the present bill..."; abgedruckt in: Hansard Parliamentary Debates, Vol. XIII, Sp. 57.

275 "The question being put, `That the word 'now' stand part of the question.′ The house diveded: Ayes 268. Noes 241. Majority for the second reading 27. The bill was accordingly read a second time". abgedruckt in: Hansard Parliamentary Debates, Vol. XIII, Sp.123

Zunächst war die Behandlung in der Kommission des ganzen Hauses auf den 2. Mai 1825 festgesetzt worden. Dieser Termin wurde jedoch aufgrund der Abwesenheit des Gesetzesinitiators Burdett verschoben[276]. Am 6. Mai 1825 wurde die Frage gestellt, ob eine Gesetzesberatung im Ausschuß des ganzen Hauses stattfinden sollte und der speaker dementsprechend seinen chair zu verlassen habe[277]. Hierüber entspann sich - und dies war für die damalige Parlamentspraxis eher ungewöhnlich - eine Diskussion. Innerhalb dieser Diskussion gelang es den Befürwortern der bill, die Gegner von der grundsätzlichen Notwendigkeit der Kommissionsberatung im ganzen Haus zu überzeugen. Die Antragsgegner waren sich darüber im klaren, daß auch noch in der dritten Lesung die Möglichkeit bestand, das Gesetz zu verhindern und kündigten für dieses Stadium schon "erbitterten" Widerstand gegen die Gesetzesvorlage an[278]. Daraufhin verwandelte sich das Parlament - wie schon bei der theoretischen Erörterung ausgeführt - durch einen einfachen Beschluß in ein comittee of the whole house[279].

In der Sitzung dieses Gremiums wurde über die allgemeinen Grundsätze der bill nicht verhandelt. Vielmehr sprach man ausschließlich über die einzelnen Punkte der bill[280]. Auch die in der vorstehenden theoretischen Betrachtung erwähnte offene Verhandlungsweise ist zu erkennen. So meldete sich zum Beispiel der Abgeordnete Peel zehnmal zu Wort. Des Weiteren ist erkennbar, daß sich die

---

276 Hansard Parliamentary Debates, Vol. XIII, Sp. 336

277 "Mr. Brougham moved the order of the day that the house resolve itself into a comittee of the whole House on the Roman Catholic Relief bill. On the question, that the speaker do now leave the chair." abgedruckt in: Hansard Parliamentary Debates, Vol. XIII, Sp. 422

278 vgl. nur die Äußerungen des Abg. Bankes der wünschte, “that his asquiescence to the proposition for going into the comittee should not be misconstued into a change of opinion. The resistance to the bill should be open and manly. It would perhaps, be modified in the comittee; but no modification, no shape in which it could be presented to him, would please him. The third reading was the stage in which to take the sense of the House”; abgedruckt in: Hansard Parliamentary Debates, Vol. XIII, Sp. 434.

279 "The House having resolved itself into the comittee ...;" Hansard Parliamentary Debates, Vol. XIII, Sp. 434.

280 vgl. die gesamte Debatte im comittee of the whole house, abgedruckt in: Hansard Parliamentary Debates, Vol. XIII, Sp. 434 - 449

Diskussionen immer auf einzelne Sätze des Gesetzesvorhabens bezogen[281]. Insgesamt wurden alle Sätze des Gesetzes ohne Änderungen angenommen[282]. Offensichtlich gab es hinsichtlich des Inhalts der bill im Parlament derart grundlegend unterschiedliche Ansichten, daß den Gegnern des Gesetzes nicht an der Änderung einzelner Sätze gelegen war[283]. So wurde das comittee of the whole house wieder in das Unterhaus umgewandelt und der Form halber der Bericht der Kommission für eine weitere Beratung verlangt[284].

g) Der Verzicht auf das Reportstadium bei der Roman Catholic Relief bill

Der Bericht der Kommission des ganzen Hauses wurde nur aus formalen Gründen bestellt, da keine Änderungen in der Ausschußsitzung beschlossen worden waren. Demzufolge konnte auch auf das Reportstadium verzichtet werden und sofort die dritte Beratung der bill auf die Tagesordnung gesetzt werden.

h) Die dritte Beratung der Roman Catholic Relief bill

Am 10. Mai 1825 stand die dritte Lesung der Roman Catholic Relief bill auf der Tagesordnung[285]. Vor der eigentlichen dritten Lesung des Gesetzes entwickelte sich noch einmal eine heftig geführte Debatte[286], in deren Verlauf man weniger über die einzelnen Teile der bill, sondern vielmehr über den Sinn der Gesetzesvorlage in ihrer Gesamtheit debattierte. Nach dem mehrfach

---

281 "The orginal clause was then agreed to. Upon the clause respecting the oath to be taken by ecclesiastical commission, Mr. Peel complained ... . Upon the clause for regulating the reception of bulls from the church of Rome"; siehe Hansard Parliamentary Debates, Vol. XIII, Sp. 447.

282 The clauses of the bill being agreed to..."; vgl. Hansard Parliamentary Debates, Vol. XIII, Sp. 448

283 Hierauf weisen auch die oben angeführten Äußerungen des Abgeordneten Bankes hin; vgl. Hansard Parliamentary Debates, Vol. XIII, Sp. 434.

284 "The house resumed. The report was then ordered to be received, pro forma, and taken into further consideration on Monday"; vgl. Hansard Parliamentary Debates, Vol. XIII, Sp. 449

285 Hansard Parliamentary Debates, Vol. XIII, Sp. 486: The order of the day being read, "That this bill be now read the third time".

286 Hansard Parliamentary Debates, Vol. XIII, Sp. 486 - 558

vorgetragenen Wunsch nach Ende der Debatte[287] wurde die Frage der dritten Lesung zur Abstimmung gestellt. Es stimmten schließlich 248 Mitglieder des Unterhauses für und 227 Mitglieder gegen die dritte Lesung der Roman Catholic Relief bill. Nach der Abstimmung erfolgte die dritte Lesung des Gesetzes[288].

Der Abgeordnete Bankes, der sich schon während der gesamten Debatte als ein erbitterter Gegner des Gesetzes gezeigt hatte und diese Position mit den Anträgen offenbar noch einmal explizit zum Ausdruck bringen wollte, stellte selbst nach der abschließenden Lesung weitere Änderungsanträge. Da seine Amendments dem Sinn des Gesetzes diametral entgegenstanden, wurden seine drei Änderungsvorschläge in toto verworfen[289]. Letztlich konnte durch das Parlament festgestellt werden, daß das Gesetz das Unterhaus "passiert habe"[290].

E. Zusammenfassung der englischen Gesetzesberatungstechnik

Aus der Darstellung des englischen Gesetzesberatungsverfahrens und seiner Erläuterung anhand des aufgeführten Beispiels wird der stark reglementierte und strengen Formalien unterliegende Charakter der Gesetzesbehandlung im englischen Unterhaus deutlich. Dies zeigte sich vornehmlich bei den drei Lesungen eines Gesetzesvorschlags, die stets nach der Beratung erfolgten und daher eher bestätigenden Charakter hatten.

Der starke Einfluß der Institution des "comittee of the whole house" offenbarte sich bereits bei den vorbereitenden Tätigkeiten des Parlaments. Hier wurden im

---

287 Hansard Parliamentary Debates, Vol. XIII, Sp. 557 f.: "Sir F. Blake rose, admids tremendous shouts of 'Question', which continued during the whole of his speech ... Colonel Forde, amid cries of "question", and "withdraw".

288 Hansard Parliamentary Debates, Vol. XIII, Sp. 558: "The question being put, the House devided: Ayes 248. Noes 227. majority for the third reading 21. The bill was accordingly read the third time."

289 Hansard Parliamentary Debates, Vol. XIII, Sp. 558: "Mr. Bankes then brought forward his promised amendements. The first amendement was, that Roman Catholics should not be eligible to certain offices, 'nor to sit in either House of parliament.' That was put and negativated without an division... ".

290 Hansard Parliamentary Debates, Vol. XIII, Sp. 558: The bill was then passed.

Regelfall die ersten Züge des geplanten Gesetzes besprochen. Da das "comittee of the whole house" im Grunde mit dem Unterhaus identisch war, konnten schon hier - dies zeigt auch das Beispiel - die Mehrheitsverhältnisse abgeschätzt werden.

Die erste Lesung des Gesetzes hatte lediglich formalen Charakter, da hier das Gesetz in der Regel nicht scheiterte. Schon die oben erwähnte Terminfestlegung hinsichtlich der zweiten Lesung bei einem derart umstrittenen Gesetz noch vor der ersten Lesung verdeutlicht dies. Die erste wirkliche Hürde hatte das Gesetz in der Beratung vor der zweiten Lesung zu überstehen. Hier konnte von den Gegnern der bill die zweite Lesung des Gesetzes verhindert werden, ohne daß im einzelnen auf die speziellen Teile eingegangen werden mußte. Die Parlamentsmitglieder waren in der Regel durch das vor der Gesetzeseinbringung meistens abgehaltene "comittee of the whole house" schon über das Gesetzesvorhaben informiert.

Die große Bedeutung der Kommissionssitzung des ganzen Hauses zeigt sich ebenfalls innerhalb des eigentlichen Gesetzesberatungsverfahrens. Die regelmäßig nach der zweiten Lesung des Gesetzes abgehaltene Sitzung des comittee bot den Gegnern eine Möglichkeit, den Gesetzesentwurf durch Änderungsanträge entsprechend ihrer Vorstellungen zu gestalten. Während der Kommissionsberatung wurde die erforderliche Detailarbeit geleistet. Gerade dies war durch die weniger formale Diskussionsordnung beabsichtigt.

Die Beratung vor der dritten Lesung des Gesetzes bot erneut allen Gegnern und Befürwortern der bill die Möglichkeit, ihren Standpunkt zum Gesetzesvorhaben zu erläutern und Änderungsanträge zu stellen. Weil aber die parlamentarische Detailarbeit schon in der Kommissionssitzung geleistet worden war, gehörten grundlegende Änderungen vor der dritten Lesung eher zur Seltenheit.

Zusammenfassend kann festgestellt werden, daß sich bis zu Beginn des 19. Jahrhunderts ein über einen langen Zeitraum währendes Gesetzesberatungsverfahren entwickelt und ausgestaltet hatte, das auch bei zunehmendem Gesetzesaufkommen nach wie vor eine effiziente Parlamentsarbeit ermöglichte. Die strengen Formalitäten wurden konsequent eingehalten. Gerade bei dem praktischen Beispiel zeigte sich auch die große

Disziplin und Kompromißfähigkeit selbst erbitterter Gegner innerhalb des Unterhauses bei der Beratung der Verfahrensweise.

Der eigentliche Ursprung der dreifachen Lesung eines Gesetzes in der englischen Gesetzesberatungspraxis läßt sich nicht eindeutig feststellen. Es kann jedoch nicht ausgeschlossen werden, daß die dreifache Lesung des Gesetzes - ähnlich wie bei der untersuchten Lex Salica - zunächst lediglich eine symbolische Bedeutung hatte. Später nahmen die drei Lesungen bzw. die in den vorausgehenden Beratungen angewandten Verhandlungsformen ihre konkrete Form an. Jede Lesung erhielt durch die Jahrhunderte währende parlamentarische Entwicklung ihre individuelle Bedeutung im englischen Gesetzesberatungsverfahren.

Fünfter Teil. Die Gesetzesberatung in Frankreich und Belgien von der Französischen Revolution bis zum Ausbruch der Revolution von 1848

Mit der Revolution von 1789 begann für Frankreich eine verfassungsgeschichtlich sehr bewegte Zeit[291]. So wurden in kurzen zeitlichen Abständen mehrere, teilweise völlig unterschiedlich konzipierte Verfassungen geschaffen[292]. Demzufolge veränderten sich auch die gesetzgebenden Körperschaften.
Daher ist die Frage von besonderem Interesse, inwieweit bei der Ausgestaltung des internen Weges der Gesetzesberatung durch die jeweiligen Parlamente auf das erörterte englische System zurückgegriffen wurde bzw. ob sich ein davon unabhängiges eigenständiges Gesetzesberatungssystem herausbildete. Um die Zusammenhänge näher zu beleuchten, erscheint es erforderlich, die einzelnen Réglements der gesetzgebenden Körperschaften auf ihre spezifischen Merkmale der Gesetzesberatung zu untersuchen. Eine eingehende Analyse dürfte gerade dadurch gerechtfertigt sein, daß namentlich die späteren Réglements der französischen Gesetzesberatung Vorbild für die ersten Geschäftsordnungen der deutschen landständischen Versammlungen bzw. auch für spätere deutsche Parlamente gewesen sein könnten.

---

291 vgl. zur Französischen Revolution und ihrem Einfluß grundlegend: Gaxotte, La Révolution Française; Schulin, Die Französische Revolution

292 vgl. Erbe, Frankreich, S. 33; Hartmann, Französische Verfassungsgeschichte, S. 45

A. Die Gesetzesberatungspraxis der Assemblée nationale Constituante nach dem Réglement vom 29. Juli 1789

I. Die politische Ausgangslage bei der Entstehung der Assemblée nationale Constituante

Zu Beginn des Jahres 1789 hatten soziale Spannungen, Wirtschafts- und Ernährungskrisen, aber auch Ideen der Aufklärung zunehmend das monarchische System geschwächt. Insbesondere waren die finanziellen Probleme kaum mehr zu bewältigen[293]. Aufgrund dieser Staatsmisere sah sich König Ludwig XVI. in seiner ausweglosen Situation gezwungen, im April des Jahres 1789 die Generalstände zum ersten Mal nach 1614/15 wieder einzuberufen[294]. Als es unüberbrückbare Auseinandersetzungen innerhalb der Generalstände über die Abstimmungsmodalitäten gab, erklärte sich der Dritte Stand am 12. Juni 1789 zu einer "arbeitsfähigen Teilversammlung der Assemblée générale" und nach der Vereinigung mit dem niederen Klerus zur "Verfassungsgebenden Nationalversammlung" (Assemblée nationale Constituante)[295]. Eine Versammlung, die durch eine Berufung durch den König und ohne eigenes Recht tagte, maßte sich nun an, Vertreter des ganzen Volkes zu sein[296]. Auf diese Weise übernahm die Versammlung eine schwere Aufgabe in einer bewegten Zeit, wobei es ihr Ziel sein mußte, viele widerstreitende Interessen und Forderungen einander näher zu bringen[297].

Eine prägende Rolle innerhalb dieser politischen Vorgänge nahm Graf Honoré Gabriel de Mirabeau ein[298]. Er war vom dritten Stand berufen worden, nachdem ihn der Adel seiner Provinz nicht als Vertreter für die Generalstände

---

293 vgl. Hartmann, Französische Verfassungsgeschichte, S. 43

294 Aubry, Die französische Revolution, S. 50

295 Hartmann, Französische Verfassungsgeschichte, S. 45 f.

296 vgl. Göhring, Geschichte der Grossen Revolution, S. 351

297 vgl. Sparwasser, Föderalismus in Frankreich, S. 53

298 vgl. näher zur Lebensgeschichte Mirabeaus: Chaussinand-Nogaret, Mirabeau; de Castreis, Mirabeau

gewählt hatte. Mirabeau, sich der weitreichenden Bedeutung der damaligen Vorgänge bewußt, vertrat die Ansicht, daß die Revolution nur mit und nicht gegen den König zu gewinnen sei[299]. Von einer bedingungslosen Loyalität gegenüber dem König konnte bei Mirabeau aber nicht die Rede sein[300]. Mit der selbst vorgenommenen Konstituierung des Dritten Standes war der entscheidende Schritt zur Revolution getan, die sich - unterstützt durch die Gewaltaktionen der aufgewiegelten Massen - endgültig durchsetzte. Nun kam es zwangsläufig zum Zusammenbruch des Ancien régime.

Am 27. Juni 1789 befahl der König, der vor einer Gewaltanwendung zurückschreckte, den anderen Ständen, sich wieder dem Dritten Stand anzuschließen, was als indirekte Anerkennung der Nationalversammlung zu verstehen war. Die Nationalversammlung konnte daraufhin die Arbeit aufnehmen[301]. Zunächst beschloß die Constituante am 27. Juli 1789, einen Grundrechtskatalog zu erarbeiten[302].

II. Die möglichen Grundlagen für eine Geschäftsordnung

Mit diesem Beschluß ergab sich zwangsläufig die Problematik der Beratungsform für die anstehenden Aufgaben. Mit der Ausarbeitung eines Réglements für die Constituante beauftragte die Versammlung einen Ausschuß[303]. Im Interesse einer systematischen Untersuchung erscheint es sinnvoll, zunächst die parlamentarischen Erfahrungen aufzuzeigen, die für die

---

299 Nürnberger, Das Zeitalter der Französischen Revolution, S. 67

300 vgl. nur sein Ausruf gegenüber dem Botschafter des Königs, der die Generalstände aufgefordert hatte, den Saal zu verlassen und nach getrennten Ständen weiterzuberaten: "Gehen Sie und sagen Ihrem Herrn, daß wir hier durch den Willen des Volkes versammelt sind und daß man uns nur durch die Gewalt der Bajonette von diesem Platz vertreiben wird !"; zitiert nach Frölich, Die grosse Zeitwende, S. 57; vgl. auch Nürnberger, Das Zeitalter der Französischen Revolution, S. 70; de Castreis, Mirabeau, S. 254 ff., insb. S. 258; Schulin, Die Französische Revolution, S. 63 bezeichnet diese Worte Mirabeaus als "einen der genialsten extemporierten Sätze der politischen Geschichte".

301 Nürnberger, Das Zeitalter der Französischen Revolution, S. 70; vgl. umfassend zu der Tätigkeit der Constituante: Taine, Entstehung des modernen Frankreichs, S. 138

302 Hartmann, Französische Verfassungsgeschichte, S. 46

303 vgl. Dumont, in der Vorrede zu Bentham, Tactik des Geschäftsganges, XV

Ausschußmitglieder gerade hinsichtlich der Gesetzesberatung von besonderem Interesse waren.

1. Die Aufteilung der alten Generalständeversammlungen

Obwohl die alten Generalständeversammlungen seit dem Jahr 1614/15 nicht mehr getagt hatten[304], waren die wesentlichen Grundzüge ihrer Verhandlungen noch bekannt. So hatten sich in den Sitzungen Abläufe nach traditionellem Ritus herausgebildet. Eine Teilung der Generalstände in einzelne Bureaus gab es zum Beispiel schon im Ancien Régime[305]. Die Anträge wurden nur innerhalb der jeweiligen Stände beraten. Dort stimmte man nach Verwaltungsbezirken ab, wobei jedem Bezirk eine Stimme zukam[306]. Es lag damit ein System der lokalen Trennung vor[307]. Diese territoriale Einteilung eines Entschlußkörpers ist, wie ausgeführt, schon in der römischen Volksversammlung üblich gewesen. Auch die Bearbeitung von Anträgen in Kommissionen war damals schon bekannt[308].

2. Bentham`s Abriß der englischen Parlamentsordnung

Zu Beginn der Ausarbeitung eines Réglements hatte Mirabeau längst erkannt, daß eine solche Schöpfung nicht ohne Anlehnung an fremde Vorbilder zu bewerkstelligen war. Gerade das englische Parlamentsverfahren hielt er als Vorlage für sehr geeignet. So äußerte sich Mirabeau zu der englischen Geschäftsordnung:

"Ein Volk, das sich schon so lange mit öffentlichen Gegenständen in großen Versammlungen beschäftigt hat, muß sich notwendig der bestmöglichen Art und Weise angenähert haben. Dies gilt zumindest für die hauptsächlichen

---

304 vgl. zu den Generalständeversammlungen: Jouanna, États Généraux, in Dictionnaire de L'Ancien Régime, S. 512 ff.

305 Lebon, Verfassungsrecht der französischen Republik, S. 113

306 vgl. hierzu: Holtzmann, Französische Verfassungsgeschichte, S. 378

307 so bezeichnet von Hatschek, Parlamentsrecht, S. 92

308 so Hatschek, Englische Verfassungsgeschichte, S. 427

Formen, um die Debatten vor der Verwirrung, und das Resultat der Meinungen vor Ungewißheit zu schützen"[309].

Auf der Suche nach einer Darstellung des Verfahrens im englischen Parlament geriet Mirabeau an Jeremias Bentham. Auf Bitten Mirabeaus verfaßte dieser einen aufgrund der Umstände eilig erstellten Abriß der "Gerichtsordnung" des Unterhauses[310], welcher der mit der Schöpfung der Geschäftsordnung betrauten Kommission vorgelegt wurde. Gleichzeitig veröffentlichte Mirabeau diese Schrift und versah sie mit einem eigenen Vorwort[311].

In diesem Vorwort ging Mirabeau neben der oben erwähnten Aussage über die englische Geschäftsordnung auf die innere Geisteshaltung Benthams ein. So lobte er nicht nur das Ansinnen Benthams, mit seiner Schrift nicht den Franzosen englische Methoden oktroyieren zu wollen, sondern stellte gerade Benthams Wunsch nach Freiheit aller europäischen Staaten heraus[312]. Mit diesem Hinweis auf das europäische Denken Benthams wollte Mirabeau die in der Kommission bestehenden Vorbehalte gegen die Übernahme englischer Parlamentsmethoden entkräften. Trotzdem gab es innerhalb der Kommission Mitglieder, die Mirabeau in bezug auf das Werk Benthams mitteilten: "Wir wollen nichts von den Engländern, wir wollen niemanden nachahmen"[313].

---

309 zitiert aus: Hatschek, Englisches Staatsrecht, S. 426

310 veröffentlicht als Anhang zu Bentham, Tactik oder Theorie des Geschäftsganges, S. 219 - 271

311 vgl. Jekewitz, Ein ritualisierter historischer Irrtum, S. 542; Hatschek, Englisches Staatsrecht, S. 426 f.

312 vgl. das Vorwort Mirabeaus, zitiert in dem Vorbericht zu den "Regeln", S. 221 f: "Ich verdanke diese Arbeit, die einzig und allein für Frankreich unternommen wurde, einem Engländer, der, obgleich noch jung an Jahren, sich schon hohen Ruhm erworben hat, und den diejenigen, die ihn genauer kennen, als eine hoffnungsvolle Stütze ihres Landes ansehen. Er gehört zu jenen verehrungswerthen Philosophen, deren Bürgersinn sich nicht auf Großbritannien allein beschränkt. Als wahre Weltbürger wünschen sie aufrichtig, daß die Franzosen eben so frei und nicht minder großmüthig seyn mögen, als sie selbst." Mirabeau zitiert aus einem beigelegten Brief Benthams. "Ihre Anzahl ist sehr bedeutend; obgleich sie fühlen, welche Ehre es ihrem Vaterlande bringt, daß die englische Freiheit beinahe zum Sprichwort geworden ist: so wünschen sie dennoch nichts eifriger, als diese Auszeichnung durch die allgemeine Freiheit Europas schwinden zu sehen."

313 zitiert nach: Dumont, in der Vorrede zu Bentham, Tactik des Geschäftsganges, XVI

Diese brüske Ablehnung der Berücksichtigung des Werkes von Bentham war schon deshalb nicht gerechtfertigt, da Bentham in seinen Werken stets versucht hatte, ein für alle Länder und Völker gleichermaßen geeignetes Rechtssystems zu schaffen[314]. Bentham hatte früh erkannt, daß die Notwendigkeit zu einer neuen Epoche mit einer wissenschaftlichen Staatsbetrachtung bestand[315]. Der Vorwurf des Oktroyierungsversuches der englischen Parlamentsmethoden auf das geplante französische Parlament war daher sicherlich nicht gerechtfertigt[316].

Der Abriß Benthams bildete eine "bloße Erzählung von Thatsachen, eine schmucklose Darstellung der Formen, die das britische Parlament befolgt, bei der Art die Motionen vorzutragen, sie zu verbessern (amender), darüber zu berathschlagen, die Stimmen zu sammeln, Ausschüsse niederzusetzen"[317]. In der Tat zeigte der durch Bentham verfaßte Abriß der englischen Parlamentsformen eine nüchterne Analyse und Zusammenfassung der englischen Parlamentsgebräuche. Bentham ging insbesondere auf die Existenz der verschiedenen Ausschüsse ein und wies auf die Vorteile des schon oben erläuterten Ausschusses des ganzen Hauses hin[318].

Bei der Übersetzung der in englischer Sprache verfaßten Schrift Benthams fiel das Fehlen eines Teils der Schrift auf. Dies wurde damit erklärt, daß das Manuskript schon vor der Übersetzung durch "mehrere Hände gegangen" sei. Diese fehlenden Seiten beinhalteten ausgerechnet die Erläuterung einer der ältesten englischen Parlamentsbräuche bei der Gesetzesberatung: die dreimalige

---

314 vgl. Jekewitz, Ein ritualisierter historischer Irrtum, S. 541, der insbesondere auf die methodische Verschiedenheit der analytischen Arbeiten von Bentham im Vergleich zu bspw. Blackstone hinweist, der lediglich verschiedene Quellen zusammentrug und diese kommentierte, ohne ein einheitliches System zu entwickeln.

315 Guttmann, England im Zeitalter der bürgerlichen Reformen, S. 164

316 vgl. auch die Worte von Bentham: "Mit Abscheu würde ich die Anschuldigung des Patriotismus verwerfen, wenn ich, um Freund meines Vaterlandes zu seyn, der Feind des Menschengeschlechts werden müsste. Das bleibende Interesse aller Völker ist dasselbe. Ich nützte meinem Vaterlande, wenn ich dazu beitragen kann, Frankreich eine freiere und glücklichere Constitution zu geben."; zitiert nach Dumont, in der Vorrede zu Bentham, Tactik des Geschäftsganges, XIV f.

317 so Dumont, in der Vorrede zu Bentham, Tactik des Geschäftsganges, XV

318 Bentham, Regeln, S. 263 ff., auch S. 226;

Abhaltung der Lesung und Beratung des zu beschließenden Gesetzes[319]. Dadurch konnten die Urheber der Geschäftsordnung der Constituante speziell bei diesem grundlegenden Element der Gesetzesberatung sich nicht auf einen geschriebenen Bericht stützen, sondern mußten bei der Ausarbeitung der Formen für die Gesetzesberatung auf Gehörtes und ihre eigene Phantasie zurückgreifen[320].

III. Die Beratung eines Gesetzes nach dem Réglement vom 29. Juli 1789

1. Der Weg des Gesetzes durch die Assemblée nationale Constituante

Am 29. Juli 1789 wurde das sog. "Réglement á l' usage de l'Assemblée nationale" in Kraft gesetzt[321].

Die Behandlung der Gesetze im Parlament regelte hauptsächlich die Bestimmungen des Chap. IV. Die Bestimmung des Chap. IV Nr. 1 billigte grundsätzlich jedem Mitglied des Parlaments die Möglichkeit zu, einen Antrag zu stellen. Hierzu mußte der Antragsteller nach Chap. IV Nr. 2 im Büro des Parlaments erscheinen, um seinen Antrag einzuschreiben. Die weitere Behandlung des Antrags machte aber nach Chap. IV Nr. 4 mindestens die Unterstützung durch zwei weitere Mitglieder erforderlich. Grundsätzlich war es nicht möglich, die Anträge bereits am Tag ihrer Einbringung zu diskutieren. Jedoch konnte nach Chap. IV Nr. 5 durch die Versammlung die Dringlichkeit des Antrags beschlossen werden. Bei Unterstützung des Antrags entschied die Versammlung nach Chap. IV Nr. 6, ob dieser überhaupt diskutiert werden sollte. Lag erst einmal die Zulassung zur Diskussion im Parlament vor, konnte er gemäß Chap. IV Nr. 7 nicht mehr zurückgenommen werden, um Veränderungen oder Korrekturen vorzunehmen. Dies war nur durch Verbesserungsvorschläge (Amendements) zu erreichen, die im Parlament diskutiert werden mußten.

---

[319] Vorbericht zu Bentham, Regeln, S. 222

[320] so Jekewitz, Ein ritualisierter historischer Irrtum, S. 542

[321] abgedruckt in Duvergier, Année 1789 - 29. Juillet, S. 35 - 38

Nach Chap. IV Nr. 9 konnte eine Verweisung an die Abteilungen des Parlaments beschlossen werden. Chap. VI Nr. 1 des Réglements teilte die Nationalversammlung in einzelne Abteilungen (bureaux) auf, die nicht durch Wahl, sondern nach einem bestimmten Schlüssel anhand einer alphabetischen Liste bestimmt wurden. Jeden Monat wurden die Abteilungen neu zusammengesetzt, wobei dieselben Abgeordneten nicht wieder in einer Abteilung zusammentreffen durften. Jeder Antrag durfte zunächst innerhalb dieser Abteilungen beraten werden, wobei dort grundsätzlich noch kein Beschluß gefaßt werden konnte[322]. Nach Chap. VI Nr. 3 mußte auf Antrag von mindestens fünf Abteilungen die gesamte Versammlung einberufen werden. Allerdings blieb nach wie vor eine Beratung im Parlament ohne vorbereitende Diskussion in den Abteilungen möglich.

In der Beratung innerhalb des Parlaments hatten diejenigen Mitglieder, die zu dem Antrag das Wort ergreifen wollten, nach Chap. IV Nr. 10 sich beim Präsidenten namentlich einschreiben zu lassen. Jeder Redner durfte in der Diskussion gemäß Chap. IV Nr. 12 höchstens zweimal zu der betreffenden Sache sprechen. Nach Chap. IV Nr. 13 blieb auch während der Diskussion die Möglichkeit, Amendements zu stellen. Diese konnten angenommen, abgelehnt oder aber an eine Kommission überwiesen werden. Diese Kommissionen bildete man nach Chap. V Nr. 2, S. 4 durch eine Wahl der Abteilungen, wobei kein Mitglied des Parlaments Mitglied zweier Kommissionen sein konnte. Über die Einrichtung fester Kommissionen enthielt das Réglement allerdings keine Angaben.

War die Diskussion nach Chap. IV Nr. 15 geschlossen worden, hatte der Antragsteller seinen Antrag in der Form einer Frage zu formulieren, so daß mit "Ja" oder "Nein" geantwortet werden konnte. Gemäß Chap. IV Nr. 16 konnte auch die Teilung einer Frage beantragt werden, sofern diese jeweils eine noch separat zu klärende Angelegenheit beinhaltete. Über jeden Antrag wurde nach Chap. IV Nr. 18 mit der Mehrheit der Stimmen entschieden. Hatte man über einen Antrag - und dies galt für alle Anträge - in der jeweiligen Session schon einmal abgestimmt, so durfte dieser nach Chap. IV Nr. 19 S. 1 innerhalb derselben Session nicht mehr eingebracht werden.

---

322 vgl. Chap. VI, Art. 1: L' Assemblé se divisera en bureaux ou les motions seront discutées

Für die Behandlung von Anträgen zur geplanten Verfassung oder zu einem Gesetzesvorhaben galten besondere Bestimmungen, die im einzelnen in dem Abschnitt "Ordre de la discussion d'une question relative á la constitution ou á la législation" aufgeführt waren. Demzufolge mußten die betreffenden Gesetzesanträge nach Chap. IV Nr. 8 vor ihrer Behandlung sofort gedruckt und an die Mitglieder verteilt werden. Der entscheidende Unterschied zu herkömmlichen Anträgen bestand darin, daß die Gesetzesvorlagen gemäß Chap. IV Nr. 19 S. 2 dreimal an verschiedenen Tagen zur Diskussion standen[323]. Zunächst, so sah es das Réglement vor, las der Antragsteller den Antrag vor und begründete ihn. Generell wurde der Antrag nur zur Diskussion zugelassen, wenn er von mindestens zwei Mitgliedern des Parlaments unterstützt worden war.

Nach der Diskussion erörterten die Abteilungen nach Chap. IV Nr. 19 S. 3 zunächst, ob der Antrag zur weiteren Bearbeitung an die Abteilungen zurückverwiesen werden sollte. Kam es zu einem solchen Beschluß, wurde der Tag festgelegt, an dem der Antrag in der gesamten Versammlung zur abschließenden Diskussion gelangen sollte. Die zweite Beratung des Gesetzesentwurfes fand also regelmäßig in den Abteilungen statt[324].

Alle Anträge der bezeichneten Art galten nach Chap. IV Nr. 19 S. 4 dann als angenommen, wenn eine einfache Mehrheit der Stimmen erreicht war. Bei Stimmengleichheit galt der Antrag als abgelehnt. Die Stimmabgabe fand nach Chap. IV Nr. 19 S. 5 durch Sitzen und Aufstehen statt. Nur bei Zweifel an der Richtigkeit der Auszählung wurden die Abgeordneten der Nationalversammlung in alphabetischer Reihenfolge aufgerufen.

---

sans y former des résultats.

323 vgl. Chap IV, Art. 19: Toute motion relative á la constitution ou á la législation sera portée trois fois á la discussion á des jours différents... .

324 Unzutreffend Hatschek, Englische Verfassungsgeschichte, S. 127, der davon ausgeht, daß die zweite Beratung in den Kommissionen abgehalten wurde. Dies geht aus dem Reglement keinesfalls hervor. In Chap. IV, Nr. 19, S. 3 ist explizit von einer Zurückverweisung an die "bureaux" die Rede. Von den "Comités", deren Zusammensetzung in Chap. V Nr. 2, S. 3 geregelt ist, wird im Zusammenhang mit den drei Beratungen nicht gesprochen.

2. Entwicklungsgeschichtliche Einordnung der Gesetzesberatung nach dem Réglement vom 29. Juli 1789

Angesichts der prekären innenpolitischen Lage Frankreichs erscheint es verwunderlich, daß schon zwei Tage nach dem Arbeitsbeginn der Nationalversammlung eine weitgehend vollständige Geschäftsordnung vorlag. Die Kommission zur Erarbeitung des Réglements hatte damit trotz der widrigen Umstände ein schnelles Ergebnis erzielt. Diese Tatsache läßt vermuten, daß die Schöpfer des Réglements die zur Verfügung stehenden Vorbilder zumindest teilweise berücksichtigt hatten.

Zunächst wollte man jedoch nach einer Erklärung des Dritten Standes nicht auf die Geschäftsordnung der alten Generalstände zurückgreifen[325]. Da sich die Constituante nur in ihrer Gesamtheit als alleinige Vertreterin des Volkswillens fühlte, herrschte unter den Mitgliedern nicht nur ein starkes Mißtrauen gegenüber einem mit weitreichenden Machtbefugnissen versehenen Präsidentenamt, sondern auch gegenüber engen Gruppierungen innerhalb des Parlaments wie beispielsweise der Einrichtung von Kommissionen[326].

Um eine derartige Kommissionsherrschaft im Parlament zu verhindern, übernahm man das angesprochene System der Abteilungen aus dem Ancien régime. Die Entscheidung für das Abteilungswesen fiel sogar schon vor der Erklärung zur "Assemblée Nationale"[327]. Allerdings ist dieses System stark verändert worden. So spiegelt die Einteilung der Mitglieder in die Abteilungen nach alphabetischer Ordnung bzw. die monatliche personelle Erneuerung der Abteilungen das Widerstreben der Constituante gegen die etwaige Entwicklung von festen Gruppierungen wider. Eventuell einzusetzende Kommissionen sollten durch die Abteilungen gewählt werden[328].

Beim eigentlichen Gesetzesberatungsvorgang ist die Absicht der Urheber des Réglements zu erkennen, ähnlich dem englischen System die dreifache

---

325 Lammert, Zur Geschäftsordnung, S. 11

326 so Hatschek, Parlamentsrecht, S. 91 f.

327 vgl. Lebon, Verfassungsrecht der französischen Republik, S. 113

328 vgl. Hatschek, Parlamentsrecht, S. 92

Beratung einzuführen. Weil aber die Schöpfer der Geschäftsordnung sich aufgrund der fehlenden Seiten im Manuskript auf ihre eigene Kenntnis und Phantasie verlassen mußten, zeigte das Beratungssystem der Constituante lediglich eine formale Ähnlichkeit mit dem englischen System.

Die eigentliche "Lesung" des Gesetzesvorschlages erfolgte nicht wie im englischen Parlament nach der Beratung, sondern ging vielmehr der eigentlichen Beratung voran. Damit besaß sie nicht die eine Diskussion abschließende, das Abstimmungsergebnis bestätigende Eigenschaft der englischen Lesung. Vielmehr war ihr ein vorstellender, die Diskussion eröffnender Charakter zugeschrieben worden. Die zweite Beratung fand regelmäßig innerhalb der Abteilungen statt, die damit eine feste Funktion im Gesetzesberatungssystem einnahmen.

Im unklaren ließ das Réglement den Einfluß der Kommissionen, deren Funktion in dem Abschnitt über die Gesetzgebung nicht ausdrücklich geregelt wurde. Die These, daß die Schöpfer der Geschäftsordnung die drei Plenardebatten als unbedeutend empfanden und eine "Delegation weitreichender Befugnisse des Plenums auf Unterorgane" wie eben auch Kommissionen bevorzugt hatten[329], wird zumindest durch den Wortlaut des Réglements nicht gestützt. Ausdrücklich ist die Verweisung an Kommissionen nur in Chap. IV Nr. 13 genannt. Gegen eine "Faszination bezüglich des Ausschußwesens"[330] spricht das bereits angesprochene Mißtrauen bei vielen damaligen Abgeordneten gegenüber einzelnen Gruppierungen innerhalb des Plenums.

Zusammenfassend kann in der Ausgestaltung des Gesetzesberatungssystems der französischen Constituante nur eine geringe Ähnlichkeit mit dem englischen System der Gesetzesberatung festgestellt werden. Die andersartige Ausgestaltung der drei Lesungen resultiert aus einer Kombination von englischen Methoden und eigenen Überlegungen. Das Abteilungssystem der Generalständeversammlungen des Ancien Régime wurde mit Veränderungen übernommen. Mit dem Beschluß zur Einführung des Abteilungswesens blieb unweigerlich auch der Weg zur exakten Übernahme des englischen Prinzips der

---

[329] so ohne Belege für seine Ansicht: Jekewitz, Ein ritualisierter historischer Irrtum, S. 542
[330] so Jekewitz, Ein ritualisierter historischer Irrtum, S. 542

drei Lesungen verstellt. Die Existenz einer Kommission des ganzen Hauses nach englischem Muster hatten die Schöpfer der französischen Geschäftsordnung offensichtlich nicht für zweckmäßig gehalten.

Diese Abweichung von der englischen Gesetzesberatungspraxis ist sicherlich kaum aus den fehlenden Seiten des Manuskripts Benthams zu erklären. Da gerade durch die Schöpfer der Geschäftsordnung keine "Kopie" des englischen Systems beabsichtigt worden war, kann auch nicht von einem "irrtümlich" gewählten Weg gesprochen werden[331]. Es hatte sich vielmehr ein eigenes System der Gesetzesberatung aufgrund eigener Überlegungen herausgebildet.

B. Die Gesetzesberatungspraxis der Assemblée nationale nach der Verfassung vom 3. September 1791 und dem Réglement vom 18. Oktober 1791

I. Die Verfassung vom 3. September 1791

Mit der Verfassung vom 3. September 1791 war zum erstenmal in Europa ein geschlossenes Verfassungswerk konzipiert worden[332], in dem die "Nation" als die Inhaberin der höchsten Staatsgewalt angesehen wurde[333]. Dem entsprach auch die Einführung eines parlamentarisch geprägten Systems[334], in dem allerdings durch die strenge Trennung der Exekutive von der gesetzgebenden Gewalt[335] auch dem König als Oberhaupt der Exekutive ein starkes

---

331 so aber Jekewitz, Ein ritualisierter historischer Irrtum, S. 542

332 Hartmann, Französische Verfassungsgeschichte, S. 47

333 vgl. unter dem Abschnitt "Déclaration des droits de l' homme et du citoyen" in Art. 3: "Le principe de toute souveraineté réside essentiellement dans la nation; nul corps, nul individu ne peut exercer d'autorité, qui n'en émane expressément.". Die Verfassung ist abgedruckt bei: Altmann, Ausgewählte Urkunden, S. 58 - 86, hier S. 72 ff.; eine deutsche - teilweise aber inhaltlich fehlerhafte - Übersetzung findet sich zum einen bei Pölitz, Die europäischen Verfassungen, S. 2 - 19. Wesentlich geeigneter ist die Übersetzung bei: Franz, Staatsverfassungen, S. 302 - 371.

334 vgl. Duguit, Traité de Droit Constitutionnel, S. 817 f.; vgl. allgemein zu den Inhalten der Verfassung von 1791: Taine, Entstehung des modernen Frankreichs, S. 234 ff.

335 Lebon, Das Verfassungsrecht der französischen Republik, S. 2

Machtpotential zukam[336]. Als gesetzgebende Versammlung sah diese Verfassung die Assemblée nationale législative vor[337].

II. Die Gesetzesberatung in der Assemblée nationale législative

1. Die Regelung der Gesetzesberatung in der Verfassung

Ungeachtet der kurzen Geltungsdauer der Verfassung ist aufgrund der ausdrücklichen Regelung der Gesetzesberatung in der Verfassung auf das durch das Réglement nur ergänzend geregelte Verfahren einzugehen.

Hinsichtlich des Gesetzesberatungsverfahrens finden sich die wichtigsten Regelungen in dem Chap. III, Section II der Verfassung mit der Bezeichnung "Tenue de séances, et forme de délibérer".

Alle Versammlungen des Parlamentes sollten gemäß Art. 1 dieses Abschnitts öffentlich abgehalten und in schriftlichen Protokollen festgehalten werden. Nach Art. 2 konnte sich das Parlament zu jeder Gelegenheit in einen allgemeinen Ausschuß umwandeln[338]. Diese Umwandlung mußte auf Verlangen von mindestens fünfzig Abgeordneten erfolgen. Während der Sitzung dieses Ausschusses blieb der Stuhl des Präsidenten unbesetzt. Nach der Umwandlung übernahm der Vizepräsident die Leitung der Verhandlung.

Die eigentliche Gesetzesberatung war weitgehend durch die Bestimmung des Chap. III, Sec. II, Art. III in der Verfassung festgelegt, wonach jedes Gesetz nur nach der in den nachfolgenden Artikeln geschilderten Form beschlossen werden durfte[339]. Der Entwurf eines Gesetzes mußte nach Art. IV dreimal - mit

---

336 so Frotscher, Regierung als Rechtsbegriff, S. 53

337 vgl. Chap. III, Sec. I der Verfassung mit dem Titel "Pouvoirs et fonctions de l' Assemblée nationale législative."

338 vgl. Chap. III, Sec. II, Art. II: Le corps législatif pourra cependant en toute occasion se former en comité général.

339 vgl. Chap. III, Sec. II, Art. III: Aucun acte législatif ne pourra étre délibéré et décrété que dans la forme suivante.

jeweiligen Zwischenzeiten von mindestens acht Tagen - gelesen werden[340]. Der Art. V ließ eine Diskussion nach jeder Lesung des Gesetzesentwurfs zu. Nach der ersten und zweiten Verlesung konnte die Beratung aber auch vertagt oder abgelehnt werden. Gemäß Art. VI sollte nach der dritten Lesung der Präsident das Gesetz zur Beratung stellen[341]. Schließlich hatte die gesetzgebende Körperschaft zu entscheiden, ob ein endgültiger Beschluß über das Gesetz erfolgen konnte oder die Entscheidung verschoben werden sollte, um sich weitere Aufklärung zu verschaffen[342]. Nach Art. 8 konnte ein Gesetzesvorschlag, der einer Aussprache unterworfen und nach der dritten Lesung abgelehnt worden war, innerhalb der gleichen Legislaturperiode nicht mehr vorgelegt werden[343].

Die Präambel des letztlich beschlossenen Gesetzes hatte nach Art. 9 neben dem Wortlaut des Beschlusses auch die Daten der Sitzungen zu nennen, an denen die drei Lesungen des Gesetzes abgehalten worden waren. Eine Abweichung von diesen Regelungen konnte nur durch einen vorherigen Beschluß der Dringlichkeit nach Chap. III, Section II Art. 11 der Verfassung erreicht werden.

2. Die Regelung der Gesetzesberatung im Réglement

Das "Réglement à l' usage de l' Assemblée nationale"[344] ist am 18. Oktober 1791 - eineinhalb Monate nach Inkraftsetzung der Verfassung - durch das Parlament beschlossen worden. Trotz der bereits bestehenden, weitreichenden Regelungen in der Verfassung wurden diese konkreten Vorgaben durch das Réglement ausgefüllt und vervollständigt.

---

340 Chap. III, Sec. II, Art. IV: Il sera fait trois lectures du projet de décret à trois intervalles, dont chacun ne pourra être moindre de huit jours.

341 Dieser Satzteil wird von der Übersetzung bei Pölitz überhaupt nicht erwähnt.

342 Die Übersetzung von Pölitz ist hier inhaltlich ungenau: Bei dem Ausdruck "décret définitif" wird von den Schöpfern der Verfassung sicherlich - und dies ist schon aus dem sachlichen Zusammenhang zu entnehmen - ein endgültiges Gesetz gemeint sein (vgl. auch die Übersetzung bei Franz). Daher ist es irreführend, den Ausdruck wörtlich mit "Definitivdekret" zu übersetzen. Dieser Ausdruck war auch im Erscheinungsjahr 1833 in den deutschen Parlamenten unüblich.

343 Völlig sinnentstellend ist hier die Übersetzung bei Pölitz, der den Ausdruck "session" mit dem Begriff "Sitzung" übersetzt.

344 Duvergier, Année 1791 - 18. Octobre, S. 6 - 11

Der Chap. VI Art. 1 des Réglements ordnete an, das Parlament durch eine Wahl in einzelne Abteilungen aufzuteilen. Die wesentliche Regelung der Gesetzesberatung, in Chap. IV "Des motions" verankert, sah vor, daß jedes Mitglied nach Art. 1 dieses Abschnitts das Recht hatte, einen Antrag zu stellen. Bevor dieser Antrag zur Diskussion gestellt werden konnte, mußte er gemäß Chap. IV Art. 3 schriftlich festgehalten und im Sekretariat hinterlegt werden. Um übereilte Entscheidungen zu vermeiden, fügte man einen Passus ein, nachdem es nicht möglich war, den Antrag an dem selben Tag zu diskutieren. Jedoch hatte das Parlament nach Chap. IV Art. 5 im Annahmefall die Möglichkeit, die Dringlichkeit des Antrags zu beschließen und die sofortige Diskussion zuzulassen. Jeder Antrag verlangte gemäß Chap. IV Art. 4 die Unterstützung von mindestens zwei Personen, um zur Diskussion zugelassen zu werden.

Nach Zulassung des Antrags zur Diskussion, konnte er nach Chap. IV Art. 6 nur noch durch ein im Parlament zu behandelndes Amendement geändert werden. Vor der Diskussion selber waren nach Chap. IV Art. 7 Mitglieder des Parlaments, die über den Gegenstand sprechen wollten gehalten, sich beim Präsidenten in eine Rednerliste einzuschreiben. Nach Möglichkeit sollte die Reihenfolge der Anmeldung bei den Wortbeiträgen eingehalten werden. Gemäß Chap. IV Art. 9 durfte ein Abgeordneter, ohne daß für den Antragsteller eine Ausnahme gemacht wurde, höchstens zweimal zu einem Antrag das Wort ergreifen, es sei denn, das Parlament erteilte darüberhinaus ausdrücklich die Erlaubnis. Während ein Antrag besprochen wurde, durften nach Chap. IV Art. 10 keine anderen Anträge behandelt werden. Eine Ausnahme bildeten die Änderungsanträge, Anträge auf Zurückweisung an eine Kommission und Anträge auf Vertagung sowie Anträge zur Geschäftsordnung.

Neben der Behandlung der Anträge ist in dem Réglement von 1791 die ausführliche Regelung des Kommissionswesens besonders auffällig. So umfaßte der Abschnitt "Des comités" 29 Artikel. Es existierten nicht weniger als zwanzig verschiedene Ausschüsse für fest geregelte Aufgabenbereiche[345].

---

[345] vgl. die Festlegung des Arbeitsbereichs der Ausschüsse im Reglement Chap. V, "Des Comités", Art. 2 - 21

Demgegenüber ist die Nichtberücksichtigung des durch die Verfassung angesprochenen Comité général durch das Réglement umso verwunderlicher.

III. Entwicklungsgeschichtliche Einordnung

Gegenüber der Gesetzesberatung der Constituante hatte sich die Assemblée nationale législative der englischen Gesetzesberatungspraxis angenähert. So ist die Ähnlichkeit des durch die Verfassung vorgesehenen allgemeinen Ausschusses mit dem englischen "Comittee of the whole house" nicht zu übersehen. Wie in England wurde auch hier die Sitzung dieses Gremiums vom Vizepräsidenten des Parlaments geleitet. Die durch die Verfassung eingeräumte Möglichkeit des Parlaments, sich in ein Comité général umzuwandeln, findet sich allerdings nicht in dem Réglement wieder. Vielmehr zeigt sich in dem Réglement der Assemblée nationale législative von 1791 eine deutliche Neigung der Urheber der Geschäftsordnung zur Kommissionsarbeit. Die einzelnen Kommissionen sind minuziös aufgeführt. Nach Chap. IV Art. 10 bestand jederzeit die Möglichkeit, den Gesetzesvorschlag an eine Kommission zu verweisen.

Durch die stärkere Betonung der Ausschußarbeit fiel der Einfluß der Abteilungen zurück. Eine Vorberatung von Gesetzesentwürfen durch die Abteilungen war weder in der Verfassung noch im Réglement vorgesehen. Eine Beteiligung der Abteilungen im späteren Stadium des Gesetzesberatungsverfahrens wie im Réglement von 1789 war nicht zu erkennen.

Vielmehr gingen die Verfassungsbestimmungen davon aus, daß alle drei Lesungen und Beratungen eines Gesetzes innerhalb des gesamten Parlaments stattfinden sollten. Besonders erwähnenswert ist an dieser Stelle die klare Trennung zwischen der Lesung und der Beratung des Gesetzes in der Verfassung. Im Gegensatz zum Réglement von 1789, das von "trois discussion" sprach, findet man hier eine ausdrückliche Erwähnung von "trois lectures". Jedoch fand die Aussprache in der Assemblée nationale legislative im Gegensatz zu der englischen Parlamentspraxis nach der Lesung des Gesetzes statt. Die verhältnismäßig detaillierte Regelung der Gesetzesberatung mit drei

Lesungen machte offenbar eine weiterreichendere Regelung im Réglement überflüssig.

Die grundsätzliche Festlegung des Zwischenraums von jeweils mindestens acht Tagen zwischen den drei Lesungen erscheint aus heutiger Sicht sehr lang. Jedoch lagen in der römischen Volksversammlung zwischen der Ankündigung und dem endgültigen Beschluß eines Gesetzes, wie festgestellt, drei Markttage, die im Abstand von acht Tagen stattfanden.

Interessant ist in diesem Zusammenhang die Regelung des Chap. III, Section II Art. 9, wonach in der Präambel des jeweiligen Beschlusses die Tage der drei Lesungen angegeben werden mußten. Auch dieses formelle Erfordernis hatte bereits bei den Beschlüssen der römischen Volksversammlung Beachtung gefunden. Der Verstoß gegen das Erfordernis dreier Lesungen zog nach Chap. III, Section II Art. 10 der Verfassung eine zwingende Verweigerung der Bestätigung des Gesetzes durch den König nach sich. Selbst wenn die Bestätigung fälschlicherweise schon erteilt war, untersagte dieses Grundprinzip dem Minister, das Gesetz zu verkünden. Besonders diese Bestimmungen unterstreichen den hohen Stellenwert, den die drei Lesungen und die nachfolgenden Beratungen offenbar für die Urheber der Verfassung von 1791 einnahmen.

C. Die Gesetzesberatungspraxis der Convention

I. Die Entstehung der Convention und ihre politische Rolle

Im Grunde genommen war die Verfassung von 1791 für eine längere Dauer konzipiert worden, da sie nur unter komplizierten Bedingungen im Laufe mehrerer Legislaturperioden hätte revidiert bzw. verändert werden können. Trotzdem galt die Verfassung nur etwa ein Jahr, da sie für den Kriegsfall - am 20. April 1792 war Österreich der Krieg erklärt worden[346] - keine Möglichkeiten zu einer schnellen Entscheidung enthielt und damit den besonderen Gegebenheiten nicht gerecht werden konnte. Das gegenseitige Mißtrauen zwischen dem König als Oberhaupt der Exekutive und der

346 vgl. zu der Entstehung des Krieges: Schulin, Die Französische Revolution, S. 114

legislativen Versammlung führte bei parlamentarischen Gesetzesvorhaben zu einem stärkeren Gebrauch des Vetorechts durch den König. Diese zunehmende Verweigerungshaltung führte durch die Notwendigkeit, im Krieg relativ schnelle Entscheidungen fällen zu müssen, zu einer unhaltbaren Situation[347]. In dieser Phase bereitete es kaum Schwierigkeiten, die hierdurch geschwächte Monarchie zu beseitigen[348]. Am 10. August 1792 wurde Ludwig XVI. gestürzt[349], womit eine neue Phase der Geschichte des französischen Konstitutionalismus begann[350].

Nun beschloß die Assemblée die Wahl einer neuen verfassungsgebenden Versammlung. Diese sog. "Convention" wurde nach einem in Europa erstmals anzutreffenden allgemeinen Wahlrecht für Männer gewählt, indem die Abgeordneten indirekt durch Wahlmänner bestimmt wurden. An der Wahl nahmen aufgrund der Kriegslage und der Terrorsituation im eigenen Land[351] jedoch nur zehn Prozent der Bevölkerung teil. Da sich überwiegend revolutionsfreundliche Kräfte beteiligt hatten, konnte nach dem Zusammentritt der Convention am 20. September 1792 gleich in der ersten Arbeitssitzung am folgenden Tage die Abschaffung der Monarchie beschlossen werden[352].

Die Abschaffung der Monarchie stellte für die damaligen französischen Zeitgenossen eine gravierende Zäsur in der Geschichte Frankreichs dar, daß bereits einen Tag nach der Absetzung des Königs der Beginn des Jahres I der Republik beschlossen wurde[353]. Schon im Jahr I dieser neuen Zeitrechnung - am 24. Juni 1793 - beschloß die Convention die "Constitution de la république francaise". Diese Verfassung ist ihrer Bedeutung entsprechend unmittelbar nach ihrem Beschluß im Sitzungssaal der Convention symbolisch in eine Arche aus

347 vgl. hierzu: Hartmann, Französische Verfassungsgeschichte, S. 50 f.

348 so formuliert von Schulin, Die Französische Revolution, S. 117

349 vgl. zu diesen Vorgängen Maurois, Geschichte Frankreichs, S. 361 ff.

350 so formuliert von Deslandres, Histoire constitutionell, S. 191; der Autor geht hier auch auf die Vereinbarkeit der Schaffung der Convention mit der noch immer in Kraft befindlichen Verfassung von 1791 ein.

351 vgl. hierzu: Schulin, Die Französische Revolution, S.120

352 vgl. zu der Vorgeschichte der Convention: Hartmann, Französische Verfassungsgeschichte, S. 51 f.

353 vgl. Hartmann, Französische Verfassungsgeschichte, S. 52

Zedernholz gelegt worden. Da man ihre Anwendung angesichts des heftig tobenden Krieges für nicht realistisch hielt, sollte ihr Inkrafttreten auf bessere Zeiten vertagt werden. Aber auch nach dem Friedensschluß erlangte diese Verfassung nie Rechtsgültigkeit[354].

Da es im Herbst 1792 keine gültige Verfassung mehr gab, organisierte die Convention eine "gouvernement révolutionnaire" und legte die exekutive Macht in die Hände des Comité de Salut public und des Comité de Sûreté générale. Das Comité de Salut public unterwarf Frankreich bald einer harten Diktatur[355].

II. Die Gesetzesberatung in der Convention

1. Die fehlende Verfassung

Beim Zusammentritt der Convention existierte, wie ausgeführt, keine Verfassung, an der sich die Mitglieder der Convention bei der Behandlung ihrer Gesetzesvorhaben orientieren konnten. Vielmehr sollte durch die Convention erst die neue Verfassung geschaffen werden.

2. Die Gesetzesberatung der Convention nach dem Réglement vom 28. September 1792

Wie sich binnen kurzer Zeit herausstellte, verlangte das Fehlen einer zeitgemäßen und praktikablen Ordnung für die Form der Gesetzesberatung eine baldige interne Regelung des Gesetzesberatungverfahrens. Deshalb wurde bereits am 28. September 1792 das sog. "Réglement à l'usage des séances de la Convention nationale" durch die Convention beschlossen[356].

Dieses Réglement sah vor, daß jeder beabsichtigte Antrag nach Chap. IV Art. 1 im Büro des Parlaments anzumelden war. Sollte ein Antrag verhandelt werden, mußte er nach Chap. IV Art. 2 von mindestens vier Mitgliedern des Parlaments

---

[354] Maurois, Geschichte Frankreichs, S. 389, bezeichnet sie als "totgeboren".

[355] vgl. zu der gesamten Entwicklung: Hartmann, Französische Verfassungsgeschichte, S. 55 ff.

[356] abgedruckt in: Duvergier, Année 1792 - 28. Septembre, S. 9 - 12

unterstützt werden. Gemäß Chap. IV Art. 3 konnte der Antrag noch bis zum Beginn der Diskussion vom Antragsteller zurückgezogen werden. Allerdings ermöglichte ein Mehrheitsbeschluß des Parlaments, den Antrag trotzdem zu beraten.

Während der Diskussion durften alle Redner einschließlich des Antragstellers nach Chap. IV Art. 4 nicht mehr als zweimal das Wort ergreifen. Fragen zur Geschäftsordnung, Ausschußberichte, Anträge auf Vertagung hatten nach Chap. IV Art. 5 stets Vorrang vor der Diskussion. Diese Regelung galt gemäß Chap. IV Art. 6 auch für Änderungsanträge. Nach der Diskussion wurde der Antrag so formuliert, daß er bejaht oder verneint werden konnte. Art. 9 ließ eine Teilung umfangreicher Fragestellungen zu. Über die Anträge entschied man nach Art. 11 durch Aufstehen und Sitzenbleiben der Abgeordneten. Nur für den Zweifelsfall sah Art. 12 eine Stimmenzählung vor.

Die besondere Behandlung von Gesetzesvorschlägen bzw. von Anträgen zur Verfassung regelte Art. 14 des Réglements. Demzufolge konnte jeder Antrag zur Verfassung oder Gesetzgebung nur unter der Voraussetzung beschlossen werden, daß er zweimal - an zwei verschiedenen Tagen - zur Diskussion gebracht worden war. Die zweite Diskussion durfte erst beginnen, nachdem der Antrag gedruckt, an die Abgeordneten verteilt und auf die Tagesordnung gesetzt worden war[357].
Nur spärlich bestanden Regelungen hinsichtlich des Kommissionswesens. So bestimmte Chap. VII Art. 1 lediglich, daß ein Mitglied der Convention lediglich einem Ausschuß angehören durfte. Gemäß Art. 2 konnten besondere Kommissionen z.B. zur Klärung von Einzelfragen nur vom Parlament, nicht aber von den bereits bestehenden Kommissionen gebildet werden.

III. Entwicklungsgeschichtliche Einordnung

Das Réglement der Convention des Jahres 1792 wies in den grundlegenden Strukturen seines Gesetzesberatungssystems große Unterschiede zu seinen

357 vgl. den Wortlaut des Art. 14: "Aucune motion relative à la constitution ou à législation ne pourra être dècrétée qu'aprés avoir eté portée deux fois, et à deux jours différens, à la discussion. La seconde discussion ne pourra commencer qu'aprés que la motion aura été imprimée distribuée, et annoncée à l'ordre du jour."

Vorgängern auf. Zwar wurden die wesentlichen Regelungen aus den vorherigen Parlamenten in die Rede- und Abstimmungsordnung übernommen. Andererseits ist besonders auffällig, daß keine Regelungen hinsichtlich eines Abteilungswesens bestanden. Es war auch keine Mitwirkung von Abteilungen an der Gesetzesberatung, sondern vielmehr eine Beteiligung von Ausschüssen beabsichtigt. Zwar ist hier keine Aufzählung wie im Réglement von 1791 zu erkennen, allerdings wird die Beteiligung von Ausschüssen an der Gesetzesberatungstätigkeit angedeutet. Auf die Einrichtung eines sog. comité général wurde verzichtet.

Eine begriffliche Trennung zwischen der Lesung und der Diskussion des Gesetzesvorhabens wie in der Verfassung von 1791 fand hier nicht statt. Die Regelung des Chap. IV Art. 14 sprach insofern lediglich von einem "portée ... à la discussion". Ein wesentlicher Unterschied zu den vorhergehenden Réglements bestand sicherlich in der Änderung der Anzahl der Beratungen. So schrieb dieses Réglement eine lediglich zweifache Diskussion des Gesetzes vor, die an zwei verschiedenen Tagen stattfinden sollte.

Zusammenfassend läßt sich feststellen, daß sich die Gesetzesberatungspraxis der Convention weiter von dem englischen System entfernt hatte. Zwar wurde die Beratung in den Abteilungen offensichtlich aufgegeben, doch wirkt die Ablehnung des comité général als vergleichbare Institution zum englischen "comittee of the whole house", vor allem jedoch die Ablehnung einer dreifachen Lesung des Gesetzes fast wie ein emanzipatorischer Akt gegenüber dem vorgegebenen englischen System der Gesetzesberatung.

D. Die Gesetzgebungspraxis im Conseil de Cinq-cents und dem Conseil des Anciens nach der Verfassung vom 22. August 1795

I. Die Entstehung der Verfassung vom 22. August 1795

Obwohl die Verfassung aus dem Jahre 1793 mittlerweile hätte in Kraft gesetzt werden können, entschloß man sich, eine neue Verfassung zu schaffen, für deren Ausarbeitung zunächst eine Kommission eingerichtet wurde[358]. Diese sog. "Constitution de la république francaise" konnte noch im Jahr III der neuen Zeitrechnung - am 22. August 1795 - beschlossen werden[359]. Das Ziel der neuen Verfassung bestand zum einen darin, eine Wiederkehr des "Terreur-Regimes" zu verhindern, das sich auf ein angeblich erteiltes Mandat berufen konnte. Des Weiteren sollte die befürchtete Bildung einer Militärdiktatur abgewandt werden. Aus diesen Gründen wich man bei der Festlegung des Staatsaufbaus teilweise von den Regelungen der vorherigen Konstitutionen ab[360].

II. Die Gesetzesberatung nach der Verfassung vom 22. August 1795

Die aus 377 Artikeln bestehende Verfassung vom 22. August 1795 regelte sehr detailliert die Organisation der staatlichen Einrichtungen.

Vor allem wurde die Macht der Legislative "zurückgeschraubt"[361]. Die gesetzgebende Gewalt lag nunmehr in den Händen von zwei Kammern. Nach Art. 44 der Verfassung existierte ein conseil des anciens (Rat der Alten) und ein conseil des cinq-cents (Rat der Fünfhundert). Allerdings hatte nach Art. 76 nur der Rat der Fünfhundert die Möglichkeit, eigene Gesetze vorzuschlagen[362].

Die Behandlung eines Gesetzesvorschlages war in Art. 77 der Verfassung detailliert geregelt[363]. Die Vorlage mußte dreimal gelesen werden. Zwischen

---

[358] vgl. zu den Umständen, die zu diesem Entschluß führten: Hartmann, Französische Verfassungsgeschichte, S. 55 ff.

[359] abgedruckt in Altmann, Ausgewählte Urkunden, S. 86 - 129

[360] vgl. Hartmann, Französische Verfassungsgeschichte, S. 57

[361] so die Formulierung von Frotscher, Regierung als Rechtsbegriff, S. 56

[362] vgl. den Wortlaut des Art. 76: La proposition de lois appartient exclusivement au conseil des cinq-cents.

[363] vgl. den Wortlaut des Art. 77: Aucune proposition ne peut être délibérée ni résolue dans le conseil des cinq-cents, quèn observant les formes suivantes:
Il se fait trois lectures de la proposition: l'intervalle entre deux de ces lectures ne peut être moindre de dix jours;
La discussion est ouverte après chaque lecture; et nèanmoins après la première ou la seconde le conseil des cinq-cents peut déclarer, qui`il y a lieu à l`ajournement, ou qu`il n`y a pas lieu à délibérer;
Toute proposition doit être imprimée et distribuée deux jours avant la seconde lecture;

den einzelnen Lesungen hatte ein Mindestzeitraum von zehn Tagen zu liegen[364]. Nach jeder Verlesung des Gesetzesvorschlages eröffnete der Vorsitzende die Diskussion. Der Vorschlag mußte gedruckt und spätestens zwei Tage vor der zweiten Verlesung an die Abgeordneten verteilt werden. Allerdings konnte der Rat der Fünfhundert grundsätzlich beschließen, die Diskussion zu vertagen bzw. überhaupt nicht über den Gegenstand zu verhandeln.

Nach der dritten Lesung entschied der Rat der Fünfhundert, ob die endgültige Entscheidung vertagt werden sollte oder nicht. Mit dem Ausdruck "ajournement" (Vertagung) ist - in Anlehnung an die englische Methode - offenbar die Ablehnung durch den Akt eines Aufschubs der Entscheidung gemeint. Ein Indiz für diese Annahme ist der Art. 80 der Verfassung. Danach mußte noch vor Nennung der drei Lesungstage derjenige Beschluß nach der dritten Lesung aufgeführt werden, daß keine Vertagung mehr stattfinden sollte.

Nach Art. 66 konnte sich der Rat der Fünfhundert auf Antrag von mindestens hundert Mitgliedern jederzeit in einen allgemeinen und geheimen Ausschuß umwandeln. Dieser Ausschuß war jedoch nur befugt, über den Gesetzesvorschlag zu beraten, aber nicht zu entscheiden. Die Einrichtung von ständigen Kommissionen war dem Rat der Fünfhundert durch Art. 67 der Verfassung verwehrt. Es konnten nur besondere Kommissionen ernannt werden, die in ihren Verhandlungen auf den ihr überwiesenen Verhandlungsgegenstand beschränkt blieben. Sobald der Rat der Fünfhundert über den betreffenden Tagesordnungspunkt entschieden hatte, erfolgte die Auflösung der besonderen Kommission.

Gemäß Art. 78 der Verfassung durfte ein Vorschlag, der nach der dritten Verlesung förmlich verworfen worden war, erst nach Ablauf eines Jahres wieder eingebracht werden. Die nach Art. 79 als "Resolutionen" bezeichneten Beschlüsse des Rates der Fünfhundert wurden danach an den Conseil des Anciens geleitet, der die Beschlüsse nach Art. 87 nur genehmigen oder

---

Aprés la troisiéme lecture le conseil des cinq-cents décide, s`il y a lieu ou non à l`ajournement.

[364] Nach Art. 81 der Verfassung galten diese Vorschriften nicht für Gesetzesvorschläge, die für dringend erklärt worden waren.

ablehnen konnte, ohne Einfluß auf den Inhalt zu nehmen. Nach Art. 88 durfte der Rat der Alten bei Nichtbeachtung der oben angeführten Formvorschriften durch den Rat der Fünfhundert die Resolution nicht genehmigen. Auch innerhalb der Beratungen des Rats der Alten hatte eine dreifache Lesung des Gesetzes zu erfolgen. Zwischen zwei Lesungen war eine Zeitspanne von mindestens fünf Tagen einzuhalten[365]. Formal stellte der Beschluß des Rates der Fünfhundert, der durch den Rat der Alten genehmigt worden war, nach Art. 92 das Gesetz dar.

III. Entwicklungsgeschichtliche Einordnung

Die Verfassung regelte, wie ausgeführt, die Gesetzesberatung in den beiden Institutionen der Legislative sehr detailliert. Nur so läßt es sich erklären, daß weder für den conseil des anciens noch für den conseil des cinq-cents ein eigenes Réglement geschaffen werden mußte[366].

Bei der Gesetzesberatung fällt auf, daß die Schöpfer dieses Systems wieder zu den drei Lesungen eines Gesetzes zurückgefunden hatten. Sogar im Rat der Alten, der keine Änderungen mehr am Gesetzesvorschlag vornehmen konnte, fand eine dreifache Verlesung des Gesetzesentwurfes statt. Im Gegensatz zum Réglement von 1792 nahmen die Urheber der Verfassung hier wiederum eine begriffliche Trennung zwischen der Lesung und der Diskussion des Gesetzes vor. Aber auch in diesem Gremium hatte die Lesung des Gesetzes - im Gegensatz zu dem bestätigenden Charakter der Lesung im englischen Parlament - eher den Charakter einer Präsentation, da sie der jeweiligen Diskussion voranging. Auffällig sind weiterhin die langen, nicht variablen Zeitabstände zwischen den einzelnen Lesungen im Rat der Fünfhundert.

Eine Aufteilung der Beschlußkörper in einzelne Abteilungen läßt sich aus der Verfassung nicht entnehmen. Dagegen bestand die Möglichkeit zur Umwandlung in einen allgemeinen Ausschuß, in dem der Gesetzesvorschlag diskutiert werden konnte. Dies ist wiederum als starke Anlehnung an das

---

365 vgl. hierzu auch Pierre, Traité de Droit politique, S. 971

366 vgl. die Aufzählung aller Réglements zwischen 1789 und 1876 bei Mureau/Delpech, Les règlements des Assemblées législatives, S. 186 f., aus dem lediglich ein Réglement hervorgeht, welches die Beziehungen der beiden Institutionen untereinander regelte.

englische Vorbild zu sehen. In diesem Kontext ist auch die Entscheidung der Verfassung zu sehen, die Einrichtung ständiger Kommissionen ausdrücklich zu untersagen. So war es lediglich möglich, für bestimmte Gesetzesvorhaben spezielle Kommissionen zu bilden.

Zusammenfassend ist zur Gesetzesberatungstechnik des Rats der Fünfhundert festzustellen, daß eine starke Anlehnung an das englische Vorbild sichtbar wird. Die Vorberatung des Gesetzesvorschlages in Abteilungen war ebensowenig existent wie die Einrichtung ständiger Kommissionen. Die so erlangte Verlagerung wesentlicher Teile der Gesetzesberatung auf das Parlament in seiner Gesamtheit entsprach einem wesentlichen Grundsatz der englischen Gesetzesberatungstechnik.

E. Die Gesetzesberatungspraxis im Tribunat nach der Verfassung von 1799 und dem Réglement vom 17. Januar 1800

I. Die Entstehung der Verfassung und des Tribunats

Im Jahr 1799 wurde der durch zehn Kriegs- und Revolutionsjahre hervorgerufene Wunsch der Franzosen nach Frieden und einer geordneten Regierung immer stärker. Selbst im Kreise der Politiker gab es Personen, die nur einen Militärangehörigen für fähig hielten, die Mißstände zu beenden. Einer dieser Politiker war der ehemalige Priester Abbé Siéyès[367], der schon die Verfassung von 1791 wesentlich beeinflußt hatte. Im Juni 1799 wurde Siéyès mit der Absicht Mitglied des damaligen Direktoriums, einen sich schon vorher abzeichnenden Staatsstreich durchzuführen. Zunächst plante er, Napoleon Bonaparte als Werkzeug für seine Ziele einzusetzen. Doch dieser zog sofort alle Macht an sich[368]. Nach vollendetem Staatsstreich ließen sich Napoleon und Siéyès von den ihnen wohlgesinnten Abgeordneten der Kammern die

---

367 vgl. die Schilderung der mißlichen Umstände in Frankreich durch: Fisher, Geschichte Europas, S. 195

368 vgl. zu den Vorgängen beim Napoleonischen Staatsstreich: Hartmann, Französische Verfassungsgeschichte, S. 62 ff.; Fisher, Geschichte Europas, S. 195 ff.; hier insbesondere die Schilderung der "Übertöpelung" des Rats der Fünfhundert und des Rats der Alten, S. 196

vollständige Regierungsgewalt übertragen[369]. In ganz Frankreich wurde der Staatsstreich Napoleons und seiner Gefolgsleute begrüßt[370].

Schon wenige Wochen später genehmigte das Volk in einer Volksabstimmung die von Napoleon und Siéyès ausgearbeitete neue Verfassung mit ungefähr drei Millionen Fürstimmen gegenüber nur 1562 Gegenstimmen[371]. Diese sog. "Constitution de la république française" vom 13. Dezember 1799[372] hatte mit 95 Artikeln einen wesentlich geringeren Umfang als die vorhergehenden Verfassungen. Der Schwerpunkt der politischen Macht lag nun nicht mehr bei einer Volksvertretung, sondern bei einer Regierung mit einem ersten Konsul - in der Person Napoleons -, die das alleinige Recht zur Gesetzesinitiative innehatte[373]. Dem Tribunat wurde bezüglich neuer bzw. der Änderung schon bestehender Gesetze nach Art. 29 der Verfassung lediglich ein auf Verwaltungsangelegenheiten beschränktes Vorschlagsrecht eingeräumt. Durch eine solche Petition war jedoch keine öffentliche Institution zur Behandlung dieses Vorschlags verpflichtet[374].

II. Die Gesetzesberatung

1. Die Regelungen in der Verfassung

Der in der Verfassung beschriebene Gang eines vom Konsul vorgeschlagenen Gesetzes durch drei Gesetzgebungskörper war zumindest formal äußerst aufwendig. So mußte der Gesetzesvorschlag nach Art. 25 zuerst dem Tribunat mitgeteilt werden. Dieses Tribunat bestand nach Art. 27 aus hundert

---

369 Hartmann, Französische Verfassungsgeschichte, S. 63

370 Fisher, Geschichte Europas, S. 196

371 Zahlen aus: Hartmann, Französische Verfassungsgeschichte, S. 64

372 abgedruckt in: Altmann, Ausgewählte Urkunden, S. 129 - 138

373 vgl. Art. 44 der Verfassung: Le gouvernement propose les lois et fait les réglemens nécessaires, pour assurer leur exécution; vgl auch Art. 25 der Verfassung: Il ne sera promulgué de lois nouvelles, que lorsque le projet en aura été proposé par le governement...

374 vgl. Art. 29 der Verfassung: Il exprime son voeu sur le lois faites et à faire, sur le abus à corriger, sur les améliorations à entreprende dans toutes les parties de l'administration publique, mais jamais sur les affaires civiles ou criminelles portées devant les tribunaux. Les voeux, qu'il manifeste en vertu du présent article, n'ont aucune suite nécessaire et n'obligent aucune autorité constituée à une délibération.

Mitgliedern, die mindestens 25 Jahre alt sein mußten. Nur hier konnte das Gesetz nach Art. 28 S. 1 der Verfassung erörtert und abgelehnt bzw. angenommen werden[375]. Über den internen Weg des Gesetzes im Tribunat enthielt die Verfassung keine näheren Angaben. Aus dem Tribunat wurden drei Redner nach Art. 28 S. 2 zum sogenannten Corps législatif gesandt, die den Gesetzesvorschlag vor dieser Institution zu begründen und zu verteidigen hatten. Das Corps législatif bestand nach Art. 31 aus dreihundert Mitgliedern und entschied über das Gesetz ohne jede weitere Diskussion. Nur bei verfassungswidrigen Gesetzen fiel dem Tribunat nach Art. 28 S. 3 die Aufgabe zu, diesen Sachverhalt dem Sénat conservateur mitzuteilen. Dieser bestand nach Art. 15 der Verfassung aus achtzig Mitgliedern, die mindestens vierzig Jahre alt sein mußten. Nach Verabschiedung im Corps legislativ verkündete der erste Konsul nach Art. 37 das Gesetz. Zu dem Verfahren für den Beschluß einer Petition hinsichtlich eines Gesetzesvorhabens finden sich in der Verfassung keine näheren Angaben.

2. Die Regelung der Gesetzesberatung nach dem Réglement intérieur du Tribunat vom 17. Januar 1800

Schon aus den Verfassungsbestimmungen ist ersichtlich, daß die eigentliche Diskussion der Gesetze im Tribunat stattfand. Am 17. Januar 1800 wurde mit dem "Réglement intérieur du Tribunat" eine Geschäftsordnung beschlossen.

Die Vorbereitungsarbeit hinsichtlich der Anträge fand nach Art. 33 in speziellen Kommissionen statt[376]. Gemäß Art. 34 des Réglements mußten sich die Abgeordneten zur Bildung der Kommissionen in eine Liste eintragen und zu erkennen geben, in welcher Kommission sie arbeiten wollten. Jede Kommission hatte nach Art. 36 einen Berichterstatter zu wählen.

Die Vorbehandlung von Gesetzesentwürfen wurde speziell in Art. 39 des Réglements angesprochen. Danach war das Gesetzesvorhaben nach Art. 25 der Verfassung - hierbei handelte es sich wie oben beschrieben um die Bestimmung des Laufs eines Gesetzesvorschlages durch die verschiedenen Institutionen -

---

375 vgl. Art. 28 S. 1: Le tribunat discute les projets de loi; il en vote l'adoption ou le rejet.

376 Art. 34: Le travail préparatoire est renvoyé à des commissions.

zunächst an eine spezielle Kommission zu verweisen und dort sofort zu diskutieren. Diese mußte danach einen Berichterstatter wählen, der in möglichst kurzer Frist einen Ausschußbericht anzufertigen hatte. Für besondere Fälle - zum Beispiel für eine Kriegserklärung - schrieb Art. 40 des Réglements einen Ausschuß mit mindestens fünf Mitgliedern vor. Schon im Vorfeld der eigentlichen Gesetzesberatungstätigkeit bestand nach den Art. 39 und 41 des Réglements die Pflicht des Tribunats, bei sich abzeichnenden Meinungsverschiedenheiten, ebenso wie bei einer zu erwartenden Zustimmung zu dem Gesetz, den Stand der Beratung dem Corps Législatif mitzuteilen. Eine etwaige Aufteilung des Parlaments und eine Vorberatung von Gesetzen in Abteilungen sind aus dem Réglement nicht zu entnehmen.

Die eigentliche Behandlung von Gesetzesanträgen im Tribunat unterschied sich nach ihren Urhebern. Sollte ein Gesetzeswunsch nach Art. 29 der Verfassung formuliert werden, mußte der Antrag nach Art. 44 Nr. 1 des Réglements sechs Tage nach der Antragstellung schriftlich in Artikeln abgefaßt vorliegen. Gemäß Art. 44 Nr. 3 erstellte eine besondere Kommission einen Bericht. Falls gewünscht, hatten nach Art. 44 Nr. 4 eine zweite Lesung und Diskussion nach Ablauf von sechs Tagen zu erfolgen.

Nach Übermittlung eines Gesetzesvorschlages gemäß Art. 28 zur Beratung und Abstimmung schrieb der Art. 45 des Réglements - falls nicht durch absolute Mehrheit der Stimmen der Tribunatsmitglieder die Dringlichkeit beschlossen worden war - nach dem Bericht der Kommission eine dreifache Lesung des Gesetzes an drei verschiedenen Tagen zwingend mit der Weisung vor, den Beschluß schriftlich zu verfassen und im Büro des Parlamentes zu hinterlegen[377].

Nach Art. 20 des Réglements konnte ein Abgeordneter in der Diskussion das Wort nur ergreifen, wenn ihm die Erlaubnis durch den Präsidenten erteilt worden war, nachdem er gemäß Art. 25 darum gebeten hatte. Innerhalb der Diskussion sollte nach Möglichkeit gemäß Art. 29 zwischen Rednern

---

[377] vgl. Art. 45 des Reglements: Dans le cas où, d'apres l'art. 28 de la Constitution ..., aucun arrêté ne peut, à moins d'urgence reconnue à la majorité absolue des voix, être pris par le Tribunat, qu'apres un rapport et trois lectures en trois jours différens de la proposition rédigée par écrit, et déposée sur le bureau.

abgewechselt werden, die für bzw. gegen den zu behandelnden Antrag eingestellt waren. Jeder Redner sollte nach Art. 30 nicht mehr als zweimal zu der selben Frage sprechen.

III. Entwicklungsgeschichtliche Einordnung

Schon aus der Regelung der Verfassung hinsichtlich der dem Tribunat zustehenden Gesetzgebungsarbeit ergab sich der geringe Einfluß dieser Institution im Staatsgefüge Napoleons. Die fehlende Möglichkeit zur Gesetzesinitiative und die Beschränkung des Vorschlagsrechts auf Verwaltungsangelegenheiten konnte dem staatspolitischen Anspruch eines neuzeitlichen Parlaments nicht genügen.
Dennoch bemühten sich die Schöpfer des Réglements um die Schaffung der Voraussetzungen für eine weitgehende Normalität der Gesetzesberatung. Die Regelungen entsprachen durchaus den damaligen Anforderungen für parlamentarische Verhandlungen. Die Rede- und Abstimmungsordnung wurde beispielsweise weitgehend an die der vorherigen Réglements angelehnt.

Eine Unterteilung des Tribunats in einzelne Abteilungen ist auch aus diesem Réglement nicht zu erkennen. Auch werden in diesem Réglement spezielle Kommissionen nicht ausdrücklich aufgeführt. Trotzdem ist die starke Einbeziehung der Kommissionen in die Gesetzesberatung unverkennbar. Symptomatisch für den fehlenden Einfluß des Tribunats erscheint die Tatsache, daß schon bei sich andeutenden Differenzen eine "Meldung" an die anderen am Gesetzgebungsverfahren beteiligten Institutionen ergehen mußte.

Grundsätzlich waren die dem Tribunat zur Beratung vorgelegten Gesetze dreimal zu lesen und zu beraten. Die Beratung eines geäußerten Gesetzeswunsches aus den eigenen Reihen bedurfte dagegen nicht dreier Beratungen. Dies ist insofern verständlich, da der Gesetzeswunsch - wenn er vom Konsul berücksichtigt und seinerseits eingebracht worden war - ohnehin wieder zum Tribunat gelangte, wo er nochmals dreier Beratungen zu unterziehen war.

Zusammenfassend ist den Schöpfern der Gesetzesberatungstechnik des Tribunats das Bemühen zuzuerkennen, mit den erzielten Abläufen eine geregelte Gesetzesberatung herbeizuführen. Angesichts der damaligen staatspolitischen Gegebenheiten konnte das Tribunat den Ansprüchen eines modernen Parlaments jedoch trotz dieser Regelungen kaum gerecht werden. Aufgrund der fehlenden echten Möglichkeit zur Gesetzesinitiative blieb dem Tribunat wohl ein effektiver Eingriff in die Geschicke Frankreichs verwehrt.

F. Die Gesetzesberatungspraxis nach der "Charte Constitutionelle" vom 4. Juni 1814 und dem Réglement vom 2. Juli 1814

I. Die Entstehungsgeschichte der Verfassung vom 4. Juni 1814

Nach Schaffung der Verfassung im Jahr 1799 begann Napoleon noch stärker als schon zuvor, seine politische Macht auszubauen. Als "Erster Konsul" minimierte er alsbald den Machtbereich der beiden anderen, mittlerweile nur noch als Stellvertreter fungierenden Konsuln. Die Umwandlung seiner Herrschaft in ein erbliches Kaisertum im Jahr 1804 stellte nur noch eine Formsache dar[378]. Bei seiner Krönung nahm er nach Berichten von Zeitgenossen mit ruhigen Bewegungen die Krone vom Altar und setzte sie sich selbst "aufs Haupt"[379].

Das napoleonische Kaisertum trug nicht den Charakter einer konstitutionellen Monarchie, sondern einer Militärdiktatur. Im Jahre 1807 schaffte Napoleon auch das Tribunat als letztes parlamentarisches Gremium[380] ab, das zumindest als Opposition hätte fungieren können[381].

Der Übergang zu einer neuen politischen Ordnung wurde erst durch den militärischen Zusammenbruch Napoleons ermöglicht. Nach der Niederlage von Waterloo erklärte ihn der Senat der französischen Armeen am 3. April 1814

---

378 vgl. Erbe, Frankreich, S. 38

379 Maurois, Geschichte Frankreichs, S. 408

380 vgl. zu der Entwicklung der Parlamente unter Napoleon: Collins, Napoleon and his Parliaments

381 vgl. Erbe, Frankreich, S. 38

seines Thrones für verlustig[382]. Die damaligen politischen Kräfte, von dem unter Napoleon bestehenden politischen System nicht mehr überzeugt[383], strebten eine neue - vom Senat und vom Corps législativ beschlossene - Verfassung an, die aber von König Ludwig XVIII. abgelehnt wurde, da er die in der Verfassung manifestierte Inthronisation von Volkes Gnaden nicht anerkennen wollte[384].

Aus diesem Grunde ging die Einleitung der am 4. Juni 1814 oktroyierten Verfassung[385] vom mittlerweile inthronisierten Ludwig XVIII. von einer göttlichen Vorsehung und einem Königtum von Gottes Gnaden aus[386]. Bei der Vorstellung der Verfassung durch den Kanzler d' Ambray wurde sogleich die geistige Richtung des neuen Regimes deutlich. Frankreich sei, so lautete die offizielle Version, nachdem es nach und nach alle Regierungsformen versucht habe, endlich "zu jener Regierungsform zurückgekehrt, welche vierzehn Jahrhunderte hindurch seinen Ruhm und sein Glück beförderte" und habe nunmehr "die unerschütterlichen Pfeiler seiner alten Monarchie" wiedergefunden. Mit dieser Zielsetzung müsse ein dauerhaftes Staatsgebäude hergestellt werden[387]. Die Intention der neuen Verfassung, durch diese Ankündigung deutlich erkennbar, knüpfte als restaurativer Akt wieder an die frühere monarchische Tradition an[388].

---

382 vgl. Gangl, Die Verfassungsentwicklung in Frankreich, S. 269; vgl. zu der militärischen Niederlagenserie: Maurois, Geschichte Frankreichs, S. 422 ff.

383 vgl. zu den damaligen geistigen Strömungen: Chevallier/Conac, histoire des institutions, S. 136 f.

384 vgl. Frotscher, Regierung als Rechtsbegriff, S. 60

385 vgl. zu ihrer Entstehungsgeschichte: Hartmann, Französische Verfassungsgeschichte, S.78

386 "Louis, par la grâce de Dieu roi de France et de Navarre, à tous ceux, qui ces présentes verront, salut. La divine providence, en nous rappelant dans nos états après une longue absence, nous a imposé de grandes obligations..."; so die Einleitung zur Verfassung, abgedruckt in: Altmann, Ausgewählte Urkunden, S. 204 - 210, hier S. 204.

387 zitiert nach: Pölitz, Die europäischen Verfassungen, S. 88

388 vgl. Hartmann, Französische Verfassungsgeschichte, S. 78

Die Charte von 1814 galt dementsprechend bei den Zeitgenossen als Muster einer Verfassung innerhalb des Systems einer konstitutionellen Monarchie[389]. Sie sah den König als absolutes Oberhaupt des Staates an, zeigte jedoch trotzdem eine "Tendenz zum parlamentarischen Regime"[390]. So wurde bestimmt, daß die gesetzgebende Gewalt dem Wortlaut nach gemeinsam durch den König, die Kammer der Pairs und die Deputiertenkammer ausgeübt werden sollte[391]. Im Gegensatz zu der Pairskammer, deren Mitglieder nach Art. 27 der Charte constitutionelle aufgrund einer Ernennung durch den König in das Parlament berufen wurden, fand hinsichtlich der Mitglieder des chambre des députés eine Wahl statt, die allerdings stark eingeschränkt war[392].

Beide Kammern mußten nach Art. 18 der Charte constitutionelle einem geplanten Gesetz zustimmen, um diesem Wirksamkeit zu verleihen. Das alleinige Gesetzesvorschlagsrecht lag jedoch beim König[393]. Dennoch war es den beiden Kammern möglich, den König durch einen formellen Antrag - mit der Petition als Betätigungsform des englischen Parlamentes im Mittelalter vergleichbar - zu bitten, ein Gesetz vorzuschlagen[394].

Grundsätzlich war es dem König freigestellt, welcher Kammer er seinen Gesetzesvorschlag zuerst unterbreitete. Lediglich Steuergesetze mußten nach Art. 17 der Charte constitutionelle in der Deputiertenkammer initiiert und auf den Weg gebracht werden.

---

389 Frotscher, Regierung als Rechtsbegriff, S. 61; Kimminich, Deutsche Verfassungsgeschichte, S. 328

390 so formuliert von Hartmann, Französische Verfassungsgeschichte, S. 80

391 vgl. Art. 15 der Verfassung: La puissance législative s'exerce collectivement par le roi, la chambre de pairs et la chambre des députés des départemens.

392 vgl. die entsprechenden Verfassungsbestimmungen (Art. 35 - 41), wonach nur Männer über vierzig Jahre mit Steuerzahlungen über 1000 Franc gewählt werden durften. Das Wahlrecht besaßen nur Personen über dreißig Jahre mit einer Mindeststeuer von 300 Franc.

393 vgl. Art. 16 der Verfassung: Le roi propose la loi.

394 vgl. Art. 19 der Verfassung: Les chambres ont la faculté de supplier le roi de proposer une loi sur quelque objet que ce soit et d'indiquer ce, qu'il leur paraît convenable, que la loi contienne.

II. Die Gesetzesberatung

1. Die Regelungen in der Charte Constitutionelle

Aufgrund dieses "Mitspracherechts" bestand für die Parlamente die Notwendigkeit für eine Verfahrensregelung der Gesetzesberatung. In der Verfassung war in Art. 18 bestimmt, daß jedes Gesetz in freier Beratung behandelt werden müsse. Durch Art. 45 wurde angeordnet, die Deputiertenkammer in Abteilungen aufzuspalten und den Gesetzesentwurf zunächst in diesen Gremien zu beraten[395]. Nach Art. 46 konnte ein Änderungsvorschlag zum Gesetz nur auf Vorschlag oder mit Zustimmung des Königs gemacht werden. Der Änderungsvorschlag mußte dann wiederum zunächst in den Abteilungen vorberaten werden[396].

Zwar waren die Verhandlungen der Deputiertenkammer öffentlich, jedoch konnte sich die Kammer nach Art. 44 der Charte constitutionelle auf Begehren von mindestens fünf Mitgliedern in einen sogenannten "geheimen Ausschuß" umwandeln[397]. Bestand die Absicht, dem König der Erlaß eines Gesetzes vorzuschlagen, mußte dieser stets in einem solchen geheimen Ausschuß beraten worden sein[398].

2. Die Regelungen in dem "Réglement intérieur de la Chambre des députés des departemens" vom 28. Juni 1814

Das eigentliche Gesetzesberatungsverfahren der Deputiertenkammer war durch die Charte constitutionelle mit ihren vereinzelten Regelungen nicht

---

395 vgl. Art. 45 der Charte constitutionelle: La chambre se partage en bureaux, pour discuter les projets, qui lui ont été présentés de la part roi.

396 Nach der Übersetzung von Pölitz sollen keine Abänderungen an Gesetzen vorgeschlagen werden können, "wenn sie nicht in einem Ausschuß vom König vorgeschlagen" wurden (vgl. die Übersetzung in: Pölitz, Europäische Verfassungen, S. 90 - 93, hier S. 92). Diese Übersetzung des Verfassungstextes ist sicherlich unrichtig.

397 vgl. Art. 44: Les séances de la chambre sont publiques; mais la demande de cinq membres suffit, pour qu'elle se forme en comité secret.

398 vgl. Art. 20: Cette demande pourra être faite par chacune des deux chambres (also gilt dies auch für die Deputiertenkammer), maus après avoir èté discutée en comité secret ... .

vorgeschrieben, vielmehr blieb die Organisation der Kammer nach Art. 35 der Verfassung einem weiteren Gesetz vorbehalten.

Das gesamte Geschäftsverfahren - und damit auch das Verfahren der Gesetzesberatung - wurde dementsprechend in dem in Gesetzesform erlassenen "Réglement intérieur de la Chambre des députés des departemens" vom 28. Juni 1814 organisiert[399].

Das Recht des Königs aus Art. 17 der Charte constitutionelle, Gesetze in das Deputiertenhaus einzubringen, manifestiert noch einmal Art. 36 des Réglements. Doch auch einzelne Mitglieder konnten gemäß Art. 38 Anträge zu Gesetzesvorhaben als Petition einbringen. Hierzu mußte das betreffende Mitglied nach Art. 37 den Antrag im Büro einreichen. In der folgenden Sitzung hatte das Mitglied nun gemäß Art. 39 die Möglichkeit, seinen Antrag "vorzulesen" und einen Tag zu benennen, an dem er die Motive erläutern durfte und an dem über die Behandlung abgestimmt werden sollte. An diesem festgelegten Tag entwickelte der Antragsteller gemäß Art. 40 seine Beweggründe. Nur bei Unterstützung des Antrags im Sinne des Art. 41 konnte der Präsident erfragen, ob die Kammer den Vorschlag beraten oder seine Behandlung aufschieben wollte.

Unabhängig vom Urheber verwies man den Gesetzesvorschlag gemäß Art. 36 nach der Verlesung in der Kammer an die Abteilungen. Die Deputiertenkammer teilte sich gemäß Art. 56 in neun Abteilungen auf, die mit einer möglichst gleichen Anzahl von Abgeordneten besetzt sein sollten, wobei die Zusammensetzung jeder Abteilung im Sinne des Art. 59 monatlich verändert wurde. Jede Abteilung bestimmte nach Art. 58 durch einen Mehrheitsbeschluß einen eigenen Präsidenten und einen Schriftführer.

Die durch die Deputiertenkammer übersandten Gesetzesentwürfe wurden gemäß Art. 60 des Réglements in jeder Abteilung separat diskutiert[400]. Nach Ende der Diskussion innerhalb der Abteilung, wählte jede Abteilung nach

---

399 abgedruckt in: Duvergier, Année 1814 - 25. Juin, S. 115 - 120

400 vgl. die Formulierung des Art. 60: Chaque bureau discute séparément les propositions qui lui sont transmises par la Chambre... .

Art. 61 einen Berichterstatter. Diese Berichterstatter setzten sich gemäß Art. 62 zusammen und diskutierten noch einmal gemeinsam den Gesetzesentwurf. Auch dieses Forum wählte nach Art. 63 einen Beauftragten, der einen schriftlichen Bericht abzufassen hatte. Dieser amtliche Report mußte mindestens drei Tage vor der eigentlichen Diskussion im Parlament verteilt sein. Jede Abteilung hatte gemäß Art. 64 außerdem eines ihrer Mitglieder in eine Kommission zu entsenden, in der die eventuellen Einwände gegen das Gesetzesvorhaben gesammelt wurden. Diese Kommission wiederum erstattete der Kammer nach Art. 65 des Réglements Bericht.

Falls die Kammer beschlossen hatte, ein Gesetz im Gesamtparlament zu behandeln, kam es nach Art. 46 grundsätzlich zu drei Lesungen des Gesetzesentwurfs. Der Zeitraum zwischen den Lesungen hatte mindestens drei Tage zu betragen[401]. Nach jeder Lesung des Gesetzes wurde gemäß Art. 47 die Diskussion eröffnet[402], wobei der Präsident gemäß Art. 21 eine Reihenfolge der Redner aufstellte. Ein Mitglied der Deputiertenkammer durfte nur sprechen, wenn es nach Art. 20 des Réglements von seinem Platz aus den Präsidenten um Erlaubnis gebeten hatte. Jegliche weitere Kommunikation zwischen den anderen Abgeordneten blieb untersagt. Prinzipiell sollte in der Diskussion gemäß Art. 28 nach Möglichkeit jeweils zwischen solchen Rednern gewechselt werden, die für oder gegen den Gesetzesvorschlag zu sprechen gedachten. Die bereits durch die Verfassung eingeräumte Möglichkeit der Umwandlung des Parlaments in eine geheime Kommission wurde in Art. 31 des Réglements noch einmal ausdrücklich konstatiert.

Innerhalb der Beratung ergab sich nach Art. 43 jederzeit die Möglichkeit, den Gesetzesentwurf an die Abteilungen zurückzuverweisen, falls dies notwendig erschien. Außerdem konnte zwischen der ersten und zweiten Lesung des Gesetzes eine Vertagung der Diskussion beschlossen werden. Auch nach Eröffnung der Diskussion war es grundsätzlich möglich, die Beratung nach Art. 48 des Réglements jederzeit zu unterbrechen, jedoch mußte die unterbrochene Diskussion stets wieder aufgenommen und zu Ende geführt werden.

---

401 vgl. den Wortlaut des Art. 46: Si la Chambre décide que la discussion aura lieu en assemblée générale, il sera fait trois lectures de la proposition, l'intervalle entre deux de ces lectures ne pourra être moindre de trois jours.

402 vgl. den Wortlaut des Art. 47: La discussion sera ouverte aprés chaque lecture ...

Für den Fall, daß die Diskussion geschlossen werden sollte, richtete der Präsident gemäß Art. 51 an die Abgeordneten der Kammer die Frage, ob sie hinreichend über den Gegenstand informiert seien. Über Zustimmung oder Ablehnung der Frage entschieden die Abgeordneten nach Art. 52 durch Aufstehen oder Sitzenbleiben[403]. Fühlte sich die Mehrheit nicht ausreichend informiert, wurde die Diskussion fortgesetzt. Nach Beendigung der Diskussion folgte gemäß Art. 53 die Abstimmung. Nach der dritten Lesung hatte das Parlament nach Art. 49 noch die Möglichkeit, die Entscheidung zu vertagen. Die Abstimmung selbst wurde nach den Vorschriften des Art. 33 mit schwarzen und weißen Kugeln vollzogen, die in eine Urne gelegt werden mußten. Nachdem die Sekretäre das Ergebnis der Stimmenauszählung dem Präsidenten mitgeteilt hatten, verkündete dieser nach Art. 53, ob die Deputiertenkammer den Gesetzesentwurf letztendlich akzeptiert oder abgelehnt hatte.

III. Entwicklungsgeschichtliche Einordnung

Der restaurative Charakter der Charte constitutionelle wurde bereits beschrieben. Ludwig XVIII hatte das Ziel, die monarchischen Strukturen in Frankreich wiederherzustellen. Obwohl an die Tradition angeknüpft werden sollte, war er sich offenbar bewußt, daß eine rein absolutistische Herrschaft in der Form des Ancien Régime nicht mehr möglich war[404]. In diesem Sinne ist die Äußerung des Kanzlers bei der Vorstellung der Verfassung zu verstehen, daß "der König im vollen Besitz aller ihm auf dieses Königreich angestammten Rechte, seiner von Gott und seinen Vätern verliehenen Macht Grenzen setzen wolle"[405].

Darüber hinaus sollten, wie erläutert, auch andere Kräfte an der politischen Arbeit beteiligt werden, die endgültige Entscheidung jedoch dem König selbst vorbehalten bleiben. In diesem Punkt beabsichtigte Ludwig XVIII. vermutlich,

---

403 vgl. die Formulierung des Art. 52: "La Chambre exprime son opinion par assis et levé"; allerdings ist nicht geregelt, ob das Aufstehen als Zustimmung oder Ablehnung zu werten ist.

404 vgl. Erbe, Frankreich, S. 39

405 zitiert aus: Pölitz, Europäische Verfassungen, S. 88

sich an der englischen Verfassungspraxis zu orientieren, wo das System der konstitutionellen Monarchie über Jahrhunderte bestanden hatte.

Die meisten Regelungen der Charte constitutionelle waren ohnehin eng an das Modell der englischen Verfassungspraxis angelehnt[406]. Hinzu kam, daß die Franzosen damals "im Banne Englands" standen, das "die magische Kraft des Siegers ausstrahlt". Viele Franzosen verherrlichten deshalb England als das klassische Land der parlamentarischen Unabhängigkeit[407]. Insofern konnte Ludwig XVIII. auf die erhöhte Akzeptanz einer an England angelehnten Verfassung seitens der Bevölkerung hoffen.

Bekanntlich hatte das englische Unterhaus seinen Einfluß gegenüber dem Königshaus derart ausgebaut, daß eine exakte Übernahme der englischen Methoden den Interessen Ludwigs XVIII. widersprochen hätte. Vornehmlich im Hinblick auf die Sicherung seiner Kompetenz zur Gesetzesinitiative und zu Gesetzesänderungen war Ludwig XVIII. darauf bedacht, Änderungen gegenüber der englischen Verfassungs- und Parlamentspraxis vorzunehmen. In der Tat wiesen die Regelungen der Verfassung eine erhebliche Beschneidung des nach englischem Muster damals üblichen Kompetenzbereiches der gesetzgebenden Körperschaft auf. Zum Beispiel fiel die Beschränkung der Deputiertenkammer auf Gesetzespetitionen weit hinter die Kompetenzen des Unterhauses zurück, das sich das Recht der Gesetzesinitiative schon im 15. Jahrhundert erstritten hatte. Die der Deputiertenkammer lediglich eingeräumte Petitionsbefugnis unterlag zudem der Willkür des Königs, der die Vorschläge nach Belieben annehmen, ändern oder ablehnen konnte. In diesem Zusammenhang ist auch die Regelung des Art. 46 der Verfassung zu sehen, der eine Abänderung des vorgelegten Gesetzesvorschlags von der Genehmigung des Königs abhängig machte.

Um einer eigenmächtigen Kompetenzausweitung der Deputiertenkammer zu begegnen, wurde das im damaligen Frankreich schon in den vorherigen Staatssystemen übliche Recht des Parlaments, sich ein eigenes Réglement zu

---

406 Erbe, Frankreich, S. 39

407 Gangl, Verfassungsentwicklung in Frankreich, S. 291

geben[408], durch Ludwig XVIII. beschnitten. Die "zügellosen Freiheiten der Constituante und der ihr nachfolgenden Körperschaften, die alle von jener naturrechtlichen Vereinsautonomie ausgegangen waren"[409], konnten nicht im Sinne des Monarchen sein. Vielmehr ordnete nun die Verfassung durch Art. 35 an, daß die innere Organisation durch ein separat zu erlassendes Gesetz zu regeln war[410]. Da der König das alleinige Vorschlagsrecht besaß, konnte sich der Monarch auf diese Weise einen unmittelbaren Einfluß auf die innere Organisation der Deputiertenkammer sichern[411].

Eine eher "ungeschickte Nachahmung"[412] des englischen "comittee of the whole house" stellte die Schöpfung des sog. comité secret dar. Hierzu fehlen sowohl in der Verfassung, als auch im Réglement nähere Ausführungen zum Verfahrensablauf dieser Institution.

Eine der stärksten Anlehnungen an das englische Gesetzesberatungssystem durch die Schöpfer des Réglements von 1814 bildete die Übernahme der drei Lesungen eines Gesetzesvorschlages. Offensichtlich ist neben der Vorberatung des Gesetzesentwurfs innerhalb der Abteilungen eine dreifache Beratung des Gesetzes als unverzichtbar angesehen worden. In dem Réglement ist wiederum eine Trennung zwischen der eigentlichen Lesung und der Diskussion des Gesetzesvorschlages erkennbar. Trotz der Anlehnung an die englische Methodik hat sich auch im Réglement von 1814 der in Frankreich üblich gewordene präsentierende Charakter der Lesung des Gesetzes erhalten, da die Diskussion erst nach der jeweiligen Lesung erfolgte.

Zusammenfassend zeigt die entwicklungsgeschichtliche Einordnung der durch die Charte constitutionelle und das Réglement von 1814 vermittelte Gesetzesberatungstechnik eine Zusammenführung sowohl englischer, als auch älterer und neuerer französischer Methoden. Zwar ist die Übernahme einiger

408 vgl. zu dieser Geschäftsordnungsautonomie und ihrem naturrechtlichen Ursprung: Hatschek, Englisches Staatsrecht, S. 427 f.

409 so Hatschek, Englisches Staatsrecht, S. 431

410 vgl. Art. 35 La chambre des députés sera composée des députés élus par les colléges électoraux, dont l'organisation sera déterminée par de lois.

411 vgl. dazu: Haug, Rechtsnatur parlamentarischer Geschäftsordnungen, S. 27

412 so Hatschek, Englisches Staatsrecht, S. 428

Institutionen des englischen Gesetzesberatungsverfahrens zu erkennen, jedoch hat Ludwig XVIII. an den entscheidenden Punkten - wie dem Recht zur Gesetzesinitiative und zu Änderungsvorschlägen - eigene bzw. schon damals in England längst überholte Methoden in das Réglement einfließen lassen. Dies gilt für die Entstehungsgeschichte der Gesetzesberatung, wie für den gesamten staatspolitischen Aufbau der Charte constitutionelle von 1814. Der Versuch der Nachahmung von Vorbildern hat teilweise zu einer Ausbildung neuer Formen des Verfassungslebens geführt[413].

G. Die Gesetzesberatungspraxis nach der Charte constitutionelle von 1830

I. Die Entstehung der Charte constitutionelle von 1830

Karl X., der als jüngerer Bruder nach dem Tod Ludwigs XVIII. im Jahr 1824 die Regierung übernahm, teilte nicht die grundsätzlich proparlamentarische Haltung des vorhergehenden Königs, sondern hatte eine weitgehend absolutistische Staatsauffassung[414]. Am 5. November 1827 löste er die Deputiertenkammer nach Art. 50 der Verfassung von 1814 auf, um Neuwahlen zu ermöglichen, die einen Sieg der Royalisten bringen sollten. Allerdings errangen die Liberalen - dies hatte der König offenbar nicht einkalkuliert - die Mehrheit in der Deputiertenkammer. Nach längeren Auseinandersetzungen mit dem Parlament ernannte Karl X. unter Mißachtung des bis dahin bestehenden Verfassungsbrauchs und entgegen den Mehrheitsverhältnissen den Ultraroyalisten de Polignac zum Premierminister[415].

Die damit eingetretene kritische Phase wollte der König durch ein erneutes Ansetzen von Neuwahlen überwinden, bei denen die Royalisten aber wiederum nicht die Mehrheit erringen konnten. Danach versuchte der König seine Macht durch die sog. Juli - Ordonnanzen[416] zu erhalten, die unter anderem eine

---

413 Hartmann, Französische Verfassungsgeschichte, S. 76

414 Fisher, Geschichte Europas, S. 253; Hartmann, Französische Verfassungsgeschichte, S. 84

415 Hartmann, Französische Verfassungsgeschichte, S. 85

416 beachte die Übersetzung der Ordonanzen bei: Pölitz, Europäische Verfassungen, S. 103 ff.

erneute Auflösung der Deputiertenkammer beinhalteten[417]. Hierauf brach in Paris eine Revolte aus, so daß die Hauptstadt schon am 28. Juli 1830 in die Hand der Revolutionäre fiel[418]. Karl X. mußte abdanken. Mit der Wahl des Herzogs von Orléans Louis-Philippe zum König entstand abermals eine konstitutionelle Monarchie[419]. Schließlich wurde am 7. August 1830 die Charte constitutionelle[420] beschlossen.

II. Die Gesetzesberatungspraxis der Deputiertenkammer nach der Charte constitutionelle von 1830

1. Die theoretische Gesetzesberatung in der Deputiertenkammer

a) Die Regelung der Gesetzesberatung in der Verfassung

Der Art. 14 der Charte constitutionelle billigte für die Gesetzgebung dem König, der Kammer der Pairs und der Kammer der Deputierten eine gleichberechtigte Kompetenz zu[421]. Alle drei Organe hatten gemäß Art. 15 S. 1 das Recht, Gesetze vorzuschlagen[422]. Steuergesetze mußten allerdings nach Art. 15 S. 2 zunächst zwingend in der Deputiertenkammer behandelt werden.

Nach Art. 39 teilte sich die Deputiertenkammer in Bureaux auf, um die übermittelten Gesetzesvorschläge getrennt zu erörtern. Gemäß Art. 38 der Verfassung hatten die Sitzungen der Kammer grundsätzlich öffentlich zu sein. Nur auf Verlangen von mindestens fünf Mitgliedern mußte sich die Deputiertenkammer in eine geheime Kommission umbilden. Die weitere Organisation der Deputiertenkammer blieb nach Art. 30 einem weiteren Gesetz vorbehalten.

---

417 vgl. Erbe, Frankreich, S. 41; Hartmann, Französische Verfassungsgeschichte, S. 85

418 Hartmann, Französische Verfassungsgeschichte, S. 85

419 vgl. zu den Entwicklungen bis zur Revolution: Hartmann, Französische Verfassungsgeschichte, S. 84 ff.; auch Fisher, Geschichte Europas, S. 248 ff.

420 abgedruckt in: Altmann, Ausgewählte Urkunde, S. 210 - 214

421 vgl. Art. 14 der Verfassung: La puissance législative s'exerce collectivement par le roi, la chambre de pairs et la chambre des députés.

422 vgl. Art. 15 S. 1 der Verfassung: La proposition des lois appartient au roi, à la chambre de pairs et la chambre des députés.

b) Die Regelung der Gesetzesberatung im Réglement nach den Änderungen vom 23. August 1830

Aufgrund der veränderten Ausgangslage - die Deputiertenkammer besaß nun eine eigene Gesetzesinitiative - ergab sich die Notwendigkeit einer Umgestaltung der Geschäftsordnung von 1814. Da die interne Organisation der Deputiertenkammer nach der Verfassung durch ein Gesetz geregelt werden sollte, kam der Deputiertenkammer aufgrund der ihr nun eingeräumten eigenen Gesetzesinitiative faktisch eine eingeschränkte Geschäftsordnungsautonomie zu[423]. Letztendlich wurde das alte Réglement von 1814 durch eine Resolution der Deputiertenkammer vom 23. August 1830 modifiziert[424].

Der "neue" Art. 36 bestimmte, die an die Deputiertenkammer gerichteten Gesetzesvorschläge des Königs und die Resolutionen der Pairskammer zunächst zu verlesen, dann zu drucken und zu verteilen. Erst danach wurden die Vorhaben an die Abteilungen verwiesen. Nach dem neuen Artikel, der nach Art. 36 einzufügen war[425], war jedes Mitglied der Deputiertenkammer, welches einen Antrag stellen wollte, verpflichtet, diesen schriftlich im Büro der Kammer zu hinterlegen. Der Antrag wurde gleich durch den Präsidenten an die Abteilungen der Kammer weitergeleitet. Nach der Diskussion teilten die Präsidenten der einzelnen Abteilungen der Kammer die jeweilige Meinung der Abteilungen mit. Nur wenn sich mindestens drei der Abteilungen für eine Weiterbehandlung aussprachen, wurde der Antrag weiterverfolgt.

Nach dem modifizierten Art. 40 S. 1 des geänderten Réglements schlug der Antragsteller nach der Verlesung des Vorschlags einen Tag vor, an dem der Antrag behandelt werden sollte. War dieser Termin gekommen, stellte der

---

423 vgl. Haug, Rechtsnatur parlamentarischer Geschäftsordnungen, S. 27, der aber fälschlicherweise von einer vollständigen Einräumung der Geschäftsordnungsautonomie ausgeht. Es ist zu bedenken, daß die vorgeschriebene Form eines Gesetzes immer noch der Zustimmung der anderen beiden Organe bedurfte.

424 abgedruckt in: Duvergier, Année 1830, S. 1 -3

425 Bedauerlicherweise ist nicht das nun geänderte Réglement in seiner Gesamtheit abgedruckt. Vielmehr beschränkt sich die Drucklegung auf eine Aufführung der geänderten bzw. neu eingeführten Artikel und ihre Stellung innerhalb des neuen Réglements. Also würde es sich hier um den Art. 37 handeln, da der Art. 37 des Réglements von 1814 außer Kraft gesetzt wurde.

Antragsteller gemäß Art. 40 S. 2 seinen Antrag vor und begründete ihn. Bei Unterstützung des Antrags stimmte die Kammer nach dem modifizierten Art. 42 darüber ab, ob der Antrag in Erwägung gezogen, vertagt oder abgelehnt werden sollte. Beschloß die Deputiertenkammer, den Antrag in Beratung zu nehmen, überwies man die Vorlage erneut an die Abteilungen.

Hatte der Antrag eines Mitgliedes die beschriebenen Präliminarien überstanden, wurde er hinsichtlich der weiteren Behandlung vom Réglement den Gesetzesvorschlägen des Königs und denen der Pairskammer verfahrensmäßig gleichgestellt. Generell galt die Regelung, den Gesetzesvorschlag unabhängig vom Urheber jeweils zunächst an die Abteilungen zu überweisen, deren Arbeitsablauf durch das neue Réglement nicht verändert worden war. Waren die Anträge in den Abteilungen hinreichend diskutiert, entsandte nach dem neuen Art. 43 jede Abteilung jeweils ein Mitglied in eine sogenannte "Zentralkommission", die einen Bericht für die Kammer zu erarbeiten hatte.

Die Behandlung des Gesetzesvorschlages in der Kammer begann gemäß einem neuen, dem Art. 43 hinzuzufügenden Artikel (also Art. 44)[426] mit dem Bericht der Zentralkommission. Die nun folgende Debatte unterteilte sich in zwei Teile. Der *Art. 45* verlangte zunächst eine Generaldiskussion (discussion générale) zur Beratung der Grundsätze des Gesetzesvorhabens. Auf die Generaldebatte folgte die Diskussion über die einzelnen Artikel (discussion sur les articles) nach *Art. 46*.

Lag ein Antrag eines Kammermitglieds vor, stellte der Präsident gemäß *Art. 47 S. 1* die Frage, ob eine Diskussion über die einzelnen Artikel gewünscht war. Sprach sich die Kammer gegen eine Diskussion aus, wurde der Antrag nach der Regelung des *Art. 47 S. 2* nicht weiter verfolgt. Gesetzesvorlagen des Königs bzw. Resolutionen der Pairskammer führten ohne Befragung der Deputiertenkammer zu der Diskussion über die einzelnen Artikel.

---

426 Für die Darstellung des Gesetzesberatungsverfahrens nach dem Réglement ist die Bezeichnung "nouveau, après l' art. 43" ungeeignet, da die nächsten vier Artikel ebenfalls nur eine gleichlautende Überschrift tragen. Daher werden die Artikel in der folgenden Darstellung mit der kursiv gedruckten Ziffer bezeichnet, die sie nach den Änderungen letztlich einnahmen.

Vor der Eröffnung der Diskussion über jeden einzelnen Artikel im Zusammenhang mit den entsprechenden Änderungsanträgen mußten diese beim Büro der Kammer hinterlegt worden sein. Der Präsident veranlaßte den Druck des Änderungsvorschlages mit dem Namen des Antragstellers und ließ das Papier an die Kammermitglieder verteilen. Allerdings konnte gemäß *Art. 48* ein Änderungsantrag nur in Beratung genommen werden, wenn er nicht zuvor unterstützt worden war. Ein Antrag konnte nach dem veränderten Art. 48 selbst nach Beginn der Diskussion noch zurückgenommen werden. Jedoch war es anderen Mitgliedern der Deputiertenkammer möglich, den zurückgenommenen Antrag wieder aufzunehmen, so daß die Diskussion in diesem Fall weitergeführt werden konnte.

Das Ergebnis der Beratungen der Deputiertenkammer über ein Gesetzesvorhaben, über eine Resolution der Pairskammer oder einen eigenen Antrag wurde gemäß dem veränderten Art. 53 vom Präsidenten in der Form verkündet: die "Kammer hat angenommen", oder "die Kammer hat nicht angenommen".

2. Die Gesetzesberatung der Deputiertenkammer, dargestellt anhand des Beispiels der Verabschiedung des Gesetzes zur Organisation der "garde national"

Wie bei der Darstellung der englischen Gesetzesberatungspraxis erleichtert auch in diesem Falle die konkrete Beschreibung der Behandlung eines Gesetzes anhand eines Beispiels aus der Parlamentspraxis das Verständnis für die theoretischen Regelungen des modifizierten Réglements vom 23. August 1830. Die umfassende Regelung der Organisation der "garde national" war schon in Art. 69 Nr. 5 der Charte constitutionelle ausdrücklich angeordnet worden[427].

---

[427] vgl. den Wortlaut dieser Verfassungsbestimmung: Il sera pourvu successivement par des lois séparées et dans le plus court délai possible aux objets, qui suivent: ... 5) l'organisation de la garde nationale avec intervention des gardes nationaux dans le choix de leurs officiers.

a) Die Einbringung des Antrags und die Verweisung an die Abteilungen

Der konservative und pazifistisch orientierte Innenminister Guizot[428] brachte am 9. Oktober 1830 - also schon etwa zwei Monate nach Verabschiedung der Charte constitutionelle - einen entsprechenden Gesetzesentwurf in die Kammer der Deputierten ein[429]. Zunächst erläuterte er hierbei die Motive für das Gesetzesvorhaben und danach die einzelnen Regelungsbereiche der Vorlage[430].

Nach der Vorstellung des Gesetzesprojekts entwickelte sich eine kurze Debatte über die weitere geschäftliche Behandlung. Es wurde die sofortige Verweisung an die Abteilungen beantragt, obwohl offenbar noch keine Drucklegung und Verteilung des Gesetzesvorhabens vorlag. Den darin liegenden Verstoß gegen Art. 36 des Réglements erkannten auch einige Mitgliedern der Deputiertenkammer. Er führte zur Ablehnung entsprechend dem Réglement[431]. Letztlich beschloß man die Zusammenkunft der Abteilungen bereits für die folgende Woche[432].

b) Der Bericht der Kommission

Knapp zwei Monate nach der Antragstellung durch den Innenminister war der Ausschußbericht fertiggestellt. Der Berichterstatter der Kommission Dupin stellte am 3. Dezember 1830 den Kommissionsbericht vor[433]. Seinen Ausführungen zufolge hatte man sich in jeder Abteilung mit dem Gesetzesvorhaben auseinandergesetzt. Vermutlich wegen der Bedeutung des

---

428 so die Charakterisierung durch Maurois, Geschichte Frankreichs, S. 468

429 vgl. Archives parlamentaire, II. Série, Bd. LXIV, S. 158

430 vgl. Archives parlamentaire, II. Série, Bd. LXIV, S. 158 ff.

431 vgl. die Äußerungen des Abg. Léfebre, Archives parlamentaire, II. Série, Bd. LXIV, S. 167: "J'ajourteral que la proposition est contraire au réglement, qui porte qu'on ne se réunira dans les bureaux qu' aprés l'impression et la distribution."; beachte auch die Tatsache, daß der Hinweis des Präsidenten der Kammer, daß bei solch wichtigen Gesetzen eine Abweichung möglich war, keinen Beschluß zur sofortigen Verweisung bewirken konnte.

432 vgl. Archives parlamentaire, II. Série, Bd. LXIV, S. 167: La Chambrè décide que la réunion dans le buraux aura lieu lundi a midi.

433 vgl. Archives parlamentaire, II. Série, Bd. LXIV, S. 757 ff.

Gesetzesvorhabens hatte man sich entschieden, aus jeder Abteilung zwei Mitglieder in die Kommission zu entsenden. Somit bestand die Kommission aus achtzehn Mitgliedern[434]. Im Ausschußbericht entwickelte Dupin die Grundgedanken der Kommission und stellte die von ihr verfolgten Änderungsvorschläge vor[435]. Nach dem Abschluß des Kommissionsberichtes gab der Vorsitzende die Drucklegung in Auftrag und veranlaßte, die Schrift an die Abgeordneten zu verteilen[436].

c) Die Diskussion des Gesetzesprojekts

Am 11. Dezember 1830 stand das Gesetz zur Organisation der Nationalgarde auf der Tagesordnung und wurde dementsprechend durch den Präsidenten aufgerufen[437].

aa) Die Generaldebatte

Die Beratung des Gesetzesvorhabens begann mit der Generaldiskussion[438], zu der sich insgesamt lediglich fünf Abgeordnete in die Rednerliste hatten einschreiben lassen. Da sich ihre Diskussionsbeiträge streng auf die Grundsätze des geplanten Gesetzes konzentrierten, konnte die Generaldiskussion bereits am 13. Dezember 1830 abgeschlossen werden[439].

---

434 vgl. Archives parlamentaire, II. Série, Bd. LXIV, S. 758

435 vgl. Archives parlamentaire, II. Série, Bd. LXIV, S. 769

436 vgl. Archives parlamentaire, II. Série, Bd. LXIV, S. 784: La chambre ordonne l'impression et la distribution du rapport, et renvoie à jeudi prochain l'ouverture de la discussion sur le projet de loi. La séance est levée.

437 vgl. Archives parlamentaire, II. Série, Bd. LXV, S. 460: le Prédsident: L'ordre du jour appeelle la discussion du projet de loi sur l' organisation de la garde nationale.

438 vgl. Archives parlamentaire, II. Série, Bd. LXV, S. 460 ff.; vgl. insb. die Äußerung des Präsidenten, ebenda, S. 462: "La second orateur inscri pour la discussion général, est M. Lepeletier d'Aunay".

439 vgl. Archives parlamentaire, II. Série, Bd. LXV, S. 489: le Président: "La liste de orateurs inscrits étant épuisée, la discussion générale est fermée".

bb) Die Debatte über die einzelnen Artikel

Bereits am nächsten Tag stand die Beratung über die einzelnen Artikel des Gesetzes auf der Tagesordnung. Zunächst faßte der Berichterstatter Dupin noch einmal die Hauptpunkte der Generaldiskussion zusammen[440]. Danach ging man zur Diskussion der einzelnen Artikel über[441].

Nach Verlesung des Art. 1 des Gesetzes[442] stellte die Kommission einen Änderungsantrag[443]. Der Artikel und der Änderungsvorschlag wurden ohne größere Diskussion angenommen[444]. In gleicher Weise verfuhr man mit den weiteren Artikeln des Gesetzesvorschlages.

Nicht immer gestaltete sich die Beratung eines Artikels so einvernehmlich wie bei die Diskussion des Art. 1. So wurde beispielsweise Art. 3 des Gesetzesvorhabens abgelehnt[445]. Letztlich konnte die umfangreiche Diskussion über die einzelnen Artikel[446] am 6. Januar 1831 abgeschlossen werden[447]. Nach der Diskussion über die einzelnen Artikel in der Kammer stimmten die Deputierten abschließend über das Gesetz in seiner Gesamtheit ab, wobei sich dafür eine deutliche Mehrheit ergab[448].

---

440 vgl. Archives parlamentaire, II. Série, Bd. LXV, S. 491

441vgl. die Äußerung des Präsidenten,Archives parlamentaire, II. Série, Bd. LXV, S. 500: "Nous allons commencer la discussion des articles".

442 vgl. Archives parlamentaire, II. Série, Bd. LXV, S. 500: Art. 1 Le garde nationale est instituée pour défendre la Charte constitutionelle et les droits qu'elle a con sacrés, pour maintenir l'obéissance aux lois, conserver ou rétablir l'ordre et la paix publique, seconder l'armée de ligne dans la défense des frontières et des côtes, assurer l'indépendance de la France et l'intégrité de son territoire.

443 vgl. Archives parlamentaire, II. Série, Bd. LXV, S. 500: La commission ne propose qu'un léger amendement, qui consiste à mettre *a fin d'*, avant le mot *assurer*.

444 vgl. Archives parlamentaire, II. Série, Bd. LXV, S. 500: Aprés avoir écarlé l'amendement de la commission la Chambre adopte l' article 1 du projet du governement.

445 vgl. Archives parlamentaire, II. Série, Bd. LXV, S. 501: La Chambre, consultée, adopte la suppression de l'article 3.

446 Einen Überblick über die Diskussion der einzelnen Artikel bietet das chronologische Inhaltsverzeichnis in: Archives parlamentaire, II. Série, Bd. XV, S. 772 ff.

447 vgl. Archives parlamentaire, II. Série, Bd. LXV, S. 763

448 vgl. Archives parlamentaire, II. Série, Bd. LXV, S. 763: Il est procédé au vote sur l'ensemble de la loi. Le résultat du scrutin sur le projet de loi est:

III. Entwicklungsgeschichtliche Einordnung

1. Die möglichen Grundlagen für die Veränderung des alten Gesetzesberatungssystems

Mit der Veränderung des Réglements von 1814 durch das Gesetz vom 23. August 1830 wurde auch das Gesetzesberatungsverfahren in der Deputiertenkammer grundlegend modifiziert. Um die entwicklungsgeschichtliche Einordnung dieses neuen Gesetzesberatungssystems zu ermöglichen, ist es angebracht, auf die Grundlagen und Vorbilder einzugehen, die den Urhebern damals zur Verfügung standen.

a) Die Erfahrungen in den früheren französischen Parlamenten

Seit der Revolution im Jahr 1789 hat es in Frankreich verschiedene Parlamente gegeben. Teilweise existierten sie für mehrere Jahre, oftmals war ihre Lebensdauer jedoch nur sehr kurz. Mit der Wechselhaftigkeit der politischen Systeme hat sich auch der Charakter der Parlamente und damit der Gesetzesberatung geändert. Der mit der Revision des Réglement beauftragten Kommission bot sich nun - vierzig Jahre nach der Revolution von 1789 - die Möglichkeit, sich die positiven und negativen Erfahrungen zurückliegender Parlamentsarbeit zunutze zu machen, sie gegeneinander abzuwägen und für die Konzeption eines neuen Réglements zu verwerten.

b) Bentham´s "Taktik" als mögliche Orientierungshilfe

Neben praktischen Erfahrungen aus früheren Parlamenten war mittlerweile ein Versuch zur Neugestaltung einer Geschäftsordnung auf wissenschaftlicher Basis der Öffentlichkeit bekannt gemacht worden. Der bereits bei der Schaffung des ersten Réglements im Jahre 1789 mittelbar beteiligte Bentham hatte schon

---

Nombre des votants:	315
Majorité absolue:	158
Pour:	245
Contre:	70

vor seinen Aufzeichnungen für Mirabeau begonnen, ein allgemeingültiges System parlamentarischer Verhandlungsweisen zu entwerfen, das trotz seiner Anlehnung an englische Parlamentsmethoden auf eine Anwendung in der französischen Nationalversammlung zielte[449]. Allerdings war die Arbeit mit dem voluminösen Titel[450] "An essay on Political Tactics or Inquiries concerning the discipline and mode of proceeding proper to be observed in political assemblies: principally applies to the practice of the Bristish Parliament and to the Constitution and situation of the National assembly of France" beim ersten Zusammentreten der Nationalversammlung noch nicht vollendet[451]. Lediglich ein erster Entwurf war fertiggestellt, der jedoch durch Bentham aufgrund der sich überstürzenden historischen Ereignisse nicht weiter bearbeitet worden war[452].

Dieses Entwurfs nahm sich der Genfer Gelehrte Dumont an. Nach seiner Auffassung war das Werk Benthams nicht zu einer Übersetzung geeignet, da es zum einen unvollständig, zum anderen in einem zu engen Rahmen auf die Verhältnisse des Jahres 1789 zugeschnitten war. Dumont fügte die von Bentham Artikel für Artikel aufgestellten Regeln zu einem "zusammenhängenden Ganzen" zusammen[453]. Sein Werk erschien im Jahre 1816 mit dem Titel: "Tactique des Assemblées législatives suivie d'un Traité des sophismes politiques. Ouvrage extrait des Manuscrits de M. Bentham Jurisconsulte anglois, par Et. Dumont, Membre du Conseil représentatif du Canton de Genève. Ars obstetrix animorum". Diese französische Bearbeitung von Dumont richtete auf dem Kontinent die Aufmerksamkeit erstmals verstärkt auf die grundlegenden Parlamentslehren von Bentham[454].

(La Chambre adopte.)

449 Jekewitz, Ein ritualisierter historischer Irrtum, S. 543

450 so Jekewitz, Ein ritualisierter historischer Irrtum, S. 543

451 vgl. Dumont in der Vorrede zu Bentham, Tactik des Geschäftsganges, XV

452 Jekewitz, Ein ritualisierter historischer Irrtum, S. 543

453 Dumont, in der Vorrede zu Bentham, Tactik des Geschäftsganges, XVII f.

454 vgl. Lammert, Zur Geschäftsordnung, S. 11; vgl auch von Mohl, Geschichte und Literatur der Staatswissenschaften, Band III, S. 627; beachte auch die "Huldigung" Benthams durch von Mohl.

Hinsichtlich der drei Lesungen eines Gesetzes beschränkte sich Bentham darauf, die "wiederholten Deliberationen" mehrfach zu erwähnen, ohne sie gesondert zu beschreiben[455]. Insofern war Dumont - wie auch schon die Schöpfer des Réglements von 1789 - auf eigene Kenntnisse angewiesen. Das 18. Kapitel des Werkes "Von den drei Debatten über die Gesetzes-Entwürfe" ist daher von Dumont eigenständig - jedoch auf den Ausführungen Benthams fußend - verfaßt worden[456]. In den Ausführungen beschränkte sich der Verfasser nicht nur auf die bloße Darstellung der englischen Gesetzesberatungstechnik[457], sondern versuchte auch, allgemeingültige Begründungen für die einzelnen Regeln aufzuzeigen. Selbst wenn die Argumentation teilweise etwas pathetisch erscheint - Hatschek spricht diesbezüglich von einer "verblüffenden Naivität"[458] -, wurden die Grundzüge des englischen Verfahrens durchaus deutlich. So wies zum Beispiel die Dumontsche Bearbeitung der ersten Beratung die Rolle einer allgemeinen Diskussion über die Zulässigkeit bzw. Notwendigkeit eines Gesetzes zu. In der zweiten Diskussion ziehe man "jede Clausel des Gesetzes, eine nach der anderen in Betracht"[459]. Die letzte Diskussion ermögliche eine Prüfung "der allgemeinen und besonderen Verhältnisse, nachdem der Geist hinlänglich in Ruhe versetzt worden sei"[460].

---

455 vgl. die "Note" von Dumont, in Bentham, Tactik des Geschäftsganges, S. 120

456 Bentham, Tactik des Geschäftsganges, S. 120 ff.

457 Jekewitz, Ein ritualisierter historischer Irrtum, S. 544 wirft hinsichtlich dieses Kapitels dem Autor "subjektive Wunschvorstellungen und offensichtliche Fehlinformationen" vor. Diesen schwerwiegenden Vorwurf belegt Jekewitz lediglich mit einer angeblichen Unrichtigkeit. Dumonts Aussage, daß "zwischen der ersten und zweiten oder zwischen der zweiten und dritten Vorlesung... die Bill in einem Comité der ganzen Kammer erörtert" wird. Die Tatsache, daß im englischen Parlament regelmäßig zwischen der zweiten und dritten Lesung eine Ausschußsitzung des ganzen Hauses stattgefunden hat, wurde bereits dargelegt. Abweichend von der damaligen englischen Parlamentspraxis ist hier vielmehr die Festlegung einer Diskussion Artikel für Artikel in der zweiten Beratung. (vgl. Redlich, Recht des englischen Parlamentarismus, S. 638)

458 Hatschek, Englisches Staatsrecht, S. 437; offenbar übersieht Hatschek hier die Urheberschaft Dumonts, da er mit seiner Charakterisierung Bentham direkt angreift. Auch in Hatschek, Deutsches und Preußisches Staatsrecht, S. 43 f., übergeht er die Urheberschaft Dumonts.

459 vgl. Bentham, Tactik des Geschäftsganges, S. 124

460 Bentham, Tactik des Geschäftsganges, S. 125

c) Das "Manual of Parliamentary Practice" von Jefferson

Etwa zu der gleichen Zeit wie das Werk Benthams war die Verhandlungsweise des englischen Parlaments von Thomas Jefferson in seinem Werk "Manual of Parliamentary Practice"[461] beschrieben worden. Dieses Werk hatte auf dem Kontinent starke Beachtung gefunden[462]. Jefferson zeigte in seinem Werk den Weg des Gesetzes durch das englische Parlament auf[463] und ging in seinen Ausführungen insbesondere auf die Rolle des sog. "Generalausschusses"[464] und seine Verfahrensweisen ein[465].

2. Die Überlegungen und Entscheidungen der Schöpfer des Réglements von 1830

Den Kommissionsmitgliedern, die mit der Änderung des Réglements von 1814 beauftragt worden waren, standen mit der Veröffentlichung der oben genannten Schriften somit mehrere Leitbilder für die Neufassung eines zeitgemäßen Réglements zur Verfügung. Neben den praktischen Erfahrungen konnte nun auch auf wissenschaftliche Abhandlungen über das Parlamentsverfahren zurückgegriffen werden.

Um die Überlegungen der Ausschußmitglieder zu ergründen, können die Ausführungen des Berichterstatters der mit der Änderung des Réglements beauftragten Kommission im Ausschußbericht vor der Deputiertenkammer herangezogen werden. Dieser Bericht stand am 18. August 1830 auf der Tagesordnung der Deputiertenkammer[466]. Darin wurden den Mitgliedern der

---

461 Jeffersons Werk ist als deutsche Übersetzung unter dem Titel "Handbuch des Parlamentarrecht" erschienen, aus der im folgenden zitiert wird. Dieses Werk wurde durch Leopold von Henning übersetzt, der die deutsche Ausgabe auch mit eigenen Anmerkungen versehen hat.

462 Hatschek, Englisches Staatsrecht, S. 428; Jekewitz, Ein ritualisierter historischer Irrtum, S. 546

463 von Henning, Handbuch des Parlamentarrechts, S. 94; vgl. auch den teilweisen Abdruck in: Jekewitz, Ein ritualisierter historischer Irrtum, S. 545 f.

464 von Henning, Handbuch des Parlamentarrechts, S. 98

465 von Henning, Handbuch des Parlamentarrechts, S. 102 f.

466 Archives parlamentaire, II. Série, Bd. LXIII, S. 151 ff.: L' ordre di jour appelle le rapport de la commission chargée de l'examen des changements à faire au réglement.

Deputiertenkammer die Leitgedanken für die letztliche Entscheidung der Kommission dargelegt.

In seinem Bericht führte der Berichterstatter Duvergier de Hauranne zunächst aus, daß das alte Réglement nicht mehr der neuen staatspolitischen Stellung der Deputiertenkammer - der durch die Charte constitutionelle ein Initiativrecht zu Gesetzen eingeräumt worden war - gerecht werde. Aus diesem Grunde sei die Kommission beauftragt worden, das Réglement diesen neuen Gegebenheiten anzupassen[467]. Diese Änderungen sollten sich auch auf die Beratung von Gesetzesvorhaben beziehen.

Zunächst habe man sich innerhalb der Kommission mit dem System der drei Lesungen auseinandergesetzt. Man habe dieses System, welches in anderen Ländern üblich sei, reiflich bedacht und sich mit der Begründung und der Ausgangslage für dieses System befaßt. Der Berichterstatter erläuterte noch einmal die Grundzüge dieses Verfahrens. Insbesondere wies er auf die Tatsache hin, daß ein Antragsteller, zur Vorlage des Antrages zunächst die Kammer um Erlaubnis fragen müsse. Nach Erteilung der entsprechenden Erlaubnis behandele die erste Debatte in der Regel die Grundsätze der Vorlage. Die zweite Beratung befasse sich mit den einzelnen Artikeln und den dazugehörigen Änderungsvorschlägen. In der dritten Beratung würden noch einmal die Grundzüge der nun veränderten Vorlage eingehend besprochen[468].

Der Berichterstatter ging in seinen Überlegungen näher auf das englische Gesetzesberatungssystem ein. Doch entsprachen seine Erläuterungen zu den drei Lesungen nicht in allen Punkten der damaligen englischen Parlamentspraxis. Vielmehr hatten sich die Ausschußmitglieder bei ihren Überlegungen offenbar am Werk Benthams orientiert. Hier hatte der Bearbeiter Dumont für die zweite Beratung eine Diskussion jedes einzelnen Artikels vorgesehen. Dieses Verfahren war tatsächlich damals im englischen Parlament

---

467 vgl. Archives parlamentaire, II. Série, Bd. LXIII, S. 151

468 vgl. die diesbezüglichen Ausführungen des Berichterstatters in: Archives parlamentaire, II. Série, Bd. LXIII, S. 152

nicht üblich gewesen. Insofern ist das Werk Benthams in die Vorüberlegungen für eine Veränderung des Réglements von 1814 einbezogen worden[469].

Der Berichterstatter führte jedoch aus, daß sich die Ausschußmitglieder hinsichtlich des modifizierten Réglements für ein anderes Beratungssystem entschieden hätten, welches mehr den eigenen Gebräuchen entspräche[470]. Nach diesem System müsse jedes Mitglied, welches einen Antrag einbringen wolle, diesen persönlich im Büro der Kammer hinterlegen. Im weiteren Verlauf befrage der Präsident die einzelnen Abteilungen über ihre Meinung zum Antrag. Bei Zustimmung von drei Abteilungen zu einer Weiterbehandlung, müsse der Antrag in der nächsten Sitzung vorgelesen und sofort an die Abteilungen zur Vorberatung zurückverwiesen werden.

Die Entscheidung der Kommission für dieses System sei - so der Berichterstatter - dadurch begründet, daß diese Art der Vorbehandlung sinnvoller sei als eine Vorberatung in der gesamten Kammer. Auf diese Weise könne die Mehrheit der Kammer grundsätzlich die Erlaubnis zu einem Antrag verhindern, welcher für sie ungünstig erscheine. Dies könne nach dem nun vorgeschlagenen System nicht geschehen. Mit dem Entschluß von mindestens drei Abteilungen für die Weiterbehandlung entscheide eine starke Minderheit, ob der Antrag überhaupt weiterverfolgt werden soll. Damit bestehe zum einen eine Absicherung gegenüber unangebrachten Vorschlägen, andererseits sei aber auch eine einfache Unterdrückung des Antrags nicht möglich. Dies sichere eine effektive Ausnutzung der zur Verfügung stehenden Zeit. Der Einwand, man lasse durch dieses System eine Minderheit entscheiden, sei nicht gerechtfertigt, denn in der eigentlichen Beratung werde "spätestens" auf die Mehrheit gehört[471]. Die Kommission hatte sich also zugunsten eines Minoritätenschutzes klar gegen die englische Verfahrensweise ausgesprochen, daß ein Mitglied zuerst um die Erlaubnis zum Einbringen eines Antrages bitten mußte.

---

469 vgl. zu den Einflüssen Benthams auf das Réglement von 1830: Hatschek, Englisches Staatsrecht, S. 432

470 vgl. Archives parlamentaire, II. Série, Bd. LXIII, S. 152: Votre commission, comme je l'ai déjà dit, a donné la préférence à un mode de déliberation plus conforme à vos usages.

471 vgl. die Ausführungen des Berichterstatters: Archives parlamentaire, II. Série, Bd. LXIII, S. 152

Des weiteren führte der Berichterstatter des Ausschusses aus, daß Überlegungen angestellt worden seien, inwieweit die bisherigen Diskussionen kürzer gehalten werden könnten, wenn die allgemeine Debatte Fehler aufweise und sich eine fehlende Notwendigkeit des Gesetzesvorhabens gezeigt habe. Es stelle sich die Frage, warum in einem solchen Fall so penibel über jeden einzelnen Artikel eines Vorschlags diskutiert werden solle, wenn er ohnehin abgelehnt werde. Frankreich erwarte von der Kammer, daß sie ihre Arbeit beende, ohne sich ablenken zu lassen[472]. Daher mache die Kommission den Vorschlag, nach der allgemeinen Diskussion die Kammer entscheiden zu lassen, ob sie überhaupt in die Diskussion der einzelnen Artikel eintreten wolle. Falls diese Frage verneint werde, erübrige sich jede weitere Diskussion. Die Möglichkeit der Verhinderung der Debatte über die einzelnen Artikel gelte aber nicht für Gesetzesanträge des Königs und Resolutionen der Pairskammer[473].

Diese Argumentation der Ausschußmitglieder war eindeutig an die Ausführungen in Benthams Werk angelehnt. Dumont stellte hierzu die recht bildhafte These auf: "Wird er (der Gesetzesentwurf) verworfen, so ist die Zeit erspart worden, weil man sich mit der besondern Kritik der verschiedenen Artikel nicht abgegeben hat. Und in der That, wozu alle Clauseln desselben einzeln untersuchen und Verbesserungen vorschlagen! Das hieße ja, die Flecken aus einem Kleide waschen, was man vielleicht ins Feuer werfen muß."[474]

3. Die Einflußfaktoren auf die Réglementsänderung von 1830

Schon dem Ausschußbericht ist zu entnehmen, daß die möglichen Leitbilder - insbesondere das englische Gesetzesberatungssystem - durch die Kommissionsmitglieder in Erwägung gezogen worden waren. Obwohl die damals vorhandenen wissenschaftlichen Abhandlungen den Schöpfern des neuen Réglements offenbar bekannt waren, wurde das englische Gesetzesberatungssystem aus heutiger Sicht nicht annähernd übernommen.

---

472 vgl. Archives parlamentaire, II. Série, Bd. LXIII, S. 153: Aller au but sans de détourner, voilà ce que la France attend de nous.

473 vgl. Archives parlamentaire, II. Série, Bd. LXIII, S. 153

474 Bentham, Tactik des Geschäftsganges, S. 124

Vielmehr war mit dem Réglement von 1830 ein völlig neues Gesetzesberatungssystem geschaffen worden, das sowohl auf verschiedene Leitbilder zurückgriff, als auch die Verwirklichung eigener Ideen hinzielte. So sprach sich unter anderem die Kommission für die Beibehaltung der mittlerweile in Frankreich zur Institution erstarkten Aufteilung des Parlamentes in einzelne Abteilungen aus. Diese sollten sowohl an der Vorberatung eines Gesetzes, als an der Unterstützungsfrage zu Anträgen von Mitgliedern der Deputiertenkammer beteiligt sein. Mit der Festschreibung der Existenz von Abteilungen blieb eine exakte Übernahme des englischen Verfahrens von vornherein ausgeschlossen[475].

Auch die Technik der dreifachen Beratung des englischen Verfahrens ist von den Ausschußmitgliedern nicht übernommen worden. Vielmehr wurde in dem Réglement von 1830 das Prinzip der einen und auch einzigen Beratung verwirklicht, wobei diese jedoch in eine Generaldiskussion und eine Diskussion über die einzelnen Artikel aufgeteilt war. Die Befragung der Kammer bei Anträgen seiner Mitglieder, ob eine Diskussion über die einzelnen Artikel stattfinden solle, lehnte sich hinsichtlich seiner Begründung an das durch Dumont bearbeitete und in Frankreich bekanntgewordene Werk von Bentham an.

Die entwicklungsgeschichtliche Einordnung der französischen Gesetzesberatungspraxis nach dem Réglement ergibt damit die Entstehung eines völlig neuen Systems der Gesetzesberatung. Das in Benthams Werk vorgeschlagene Verfahren wurde verworfen. Durch die Urheber des neuen Réglements waren mehrere Leitbilder in Verbindung mit eigenen Ideen zu einem neuen System verbunden worden. Auch wenn englische Praktiken in das Réglement von 1830 Eingang gefunden haben sollten[476], vermied man es weitgehend, englische Parlamentsbräuche apodiktisch zu übernehmen[477]. Ausdrücklich ist das System der drei Lesungen eines Gesetzes verworfen und

---

475 so auch Jekewitz, Ein ritualisierter historischer Irrtum, S. 546

476 vgl. Hatschek, Englisches Staatsrecht, S. 433

477 Eine kurze Untersuchung des Einflusses von Bentham und der englischen Parlamentspraxis auch hinsichtlich anderer Teile des Réglements findet sich bei: Hatschek, Englisches Staatsrecht, S. 432 ff.

das Prinzip der einen und einzigen Beratung - unter Beibehaltung der Vorberatung in den Abteilungen - verbindlich eingeführt worden[478].

H. Die Gesetzesberatung in der belgischen Deputiertenkammer nach der Verfassung von 1830 und dem Réglement des Jahres 1831

Die 1831 in Kraft getretene belgische Verfassung übte auf die staatsrechtliche Entwicklung Europas einen weitreichenden Einfluß aus[479], da sich einige spätere Verfassungen sehr stark an ihre Bestimmungen anlehnten. Ein Beispiel hierfür ist die im Jahr 1849 von der Frankfurter Nationalversammlung beschlossene Verfassung[480]. Aufgrund dieser einschneidenden Bedeutung des belgischen Verfassungswerkes für die Entstehung der parlamentarischen Systeme Europas erscheint für die weitere Untersuchung eine Betrachtung der Gesetzesberatung in Belgien zweckdienlich.

I. Die Entstehung und Bedeutung der Verfassung von 1830

Die am 8. Juni des Jahres 1815 durch den Wiener Kongreß vollzogene Vereinigung Belgiens und Hollands zum Königreich der Niederlande stieß vor allem bei den katholischen, französisch sprechenden Belgiern auf Ablehnung[481]. Eine Verschmelzung der verschiedenen Volksgruppen erwies sich als unmöglich. Immer stärker wurde der Wunsch nach einer parlamentarischen Konstitution, dem der absolutistisch eingestellte König Wilhelm von Niederlanden nicht entsprechen wollte. Letztlich kam es im September 1830 aufgrund anhaltender Unruhen zu dem durch den holländischen König angeordneten Marsch von zehntausend Soldaten auf

---

478 so auch Hatschek, Deutsches und Preußisches Staatsrecht, S. 49; Jekewitz, Ein ritualisierter historischer Irrtum, S. 547; Pierre, Traité de Droit Politique, S. 971. Mißverständlich äußert sich Hatschek, Englisches Staatsrecht, S. 433, wenn er behauptet, daß das durch das Réglement von 1830 eingeführte Verfahren "ganz so wie es Bentham empfohlen hatte" sei. Hiermit widerspricht er seinen eigenen Ausführungen im selben Werk (S. 437), da er hier die Empfehlung der drei Lesungen durch Bentham ausdrücklich erwähnt und kritisiert.

479 vgl. zu ihrer Entstehung und ihrem Einfluß: Gilissen, Die belgische Verfassung von 1831, S. 38 - 69

480 vgl. hierzu: Gilissen, Die belgische Verfassung von 1831, S. 63 f.

481 vgl. Mann, Politische Entwicklung, S. 441; Croce, Geschichte Europas, S. 92 f.

Brüssel. Ihnen stellten sich eine große Anzahl belgischer Revolutionäre entschlossen entgegen. Schließlich konnten sich bei diesen Septemberunruhen die belgischen revolutionären Kräfte durchsetzen[482].

Das nun unabhängige Belgien bekannte sich zum Prinzip des Konstitutionalismus. Die zunächst gebildete "Commission administrative", bezeichnete sich ab dem 26. September 1830 als "Gouvernement provisoire". Mit der Unabhängigkeitserklärung Belgiens vom 4. Oktober 1830 wurde die Einberufung eines Nationalkongresses angeordnet, der die künftige Verfassung erarbeiten sollte[483]. Dieser am 10. November 1830 eröffnete Kongress begann sofort mit der Ausarbeitung[484] und konnte schon am 7. Februar 1831 den Text der belgischen Verfassung verabschieden[485]. Die Schöpfer der Verfassung lehnten das ausschließlich monarchische Prinzip ab und entschieden sich für die parlamentarische Monarchie als Staatsform[486].

II. Die Gesetzesberatungspraxis Belgiens im Jahr 1831

1. Die Regelung in der Verfassung

Der Grundgedanke einer parlamentarischen Monarchie bestand in der gemeinsamen Ausübung der gesetzgebenden Gewalt nach Art. 26 der Verfassung durch den König, die Abgeordnetenkammer und den Senat[487]. Die Gesetzesinitiative stand nach Art. 27 S. 1 allen drei Trägern der gesetzgebenden Gewalt zu. De facto mußten allerdings unter anderem Vorschläge zu Staatsfinanzen gemäß Art. 27 S. 2 zunächst in der Deputiertenkammer

---

482 vgl. zu den Entwicklungen: Pohl, Entstehung des belgischen Staates, S. 3 ff.

483 vgl. zu den Vorgängen: Errera, Staatsrecht des Königreichs Belgien, S. 6 ff.; Vauthier, Staatsrecht des Königreichs Belgien, S. 15; beachte zu der politischen Zusammensetzung des Nationalkongresses: Bartier, Politische Parteien, S. 93 ff.

484 vgl. zu den Verfassungsberatungen im Verfassungsausschuß und im Nationalkongreß: Gilissen, Die belgische Verfassung von 1831, S. 42 ff.

485 Der Text und eine Übersetzung der Verfassung ist abgedruckt in: Franz, Staatsverfassungen, S. 54 - 95

486 vgl. Gilissen, Die belgische Verfassung von 1831, S. 61 f.

487 vgl. Art. 26: Le pouvoir législatif s'exerce collectivement par le roi, la chambre des représentants et le sénat.

verhandelt werden, so daß die wesentlichen Befugnisse beim Parlament blieben und dem König lediglich eine "Organstellung" zukam[488]

Für eine ordnungsgemäße Behandlung eines Gesetzes reichten die Regelungen in der Verfassung nicht aus. Die Sitzungen der Kammern waren danach grundsätzlich gemäß Art. 33 S. 1 öffentlich, doch bestand nach Art. 33 S. 2 die Möglichkeit der Einberufung einer geheimen Sitzung, falls der Präsident dazu aufforderte oder mindestens zehn Mitgliedern dies verlangten. Innerhalb der Sitzung entschied dann gemäß Art. 33 S. 3 die absolute Mehrheit, ob die Verhandlung über den betreffenden Gegenstand wieder öffentlich weitergeführt werden sollte oder nicht.

In Art. 38 S. 1 wurde bestimmt, daß Beschlüsse - mit Ausnahme bei Wahlen - nur mit absoluter Mehrheit gefaßt werden konnten. Bei Stimmengleichheit galt nach Art. 38 S. 2 die Vorlage als abgelehnt. Gemäß Art. 42 hatte die Kammer die Möglichkeit, Artikel oder Abänderungsvorschläge zu ändern oder zu teilen[489]. Allerdings konnte ein Gesetz nach Art. 41 der Verfassung nur dann angenommen werden, wenn über jeden Artikel separat abgestimmt worden war[490].

2. Die Gesetzesberatung nach dem Réglement de la Chambre des Représentans vom 5. Oktober 1831

Die Vorschriften der Verfassung reichten keinesfalls, um eine effektive Beratung des Gesetzes im Parlament zu gewährleisten. Aus diesem Grunde setzte die Kammer am 5. Oktober 1831 nach fünftägiger Diskussion mit 46 gegen 11 Stimmen das "Réglement de la Chambre des Représentans" in Kraft[491].

---

488 so Gangl, Verfassungsstaat, S. 36

489 vgl. Art. 42: Les chambres ont le droit d'amender et de diviser les articles et les amendements proposés.

490 vgl. Art. 41: Un projet de loi ne peut être adopté par l'une des chambres qu'apres avoir été voté article par article.

491 vgl. Anmerkung im Pasinomie, 5 Octobre 1831, S. 164, Fn. 1

Laut diesem Réglement mußten gemäß Art. 33 S. 1 alle an die Kammer gerichteten Gesetzesvorschläge des Königs und des Senats nach Verlesung in der Kammer gedruckt und an die Abgeordneten verteilt werden. Gleichzeitig erfolgte die Weiterleitung an die einzelnen Abteilungen oder an eine Kommission.

Nicht nur der Kammer selbst, sondern jedem Mitglied des Parlaments stand nach Art. 34 das Recht zu, Vorschläge oder Änderungsvorschläge einzureichen. Nach der Vorlage leitete man die Vorschläge einzelner oder mehrerer Abgeordneter nach Art. 35 S. 1 unverzüglich an die Abteilungen der Kammer weiter. Die Kammer war nach Art. 49 durch das Los in sechs Abteilungen geteilt, welche sich nach Art. 50 jeweils mit absoluter Mehrheit einen Präsidenten, einen Vizepräsidenten und einen Sekretär wählten. Die Abteilungen wurden gemäß Art. 51 monatlich durch Losentscheid neu zusammengestellt. Sprach sich mindestens eine Abteilung für die Erörterung des Antrags aus, mußte der Vorschlag nach Art. 35 S. 2 verteilt und in der Sitzung nach der Verteilung vor dem Parlament verlesen werden. Nach Art. 35 S. 3 teilte der jeweilige Präsident die Ansicht seiner Abteilung dem Kammerpräsidenten mit.

Nach der Lesung des Vorschlags schlug gemäß Art. 36 der Antragsteller einen Tag vor, um die Gründe seines Vorschlags zu erläutern. Nur wenn dieser Antrag von mindestens fünf Mitgliedern des Parlaments unterstützt worden war, konnte nach Art. 37 die eigentliche Diskussion darüber eröffnet werden, ob der Vorschlag in die Beratung genommen, vertagt oder gar nicht diskutiert werden sollte. War die Entscheidung der Kammer zugunsten einer Beratschlagung gefallen, wurde der Antrag nach Art. 38 an die Abteilungen zurückgesandt, die ihn unverzüglich vorab diskutieren sollten.

Bis auf die durch die Kammer beschlossenen dringenden Fälle konnte die Diskussion in den Abteilungen nach Art. 33 S. 2 des Réglements frühestens drei Tage nach der Verteilung stattfinden, wobei jede Abteilung verpflichtet war, die Anträge oder Änderungsanträge nach Art. 52 S. 1 zu prüfen. Nach der Beratung legten die Abteilungen einen nach Art. 52 S. 2 mit der absoluten Mehrheit ihrer Stimmberechtigten beschlossenen Bericht vor. Hatten zwei Drittel aller Abteilungen die Untersuchung beendet, faßten die jeweiligen Berichterstatter der Abteilungen nach Art. 53 die Ergebnisse für den Kammerpräsidenten zusammen, der alle Berichterstatter unter seinem Vorsitz in die sogenannte Zentralabteilung zitierte. Nach Rücksprache mit den Abteilungen wegen etwaiger noch nicht abgeschlossenen Beratungen, wählte die Zentralabteilung gemäß Art. 54 mit absoluter Mehrheit eines ihrer Mitglieder, um das Ergebnis Gesamtversammlung gegenüber in einem schriftlichen Bericht mitzuteilen. Dieser Bericht enthielt nach Art. 55 S. 1 neben der Analyse der Beratungen in den Abteilungen und der Zentralabteilung die Entscheidungen und Motive für die Zustimmung oder Ablehnung. Der Bericht sollte nach Art. 55 S. 2 mindestens zwei Tage vor der Diskussion im Parlament gedruckt und an die Abgeordneten verteilt werden. Jedoch konnte durch Beschluß der Kammer auf den Bericht verzichtet werden.

Die Diskussion nach Art. 39 des Réglements, die auf den Bericht der Zentralabteilung oder der Kommission folgte, teilte sich grundsätzlich in zwei Teile. Neben einer generellen Aussprache wurde eine Diskussion über die einzelnen Artikel abgehalten.

Die generelle Diskussion nach Art. 40 S. 1 hatte lediglich prinzipielle Erwägungen und den Vorschlag in seiner Gesamtheit zum Gegenstand. Nach Art. 40 S. 2 bestand außerhalb der generellen Diskussion und der Diskussion über die einzelnen Artikel des Gesetzes die Möglichkeit, über einzelne Kapitel des Gesetzesvorschlages allgemein zu verhandeln.

Die Diskussion über die einzelnen Artikel sah nach Art. 41 des Réglements eine Erörterung der Artikel in ihrer Reihenfolge mit den sie betreffenden Änderungsvorschlägen vor, die gemäß Art. 42 zuvor schriftlich festgehalten und im Büro hinterlegt worden waren. Gemäß Art. 43 S. 1 verhandelte die Kammer nur diejenigen Änderungsanträge, die nach ihrer Unterbreitung von mindestens fünf Mitgliedern unterstützt worden waren. Entschied die Kammer, daß der Änderungsantrag zunächst an die Abteilungen oder eine Kommission zurückgesandt werden sollte, konnte nach Art. 43 S. 2 die Aussprache unterbrochen werden. Die Diskussion über die einzelnen Änderungsanträge durfte auch auf eine andere Sitzung verschoben werden. In diesem Fall mußte der Änderungsantrag nach Art. 44 gedruckt und an die Mitglieder verteilt werden.

War ein Änderungsantrag durch die Versammlung angenommen oder ein Artikel der Vorlage durch das Parlament abgelehnt worden, fand nach Art. 45 S. 1 eine zusätzliche Abstimmung an einem anderen Tag statt. Zwischen beiden Sitzungen mußte nach Art. 45 S. 2 mindestens ein Tag liegen. In der zweiten Sitzung erfolgte gemäß Art. 45 S. 3 eine weitere Diskussion und eine endgültige Abstimmung über die angenommenen Änderungsanträge bzw. über die zurückgewiesenen Artikel. Allerdings durften in dieser zweiten Sitzung nach Art. 45 S. 4 keine weiteren Änderungsanträge gestellt werden. Während einer Diskussion konnte der Antragsteller seinen Antrag nach Art. 46 jederzeit zurückziehen, es sei denn, dieser wurde durch ein anderes Parlamentsmitglied wieder aufgegriffen.

Gemäß Art. 47 S. 1 des Réglements bedurfte jede Abstimmung über einzelne Anträge, mit Ausnahme von Abstimmungen über Wahlen und Geschäftsordnungsfragen, der absoluten Mehrheit der Stimmen. Im Falle der Stimmengleichheit galt der Antrag gemäß Art. 47 S. 2 als abgelehnt. Nach Art. 47 S. 3 setzte eine endgültige Entscheidung die Anwesenheit der Mehrheit der Kammermitglieder voraus. Das Ergebnis der Abstimmung verkündete gemäß Art. 47 S. 4 der Parlamentspräsident mit den Worten "Die Kammer hat angenommen..." oder "Die Kammer hat nicht angenommen...".

3. Entwicklungsgeschichtliche Einordnung

Die entwicklungsgeschichtliche Einordnung der belgischen Gesetzesberatungspraxis gestaltet sich unproblematisch. Es ist unschwer zu erkennen, daß die geistigen Väter des Réglements der belgischen Deputiertenkammer weitgehend das vorstehend erläuterte neue französische Modell der Gesetzesberatung übernommen hatten[492]. Demnach fand wie in Frankreich nun auch in Belgien die Vorberatung der Gesetzesvorschläge grundsätzlich in den Abteilungen statt. Es war aber auch die Verweisung an eine Kommission möglich. Im Gegensatz zu der französischen Deputiertenkammer war die belgische Deputiertenkammer in lediglich sechs

---

492 vgl. auch Jekewitz, Ein ritualisierter historischer Irrtum, S. 547; Hatschek, Deutsches und Preußisches Staatsrecht, S. 49

Abteilungen eingeteilt. Dieser geringeren Anzahl entsprechend mußte der Antrag eines Kammermitglieds zur Weiterbehandlung nur durch eine Abteilung unterstützt werden.

Auch die Bildung einer Zentralabteilung durch einzelne Mitglieder der Abteilungen und die Erstellung eines entsprechenden Berichtes richtete sich nach dem Vorbild des französischen Réglements von 1830. Ebenso übernahm man das Prinzip der einen und einzigen Gesetzesberatung aus der französischen Deputiertenkammer. Auch in Belgien unterteilte sich diese Beratung in eine Generaldiskussion und in eine Diskussion über die einzelnen Artikel.

Aufgrund der weitgehend vollständigen Übernahme des Gesetzesberatungssystems des französischen Réglements von 1830 durch die belgische Deputiertenkammer kann hier auf die Darstellung des belgischen Systems anhand eines Beispiels aus der Parlamentspraxis verzichtet werden.

Dies gilt aus dem gleichen Grunde auch für die entwicklungsgeschichtliche Einordnung. Ebenso wie die Schöpfer des französischen Gesetzesberatungssystems haben sich die belgischen Bearbeiter des Réglements gegen die Einführung einer an das englische System angelehnten Gesetzesberatung in drei Lesungen entschieden.

Aufgrund der weitgehenden Übereinstimmung der französischen und belgischen Gesetzesberatungsregelungen können beide Systeme in den weiteren Untersuchungen als Einheit betrachtet und im folgenden als "belgisch-französisches Beratungssystem"[493] bezeichnet werden.

---

493 So auch bezeichnet von: Hatschek, Deutsches und Preußisches Staatsrecht, S. 49.

Sechster Teil: Die Beratungsformen in den deutschen Parlamenten und Versammlungen bis zur Gründung der Bundesrepublik Deutschland

A. Die Gesetzesberatungspraxis in den Versammlungen deutscher Länder bis zur Revolution von 1848

Schon zu Beginn des 19. Jahrhunderts wurden auch in den einzelnen deutschen Ländern erste geschriebene Verfassungen erkämpft, die die Einrichtung landständischer Versammlungen vorschrieben.

Die Verfasser der Geschäftsordnungen für diese Versammlungen mußten bei deren Ausgestaltung entweder außerdeutsche Parlamente zum Vorbild nehmen oder auf eigene Überlegungen vertrauen. Im Interesse einer umfassenden Untersuchung ist zu fragen, welche Leitbilder und Überlegungen dabei für die jeweiligen Regelungen in der Geschäftsordnung von Bedeutung waren.

Es würde zu weit führen, die Betrachtung der landständischen Versammlungen auf alle deutschen Länder zu erstrecken. Vielmehr orientiert sich die Untersuchung an der Aufzählung von Mittermaier im zeitgenössischen Staatslexikon[494], der die Geschäftsordnungen von Bayern, Sachsen, Kurhessen, Württemberg, Baden, Hannover und vom Großherzogtum Hessen für untersuchenswert hielt. Diese Auswahl dieser Länder des deutschen Vormärz sollte hinreichend Aufschluß hinsichtlich der Fragestellung zur Ausgestaltung der einzelnen Gesetzesberatungsverfahren geben.

I. Die Einflußfaktoren auf die Gesetzesberatungspraxis in Baden

1. Die Gesetzesberatungspraxis im Großherzogtum Baden

Nachdem schon am 5. Juli 1808 eine Repräsentativverfassung in einer landesherrlichen Verordnung angekündigt worden war, wurde die Verfassung des Großherzogtums Baden nach intensiver Kommissionsarbeit durch den

---

494 Rotteck/Welcker, Staatslexikon, Stichwort: "Geschäftsordnung"; vgl. auch zur Bedeutung des Staatslexikons von Rotteck-Welcker mit seiner vernunftrechtlichen Grundorientierung: Schmitt, Das vormärzliche Staatsdenken, S. 23 ff.

Großherzog Karl am 22. August 1818 in Kraft gesetzt[495]. Die Verfassung bildete keinen Gesamtakt durch Zusammenwirken der damals als dualistisch empfundenen Kräfte von Regierung und Volk[496], vielmehr wurde sie vom Großherzog Karl allein aus "göttlicher Gnade" verliehen[497].

Nach § 26 der Verfassung waren die Landstände in zwei Kammern "abgetheilt". Gemäß § 52 der Verfassung konnten sich die Kammern nicht eigenmächtig versammeln bzw. nach erfolgter Auflösung oder Vertagung "beysammen bleiben und berathschlagen". Vielmehr berief der Großherzog die Landstände nach § 42 und konnte sie auch vertagen und auflösen. Der § 70 ließ erst dann einen landesherrlichen Antrag zur Diskussion kommen, wenn dieser vorher in "besondern Commissionen erörtert und darüber Vortrag erstattet worden" war.

Da die Verfassung jedoch die weitere Form der Gesetzesberatung nicht detaillierter regelte, ergab sich die Notwendigkeit einer Geschäftsordnung, die am 3. Mai 1819 erlassen wurde[498].

Die badische zweite Kammer teilte sich nach § 57 dieser Geschäftsordnung in fünf Abteilungen, die jeweils möglichst aus der gleichen Anzahl von Abgeordneten bestehen sollten. Die Verteilung der Abgeordneten bestimmte gemäß § 58 das Los. Die Kammer konnte jederzeit nach § 60 beschließen, die Abteilungen neu zusammenzusetzen. Jede einzelne Abteilung wählte nach § 59 aus ihren Reihen einen Vorsitzenden und einen Sekretär.

Gesetzesentwürfe, die von der Regierung oder der ersten Kammer an die zweite Kammer gebracht worden waren, mußten nach § 48 sofort an die Abteilungen verwiesen werden. Hatte ein Mitglied der Kammer einen Vorschlag eingebracht, mußte der Antragsteller nach § 50 S. 1 den Gesetzesvorschlag

---

495 abgedruckt in: Huber, Dokumente, Band 1, S. 171 ff.; auch in: Goldschmidt, Geschichte der Badischen Verfassungsurkunde, S. 32 ff.; vgl. zu der Entstehung: Wielandt, Staatsrecht des Großherzogtums Baden, S. 3; Walz, Staatsrecht des Großherzogtums Baden, S. 4 f.

496 vgl. zu der damaligen Sichtweise: von Goessler, Dualismus zwischen Volk und Regierung; auch Schmitt, Das vormärzliche Staatsdenken, S. 28 ff.

497 vgl. Bader, Zur politischen und rechtlichen Entwicklung Badens, S. 20

498 abgedruckt in: Verhandlungen der Ständeversammlung des Großherzogthums Baden, Erstes Heft, Jahrgang 1819, Beylage Nro. 30

verlesen und seine Motive mündlich erläutern. Danach entschied die Kammer nach erfolgter Unterstützung durch Abgeordnete - die Anzahl der für die Unterstützung notwendigen Abgeordneten wurde nicht explizit genannt - über die Weiterbehandlung. Es gab nach § 51 S. 1 die Möglichkeit, den Vorschlag in "Betrachtung zu ziehen", den Antrag zu vertagen oder ganz auf sich beruhen zu lassen. Betraf der Antrag eines Kammermitglieds einen Gesetzesvorschlag und wurde die Weiterbehandlung beschlossen, fand nach § 51 S. 2 eine Verweisung an die Abteilungen statt. Die weitere Behandlung der Vorschläge in der Kammer entsprach weitgehend der Vorgehensweise bei Gesetzesvorschlägen der Regierung.

Nach § 61 diskutierte jede einzelne Abteilung die Gesetzesvorlagen der Regierung oder einzelner Mitglieder. Nach Beendigung dieser Erörterungen ernannte jede Abteilung gemäß § 62 durch Abstimmung mit absoluter Mehrheit ein Mitglied aus ihren Reihen für eine Kommission, die sich aus allen entsandten Kommissionsmitgliedern zusammensetzte. Diese Kommission begann gemäß § 63 S. 1 mit der gemeinschaftlichen Beratung, wenn mindestens drei Kommissionsmitglieder ernannt worden waren. Innerhalb der gemeinschaftlichen Beratung war auch eine Konsultation mit den "landesherrlichen Commissarien" möglich. Das Resultat der Beratung wurde in einem Bericht zusammengefaßt und nach § 63 S. 2 der Kammer vorgetragen.

Die Beratung über die von den Berichterstattern gehaltenen Vorträge durfte nach § 28 erst "nach Verfluß von drey Tagen nach Erstattung des Vortrags vorgenommen werden". Die Beratungen waren grundsätzlich öffentlich, es konnte jedoch nach § 45 S. 1 durch die Kommission beschlossen werden, zumindest den Bericht in geheimer Sitzung zu behandeln. Über diesen Beschluß durfte sich die Kammer jedoch nach § 45 S. 3 mit einer Dreiviertelmehrheit hinwegsetzen, doch konnte durch Antrag von mindestens drei Kammermitgliedern mit Zustimmung von einem Viertel der Abgeordneten gemäß § 47 die Abhaltung einer geheimen Sitzung beschlossen werden.

Nachdem die Kammer der Abhaltung einer Beratung zugestimmt hatte, verfuhr man nach § 52 der Geschäftsordnung, wo bestimmt war, daß ein Gesetz "in drey verschiedenen Sitzungen und in Zwischenräumen wenigstens von drey zu drey Tagen vorgelesen werden" müsse. Weiter wurde angeordnet: "Nach jeder

Vorlesung wird die Discussion eröffnet. Nach der dritten Vorlesung und Berathung erfolgt die Abstimmung entweder sogleich oder in der nächsten Sitzung, wenn die Kammer die Verweisung nicht noch verfügt". In außergewöhnlichen Fällen konnte nach § 69 S. 1 die Kammer mit dem Einverständnis der Minister und landesherrlichen Kommissarien beschließen, die Formen der Beratung und Entscheidung abzukürzen. Dafür war gemäß § 69 S. 2 jedoch eine Zweidrittelmehrheit erforderlich.

Während der Beratung durfte jedem Abgeordneten durch den Präsidenten nur zweimal das Wort erteilt werden. Eine weitere Worterteilung mußte gemäß § 33 durch die Kammer selbst ausgesprochen werden. Als Redner wurde nach § 32 derjenige Abgeordnete vorgezogen, der sich gegen den vorhergehenden Vortrag aussprechen wollte. Innerhalb der Sitzung konnten Änderungsanträge gestellt werden. Durch § 30 der Geschäftsordnung hatte die Kammer jederzeit die Möglichkeit, die Erklärung zu beschließen, "gehörig unterrichtet zu seyn, und keinen weiteren Vortrag mehr anhören zu wollen."

Bis auf die in § 52 S. 2 angeordnete Schlußabstimmung nach der dritten Verlesung und Diskussion finden sich zu den einzelnen Beratungs- und Abstimmungsmodalitäten keine ausdrücklichen Regelungen in der Geschäftsordnung. Nach § 84 beschloß die Kammer die Annahme oder Nichtannahme eines Gesetzesvorschlages mit den Worten: "Die Kammer nimmt den Gesetzesvorschlag an," oder "Die Kammer nimmt den Vorschlag nicht an."

2. Entwicklungsgeschichtliche Einordnung

Die Initiatoren der Geschäftsordnung für die zweite Kammer der Ständeversammlung des Großherzogtums Badens vom 3. Mai 1819 standen vor der Wahl, an ausländische Vorbilder anzuknüpfen oder eigenen Überlegungen zu entwickeln bzw. beide Methoden zusammenzuführen.

Schon bei der Erarbeitung der badischen Verfassung vom 22. August 1818 ist nicht auf ständestaatliche Überlieferungen zurückgegriffen worden. Vielmehr lehnten sich Grundgedanken und Text der badischen Verfassung sehr stark an die Charte Constitutionelle Ludwigs XVIII. von 1814 an. So finden sich teilweise wörtliche Übereinstimmungen in beiden Verfassungswerken[499]. Auch der in Frankreich im Jahr 1814 fehlende Einfluß des Parlaments bei der Schöpfung neuer Gesetzeswerke fand sich in der Verfassung Badens wieder. Die badische Ständeversammlung besaß kein eigenes Initiativrecht, sondern konnte Gesetzesvorschläge nur durch eine Petition an den Großherzog auf den Weg bringen.

Umso näher lag es für die Urheber der Geschäftsordnung, an das an die Staatsstruktur der Charte Constitutionelle angelehnte "Réglement intérieur de la Chambre des députés des departemens" vom 28. Juni 1814 anzuknüpfen. Ein Vergleich der beiden parlamentarischen Regelungswerke zeigt dementsprechend auch eine weitgehende Übereinstimmung zwischen den beiden Gesetzesberatungssystemen. Beide Parlamente teilte man in Abteilungen auf, die zunächst das Gesetzesvorhaben zu beraten hatten. Auch die aus den Berichterstattern der einzelnen Abteilungen gebildete Kommission war in beiden Parlamenten vertreten.

Am auffälligsten ist die Übereinstimmung bei den eigentlichen Regelungen der Gesetzesberatung. So entspricht § 52 der badischen Geschäftsordnung nahezu exakt dem Art. 46 des Réglements der französischen Deputiertenkammer aus dem Jahr 1814. In beiden Kammern fanden drei Lesungen der Gesetzesvorschläge und drei jeweils an diese anschließende Beratungen statt.

Aufgrund der weitgehenden Konformität beider Regelungswerke gilt für die Einflußfaktoren auf die Entstehung des badischen Gesetzesberatungssystems das Ergebnis hinsichtlich des französischen Réglements von 1814 entsprechend. Insbesondere war die dreimalige Lesung und Beratung eine direkte Anlehnung an das englische System der Gesetzesberatung. Dies erscheint insofern folgerichtig, da wie in Frankreich auch in Baden zum Zeitpunkt der Entstehung der Geschäftsordnung das englische Verfassungsrecht und die englischen

---

499 Beachte die Untersuchungen zur Vergleichbarkeit beider Verfassungen bei: Heinrich, Einfluß des Westens auf die Badische Verfassung von 1818, insb. S. 30 ff.; auch der bei Goldschmitt, Geschichte der Badischen Verfassungsurkunde, S. 32 ff. in den Fußnoten aufgezeigte Vergleich der badischen Verfassung mit der französischen Charte ist aufschlußreich.

Parlamentsgebräuche als konstitutionelles Musterbild galten[500]. Gleichwohl erhielt man das französische Abteilungssystem aufrecht.

Insgesamt gesehen kann die badische Geschäftsordnung vom 3. Mai 1819 als ein Abbild des Réglements der französischen Deputiertenkammer von 1814 bezeichnet werden, daß keine wesentlichen Neuerungen oder Weiterentwicklungen hinsichtlich der Gesetzesberatung enthielt. Die badische Geschäftsordnung stellte sich wie auch der gesamte Staatsaufbau als eine weitgehende Rezeption französischen Rechts dar. Offenbar

II. Die Einflußfaktoren auf die Gesetzesberatung im Königreich Hannover

1. Das Gesetzesberatungsverfahren des Königreichs Hannover

Die Gesetzesberatung im Königreich Hannover war sehr detailliert in dem 53 Artikel umfassenden "Reglement für die allgemeine Ständeversammlung des Königreichs Hannover" vom 14. Dezember 1819 geregelt worden und konnte bereits wenige Tage nach dem vom Prinzregenten Georg - dem späteren König Georg IV. - erlassenen Patent vom 7. Dezember 1819 bezüglich einer Verfassung[501] verkündet werden.

Dieses Reglement ordnete gemäß Art. 21 S. 1 an, alle Sitzungen der Stände in beiden Kammern nicht öffentlich abzuhalten. Der Ausschluß der Öffentlichkeit, so lautete die Argumentation, sei in der Gewohnheit der Ständeversammlungen in den Provinzen begründet[502]. Allerdings blieb es der Kammer nach Art. 21 S. 4 freigestellt, einen Abdruck der Protokolle zu veröffentlichen.

Die Gesetzesvorschläge konnten nach Art. 33 S. 1 entweder seitens der "Höchsten Landesherrschaft oder in deren Namen von dem K. Ministerio an die

---

[500] so Heinrich, Einfluß des Westens auf die Badische Verfassung von 1818, S. 32

[501] vgl. zur Geschichte der Verfassung: Grotefend, Geschichte der allgemeinen landständischen Verfassung des Königreichs Hannover

[502] Die Problematik der Öffentlichkeit der Verhandlungen hatte auch schon im Vorfeld der Schöpfung des Reglements im Königreich Hannover oftmals zu Auseinandersetzungen geführt (vgl. hierzu Kolb, Rechtsgeschichte der Hannoverschen Ständeversammlung, S. 22 ff.).

Ständeversammlung gebracht werden". Diese Vorschläge sollten sofort nach der Eingabe verlesen und bevorzugt in Beratung genommen werden. Auch jedem Kammermitglied räumte man das Recht ein, eigene Anträge zu stellen. Wer einen Gesetzesvorschlag zur Beratung vorschlagen wollte[503], hatte nach Art. 35 S. 1 sein Vorhaben schriftlich abzufassen. Des weiteren mußte nach der erteilten Erlaubnis zur Einbringung durch den Präsidenten der Antrag vor der Kammer erläutert werden. Der Antrag brauchte nach Art. 35 S. 1 von mindestens einem weiteren Mitglied der Kammer Unterstützung. War diese Bedingung erfüllt, stand dem Antragsteller gemäß Art. 35 S. 2 das Recht zu, einen bestimmten Tag für die Behandlung vorzuschlagen.

Alle Beschlüsse zu "Geldbewilligungen" durften nach Art. 38 S. 1 erst nach zweimaliger Beratung und Abstimmung gefaßt werden. Besondere Regelungen der Gesetzesberatung galten für einen Beschluß, "der dem Königlichen Ministerio behuf einer zu erlassenden Verordnung vorgelegt werden soll". Bei diesen Vorschlägen zum Erlaß eines Gesetzes durch den König war es nach Art. 39 "jederzeit erforderlich, daß der Gegenstand derselben wenigstens einmal in einer vorläufigen Beratung besprochen, der zu nehmende Beschluß aber zu drei verschiedenen Malen, an drei verschiedenen Tagen in förmlicher Sitzung verlesen worden, da denn jedesmal eine nochmalige Berathung beliebt werden kann". Man unterschied daher zwischen den förmlichen Sitzungen und einer vorbereitenden Beratung.

Der Ablauf der vorbereitenden Sitzung richtete sich gemäß Art. 28 S. 1 des Reglements bei Anträgen über wichtige Sachthemen und in allen Fällen der Gesetzgebung prinzipiell nach Art. 39. Um diese vorbereitende Sitzung zu ermöglichen, "löset sich die Versammlung in eine allgemeine Committee zu vorläufiger Berathung der Sache auf". In diesen Sitzungen hatte wenigstens ein Viertel der Kammermitglieder anwesend zu sein. Den Vorsitz des "allgemeinen Committees" führte gemäß Art. 28 S. 2 der General-Syndicus der Kammer. Im fiel nach Art. 19 S. 2 a) unter anderem die Aufgabe zu, in diesen vorbereitenden Sitzungen den Stuhl des Präsidenten einzunehmen und auf die Einhaltung der Beratungsordnung zu achten. Der Präsident der Kammer nahm während der

503 Das Reglement spricht in Art. 35 von einem "Antrag zu einem Beschlusse". Dies ist als "eigenständiger Antrag, um einen Beschluß der Kammer herbeizuführen" zu verstehen, da die Änderungsanträge speziell in Art. 37 angesprochen werden.

vorbereitenden Sitzung gemäß Art. 28 S. 3 einem Sitz zwischen den übrigen Mitgliedern ein und durfte sich selbst an den Beratungen beteiligen.

Nach Art. 24 S. 1 nahm bei den förmlichen Sitzungen der Präsident den Vorsitz ein und überwachte die Beratungen. Zu seinen Aufgaben gehörte es, die zu behandelnden Probleme vor der Abstimmung als Frage in der Weise zu formulieren, daß sie bejaht oder verneint werden konnten. War der förmlichen Sitzung eine Beratung im "allgemeinen Committee" vorausgegangen, hatte der General-Syndicus einen Bericht über die Beratungen der vorbereitenden Versammlung zu geben.

Innerhalb der Beratungen - dies galt sowohl für die förmliche als auch für die vorbereitende Versammlung - erhob sich nach Art. 29 S. 1 derjenige von seinem Platze, der zu dem Antrag das Wort ergreifen wollte. Der Redner hatte immer den jeweiligen Vorsitzenden der Versammlung anzusprechen und durfte nach Art. 29 S. 2 nur unterbrochen werden, "um eine Thatsache mit wenigen Worten zu berichtigen". Jedem Mitglied räumte der Art. 37 S. 1 das Recht ein, "Verbesserungsanträge" zu stellen. Diese durften allerdings erst eingebracht werden, nachdem über eventuell vorher gestellte Anträge entschieden worden war. Nach Behandlung aller Änderungsvorschläge stimmte man nach Art. 37 S. 3 über den vollständigen Antrag ab.

Innerhalb des gesamten Beratungsverfahrens konnten nach Art. 45 S. 1 besondere Kommissionen zur Untersuchung oder Beratung eines Gegenstandes gebildet werden. Der Antrag auf Bildung einer Kommission mußte allerdings gemäß Art. 45 S. 2 an zwei verschiedenen Tagen gestellt und beraten werden, "damit der Gegenstand gehörig erwogen sei". Die Ausschußberichte waren der Kammer mitzuteilen, wobei Schlußanträge der Kommissionen nach Art. 46 S. 3 schriftlich zu verfassen waren.

Wie bereits dargelegt, verlangte ein an den König zu richtender Gesetzesantrag eine dreifache Verlesung mit der Möglichkeit zur Diskussion. Aus dem Reglement ist jedoch nicht ersichtlich, inwieweit in den einzelnen Beratungsstufen eine Beschränkung auf eine allgemeine Besprechung des Gesetzesentwurfs oder auf eine einzelne Behandlung der Artikel vorgesehen war.

2. Entwicklungsgeschichtliche Einordnung

Unschwer ist zu erkennen, daß das Gesetzesberatungssystem des Königreiches Hannover nach dem Reglement vom 14. Dezember 1819 nahezu mit dem damaligen englischen System der drei Lesungen übereinstimmte. Die Gründe sind in den engen verwandtschaftlichen Verhältnissen zwischen dem Hannoverschen und dem Britischen Herrscherhaus zu suchen. Es war daher naheliegend, daß sich die Urheber der Geschäftsordnung auf ein ihnen bekanntes, jahrhundertelang erprobtes Modell gestützt haben.

Vor allem wurde die dreifache Verlesung des Gesetzesvorschlages übernommen. Besonders deutlich wird die Anlehnung an das englische System gleichermaßen mit der Übernahme des "comittee of the whole house" als "Allgemeines Committee". Auch in der Ständeversammlung des Königreiches Hannover bildete diese Institution die Kammer selbst. Wie in England verließ auch hier der Präsident seinen Sitz und nahm einen Platz in der Versammlung ein, während der General-Syndicus den Vorsitz übernahm und die Verhandlung leitete. Da im Jahr 1819 in England keine geschriebene Geschäftsordnung existierte, kann das Reglement Hannovers faktisch als erste positivrechtliche Kodifikation der englischen Gesetzesberatungspraxis angesehen werden.

III. Die Einflußfaktoren auf die Gesetzesberatung im Großherzogthum Hessen

1. Das Gesetzesberatungsverfahren des Großherzogthums Hessen

Grundlage für die Existenz der Landstände im Großherzogthum Hessen bildete eine durch Großherzog Ludwig I. am 18. März 1820 oktroyierte Verfassung. Diese wurde jedoch durch Verhandlungen mit den neuberufenen Kammern einer umfangreichen Revision unterzogen, so daß erst am 17. Dezember 1820 eine endgültige Verfassung vorlag. Die "Ordnung, in welcher die Landständischen Geschäfte vorzunehmen sind", wurde aber bereits am 25. März 1820 - also noch vor Erlaß der endgültigen Verfassung - durch den damaligen Großherzog von Hessen "gegeben" und durch das Großherzoglich Hessische

Geheime Staats-Ministerium übermittelt[504]. Das Regelungswerk bestand aus lediglich 26 Artikeln.

Nach dieser Geschäftsordnung hatte die Kammer gemäß Art. 5 aus ihren Abgeordneten sechs Mitglieder auszuwählen und deren Ernennung zur endgültigen Bestimmung durch den Präsidenten dem Großherzog mitzuteilen. Die Sekretäre durften dagegen von der Kammer selbst bestimmt werden.

Der Präsident der jeweiligen Kammer empfing nach Art. 8 S. 2 die Eingaben, bestimmte den Termin der Beratung, eröffnete und schloß die Sitzungen. Er leitete die Beratungen und hatte dabei auf die Einhaltung der Ordnung zu achten. Zu Beginn jeder Sitzung wurde nach Art. 10 S. 1 das Protokoll der vorhergehenden Sitzung verlesen, damit dieses von der Kammer genehmigt werden konnte. Danach wurden gemäß Art. 10 S. 2 die seit der letzten Sitzung an die Kammer gerichteten Eingaben vorgetragen. Anschließend begann die Arbeit mit der Beratung über die öffentlich ausgehängten Tagesordnungspunkte.

Nach Art. 11 S. 1 wurden die Gesetzesvorschläge des Königs in der Kammer, die zuerst über sie beraten sollte, durch Mitglieder des "Geheimen Ministeriums" oder durch besondere "Commissäre" mündlich vorgetragen und zugleich schriftlich vorgelegt. Die vom Großherzog ermächtigten Personen hatten auch innerhalb der weiteren Beratung des Gesetzesvorhabens stets die Möglichkeit, den Beratungen der Kammer beizuwohnen und gegebenenfalls Erläuterungen zu geben. Darüber hinaus waren sie nach Art. 11 S. 2 als einzige Sitzungsteilnehmer ermächtigt, die Redner durch "Aufschlüsse und Erläuterungen zu unterbrechen" und - neben den Referenten der Ausschüsse - ihre eigenen Redebeiträge abzulesen.

Schriftlich eingereichten Anträgen einzelner Ständemitglieder auf Beratung eines Gegenstands mußte gemäß Art. 12 eine kurze Begründung vorausgehen. Die weiteren Beweggründe durften auch mündlich vorgetragen werden.

---

504 abgedruckt in: Großherzogliches Hessisches Regierungsblatt auf das Jahr 1820, S. 163 - 168

Nach Art. 14 S. 1 überwies die Kammer nach Kenntnisnahme die Anträge zunächst an einen bestimmten Ausschuß. Insgesamt existierten der Ausschuß für das Finanzgesetz und die Staatsschulden, der Ausschuß für "andere Gegenstände der Gesetzgebung" und ein Ausschuß für die übrigen Geschäfte der Kammer. Jeder Ausschuß wählte nach Art. 14 S. 3 einen Präsidenten und einen "Secretär". Der Präsident wiederum bestimmte nach seiner Wahl für den jeweiligen Gegenstand einen Referenten. Die Aufgabe des Ausschusses bestand gemäß Art. 15 S. 1 darin, alle Gründe für oder gegen den Antrag zu sammeln bzw. die Meinung aller Ausschußmitglieder in den Ausschußbericht aufzunehmen. Je nach Erfordernis bestand die Möglichkeit, sich mit den Ministeriumsmitgliedern zu verständigen. Dem Präsidenten der Kammer blieb es nach Art. 15 S. 2 freigestellt, den Ausschußsitzungen beizuwohnen.

Erst drei Tage nach Vorlage des Ausschußberichtes konnte gemäß Art. 17 S. 1 die eigentliche Beratung beginnen. Innerhalb dieser drei Tage hatte jedes Kammermitglied, das über den Gegenstand sprechen wollte, sich im Sekretariat in einer Rednerliste einschreiben. Der Abgeordnete war gehalten, schon bei der Anmeldung anzugeben, ob er für oder gegen den Antrag sprechen wollte. Allerdings blieb die Möglichkeit, auch ohne einen endgültigen Standpunkt allgemeine Bemerkungen zum Antrag zu machen.

Der Ausschußbericht konnte nach seiner Verlesung gemäß Art. 16 zur weiteren Ausarbeitung zurückgewiesen werden, wobei die in der zweiten Kammer ursprüngliche Anzahl der Mitglieder von fünf bis sieben Mitgliedern um zwei bis vier Mitglieder erhöht wurde.

In der Beratung im Plenum wurden die eingetragenen Redner gemäß Art. 18 nach der Reihe ihrer Sitze durch den Präsidenten aufgerufen. Zunächst durften jedoch die Redner sprechen, die noch keinen eindeutigen Standpunkt zum Antrag hatten. War die Liste dieser Redner erschöpft, sollte zwischen den zustimmenden und ablehnenden Rednern gewechselt werden. Nach Beendigung der Reden der vorher eingeschriebenen Mitglieder erlaubte Art. 19 S. 1 allen Mitgliedern der Kammer, nach der Reihe ihrer Sitze noch Bemerkungen zum Antrag machen. Auch der Referent des Ausschusses und die "Commissäre" konnten noch einmal das Wort ergreifen. Nach Art. 19 S. 2 wurde schließlich die Erörterung geschlossen und die Abstimmung auf drei Tage später vertagt.

Der Präsident hatte nach Art. 20 den Abstimmungsgegenstand so zu formulieren, daß die Abstimmung mit Ja oder Nein erfolgen konnte. Hierbei sollten auch die Modifikationen zum Ursprungsantrag berücksichtigt werden. Bei den vom Großherzog ausgehenden Anträgen durften Änderungen allerdings nur als "Wünsche der Stände" vorgetragen werden.

Die endgültige Abstimmung fand nach Art. 21 S. 3 ohne weitere Erörterung unter Abwesenheit der Vertreter des Großherzogs statt. Hierbei stimmte gemäß Art. 21 S. 4 jedes Mitglied nach der Reihenfolge der Sitze mit Ja oder Nein, danach gaben der Präsident und der Vizepräsident, zuletzt auch die Sekretäre ihre Stimmen ab. Letztere stellten schließlich das Resultat der Abstimmung fest, das der Präsident offiziell verkündete. Zur Abstimmung mußten nach Art. 21 S. 1 zwei Drittel der Mitglieder anwesend sein und mindestens eine einfache Mehrheit der Stimmen erreicht werden.

2. Entwicklungsgeschichtliche Einordnung

Die geringe Anzahl der in dem Réglement enthaltenen Artikel läßt eine nur oberflächliche Regelung der eigentlichen Gesetzesberatung vermuten. Diesem vermeintlichen Mangel stand die Tatsache gegenüber, daß der Weg des Gesetzes durch die Kammer - die Regelung für beide Kammern war bis auf die Anzahl der vorgesehenen Ausschußmitglieder identisch - klar vorgezeichnet war.

Eine Aufteilung der Kammer in Abteilungen ist aus dem gesamten Réglement nicht zu entnehmen. Besonders erwähnenswert ist dagegen die grundsätzliche Vorberatung des Gesetzes in einem Ausschuß. Neben den drei durch das Réglement festgelegten Ausschüssen war es jedoch offenbar nicht möglich, für bestimmte Gesetzesvorhaben spezielle Ausschüsse einzusetzen. Zumindest findet sich im Réglement diesbezüglich keine positivrechtliche Regelung.

Das Gesetz wurde nur einmal beraten. Die Möglichkeit eines Änderungsvorschlags war nur oberflächlich geregelt. Das Fehlen anderweitiger Angaben im Réglement läßt darauf schließen, daß das Amendement offenbar jederzeit bis zur Abstimmung und ohne Unterstützung weiterer Mitglieder der Kammer eingereicht werden konnte. Hinsichtlich der Beratung ist dem

Réglement keine Einteilung in eine etwaige Allgemein - und Spezialdebatte zu entnehmen.

Insgesamt ergab sich für die Kammermitglieder viermal die Gelegenheit, sich mit dem Vorschlag auseinanderzusetzen. Zunächst mußte der Gesetzesvorschlag vor der Verweisung an den Ausschuß in der Kammer bekanntgemacht werden, dann wurde der Ausschußbericht in der Kammer vorgetragen. Frühestens drei Tage nach Verlesung des Berichts konnte die Beratung stattfinden. An einem weiteren Termin erfolgte die Abstimmung ohne eine weitere Beratung.

Die entwicklungsgeschichtliche Einordnung der Gesetzesberatung erscheint problematisch. So ist kaum eine Parallele zu den bisher untersuchten Geschäftsordnungen zu finden, obwohl die Schöpfer der Geschäftsordnung des Großherzogtums Hessen ohne weiteres auf ausländische Vorbilder hätten zurückgreifen können. Gerade das charakteristische französisch-belgische Abteilungssystem ist nicht übernommen worden. Auch eine regelmäßige dreimalige Gesetzesberatung nach englischem Vorbild ist nicht erkennbar. Selbst die oben angesprochene dreimalige Beschäftigung der Kammer mit dem Gesetzesvorschlag läßt sich mit dem englischen System nicht vergleichen, da nur eine Beratung statthaft war.

Bemerkenswert ist die starke Akzentuierung der Ausschußarbeit durch die zwangsweise Verweisung des Gesetzesvorschlags nach seiner Einbringung. Diese Praxis entsprach dem Gesetzesberatungssystem des "Réglement intérieur du Tribunat" vom 17. Januar 1800. Auch im Réglement von 1814 ist das Gesetzesvorhaben in einer speziellen aus Mitgliedern der Abteilungen zusammengesetzten Kommission vorberaten worden. Allerdings läßt diese Art der Vorberatung nicht eindeutig auf eine direkte Anlehnung an dieses Réglement schließen.

Das Réglement der Ständeversammlung des Großherzogthums Hessen beruhte offensichtlich auf eigenen Überlegungen, die zumindest mit "französischem Gedankengut" angereichert waren. Bemerkenswert ist in diesem Zusammenhang, daß die Provinz "Rheinhessen" des Großherzogthums bis zum Jahre 1814 französisches Staatsgebiet war.

Die Regelungen des Réglements wirken auf den ersten Blick teilweise sehr oberflächlich und unstrukturiert. Dies ist als weiteres Indiz für eine weitgehend eigenständige Schöpfung zu werten, da den Urhebern wesentlich ausgereiftere Vorbilder zur Verfügung gestanden hätten.

IV. Die Einflußfaktoren auf die Gesetzesberatungspraxis des Königreichs Württemberg

1. Die Gesetzesberatung des Königreichs Württemberg

Auch das Königreich Württemburg bediente sich eines Zweikammersystems. So sah die Verfassungsurkunde für das Königreich Württemberg vom 25. September 1819[505] nach § 133 die Kammer der Abgeordneten als ein mitwirkendes Organ bei der Gesetzgebung innerhalb der Landständeversammlung vor. Nach § 179 der Verfassung konnten Gesetzentwürfe nur vom König "an die Stände gebracht" werden. Diese hatten lediglich das Recht, "im Wege der Petition sowohl auf neue Gesetze, als auf Abänderung oder Aufhebung der bestehenden anzutragen."

Um den durch die Verfassung eingeräumten Rechten und Pflichten effektiv nachkommen zu können, so lautete die Begründung, wurde am 23. Juni 1821 die endgültige Geschäftsordnung für die Kammer der Abgeordneten durch den König bestätigt[506]. Die Geschäftsordnung regelte in 76 Paragraphen die Verfahrensweise für die verschiedenen Aufgaben und Tätigkeiten der zweiten Kammer.

Bei der Beratung und Beschlußfassung eines Gesetzes[507] unterschied man hinsichtlich der Verfahrensweise zwischen dem Antrag eines Kammermitgliedes und einem Gesetzesvorschlag der königlichen Regierung.

---

505 abgedruckt in: Huber, Dokumente, Band 1, Nr. 55

506 abgedruckt in: Verhandlungen in der Kammer der Abgeordneten im Jahre 1821, Siebzehnte Abtheilung, Unter-Beylage zu Nr. CCLXIX

507 vgl. hierzu die knappe Zusammenfassung des Gesetzesberatungs- und Gesetzesbeschlußverfahrens bei: von Mohl, Staatsrecht des Königreiches Württemberg, S. 712 ff.

Der Abgeordnete hatte seinen Antrag nach § 24 der Geschäftsordnung der Kammer in schriftlicher Form zu übergeben. An dem festgesetzten Tag der Behandlung verlas der Antragsteller nach § 25 S. 2 seinen Antrag in der Kammer und ließ "demselben die kurze und bündige Angabe der Gründe folgen". Die Kammer hatte daraufhin zu entscheiden, ob der Antrag sofort in Beratung genommen oder zunächst an eine bestehende bzw. eine neu zu bestellende Kommission verwiesen werden sollte. Die Beratung konnte nach § 26 der Geschäftsordnung erst drei Tage nach der Vorstellung des Antrags beginnen. Hier verlas der Antragsteller seinen Antrag erneut und entwickelte die Gründe für sein Vorhaben. Die Frist von drei Tagen entsprach auch der Vorgabe des § 173 S. 1 der Verfassung, wonach kein Gegenstand in derselben Sitzung, in der ein Antrag gestellt worden war, zur Verhandlung und Abstimmung gebracht werden durfte. Jedoch konnte die Frist nach § 173 S. 2 der Verfassung durch Dreiviertelmehrheit abgekürzt werden.

Im Gegensatz zu den von Kammermitgliedern eingereichten Gesetzesvorlagen bestimmte § 173 S. 3 der Verfassung, daß von der königlichen Seite vorgelegte Anträge schon vor ihrer Beratung in der Versammlung an eine Kommission verwiesen werden mußten, die gemäß § 31 in der Regel aus sieben Mitgliedern bestanden. Die Sitzungen der Kommissionen waren nach § 37 S. 1 nicht öffentlich. Während der Kommissionsberatungen konnte gemäß § 36 Rücksprache mit den königlichen Ministerien genommen werden. Dies sollte insbesondere bei beabsichtigten Änderungen von königlichen Gesetzesvorschlägen geschehen. Das Ergebnis der Beratungen wurde nach § 39 in einem Ausschußbericht festgehalten und nach § 173 S. 3 der Verfassung in der Kammer vorgetragen.

Handelte es sich bei dem zu beratenden Gegenstand um einen Gesetzesvorschlag der Regierung, konnte dieser gemäß § 40 i. V. m. § 41 des Réglements erst drei Tage nach dem Kommissionsvortrag in der Kammer beraten werden. Bei Dringlichkeit gab es jedoch die Möglichkeit einer Fristverkürzung. Dagegen konnte bei Anträgen von Abgeordneten nach § 42 S. 1 unmittelbar im Anschluß an das Kommissionsgutachten mit der Beratung begonnen werden.

Nachdem die eigentliche Debatte über den Gesetzesvorschlag vom Präsidenten der Kammer eröffnet worden war, sprachen nach § 44 S. 1 die Mitglieder in der Reihenfolge ihrer Anmeldung, welche durch Aufstehen vom Platze aus signalisiert wurde. Eine Priorität räumte man jedoch durch § 44 S. 2 demjenigen Abgeordneten ein, dessen Vortrag durch den Vorredner angesprochen worden war. Während der gesamten Beratung hatte der Präsident der Kammer nach § 165 der Verfassung auf den ordnungsgemäßen Gang der Verhandlung zu achten. Das Recht des Kammermitglieds aus § 24 S. 1 der Geschäftsordnung, Anträge zu stellen, umfaßte auch die Möglichkeit zur Einbringung von Änderungsanträgen während der Beratung.

Die Verhandlungen der Kammer der Abgeordneten, nach § 167 S. 1 der Verfassung in der Regel öffentlich, konnten nach § 168 durch das Begehren von Ministern oder auf Antrag von mindestens drei Kammermitgliedern durch Beschluß der Kammer "geheim werden".

§ 46 S. 1 billigte jedem Mitglied der Kammer das Recht zu, auf ein Ende der Debatte "aufmerksam zu machen". Im Zweifel entschied gemäß § 46 S. 2 hierüber die gesamte Kammer. Je nach Ausgang dieser Abstimmung wurde daraufhin die Debatte weitergeführt oder durch den Präsidenten für geschlossen erklärt.

Der § 174 der Verfassung schrieb vor, den Antrag bei der Abstimmung, "mit den während der Berathschlagung in Vorwurf gekommenen Modificationen, in einzelne, einfache Fragen so aufzulösen, daß jedes Mitglied durch bloße Bejahung oder Verneinung seine Stimme abgeben kann". Diese Zusammenfassung und Umformulierung gehörte nach § 47 S. 1 zu den Aufgaben des Präsidenten der Kammer, obwohl der § 48 jedem Kammermitglied die Möglichkeit einer "Erinnerung" gegen die Fragestellung einräumte. Im Zweifel entschied die Kammer über die Fragestellung. Die auch als Frage formulierten Verbessungsvorschläge brachte man nach § 47 S. 2 in der Regel vor der Hauptfrage zur Abstimmung.

An die Fragestellung durch den Präsidenten schloß sich nach § 49 in der Regel sofort die endgültige Abstimmung an. Im Falle der Stimmengleichheit entschied nach § 50 die Stimme des Präsidenten. Enthielt ein Gesetzentwurf mehrere

Punkte, über die einzeln abgestimmt worden war, fand gemäß § 55 nach der Einzelabstimmung noch eine Abstimmung über das gesamte Gesetzesvorhaben statt.

2. Entwicklungsgeschichtliche Einordnung

Die Schöpfer des württembergischen Gesetzesberatungssystems konnten sowohl auf die beiden vorher genannten Geschäftsordnungen als auch auf die Verfahrenspraxis anderer europäischer Staaten zurückgreifen.

Die ebenfalls im Großherzogthum Hessen gebräuchliche sofortige Verweisung des Gesetzesvorschlages an eine Kommission ist auch in der württembergischen Kammer festzustellen. Die Kammer konnte sich jedoch auch in eine geheime Sitzung „umwandeln". Die Regelungen lehnten sich zwar an allgemeine französische Prinzipien der Gesetzesberatung an, zeichneten sich jedoch in gewissen Bereichen durch Eigenständigkeit aus. Beispielsweise wurde auf eine Aufteilung des Parlaments in einzelne Abteilungen zur Vorberatung der Gesetzesvorschläge verzichtet. Mögliche englische Einflüsse lassen sich den Regelungen der Geschäftsordnung des Königreichs Württemberg daher kaum entnehmen. Eine dreifache Behandlung des Gesetzesvorhabens ist nicht zu erkennen.

V. Die Einflußfaktoren auf die Gesetzesberatungspraxis des Kurfürstentums Hessen

1. Das Gesetzesberatungsverfahren nach dem Reglement vom 16. Februar 1831

Die Verfassung von Kurhessen[508] vom 5. Januar 1831 als mitteldeutsche Konstitution enthielt keine speziellen Regelungen zum eigentlichen Gesetzesberatungsverfahren. So war zwar in Art. 77 S. 1 die Öffentlichkeit der Verhandlungen vorgeschrieben, die näheren Bestimmungen über die "landständische Geschäftsbehandlung" regelte jedoch die durch Art. 77 S. 2 der Verfassung angekündigte Geschäftsordnung. Diese wurde am 16. Februar 1831

---

508 abgedruckt in: Sammlung von Gesetzen für Kurhessen, Jahr 1831, Nr. 1, Januar, S. 1 ff.

durch den hessischen Kurfürsten Wilhelm II. "auf den Antrag der getreuen Landstände" erlassen.

Diese Geschäftsordnung sah gemäß § 23 vor, die vom Landesherrn vorgeschlagene Beratungsgegenstände - die Geschäftsordnung bezeichnet sie auch als Propositionen - durch einen Minister oder einen Kommissar in der Versammlung vortragen zu lassen. Danach standen Inhalt und Beweggründe des Vorhabens zur Debatte. Es folgte eine offizielle Übergabe an den Präsidenten, die Drucklegung der Beschlüsse sowie ihre Verteilung an alle Versammlungsmitglieder. Reichte der Landesherr einen Antrag ein, mußten gemäß § 24 sämtliche Tagesordnungspunkte suspendiert werden.

Auch die Propositionen einzelner Versammlungsmitglieder waren nach § 26 S. 1 in eine "zum Beschluß geeignete Form" zu bringen. Sie sollten nach Möglichkeit in Artikel gegliedert sein. Die Anträge wurden nach § 26 S. 2 als Entwurf dem Präsidenten der Kammer schriftlich übergeben, der die Kammermitglieder zunächst über die Grundzüge aufklärte. Der Antragsteller verlas und erläuterte seinen Antrag darüber hinaus in einer geheimen Sitzung. Gemäß § 26 S. 3 entschied die Kammer nach einer Beratung, den Antrag weiterzubehandeln oder diesen bereits durch eine sog. "Vorfrage" abzulehnen.

Lag ein Beschluß über eine grundsätzliche Weiterbehandlung vor, überwies man den Vorschlag gemäß § 26 S. 4 zunächst an einen Ausschuß. Auch landesherrliche Propositionen wurden nach § 25 S. 1 und § 27 S.1 zur Vorbehandlung an Ausschüsse überwiesen. Eine Vorentscheidung durch eine der "Vorfrage" vergleichbare Abstimmung fand hier nicht statt.

Die landständische Versammlung von Kurhessen bildete gemäß § 14 der Geschäftsordnung ständige Ausschüsse, die unter anderem die Gesetzesvorschläge prüften und diese der Versammlung vorstellten. Die Zuständigkeit richtete sich hierbei nach dem materiellen Gesetzesinhalt. Es konnten aber auch für wichtig erscheinende Gegenstände Sonderausschüsse gebildet werden. Nach den Beratungen des Ausschusses stimmte man gemäß § 16 S. 1 über das jeweilige Gutachten zu dem Entwurf ab, dessen Wortlaut ein Berichterstatter des Ausschusses in der Kammer vortrug.

Gemäß § 16 S. 3 setzte der Präsident - der übrigens nach § 16 S. 2 jederzeit an den Ausschußsitzungen teilnehmen konnte - in Übereinstimmung mit der Kammer einen Tag der Anhörung fest. Hielten die Ausschüsse zu landesherrlichen Propositionen wesentliche Änderungen für erforderlich, folgten sie nach § 25 S. 1 vor der endgültigen Abfassung ihres Berichtes einer Einladung des zur Verteidigung des Entwurfs beauftragten Ministers oder landesherrlichen Kommissars zu einer gemeinschaftlichen Sitzung, in der die Kritikpunkte und die vorgeschlagenen Änderungen erörtert wurden. Auch während der Diskussion über Änderungsanträge einzelner Mitglieder hatte der zuständige Kommissar die Möglichkeit, die Problematik im Ausschuß mit dem Antragsteller zu erörtern. In diesem Fall stellte man die Abstimmung über den betreffenden Artikel bis zur nächsten Sitzung zurück.

Die Anträge der Ausschüsse zu den landesherrlichen Propositionen und den selbständigen Vorschlägen der Mitglieder wurden nach § 27 S. 1 regelmäßig am Tag des Vortrages durch den Berichterstatter oder am folgenden Tag gedruckt und an alle Mitglieder der Kammer verteilt.

Erst drei Tage nach dem Vortrag des Berichterstatters konnte die allgemeine Beratung über die Zweckmäßigkeit der Vorschläge gemäß § 27 S. 2 eröffnet werden. Diese Frist durfte nach § 27 S. 3 nur bei einer Stimmenmehrheit von drei Vierteln und bei landesherrlichen Propositionen mit Zustimmung des betreffenden Kommissars verkürzt werden. An dem Tag vor der geplanten Diskussion hatten sich nach § 27 S. 4 diejenigen Mitglieder der Kammer, die über den Entwurf sprechen wollten, beim Sekretariat der Kammer anzumelden.

Nach Eröffnung der allgemeinen Beratung rief der Verhandlungsleiter gemäß § 28 S. 2 zunächst die eingeschriebenen Redner nach der Reihenfolge ihrer Anmeldung auf. Aber auch nach Schluß der Rednerliste stand es jedem Mitglied der Kammer gemäß § 30 1. Hs. frei, in der Reihenfolge ihrer Plätze "noch seine allenfallsigen Bemerkungen vorzutragen". Auch dem Referenten des Ausschusses und dem landesherrlichen Kommissar gestattete derselbe Paragraph, noch einmal das Wort zu ergreifen. Danach schloß man die allgemeine Diskussion.

Die durch § 30 2. Hs. der Geschäftsordnung angeordnete Diskussion über die einzelnen Artikel konnte entweder sofort nach der allgemeinen Beratung oder erst in der nächsten Sitzung erfolgen. Mitglieder, die Änderungsvorschläge zu den einzelnen Artikeln zu stellen beabsichtigten, hatten gemäß § 31 S. 1 ihren Antrag schriftlich beim Präsidenten anzumelden. Danach konnten die Anträge in der Ständeversammlung vorgetragen werden. Allerdings bestand auch die Möglichkeit, die Änderungsanträge nach § 31 S. 2 auch während der Diskussion zu stellen. In der Beratung über die einzelnen Artikel wurde nach § 31 S. 3 des Reglements zunächst über die ursprüngliche Fassung des Entwurfs, später über eventuelle Anträge des Ausschusses und danach über die Vorschläge der Mitglieder diskutiert, wobei der Antragsteller zuerst das Wort ergreifen durfte.

Auf die Diskussion über den jeweiligen Artikel folgte gemäß § 31 S. 4 eine Abstimmung über die endgültige Formulierung des Artikels. Zunächst stimmte man über die von den Ständemitgliedern vorgeschlagenen Änderungen, dann über die Ausschußanträge ab. Der weitere Sitzungsverlauf sah eine Abstimmung über die ursprüngliche Fassung des Artikels vor. Unabhängig vom Antragsteller stimmte man über Zusätze zu einzelnen Artikeln immer erst am Schluß ab.

War die Diskussion über die einzelnen Artikel beendet und ihre endgültige Fassung beschlossen, hatte nach § 34 S. 1 in einer der folgenden Sitzungen eine "Revision und schließliche Abstimmung" stattzufinden. Lagen vor dieser Sitzung noch "neue Vorschläge zu wesentlichen Änderungen" vor, verlangte der § 35 S. 1 die Verlesung des Antrages und die Erledigung durch eine Vorfrage bzw. eine weitere Beratung. Nur durch einen Beschluß mit Dreiviertelmehrheit konnte die Verhandlung trotz des neuen Änderungsantrags gemäß § 35 S. 2 fortgesetzt werden. Gegebenenfalls waren die Revision und Abstimmung zu verschieben.

Bei einer möglichen Revision wurden die einzelnen Artikel des Entwurfs nach § 34 S. 2 nacheinander verlesen. Währenddessen noch "geringe Verbesserungen und Zusätze vorgeschlagen und nach vorgängiger Berathung angenommen werden" konnten, blieb es selbst nach Beendigung der Revision gemäß § 34 S. 3 möglich, eine nochmalige Revision zu beantragen. Andernfalls fand die öffentliche Abstimmung über die einzelnen Artikel statt. Über den Antrag in seiner Gesamtheit stimmte man jedoch geheim ab.

2. Entwicklungsgeschichtliche Einordnung

Die Gesetzesberatung in der landständischen Versammlung von Kurhessen ist im Vergleich zu anderen zeitgenössischen Geschäftsordnungen umfassend geregelt. Den Schöpfern dieser Geschäftsordnung stand neben den bisher untersuchten Systemen der anderen deutschen Länder mit der veränderten französischen Geschäftsordnung vom 23. August 1830 ein völlig neues Gesetzesberatungssystem als Modell zur Verfügung.

Die in der französischen Geschäftsordnung vorgesehene Einteilung der Versammlung in einzelne Abteilungen, die eine Vorberatung von Gesetzesentwürfen vornahmen, fehlte jedoch in der kurhessischen Fassung. Eine Vorberatung des Gesetzesentwurfs fand vielmehr im Rahmen der Diskussion über die sog. Vorfrage im Gesamtplenum statt. Nach Verlesung des Gesetzesvorschlages diskutierte man dessen Grundzüge und stimmte über seine eventuelle Ablehnung ab. Lediglich die landesherrlichen Entwürfe brauchten sich einer solchen Vorfrage nicht zu stellen.

Nach dieser ersten Beratung des Gesetzesentwurfs erfolgte regelmäßig eine Ausschußüberweisung. Die Regelungen der Geschäftsordnung verschafften den Ausschußberichten eine starke Geltung. Dies entsprach den Gesetzesberatungssystemen der meisten anderen deutschen Länder. Nach Verlesung des Ausschußberichts fand zunächst eine allgemeine Beratung über die Grundsätze der Vorlage, danach eine Spezialdebatte über die einzelnen Artikel statt.

Hier wurde eindeutig ein Charakteristikum des französischen Gesetzesberatungssystems von 1830 übernommen, allerdings mit dem Unterschied, daß man beide Debatten nicht wie in dem französischen Gesetzesberatungssystem als eine Beratungsstufe auffaßte. In der Regel erfolgte die Abhandlung der General- und Spezialdebatte an einem Tag. Es erscheint bemerkenswert, daß Kurhessen die Teilung der Debatte in eine allgemeine Aussprache und eine Spezialdebatte noch vor dem belgischen Parlament rezipierte, das, wie ausgeführt, erst am 5. Oktober 1831 diesen Komplex in seine Geschäftsordnung aufnahm.

Als charakteristisch für das kurhessische Gesetzesberatungssystem ist auch die abschließende Revision des Gesetzesvorschlages nach der Allgemein- und Spezialdebatte zu bezeichnen. Auch in diesem Falle wurden die einzelnen Artikel zunächst verlesen. Vor der Abstimmung fand noch einmal eine Beratung statt, in der es sogar noch möglich war, Änderungsanträge einzureichen, die eine Abstimmung herauszögern konnten.

Insgesamt weist das Gesetzesberatungsverfahren der kurhessischen Landständeversammlung - zumindest bei Anträgen aus dem Kreis der Mitglieder - faktisch eine dreifache Beratung des Gesetzes auf, so daß hier keineswegs der belgisch-französische Weg der einen Lesung mit einer Vorberatung in Abteilungen beschritten wurde. Die starke Betonung des Ausschußsystems ist dagegen im Gegensatz zu der damaligen englischen Version einer plenumsfixierten Gesetzesberatung zu sehen. Insbesondere sah die Geschäftsordnung keine Kommission des ganzen Hauses vor.

Das kurhessische Gesetzesberatungssystem des Jahres 1831 nimmt insofern eine Mittelstellung zwischen dem englischen und belgisch-französischen Modell ein, in dessen Rahmen mehrere Vorbilder sinnvoll miteinander "verschmolzen" waren.

VI. Die Einflußfaktoren auf die Gesetzesberatungspraxis des Königreichs Bayern

1. Die Gesetzesberatungspraxis des Königreichs Bayern

Die Ständeversammlung in Bayern teilte sich nach Titel VI § 1 der bayerischen Verfassung vom 26. Mai 1818 in die Kammer der Reichs-Räthe und die Kammer der Abgeordneten auf. Gemäß Titel VII § 2 konnte ein neues Gesetz nur mit Zustimmung beider Versammlungen erlassen werden. Insbesondere Vorhaben von Steuerbewilligungen waren nach Titel VI S. 18 S. 1 zunächst der Kammer der Abgeordneten vorzulegen.

Der Titel VII § 19 ließ auch die Anregung zu einem Gesetzesbeschluß zu, so daß faktisch die eingeschränkte Möglichkeit zu einer Gesetzesinitiative bestand, obwohl die weitere Behandlung des Gesetzesvorhabens letztlich von dem Verhalten des Königs abhing. Selbst diese eingeschränkte Einflußmöglichkeit erforderte schon eine nähere Ausgestaltung des parlamentarischen Beratungsverfahrens.

Die Untersuchung soll auf die Geschäftsordnung der "zweyten Kammer der bayerischen Landständeversammlung" vom 10. September 1831 beschränkt bleiben, da sie mit insgesamt 132 Artikeln eine ausführliche Regelung des parlamentarischen Verfahrens enthielt.

Aus der Geschäftsordnung läßt sich keine Einteilung des Landtags in einzelne Abteilungen ablesen. Vielmehr gab es nach Art. 39 fünf ständige Ausschüsse, von denen einer "für die Gegenstände der Gesetzgebung" zuständig war. Die Ausschüsse bestanden nach Art. 41 S. 1 aus mindestens sieben, höchstens aus neun Mitgliedern. Zur Beschlußfähigkeit war gemäß Art. 41 S. 4 lediglich die Anwesenheit von fünf Mitgliedern erforderlich.

Die Kammer überwies den Gesetzesantrag der Regierung nach seiner Einreichung gemäß Art. 45 S. 1 an den zuständigen Ausschuß, nachdem er i.S.d. Art. 79 S. 1 den Abgeordneten in Druckfassung vorlag. In den Ausschußberatungen über einen Gesetzesvorschlag der Regierung bestand die Verpflichtung, die "königlichen Commissäre beyzuziehen". Diese sollten noch vor dem abschließenden Vortrag des Ausschusses vor der ganzen Kammer "rücksichtlich allenfallsiger Anstände und Modificationen mit ihren Erinnerungen persönlich gehört, und in dieser Absicht zu einem Zusammentritt eingeladen werden".

Nach Ende der Ausschußberatung erarbeitete der Referent des Ausschusses einen Vortrag und zeigte dessen Fertigstellung dem Vorstand der Kammer nach Art. 47 S. 1 an. Der Ausschußvortrag hatte gemäß Art. 48 S. 1 die Erläuterung der Gründe für und gegen den Gesetzesvorschlag, alle Ansichten der Ausschußmitglieder sowie die mehrheitsmäßige Entscheidung des Ausschusses zum Inhalt.

Nach Verlesung des Ausschußberichtes in der Kammer entschieden die Mitglieder gemäß Art. 47 S. 2, ob die Diskussion sofort eröffnet oder zunächst vertagt werden sollte. Gemäß Art. 50 S. 2 konnte die Kammer den Vortrag an den Ausschußbericht zurückverweisen, falls die Kammer diesen nicht für erschöpfend genug hielt. Der Ausschuß wurde in diesem Falle um zwei weitere Abgeordnete erweitert. Die Zurückverweisung konnte nach Art. 50 S. 5 auch auf einzelne Teile des Gesetzesvorhabens beschränkt werden.

Während man die Regierungsentwürfe direkt an einen oder mehrere Ausschüsse verwies, überprüfte ein Ausschuß die nach Titel VII. § 20 der Verfassung möglichen "Wünsche und Anträge" einzelner Abgeordneter gemäß Art. 55 S. 1, ob diese "in den verfassungsmäßigen Wirkungskreis der Stände" fielen. War dies nicht der Fall, wies der Ausschuß mit absoluter Mehrheit nach Art. 55 S. 2 den Antrag zurück. Andernfalls entschied die Kammer, "ob sie - die Vorschläge - zu näherer Würdigung an den Ausschuß gewiesen werden sollen". Lehnte die Kammer eine (Zurück)verweisung an den Ausschuß ab, galt dies gemäß Art. 55 S. 3 als endgültige Ablehnung.

War der Verweisung an den Ausschuß zur weiteren Bearbeitung zugestimmt worden, erfuhr der Antrag eine nahezu gleiche Behandlung wie Regierungsanträge. Allerdings betrachtete man die Beschlüsse der zweiten Kammer in bezug auf Anträge der Kammermitglieder nach den verfassungsrechtlichen Bestimmungen des Titel VII. §§ 19, 20 letztlich nur als Wünsche der Kammer, die erst nach Zustimmung durch die erste Kammer dem König vorzulegen waren. Aber auch dann bestand - wie oben ausgeführt - für den König noch keinerlei Verpflichtung, den Vorschlag als Gesetzesentwurf den Kammern erneut vorzulegen.

Nach Art. 80 S. 1 durften Gesetzesentwürfe in der Regel nicht früher als am dritten Tage nach Erstattung des Ausschußvortrages behandelt werden. Doch konnte gemäß Art. 80 S. 2 diese Frist bei einer durch die Kammer festgestellten Dringlichkeit mit Zustimmung eines Regierungsvertreters verkürzt werden.

Bestand der Gesetzesentwurf nur aus einem einzelnen Artikel, gab es nach Art. 81 S. 2 keine Aufteilung der Gesetzesberatung in eine allgemeine und spezielle Diskussion. Bei Gesetzesentwürfen mit mehreren Paragraphen - dies dürfte mehrheitlich der Fall gewesen sein - war zunächst nach Art. 81 S. 1 eine "Discussion über das Ganze des Gesetzes oder Antrages und über dessen allgemeine Grundlagen" vorgesehen. Diese allgemeine Diskussion sollte der speziellen Diskussion vorangehen, bei der die einzelnen Teile des Gesetzesvorhabens zur Debatte standen.

Die Anmeldung als Redner innerhalb der allgemeinen Diskussion konnte gemäß Art. 82 S. 1 nach der Festlegung des Sitzungstages bis zum Beginn der Diskussion geschehen, wobei jedoch schon bei der Anmeldung die zustimmende oder ablehnende Haltung anzugeben war. Dementsprechend wechselte innerhalb der allgemeinen Diskussion nach Art. 82 S. 2 die Reihenfolge zwischen den Rednern, die für oder gegen den Gesetzesentwurf zu sprechen wünschten.

Nach Ende der allgemeinen Diskussion ging die Kammer nach Art. 86 S. 1 sofort zur besonderen Diskussion der einzelnen Paragraphen oder Artikel über. Bemerkenswert ist die Regelung des Art. 86 S. 2, wonach der Kammer die Möglichkeit eingeräumt wurde, bei Beratungen über Gesetzesbücher zu Beginn der speziellen Beratung zusammenhängender Gesetzesteile eine allgemeine Beratung voranzuschicken. Nach Art. 101 S. 1 fand bei Gesetzesvorlagen der Staatsregierung eine Trennung zwischen allgemeiner und besonderer Diskussion nur statt, wenn die Kammer dies nach Anhörung des Ausschußberichtes beschlossen hatte.

Die Beratung eines Paragraphen oder Artikels begann mit der Verlesung nach Art. 87 S. 1. Nach der Verlesung erhielt zunächst der zweite Präsident der Kammer das Wort. Danach folgten die Kammermitglieder nach der Reihenfolge ihrer vorherigen Anmeldung. Eine Anmeldung war gemäß Art. 89 S. 1 auch noch während der speziellen Beratung möglich. Hatte ein Mitglied schon zweimal zu einem Punkt gesprochen, konnte eine abermalige Worterteilung nach Art. 90 S. 2, 3 nur noch durch die Kammer selbst ausgesprochen werden. Die besondere Diskussion endete nach Art. 92, wenn sich kein Redner mehr zu Wort meldete.

Nach Art. 95 S. 1 bestand für jedes Kammermitglied wie für die entsandten Regierungsvertreter die Möglichkeit, bei den Vorschlägen, die nicht von der

Regierung eingebracht worden waren, Änderungsanträge zu stellen. Die schriftlich einzureichenden Änderungsvorschläge wurden gemäß Art. 98 S. 1 jeweils im Zusammenhang mit dem betreffenden Artikel erörtert. Ein Änderungsvorschlag gelangte nach Art. 98 S. 2 nur dann auf die Tagesordnung, wenn zuvor mindestens fünf Kammerabgeordnete den Vorschlag unterstützt hatten.

Unmittelbar nach Schluß der Beratung über den jeweiligen Paragraphen oder Artikel des Gesetzesvorhabens wurde nach Art. 111 S. 1 abgestimmt. Nachdem über jeden einzelnen Artikel beraten und abgestimmt worden war, erfolgte gem. § 113 S. 3 die endgültige Abstimmung über den gesamten Entwurf. Bei Gesetzesbüchern, die mehr als fünfzig Einzelbestimmungen enthielten, bestand jedoch nach Art. 113 S. 2 die Möglichkeit, die Endabstimmung für bis zu 48 Stunden zu vertagen.

2. Entwicklungsgeschichtliche Einordnung

Den Schöpfern des bayerischen Gesetzesberatungssystems lagen mit der kurhessischen und der französischen Geschäftsordnung von 1831 bzw. 1830 zwei neue Regelungswerke vor, die bei der Konzipierung Berücksichtigung finden konnten.

Allerdings ist keines der neuen Systeme vollständig übernommen worden. Zum Beispiel blieb das belgisch-französische System der Vorberatung in den Abteilungen unberücksichtigt, indem das Gesetzesvorhaben zunächst einem Ausschuß zu überweisen war.

Offenbar bewußt übernommen wurde dagegen die durch die französische Geschäftsordnung von 1830 eingeführte Trennung der Debatte über die Grundzüge des Gesetzes von der Beratung über die Einzelbestimmungen. Im Gegensatz zum Gesetzesberatungssystem in Kurhessen schritt man im bayerischen Parlament nach der Diskussion sofort zur Abstimmung, ohne daß eine weitere Beratung stattfand.

Erwähnenswert ist bei der Einordnung des bayerischen Gesetzesberatungssystems die besondere Berücksichtigung des Verfahrens bei größeren Gesetzgebungswerken. Die Regelung räumte die Möglichkeit ein, innerhalb der speziellen Beratung über einzelne Teile des Gesetzesvorhabens zusätzlich eine allgemeine Aussprache stattfinden lassen zu können. Die Schlußabstimmung konnte bei Gesetzen mit mehr als fünfzig Paragraphen gegebenenfalls aufgeschoben werden. Diese Regelungen können als Neuschöpfungen ohne eindeutig zu fixierendes Vorbild angesehen werden. Offenbar hatten die Erfahrungen in anderen Parlamenten die besondere Schwierigkeit bei der Behandlung größerer Gesetzesvorhaben erkennen lassen.

Insgesamt ist mit der Übernahme der Trennung von General- und Spezialdebatte ein wesentliches Element des französisch-belgischen Gesetzesberatungssystems übernommen worden. Ein entscheidender Unterschied bestand in dem Verzicht auf eine Vorberatung innerhalb von Abteilungen.

VII. Die Einflüsse auf die Gesetzesberatungspraxis im Königreich Sachsen

1. Die Gesetzesberatung im Königreich Sachsen

Die am 4. September 1831 erlassene Verfassungsurkunde für das Königreich Sachsen[509] sah eine Ständeversammlung vor, die nach § 61 S. 1 der Verfassung aus zwei Kammern bestand. Der Status der Ständeversammlung war nach § 78 der Verfassung genau definiert: Sie bildete "das gesetzmäßige Organ der Gesammtheit der Staatsbürger und Unterthanen, und als solches berufen, deren auf der Verfassung beruhenden Rechte in dem durch selbige bestimmten Verhältnisse zu der Staatsregierung geltend zu machen und das unzertrennliche Wohl des Königs und des Landes mit treuer Anhänglichkeit an die Grundsätze der Verfassung möglichst zu befördern".

Hinsichtlich der Gesetzgebung blieb die zweite Kammer auf die Beratung und Beschlußfassung über die vom König an die Kammer gebrachten Gesetzesentwürfe beschränkt, da nach § 85 S. 1 der Verfassung Gesetzentwürfe nur "von dem Könige an die Stände, nicht von den Ständen an den König

---

[509] abgedruckt: in Huber, Dokumente, Band 1, Nr. 59; vgl. zu ihrer Entstehungsgeschichte: von Witzleben, Die Entstehung der constitutionellen Verfassung des Königreichs Sachsen

gebracht werden" durften. Nach § 85 S. 2 bestand jedoch die Möglichkeit, neue Gesetze beim König "anzutragen", wobei der Beschluß eines Antrags formal nicht als endgültiger Gesetzesbeschluß gesehen wurde, so daß der König den Gesetzesentwurf zur endgültigen Beratung und Beschlußfassung noch einmal an beide Kammern zu verweisen hatte. Alle Anliegen des Königs bezüglich der Bewilligung von Steuern waren nach § 122 S. 1 zunächst der zweiten Kammer zur Genehmigung bzw. Beschlußfassung vorzulegen.

Der § 137 der Verfassung verlangte, daß die "nähern Bestimmungen über den Landtag und den Geschäftsbetrieb bei selbigem" durch eine Landtagsordnung zu bestimmen seien, die am 27. Januar 1833 durch den König Anton Friedrich August proklamiert wurde[510].

Diese Landtagsordnung enthielt für die damalige Zeit verhältnismäßig detaillierte Regelungen des parlamentarischen Verfahrens und der Parlamentsstruktur. Insgesamt umfaßte die Geschäftsordnung 161 Paragraphen. Aus der Geschäftsordnung geht hervor, daß die zweite Kammer nicht in einzelne Abteilungen aufgeteilt war. Die Sitzordnung war zufällig, da sie sich gemäß § 39 S. 1 der Landtagsordnung nach dem Los richtete.

Hinsichtlich des sächsischen Gesetzesberatungsverfahrens[511] bestimmte § 123 der Verfassung, daß alle königlichen Anträge, bevor sie in der Kammer zur Diskussion und Abstimmung gelangen konnten, einer aus der Kammer zu bildenden Deputation zur Erörterung vorzulegen seien. Die Arbeit der Deputationen (Ausschüsse) regelten die §§ 104 ff. der Landtagsordnung. Nach § 105 S. 1 wählte die zweite Kammer für die gesamte Dauer des Landtags aus ihrer Mitte vier ständige Deputationen. In diesem Zusammenhang war insbesondere die Einrichtung einer ständigen Deputation für "die Gegenstände der Verfassung und Gesetzgebung" bedeutsam.

Neben den ständigen Deputationen bestand die Möglichkeit nach § 105 S. 2 der Landtagsordnung, außerordentliche Deputationen für spezielle

---

510 abgedruckt in: Landtagsacten Sachsen, Jahrgang 1833, Erste Abtheilung, Erster Band, S. 222 - 278

511 vgl. hierzu auch die kurze Zusammenfassung bei Milhauser, Staatsrecht des Königreichs Sachsen, S. 183 ff.

Verhandlungsgegenstände zu bilden. Während die ständigen Deputationen in der zweiten Kammer gemäß § 106 S. 1 sieben Mitglieder umfaßten, variierte die Mitgliederzahl bei den außerordentlichen Deputationen. Die Deputationen hatten sich nach § 108 mit den Gegenständen zu beschäftigen, die ihnen von der Kammer zur Vorberatung und Berichterstattung zugewiesen worden waren. Priorität besaßen dabei die von der königlichen Regierung ausgegangenen Anträge.

Eine Vorlage aus den Reihen der zweiten Kammer durfte im Gegensatz zu königlichen Vorlagen nicht sofort an eine Deputation verwiesen werden. Deshalb entschied die Kammer nach § 60 S. 2 der Landtagsordnung zunächst, ob die private Vorlage für eine Beratung grundsätzlich in Betracht kam. Wurde diese Frage bejaht, war darüber zu entscheiden, ob die Beratung sofort aufgenommen oder ob die Vorlage zunächst an eine Deputation überwiesen werden sollte. Der § 60 S. 3 der Landtagsordnung billigte dem Präsidenten das Recht zu, eine Eingabe direkt an eine Deputation abzugeben, "wenn unzweifelhaft ist, daß eine Eingabe an eine Deputation und an welche derselben sie abzugeben sei". Über diesen Schritt mußte die Kammer in der nächsten Sitzung unterrichtet werden.

Entwürfe und Eingaben, die an eine Deputation verwiesen worden waren, standen dort zur Beratung an. Nach § 113 S. 1 wurde der zu behandelnde Gegenstand zunächst von einem Referenten entwickelt und dann "Punct für Punct berathen". Gemäß § 112 der Landtagsordnung bestand für jedes Mitglied der Kammer und auch für die königlichen Commissäre die Möglichkeit, ihre Stellungnahme über den zu beratenden Gegenstand der Deputation schriftlich vorzulegen.

Der im Anschluß an die Vorberatung in der Deputation nach § 113 S. 2 an die Adresse der Kammer zu fertigende Deputationsbericht hatte die Mitteilung zu enthalten, "wo und in welchem Maaße die Ansicht getheilt sey". Weiterhin waren nach § 113 S. 3 die Meinungen der Mehrheit und der Minderheit mit den jeweiligen Beweggründen anzugeben. Bei Vorschlägen, die in den Geschäftsbereich mehrerer Ausschüsse fielen, konnte gemäß § 109 S. 1 eine gemeinsame Ausschußsitzung anberaumt werden. Der Deputationsbericht gelangte nach § 114 S. 1 mit seinen Beilagen an den Präsidenten der Kammer.

Gemäß § 65 S. 1 der Landtagsordnung durfte die Beratung der Kammer erst am dritten Tag nach Verteilung des Deputationsberichtes über die Vorlage beginnen. Allerdings war eine Verkürzung der Frist durch einen Beschluß der Kammer nach § 65 S. 2 möglich, falls die Zustimmung oder eine diesbezügliche Anregung der königlichen Vertreter vorlag.

Grundsätzlich waren die Kammersitzungen nach § 38 S. 1 der Landtagsordnung öffentlich. Die Kammer konnte aber auf Antrag eines königlichen Vertreters oder eines Abgeordneten mit Unterstützung von zwei weiteren Abgeordneten gemäß § 38 S. 2 beschließen, sich in eine geheime Sitzung umzuwandeln. Die auf der Tribüne und den Galerien anwesenden Zuhörer hatten nach § 45 den Saal zu verlassen, "wenn sich die Sitzung in eine geheime verwandelt". In diesem Falle blieb es beim Verlesen des Deputationsberichtes, dessen Weitergabe an die Landtagsmitglieder unterblieb.

Der Präsident eröffnete nach § 9 S. 2 der Landtagsordnung die Beratung des Gesetzesvorhabens. Gemäß § 66 S. 1 wurden bei einem Antrag oder Gesetzesentwurf, der aus mehreren Paragraphen bestand, "die Berathung über das Ganze des Gesetzes oder Antrags und dessen allgemeine Grundlagen, von der über die einzelnen Paragraphen oder Artikel getrennt".

Bei der allgemeinen Beratung konnten sich die Redner nach § 67 S. 1 nur bis zum Beginn der Beratung als Redner anmelden. Durch den Hinweis auf die Vorschriften über die besondere Beratung in § 69 i. V. m. § 73 blieb dem Präsidenten die Worterteilung zu einem späteren Zeitpunkt vorbehalten. Gemäß § 50 hatte der Redner "bei seinen Vorträgen und Äußerungen alle nicht zur Gründlichkeit dienende Weitschweifigkeit und überhaupt alles, was den Gang des Geschäfts unstatthafter Weise aufhält, zu vermeiden." Die ausdrückliche Ermahnung zur zügigen Bearbeitung der Anträge findet sich zusätzlich in § 83 S. 1 der Verfassung.

Die allgemeine Beratung endete nach § 69 i. V. m. §§ 76, 77 der Landtagsordnung, wenn kein Mitglied der Kammer mehr um das Wort gebeten oder die Kammer auf Antrag von mindestens fünf Mitgliedern mehrheitlich das Debattenende beschlossen hatte. Nach offiziellem Schluß der allgemeinen

Beratung schritt die Kammer nach § 70 S. 1 sofort zur besonderen Beratung über die einzelnen Artikel. Gemäß § 70 S. 2 bestand jedoch bei Gesetzbüchern und umfangreichen Gesetzen für die Kammer die Möglichkeit, "der Berathung über die einzelnen Paragraphen oder Artikel eine allgemeine Berathung über die einzelnen Abtheilungen vorangehen zu lassen".

Die besondere Beratung der einzelnen Bestimmungen des Gesetzesentwurfs eröffnete nach § 71 S. 1 der Referent durch die Verlesung des jeweiligen Paragraphen oder Artikels. § 72 billigte nach der Verlesung zunächst dem Stellvertreter des Präsidenten das erste Wort zu. Erst danach bestand die Möglichkeit, sich als Redner anzumelden, wobei nach § 74 diejenigen Abgeordneten den Vorzug erhielten, die in ihrem Beitrag die Argumente des Vorredners zu widerlegen gedachten. Der Präsident wiederum durfte nach § 75 S. 1 keinem Redner mehr als zweimal bezüglich eines einzelnen Artikels oder Paragraphen das Wort erteilen. Eine weitere Worterteilung konnte nur noch durch die Kammer selbst ausgesprochen werden.

Jedes Mitglied der Kammer und auch der königliche Beauftragte hatten nach § 79 S. 1 das Recht, "zu jedem einzelnen Artikel eines Gesetzesentwurfs Modificationen vor und während der allgemeinen und besondern Berathung vorzuschlagen". Die Beratung der Änderungsvorschläge wurde nach § 82 S. 1 mit der Diskussion über den jeweiligen Artikel verbunden, wobei man dem Antragsteller durch § 81 S. 1 der Landtagsordnung die Möglichkeit eingeräumte, zunächst die Gründe für den Änderungsvorschlag zu erläutern. Die Landtagsordnung verlangte gemäß § 82 S. 2 allerdings für eine Weiterbehandlung des Antrages die Unterstützung von wenigstens einem Viertel der Abgeordneten. Zum Schluß der Beratung konnte nach § 78 S. 1 noch einmal der Referent der Deputation das Wort ergreifen. Schließlich wurde dem königlichen Beauftragten durch § 134 der Verfassung und § 78 S. 2 der Landtagsordnung noch einmal die Möglichkeit zu einer letzten Stellungnahme gegeben.

Die Abstimmung erfolgte gemäß § 90 S. 1 unmittelbar nach Schluß der Beratung über den Verhandlungsgegenstand, den einzelnen Paragraphen oder sonstigen Teil des Vorhabens. Darauf folgte nach § 90 S. 2 sofort die Abstimmung über die Frage, "ob ein Gesetzentwurf oder Antrag der Regierung, oder ein Antrag der dritten Deputation über eine ständische Petition oder Beschwerde, nach Befinden in der ihm durch vorläufige Abstimmung über seine einzelnen Theile gegebenen Gestaltung, angenommen oder verworfen werden solle".

Die Abstimmungsfrist konnte gemäß § 90 S. 3 auf Beschluß der Kammer oder eines Antrags des königlichen Beauftragten bis auf zwei Tage verlängert werden. Nach erfolgter Abstimmung verkündete der Präsident gemäß § 98 S. 1 das Ergebnis der Abstimmung. Damit galt das Gesetzesvorhaben als endgültig abgelehnt oder angenommen.

2. Entwicklungsgeschichtliche Einordnung

Bei einem Vergleich der Verfahrensweise ist unschwer zu erkennen, daß die Geschäftsordnung des Königreichs Sachsen im wesentlichen auf dem durch die bayerische Geschäftsordnung geschaffenen Gesetzesberatungssystem basiert. Statt einer Vorberatung des Gesetzesentwurfes in Abteilungen fand auch in Sachsen eine Vorberatung in einem Ausschuß statt.

Als Teil des französisch - belgischen Gesetzesberatungssystems übernahm man ebenfalls die Trennung der Gesetzesberatung in eine Allgemein - und eine Spezialdebatte. Zusätzlich wurden die Regelungen der bayerischen Geschäftsordnung über die Behandlung von größeren Gesetzeswerken berücksichtigt, indem auch in Sachsen innerhalb der Spezialberatung allgemeine Aussprachen über einzelne Gesetzesteile beschlossen werden konnten.

Auffällig ist die teilweise Übereinstimmung von Einzelbestimmungen zwischen der bayerischen und der sächsischen Geschäftsordnung. Beispielsweise stimmt die Anzahl der möglichen Worterteilungen an die Abgeordneten durch den Präsidenten und die Möglichkeit der weiteren Worterteilung durch die Kammer in beiden Geschäftsordnungen überein.

Die weitgehende Übernahme des bayerischen Gesetzesberatungssystems durch die Schöpfer der sächsischen Geschäftsordnung zeigt deren fehlendes Bestreben, ein bestehendes System weiterzuentwickeln.

VIII. Zusammenfassung der Ergebnisse

Die Analyse der Gesetzesberatungspraxis Parlamente deutscher Länder vor der Revolution von 1848 zeigt die verschiedenen Einflüsse auf die Schöpfung des jeweiligen Gesetzesberatungssystems. So haben sich die Geschäftsordnungen von Baden und Hannover als die ersten Regelungswerke in deutschen Ländern noch weitgehend für die Übernahme ausländischer Systeme entschieden. Für die Schöpfer der badischen Geschäftsordnung lag eine Übernahme aufgrund der politischen Verflechtung Badens mit Frankreich nahe. Die besondere Aufgeschlossenheit für neue politische Ideen des Westens[512] fand damit in der neuen Geschäftsordnung Niederschlag. Auch die Verbindung des hannoverschen Königshauses mit England ließ eine Übernahme englischer Parlamentsmethoden erwarten, zumal der englische Parlamentarismus zur damaligen Zeit als Vorbild galt.

Erst die Schöpfer des kurhessischen Gesetzesberatungssystems verbanden mehrere Vorbilder zu einem eigenen Gesetzesberatungssystem, obwohl die Trennung von Allgemein- und Spezialdebatte eindeutig auf das Réglement der französischen Deputiertenkammer von 1830 zurückzuführen ist. Dieses Charakteristikum der Gesetzesberatung setzte sich auch in allen nun folgenden Geschäftsordnungen durch. Auffällig ist die Anlehnung an diejenigen Länder, die schon vorher ein System der Gesetzesberatung ausgearbeitet hatten. Hier ist insbesondere die weitgehende inhaltliche Übereinstimmung zwischen der bayerischen und der sächsischen Geschäftsordnung erwähnenswert.

Die Analyse ergibt weiter, daß die Mehrzahl der deutschen Länder eine starke Sympathie für das Kommissionswesen hegte. Die Vorberatung in Abteilungen hat nur Baden eingeführt. Außer Hannover entschieden sich alle anderen Länder für eine in der Regel sofortige Verweisung eines Gesetzesvorschlages an Kommissionen.

Insgesamt litten die ersten deutschen Parlamente unter ihrem geringen politischen Einfluß innerhalb der damaligen Staatssysteme. Vornehmlich diente die erste Kammer dem Regenten dazu, "einer auf allzu schnelle Veränderung

---

512 so Gangl, Verfassungsstaat, S. 35

drängenden Fortschrittsfraktion ein retardierendes Moment entgegensetzen zu können."[513] Aufgrund fehlender Initiativmöglichkeit hing die Schaffung neuer Gesetze immer noch von der Einbringung des Gesetzesentwurfs durch den jeweiligen Regenten ab.

Trotz des geringen Erfahrungsschatzes hinsichtlich der geschäftlichen Behandlungen von Gesetzesvorhaben zeichneten sich einige Geschäftsordnungen durch eine bemerkenswerte Systematik und Ausführlichkeit aus. Hervorzuheben ist die kurhessische Geschäftsordnung, in der es den Schöpfern gelungen ist, noch vor Belgien neueste Entwicklungen der Gesetzesberatungstechnik zu rezipieren. An erster Stelle ist hier die Teilung der Beratung in eine Allgemein- und Spezialdebatte nach dem Vorbild des französischen Réglements von 1830 zu nennen. Diese Fremdeinflüsse konnte man in einigen Parlamenten sinnvoll mit eigenen Gedanken und Gepflogenheiten verknüpfen.

B. Die Verfassungsberatung in der Frankfurter Nationalversammlung

In die Arbeit der Frankfurter Nationalversammlung von 1848[514] setzte man in der deutschen Bevölkerung hohe Erwartungen. Insbesondere die Schaffung einer Zentralgewalt mit der Aussicht auf die Verabschiedung von Grundrechten, die für alle Bürger gelten sollten, ließ die Deutschen mit Hoffnung nach Frankfurt blicken. Diese Erwartungen wollten die Abgeordneten der Nationalversammlung nach Möglichkeit erfüllen. Sie hatten nun die Parlamentsarbeit gründlich und möglichst zügig zu leisten. Um dieses Ziel zu erreichen, war eine umfassende Regelung des Geschäftsgangs unvermeidbar.

Aufgrund der revolutionären Ereignisse stand die Frankfurter Nationalversammlung vor einer vergleichbaren Situation wie die Assemblée nationale constituante im Jahr 1789. Es erscheint deshalb sinnvoll zu ergründen, ob und inwieweit bei der Schaffung der Geschäftsordnung der Frankfurter Nationalversammlung auf Methoden vorangegangener Parlamente zurückgegriffen wurde. Gerade das letztliche Scheitern der

---

[513] so Brandt, Landständische Repräsentation im deutschen Vormärz, S. 41

[514] vgl. hierzu Frotscher/Pieroth, Verfassungsgeschichte, Rdnr. 291 ff.

Nationalversammlung wirft zusätzlich die Frage auf, ob die Mißerfolge nur auf politische Faktoren oder zusätzlich auch auf eine mangelhafte Geschäftsbehandlung zurückzuführen waren.

I. Der Weg zur Frankfurter Nationalversammlung

Das Jahr 1848 brachte unter anderem den am Ende fehlgeschlagenen Versuch, eine nationale Einigung der einzelnen deutschen Länder herbeizuführen[515]. Die "März-Revolution" kam sowohl für die deutschen Fürsten und deren Regierungen, als auch für Teile der bürgerlichen Führungsschichten, welche die liberale und nationale Bewegung maßgeblich bestimmt hatten, weitgehend überraschend[516]. Die Revolution entwickelte sich aus einer ineinander verschachtelten Kettenreaktion von Unruhen in den Einzelstaaten, die wiederum in einem engen Zusammenhang mit der Entwicklung der Frankfurter Nationalversammlung zu sehen sind[517].

Eine der Hauptforderungen der revolutionären Kräfte bestand in der Schaffung einer Repräsentation, die zugleich eine konstituierende Nationalversammlung bilden sollte. Die liberalen Kräfte hatten sich im sog. Vorparlament[518] für die Wahl einer Nationalversammlung eingesetzt, da sie die Schaffung eines autonomen Revolutionsparlaments durch Erklärung der dauernden Beibehaltung des Vorparlaments - das weitgehend zufällig zusammengesetzt war - ablehnten[519]. Die Ausarbeitung einer Verfassung Deutschlands sollte allein einer gewählten Nationalversammlung überlassen sein[520].

---

515 vgl. Karpen, Die geschichtliche Entwicklung des liberalen Rechtsstaats, S. 73

516 Kröger, Verfassungsgeschichte, S. 66; vgl. zu den gesellschaftlichen Trägern des Erneuerungsgedankens: von Wedel, Verfassungsgesetzgebung, S. 126 - 132

517 Stolleis, Geschichte des öffentlichen Rechts, S. 268

518 vgl. zu der Arbeit des Vorparlaments: Huber, Deutsche Verfassungsgeschichte, Band II, § 43 III, S. 5 ff.

519 vgl. dazu: von Wedel, Verfassungsgesetzgebung, S. 152 ff.

520 Beschluß des Vorparlaments vom 3. April 1848; zitiert in: Wencke, Nationalversammlung, S. 9

Die Ausrichtung der Wahlen zu dieser Deutschen Nationalversammlung[521] wurde von der Deutschen Bundesversammlung am 30. März 1848 beschlossen[522] und von den Einzelregierungen dementsprechend angeordnet[523]. Obwohl die erlassenen Wahlgesetze in den verschiedenen Bundesstaaten stark voneinander abwichen[524], gingen die Wahlen am 18. Mai 1848 ohne weitere Störung vor sich[525], so daß die Frankfurter Nationalversammlung nach dem festlichen Einzug in die Paulskirche unter Kanonendonner und schwarz-rot-goldenen Fahnen[526] ihre Arbeit beginnen konnte.

II. Die Entwicklung einer Geschäftsordnung für die Frankfurter Nationalversammlung

1. Die Notwendigkeit einer Regelung der Parlamentsgeschäfte

Bereits die ersten Verhandlungen der Deutschen Nationalversammlung zeigten in eklatanter Weise die Notwendigkeit einer ausgewogenen Reglementierung der Verhandlungsgänge des Parlaments. So verlief die erste Sitzung der Nationalversammlung unter Leitung des hilflosen Alterspräsidenten Lang[527]

---

521 vgl. zu den Wahlen: Hamerow, Wahlen zum Frankfurter Parlament

522 Protokolle der Deutschen Bundesversammlung (BV) 1848, S. 309 ff.

523 Blos, Die Deutsche Revolution, S. 251

524 Moldenhauer, Geschäftsgang, S. 47

525 Blos, Die Deutsche Revolution, S. 251

526 Schauer, Der Einzelne und die Gemeinschaft, S. 22

527 Symptomatisch war die Verhandlungsführung des Präsidenten in den Beratungen über die Geschäftsordnung, bei der es ihm nicht gelang, die Diskussion über die Abstimmung in geordnete Bahnen zu lenken. Nachdem trotz minutenlangen Läutens mit der Glocke durch den Alterspräsidenten noch immer tumultartige Zustände herrschten, konnte nur der Ausruf des Abg. Wigard (Wigard I., S. 8, linke Spalte): "Achtung der Stimme des Präsidenten ! Wo soll das hinaus, wenn Sie den Präsidenten nicht mehr hören wollen ! ... Das ist ein Skandal, das ist Terrorismus ! Achtung dem Präsidenten!" die Tumulte etwas beruhigen.
Im folgenden werden die protokollarischen Aufzeichnungen von Wigard verwandt. Zwar weichen seine Protokolle teilweise von den offiziellen Berichten ab, sind aber vollständiger und daher für die Zwecke der heutigen Forschung brauchbarer (so von Wedel, Verfassungsgesetzgebung, S. 206 Fn. 1; auch von Eyck, Deutschlands große Hoffnung, S. 195).

geradezu "chaotisch"[528] und in einem "heillosen Durcheinander"[529]. Die unbedingte Notwendigkeit einer parlamentarischen Geschäftsordnung wurde auch von dem Großteil der Mitglieder der Nationalversammlung so gesehen[530].

Effektivitätshemmend wirkte sich auch die Tatsache aus, daß sich die Räumlichkeiten in Frankfurt als äußerst ungeeignet für die Arbeit einer großen Versammlung erwiesen. Das Fehlen jeglicher Nebenräume behinderte insofern die parlamentarische Arbeit, daß man sich zu Besprechungen außerhalb der Verhandlungen in umliegenden Gastwirtschaften treffen mußte[531]. Nicht einmal das Präsidium verfügte über ein Besprechungszimmer, so daß alle Verfahrensfragen, die nicht ad hoc im Verhandlungssaal geklärt werden konnten, auf dem Vorplatz im Freien besprochen werden mußten[532].

Die zunächst ungeordneten, wenig produktiven Zustände wurden nicht nur von den Parlamentariern, sondern auch von der Öffentlichkeit erkannt und entsprechend kritisiert[533]. So stellte es sich als vordringliche Aufgabe der

---

528 So wird die Situation von Treue/Treue, Parlamentarismus in Deutschland, S. 16 charakterisiert.

529 So bewertet Schauer, Der Einzelne und die Gemeinschaft, S. 22 ‚die Situation. Bezeichnend und daher lesenwert ist die gesamte Debatte über die vorläufige Geschäftsordnung (Wigard I, S. 5 ff., hier insbesondere S. 7).

530 so bspw. auch in Hinblick auf die Stimmungslage im Parlament in der Verhandlung vom 18. Mai 1848:
1. Abg. Blum (Wigard I, S. 6): "Wenn wir, meine Herren, uns in diesem Moment der Stellung bewußt sind, in der wir uns befinden, wenn wir uns daran erinnern, daß die Blicke des ganzen Vaterlandes auf uns gelenkt sind, wie tausendfache Besorgnisse und gestörte Verhältnisse ihre Lösung erwarten: dann ist es schmerzlich, über Dinge der Form noch lange Zeit verlieren zu müssen; und dennoch ist es leider nicht anders möglich, denn wir können nicht berathen ohne eine Form... ."
2. Abg. Rettig (Wigard I, S. 5): " Meine Herren ! Es ist vor allen Dingen notwendig, daß, ehe irgendeine Art von Verhandlung vor sich geht, sie nicht ohne Geschäftsordnung stattfinde. Es kann uns ohne Geschäftsordnung nichts überwiesen, nichts zur Debatte gebracht werden ... ."
3. Abg. Grumbrecht (Wigard I, S.4): "Meine Herren! Nur wenige Worte. Wenn wir hier ohne Reglement verhandeln, so werden wir nie zur Ordnung kommen ...".

531 Daher stammt auch die Benennung der Fraktionen nach Gastwirtschaften, so daß bspw. die konservative Rechte "Cafe Milani", das linke Zentrum "Würtemberger Hof" genannt wurden.

532 vgl. Wedel, Das Verfahren der demokratischen Verfassungsgesetzgebung, S. 167

533 bezeichnend beispielsweise Gustav Rümelin in einem Bericht an den Schwäbischen Merkur am 28. Mai 1848: "Nun sitzen die Herren schon zehn Tage in Frankfurt, heißt es

Abgeordneten heraus, noch vor der eigentlichen Parlamentsarbeit eine Geschäftsordnung zu erarbeiten und zu beschließen, die dem Parlament ermöglichte, ihre hochgesteckten Ziele in angemessener Zeit zu verwirklichen.

2. Der Weg zur Geschäftsordnung der Frankfurter Nationalversammlung

a) Die "Vorschläge zu einer Geschäftsordnung des verfassunggebenden Reichstages" durch Robert von Mohl

Aufgrund der beschriebenen schwierigen Grundkonstellation war Robert von Mohl[534] - schon zur damaligen Zeit ein anerkannter Staatsrechtslehrer - ein "Glücksfall" für die Nationalversammlung[535]. Robert von Mohl hatte als einer der wenigen Staatswissenschaftler und auch Politiker bereits erkannt, welche herausragende Bedeutung eine Geschäftsordnung für den parlamentarischen Gebrauch hatte[536]. Ihm ist zu verdanken, daß sich das Bewußtsein für die Bedeutung der parlamentarischen Geschäftsordnung zunehmend geschärft hat.

überall und auch wohl in unserem Heimatland, und man hört nichts von ihnen. Während das bedrängte Volk seine Augen auf sie gerichtet hat, als den letzten Notanker, und mit ängstlicher Erwartung großartige Thaten und Entschlüsse hofft, sitzen sie tagelang und zanken sich über die Fragestellung, verweisen nach mehrstündigen Beratungen die Sachen wieder an die Ausschüsse, gehen bei den wichtigsten Fragen nach langem Kampf zur Tagesordnung über, und von allem dem, wozu das Volk sie betraut hat, geschieht nichts... ." Abgedruckt in: Rümelin, Aus der Paulskirche, S. 1

534 Robert von Mohl wurde am 17. 8 1799 in Stuttgart geboren und verstarb und war seit 1824 Professor für Recht in Tübingen, wurde 1845 wegen eines oppositionellen Schreibens an seine Schüler suspendiert und trat daraufhin aus dem Staatsdienst aus. Er war 1845 - 1846 Mitglied der württembergischen Kammer der Abgeordneten und ab 1847 Professor in Heidelberg. Als einer der geistigen Führer des südwestdeutschen Liberalismus gehörte er in den Jahren 1848 bis 1849 dem Vorparlament und der Frankfurter Nationalversammlung an und bekleidete 1848/49 das Amt des Reichsjustizministers. Auch nach der Frankfurter Zeit war er von 1857 bis 1873 Mitglied der badischen ersten Kammer und von 1874 bis 1875 - also bis zu seinem Tode - Mitglied des Reichstags (Liberale Rechtspartei) .
Robert von Mohl befaßte sich - neben sozialen Fragen des Frühindustrialismus - mit der Grundlegung einer gegenüber der Staatswissenschaft selbständigen Gesellschaftslehre. Er wirkte bahnbrechend auf dem Gebiet des Verfassungsrechts und des Rechtsstaatsgedankens. (Angaben aus Staatslexikon Stichwort "Mohl", Dritter Band, Sp. 1204 und Brockhaus, 12. Band, Stichwort Mohl (2), S. 698; Kleinheyer/Schröder, Deutsche Juristen, S. 181 ff.

535 so Ziebura, Anfänge des deutschen Parlamentarismus, S. 194

536 Bezeichnend die Formulierung von Mohls in seiner "Geschichte und Literatur der Staatswissenschaften", S. 309, daß die parlamentarische Geschäftsordnung kein unbedeutender Gegenstand sei und Staatsrechtskenner "Tadel verdienen, wenn sie dieselbe

Er veröffentlichte aus eigener Initiative[537] die "Vorschläge zu einer Geschäftsordnung des verfassunggebenden Reichstags". Die Ansichten von Mohls über die Parlamentsorganisation hatten ihren Ursprung bei Jeremy Bentham[538], der sein großer Lehrmeister war und dem er grenzenlose Bewunderung zollte[539]. In der Einleitung lobte v. Mohl sein eigenes Werk dahingehend, daß es die "Frucht langer Reflexionen und konkreter Selbstanschauung der großen europäischen Parlamente" sei[540]. Das Werk von Mohls resultierte aus einer Verbindung englischer und französischer Methoden[541]. So setzte sich von Mohl für die Einrichtung von neun ständigen Ausschüssen in der Nationalversammlung ein[542]. Der Zweck der Ausschüsse bestehe darin, den Gegenstand für die volle Versammlung "ruhig und

---

nicht gehörig beachten...ohne sie (die Geschäftsordnung) dreht man sich leicht im fehlerhaften Kreise". Mohl kann das Verdienst zugeschrieben werden, das Bewußtsein hinsichtlich der Reglementierung einer Versammlung in Deutschland wesentlich begründet und geprägt zu haben. Insofern ist die These, Mohl habe "grundlegend Neues" nicht gebracht (so Kleinheyer/Schröder, Deutsche Juristen, S. 184), nicht haltbar.

537 So Ziebura, Anfänge des deutschen Parlamentarismus, S. 194; anders Schauer, Der Einzelne und die Gemeinschaft, S. 15 f., der zwar auch von einer privaten Arbeit spricht, aber dem Fünfziger-Ausschuß - ohne nähere Gründe zu nennen - unterstellt, er habe die Arbeit, auch wenn in der Öffentlichkeit jeglicher Schein der Mitarbeit vermieden worden sei, unterstützt. Ein Indiz für die Richtigkeit dieser Annahme ist die von Robert v. Mohl geplante starke Berücksichtigung des Fünfziger-Ausschusses in der Geschäftsordnung. So lehnte v. Mohl die Institution des Alterspräsidenten ab. Diese Funktion dachte v. Mohl vielmehr dem Vorsitzenden des Fünfzigerausschusses zu, dessen Mitglieder auch über die vorläufige Zulassung der Abgeordneten befinden sollten (vgl. v. Mohl, Vorschläge, S. 7, vgl. auch Botzenhart, Deutscher Parlamentarismus, S. 487).

538 Schauer, Der Einzelne und die Gemeinschaft, S. 16

539 so Ziebura, Anfänge des deutschen Parlamentarismus, S. 195; vergleiche nur v. Mohl, Geschichte und Literatur der Staatswissenschaften, S. 26: "Dieser (Bentham) ist ohne Zweifel einer der selbständigsten Denker, der scharfsinnigste Analytiker, der folgerichtigsten und selbständigsten Schlußzieher, welche je in einer Wissenschaft aufgetreten sind." Vergleiche auch auf S. 232 des Werkes, wo v. Mohl die These aufstellt, Bentham sei "einer der schärfsten und unerschrockensten Denker aller Zeiten und Völker."

540 v. Mohl, Vorschläge, Vorwort, V; vgl. auch Ziebura, Anfänge des deutschen Parlamentarismus, S. 194 f.

541 Ziebura, Anfänge des deutschen Parlamentarismus, S. 195; vgl. zu den Einflüssen auf die "Vorschläge" auch Hatschek, Parlamentsrecht, S. 93 ff.

542 von Mohl, Vorschläge, S. 32

beschleunigt" vorzubereiten[543]. Diesen Kommissionen müsse im Einzelfall auch das Recht eingeräumt werden, Sachverständige anzuhören[544].

Robert von Mohl sprach sich weiterhin für die Einführung des französischen Abteilungssystems aus. Die Abteilungen sollten seiner Meinung nach nur die Ausschußmitglieder wählen. Dagegen sprach er sich gegen eine Vorberatung von Gesetzesentwürfen in den Abteilungen aus. Die Vorberatung sei nicht nur zu zeitintensiv, sondern verkürze auch kaum die allgemeine Beratung. Dies begründe sich darauf, daß die in der Abteilung unterlegenen Abgeordneten immer noch Hoffnung hätten, im gesamten Plenum mehr Unterstützung zu erhalten. Im übrigen würden manche Abgeordnete sicherlich nicht schon in der Abteilungsberatung ihre besten Argumente offenlegen[545].

Zur Anzahl der Gesetzesberatungen ist keine wissenschaftliche Auseinandersetzung mit der Frage zu erkennen, ob eine mehrmalige Beratung zweckmäßig sei bzw. warum nur eine einmalige Beratung stattfinden sollte. Lediglich in einem anderen Zusammenhang wird von einer allgemeinen Beratung gesprochen[546]. Wesentlich mehr Raum nahmen in den Erörterungen von Mohls die Problematik der Berechtigungsnachweise der Abgeordneten[547] und die Festlegung der Sitz- und Abstimmordnung[548] ein.

Insgesamt ist der Arbeit von Mohls durchaus zu entnehmen, daß der Autor für seinen Entwurf die Erfahrungen aus der Verhandlungspraxis vieler Versammlungen herangezogen hatte. Immer wieder finden sich Hinweise auf das englische, französische oder belgische Parlamentsverfahren. Umso unverständlicher ist es, daß keine näheren Ausführungen zur Anzahl der Beratungen eines Gesetzesentwurfs in der Arbeit zu finden sind. Offenbar empfand von Mohl eine solche Auseinandersetzung - vielleicht gerade aufgrund seiner Erfahrungen in der württembergischen Kammer - nicht für erforderlich.

---

543 von Mohl, Vorschläge, S. 36

544 von Mohl, Vorschläge, S. 32 f., 38 f.

545 vgl. von Mohl, Vorschläge, S. 35

546 vgl. von Mohl, Vorschläge, S. 35

547 vgl. von Mohl, Vorschläge, S. 16 ff.

548 von Mohl, Vorschläge, S. 51 ff.

b) Der Vorschlag des Abgeordneten Wesendonck

Eine rein private Vorlage stellte der Vorschlag zu einer vorläufigen Geschäftsordnung des Abgeordneten Wesendonck dar[549], in der er gemäß § 3 beabsichtigte, einen Ausschuß von fünfzehn Mitgliedern durch einfache Stimmenmehrheit einzusetzen, welcher die Geschäftsordnung zu entwerfen habe.

Bis zur Fertigstellung einer endgültigen Geschäftsordnung sollte gemäß § 6 seiner vorläufigen Geschäftsordnung bei den Beratungen die "allgemeine parlamentarische Geschäftsordnung" Anwendung finden und im Zweifelsfall die Versammlung entscheiden. Der Abg. Wesendonck begründete seinen Vorschlag damit, daß man sich darauf beschränken könne, die "allgemeinen parlamentarischen Regeln" gelten zu lassen, da ein großer Teil der Versammlung bereits "in Kammern gesessen habe" bzw. "jedenfalls die parlamentarische Ordnung bekannt sei"[550].

Bereits die auf diesen Vorschlag folgende, nach heutiger und wohl auch nach damaliger Parlamentsauffassung chaotische Diskussion, entkräftete nachhaltig diese Argumentation Wesendoncks bezüglich der parlamentarischen Erfahrenheit der Abgeordneten[551]. Eine eindeutige Definition der "allgemeinen parlamentarischen Regeln" war - damals noch mehr als heute - praktisch nicht möglich. Zumindest Übergangsbestimmungen für das Beratungsverfahren fehlten in dem Wesendonckschen Vorschlag völlig. Bei einer Annahme dieser Geschäftsordnung mußten endlose Debatten über die geschäftliche Behandlung die zwangsläufige Folge sein[552]. Deshalb war es eine durchaus nachvollziehbare und auch glückliche Entscheidung der Nationalversammlung, diesen Vorschlag nicht anzunehmen[553].

---

549 Wigard I, S. 5; auch abgedruckt in Moldenhauer, Geschäftsgang, S. 50, Fn. 15

550 Abg. Wesendonck in Wigard I, S. 5 f.; diese Aussage steht im Gegensatz zu der Behauptung von Ziebura, Anfänge des deutschen Parlamentarismus, S. 186

551 vgl. die völlig zerfahrene Diskussion: Wigard I, S. 5 f.

552 Schauer, Der Einzelne und die Gemeinschaft, S. 18

c) Der Weg der "Vorschläge" von Mohls zur definitiven Geschäftsordnung

Die Vorschläge Robert von Mohls gelangten nicht unverändert in der Nationalversammlung zur Verhandlung[554]. Am 4. Mai 1848 erhielten die Abgeordneten Schwarzenberg und Murschel bei einer Zusammenkunft der schon eingetroffenen Mitglieder der Nationalversammlung den Auftrag, mit Robert von Mohl - lediglich unter Anlehnung an seine Arbeit - eine Geschäftsordnung für die Frankfurter Nationalversammlung auszuarbeiten[555]. Der von ihnen ausgearbeitete Vorschlag galt nun - im Gegensatz zu dem Vorschlag des Abg. Wesendonck - als amtliche Vorlage[556].

Diese vorläufige Geschäftsordnung wurde als provisorisches Reglement angenommen und eine Kommission eingesetzt[557], welche die endgültige Geschäftsordnung vom 29. Mai[558] erarbeitete.

III. Die Anwendung der Geschäftsordnung bei der Verfassungsberatung

1. Die theoretische Behandlung einer Verfassungsbestimmung nach der Geschäftsordnung

Aus der Mitte der Nationalversammlung wählte die Frankfurter Nationalversammlung nach §§ 10, 11 und 12 der Geschäftsordnung[559] einen Präsidenten, zwei Stellvertreter und acht Schriftführer. Der Präsident, die

---

553 vgl. Wigard I, S. 8: bezeichnend auch die teilweise anarchischen Zustände beim Abstimmungsvorgang.

554 Schauer, Der Einzelne und die Gemeinschaft, S. 16; unzutreffend Schmitz, Die Staatsauffassung Robert von Mohls, S. 22, der offenbar davon ausgeht, daß von Mohls Geschäftsordnung von der Nationalversammlung unverändert angenommen wurde.

555 Schauer, Der Einzelne und die Gemeinschaft, S. 16

556 Schauer, Der Einzelne und die Gemeinschaft, S. 17

557 unter anderem neben den drei Schöpfern der vorläufigen Geschäftsordnung die Abgeordneten Blum, Dahlmann, Droysen, Römer und Wesendonck.

558 abgedruckt: Wigard I, S. 163 ff.; auch als Anhang in: Die Geschäftsordnungen deutscher Parlamente seit 1848, Hrsg.: Deutscher Bundestag. S. 631 ff.

559 Paragraphen ohne nähere Bezeichnung sind diejenigen der Geschäftsordnung der Frankfurter Nationalversammlung.

Stellvertreter und die acht Schriftführer bildeten nach § 13 den sog. Gesamtvorstand.

Grundsätzlich waren die Sitzungen der Nationalversammlung gemäß § 16 öffentlich. Die Beschlußfähigkeit des Plenums lag nach § 16 vor, wenn mindestens zweihundert Abgeordnete anwesend waren.

Ein selbständiger Antrag - unter diese Formulierung fielen auch Anträge auf Gesetzesbeschlüsse und Verfassungsbestimmungen, so daß in den weiteren Ausführungen sowohl für einfache Gesetze als auch Verfassungsbestimmungen der Begriff "Gesetzesentwurf" verwendet wird - war nach § 24 S. 1 beim Sekretariat der Nationalversammlung schriftlich einzureichen. Danach wurde der Gesetzesentwurf gedruckt und an die Mitglieder der Nationalversammlung verteilt.

Nach § 29 S. 2 verkündete der Präsident der Nationalversammlung das Einbringen des Gesetzesentwurfs in der Sitzung des folgenden Tages. Sofern der Gesetzesentwurf oder Antrag in den Geschäftsbereich eines bereits bestehenden Ausschusses fiel, erfolgte die unverzügliche Überweisung - also ohne vorhergehende Beratung oder Unterstützungsfrage - an den betreffenden Ausschuß. Anträge, die sich nicht dem Geschäftsbereich eines bereits bestehenden Ausschusses zuordnen ließen, wurden nach § 29 S. 3 in der Reihenfolge ihrer Einbringung möglichst kurz begründet. Daraufhin stellte man die Unterstützungsfrage, ohne daß eine vorherige Debatte stattfand. Gemäß § 29 S. 4 bestand die Notwendigkeit einer Unterstützung durch mindestens zwanzig Abgeordnete.

Nach § 31 durfte die eigentliche Hauptverhandlung über einen Gesetzesentwurf nicht vor Ablauf von 24 Stunden nach Verteilung des Drucks in der Nationalversammlung stattfinden. Gemäß § 32 konnten von dieser Regel nur drei Ausnahmen gemacht werden: zum einen bei Anträgen, die nur die formelle Geschäftsbehandlung betrafen, zum anderen, wenn die Versammlung einen Antrag für sehr dringend oder für nicht hinreichend bedeutend erklärt hatte.

Nach § 30 hatte das Parlament bereits vor der Behandlung darüber zu beschließen, ob ein Gesetzesentwurf zunächst zur Vorberatung an die

Abteilungen zu überweisen war[560]. Die Nationalversammlung teilte sich nach § 1 in fünfzehn nach Möglichkeit gleich große Abteilungen auf, die im Normalfall jeden Monat durch das Los neu bestimmt wurden. Gemäß § 20 S. 1 erörterte nun jede Abteilung den Gesetzesentwurf und stimmte über ihn ab. Danach wählte die Abteilung mit absoluter Stimmenmehrheit ein Mitglied aus ihren Reihen. Die aus den verschiedenen Abteilungen gewählten Abgeordneten bildeten einen Ausschuß[561]. Der § 20 S. 2 räumte jedoch die Möglichkeit ein, die Mitgliederzahl des Ausschusses nach Bedarf zu erhöhen.

Bei der Beratung des Gesetzesentwurfs dem neugebildeten Ausschuß hatte jedes Mitglied nach § 21 S. 2 die Ansichten der Mehrheit und der Minderheit seiner Abteilung darzulegen. Bei der Beschlußfassung innerhalb des nach § 28 "bei geschlossenen Türen" tagenden Ausschusses war der Vertreter der Abteilung nicht an die mehrheitliche Ansicht seiner Abteilung gebunden. Da die mit absoluter Mehrheit gewählten Vertreter das Vertrauen der jeweiligen Abteilungen genossen, kann davon ausgegangen werden, daß zumeist im Sinne der Abteilungsmehrheit abgestimmt wurde. Das Ergebnis dieser Beratung und Abstimmung war der Nationalversammlung gemäß § 21 S. 3 durch einen mit absoluter Stimmenmehrheit des Ausschusses[562] zu wählenden Berichterstatter vorzulegen. Bestand nach § 25 bei einem Antrag an die Versammlung eine Minorität aus wenigstens drei Berichterstattern, hatte sie das Recht, dem Hauptbericht ein Minoritätsgutachten beizufügen. Gemäß § 26 wurden die Berichte oder Anträge des Ausschusses im Normalfall unter fortlaufender Nummer gedruckt und wenigstens 24 Stunden vor der Beratung in der "vollen Versammlung" an alle Mitglieder verteilt.

Nach § 34 bestimmte der Präsident zu Beginn der Versammlung die Tagesordnung und verkündete sie am Schluß jeder Sitzung für die folgende. Nach Eröffnung der Sitzung und Vorlesung des Protokolls ergab sich gemäß

---

560 Diese Delegationsmöglichkeit wird zusätzlich auch in § 19 festgestellt.

561 Nach § 21 war der Ausschuß beschlußfähig, wenn mehr als die Hälfte seiner Mitglieder anwesend waren.

562 zu Ausnahmen bzgl. der Zusammensetzung der Ausschüsse vgl. § 22; zur Abgrenzung der Aufgaben des betreffenden Ausschusses und des Rechtes des Ausschusses, Sachverständige und Zeugen anzuhören vgl. § 24

§ 35 die Gelegenheit, Eingaben[563] und Anträge, also auch Gesetzesanträge, vorzutragen. Nach § 27 eröffnete der Berichterstatter des Ausschusses die Beratung über den Gesetzesentwurf mit seinem Bericht. Die Redner sprachen danach gemäß § 36 S. 1 nach der Reihenfolge ihrer Anmeldung. Die Anmeldung als Redner konnte nach § 36 S. 2 erst mit dem Beginn der Beratung erfolgen. Gemäß § 37 sollte zwischen denjenigen Rednern abgewechselt werden, die für oder gegen den Antrag zu sprechen gedachten und dies entsprechend vorher mitgeteilt hatten.

Nach § 33 S. 1 konnten die Änderungsvorschläge jederzeit vor dem Schluß der Verhandlung gestellt und sogleich beraten werden. Die Amendements mußten nach § 33 S. 2 mit der Hauptfrage in wesentlicher Verbindung stehen und wurden dem Vorsitzenden schriftlich ohne Begründung übergeben. Die Versammlung hatte dann gemäß § 33 S. 3 das Recht, einen Verbesserungsvorschlag zur Vorbereitung an einen Ausschuß oder die Abteilungen zu verweisen und die Sitzung bis zur Berichterstattung zu unterbrechen.

Die Verhandlung konnte nach § 38 S. 1 jederzeit von der Versammlung für geschlossen erklärt werden. Hatten mindestens zwanzig Mitglieder den Schluß der Debatte verlangt, hatte der Vorsitzende nach § 38 S. 2 über diesen Wunsch abstimmen lassen. Nach Schluß der Beratung durften nach § 38 S. 3 nur noch der Antragsteller oder der Berichterstatter[564] vor der Abstimmung das Wort ergreifen. Gemäß § 40 formulierte der Vorsitzende nach dem Beratungsschluß die Reihenfolge der Fragen zu dem einzelnen Gesetzesentwurf und stellte diese dann zur Abstimmung[565].

Nach § 44 genügte beim Beschluß von Gesetzesentwürfen und einzelnen Verfassungsbestimmungen in der Regel eine einmalige Beratung und Abstimmung. Allerdings blieb es nach § 44 2. Hs. jedem Ausschuß überlassen, vor der Verhandlung zu beantragen, daß über einzelne Hauptpunkte wiederholt

---

563 vgl. hierzu § 45 ff.

564 Dies wird auch durch § 27 nochmals zum Ausdruck gebracht.

565 vgl. zu den Abstimmungsmodalitäten die Regelung der §§ 41 - 43

und in verschiedenen Sitzungen der Versammlung beraten und abgestimmt werden sollte.

2. Die praktische Handhabung der Regelungen der Geschäftsordnung am Beispiel der Grundrechte

Zur besseren Beurteilung und entwicklungsgeschichtlichen Einordnung der Gesetzesberatung in der Deutschen Nationalversammlung erscheint es zweckmäßig, die Vorgehensweise des Parlaments bei der Beratung der Grundrechte - deren Verabschiedung wohl als größte Errungenschaft der Nationalversammlung zu bezeichnen ist - näher zu betrachten. Anhand der Parlamentsverhandlungen soll aufgezeigt werden, welche Vor- und Nachteile sich aus einer grundsätzlichen Festlegung auf eine Lesung des Gesetzes bzw. der Verfassungsbestimmung mit der fakultativen Möglichkeit ergeben, auch mehrere Beratungen zu beschließen.

a) Die Entscheidung für die vorrangige Behandlung der Grundrechte

Die Arbeit der Deutschen Nationalversammlung begann mit den Beratungen über die Grundrechte. Die Behandlung der Grundrechte galt als vordringliche Aufgabe, zumal die Debatten des Vorparlaments damals gezeigt hatten, daß über die Grundrechte leichter Einigkeit zu erzielen sein würde als über Fragen der Staatsorganisation[566].

---

566 Willoweit, Deutsche Verfassungsgeschichte, § 321 III. 1. Beachte zur eigentlichen Grundrechtsdiskussion: Scholler, Die Grundrechtsdiskussion in der Paulskirche.
Die Entscheidung, vor der Errichtung einer Gesamtstaatsgewalt die Grundrechte zu beraten, wurde immer wieder für das letztliche Scheitern der Nationalversammlung verantwortlich gemacht. Die schmale Chance des Gelingens sei dadurch verspielt worden (so bspw. Laufs, Recht und Gericht, S. 11; zu der Gesamtproblematik: Kühne, Reichsverfassung der Paulskirche, S. 44 ff.). Die Revolution sei beendet gewesen, bevor die Nationalversammlung überhaupt zum Staatsorganisationsrecht vordringen konnte (so Karpen, Die geschichtliche Entwicklung, S. 73). Die gesamte Problematik kann hier nicht vertieft werden (vgl. ausführlich zu den Gründen für das Scheitern der Nationalversammlung: Griewank, Ursachen und Folgen, S. 495 - 523). Allerdings folgte die Nationalversammlung hier der Überlieferung aller damaligen demokratischen Bewegungen insbesondere Frankreich (vgl. Karpen, Die geschichtliche Entwicklung, S. 73). Zudem war die Kräfteverteilung zwischen den Gliedstaaten und dem Gesamtstaat sowie die Gestalt der Gesamtstaatsorgane zu der damaligen Zeit noch derart ohne Kontur, daß eine mit der Staatsorganisation begonnene Beratung wohl kaum weniger zeitaufwendig gewesen sein dürfte (Kühne, Reichsverfassung

b) Die Beratung über die Beratungsform

Eine möglichst zügige Beratung und Verabschiedung der Grundrechte erwies sich für die Arbeit der Nationalversammlung von existentieller Bedeutung. Dies war auch den Abgeordneten der Frankfurter Nationalversammlung zunehmend bewußt, so daß schon vor Beginn der eigentlichen Beratung Überlegungen über die Beratungsform angestellt wurden.

aa) Der auf zwei getrennte Beratungen zielende Vorschlag des Verfassungsausschusses

Zunächst mußte von der Nationalversammlung über einen Antrag des Verfassungsausschusses[567] im Sinne des § 44 2. Hs. entschieden werden, die Grundrechte entgegen der grundsätzlichen Regelung in § 44 1. Hs. nicht nur einmal zu beraten, sondern eine zweimalige Beratung vorzunehmen. Die auf diesen Antrag folgende kontroverse Diskussion war bezeichnend für die zum damaligen Zeitpunkt immer noch sehr zerfahrene Arbeitsweise der Nationalversammlung. Außerdem lassen sich aus der Debatte die verschiedenen Ansichten in der Nationalversammlung zu der mehrmaligen Beratung eines Gesetzes entnehmen.

Der Abgeordnete Beseler als Berichterstatter des Verfassungsausschusses bzw. des Ausschusses für den Entwurf der Reichsverfassung[568] eröffnete die Debatte über die Vorgehensweise nach § 27[569]. Nachdem der Abgeordnete die

---

der Paulskirche, S. 44); vgl. auch allgemein zur letzten Arbeitsphase der Frankfurter Nationalversammlung: Mann, Das Ende der Deutschen Nationalversammlung, S. 265 - 309.

567 vgl. zur politischen und territorialen Zusammensetzung: Kühne, Reichsverfassung der Paulskirche, S. 43, auch Moldenhauer, Geschäftsgang, S. 66 ff.

568 vgl. zu Mitgliedern und Arbeitsweise des Verfassungsausschusses: Moldenhauer, Geschäftsgang, S. 66 - 69

569 und zwar mit den Worten: " Meine Herren ! Das große Werk, mit dessen Ausführung wir durch das deutsche Volk betraut sind, die Errichtung einer Gesammtverfassung für Deutschland, ist bisher von uns nicht unmittelbar in Angriff genommen worden. Nur vorbereitend haben wir dafür thätig sein können, theils in diesem Hause durch einzelne, freilich sehr wichtige Maßregeln und Beschlüsse, theils in den Ausschüssen, welche sich mit den Entwürfen, die als Grundlage der hier zu führenden Verhandlungen dienen sollen, beschäftigt haben. Heute nun steht der erste Bericht des von Ihnen niedergesetzten

Bedeutung des zu beschließenden Gesetzeswerks noch einmal betont hatte[570], begründete er den vermutlich durch Beselers Anregung zustandegekommenen[571] Antrag des Verfassungsausschusses, die Grundrechte in zwei Beratungen und Abstimmungen zu behandeln mit folgenden Worten:

"Gerade die Schwierigkeit der Aufgabe, die uns gestellt ist, hat unsern Ausschuß veranlaßt, noch neuerlich zusammenzukommen und sich darüber zu berathen, welche Mittel notwendig seien, um die Verhandlung zum sicheren Ziele zu führen. Der große Verfassungs-Ausschuß hat heute morgen beschlossen, Ihnen den Antrag zu stellen, daß mit Bezugnahme des § 44 der Geschäftsordnung für die Verhandlung der Grundrechte eine zweimalige Berathung und Abstimmung beliebt werden möge. Wir haben diesen Vorschlag freilich erst nach langem Bedenken gemacht, wir haben uns dabei nicht verhehlt, daß möglicherweise die Berathung sehr in die Länge gezogen und daß die wichtige Zeit, welche doch besser verwendet werden könne, zu sehr in Anspruch genommen werde. Allein einmal sind wir der Ansicht gewesen, daß wir diesem Umstand kein zu großes Gewicht beilegen dürfen, indem wir fanden, daß durch die bevorstehende zweite Berathung die erste ohne Zweifel abgekürzt, und ferner, daß, nach parlamentarischer Erfahrung anderer Völker, die zweite Berathung doch nicht in so hohem Grade lang sein würde, als man fürchten könnte."[572]

Des Weiteren führte der Berichterstatter Beseler aus[573], es sei auch erwogen worden, sich durch den Verfassungsausschuß zunächst die Durchführung einer weiteren Beratung lediglich vorzubehalten, ohne sofort die Notwendigkeit

---

Verfassungs-Ausschusses auf der Tagesordnung; wir sollen Hand anlegen an den Bau, der errichtet wird für die Freiheit und Einheit unseres Volkes ...". (Wigard I, S. 700)

570 vgl. Wigard I, S. 701: "... Dies sind die Punkte, welche ich hervorheben wollte, um recht nachdrücklich darauf hinzuweisen, daß wir mit größter Vorsicht und Behutsamkeit bei unserem Werke voran gehen müssen. Aber, meine Herren, sie dürfen uns doch auch nicht ängstlich, nicht muthlos machen; wir müssen es vor Augen behalten, daß wir in einer großen Zeit leben, in einer Zeit, wie die Weltgeschichte sie selten zeigt, in der durch kühnes Erlassen Resultate erworben werden können für die Entwicklung der Völker, ja der Menschheit, welche sonst in Jahrhunderten nicht gelingen."

571 so vermutet es Kern, Georg Beseler, S. 150

572 Wigard I, S. 701 f.

573 vgl. im folgenden Abg. Beseler, Wigard I, S. 702

festzustellen. Dieser Vorschlag sei jedoch verworfen worden, weil dadurch eine Unsicherheit in die Verhandlung in der Weise hineingetragen worden wäre, daß ein Abgeordneter mit seinen Argumenten vielleicht auf die zweite Beratung wartet, während ein anderer Abgeordneter "umso lauter hervortritt".

Auch die Möglichkeit, nur einzelne Hauptpunkte in zweiter Beratung zu verhandeln[574], ist nach Aussage des Berichterstatters Beseler verworfen worden, da die Behandlung der Frage, welcher Punkt wesentlich sei, aller Voraussicht nach noch mehr Zeit einnehme als die gesamte zweite Beratung der Grundrechte.

Ein weiteres Hauptargument für die zweimalige Beratung aller Grundrechte sah der Berichterstatter des Verfassungsausschusses in der Tatsache, daß der vorgelegte Entwurf zwar sehr verschiedene Gegenstände enthalte, diese allerdings so miteinander im Zusammenhang stünden, daß bei einmaliger Behandlung der einzelnen Stellen entgegengesetzte Beschlüsse gefaßt werden könnten, ohne daß sich noch eine Ausgleichsmöglichkeit wie die zweite Beratung ergäbe.

Weiterhin führte der Berichterstatter Beseler aus, daß eine endgültige Entscheidung sich den Abgeordneten erst in einer zweiten Beratung die Möglichkeit biete, den bis dahin nicht "in allen Schichten des Volkes" bekanntgewordenen Entwurf der Grundrechte publik zu machen. Die Mittel, die sich auswärts empfohlen hätten - gemeint sind wohl das europäische Ausland und auch die vorkonstitutionellen Parlamente -, würden sich auch in der Nationalversammlung bewähren[575].

---

574 Dies hätte der Regelung des § 44 2. Ts. entsprochen, da auch hier nur eine zweimalige Beratung und Abstimmung über Hauptpunkte vorgesehen war.

575 Beseler beendet seinen Bericht mit den Worten: "... Die Ansichten, die Überzeugungen werden sich schroff einander gegenüberstehen, es wird einen heißen Kampf geben. Möge es nur ein ehrlicher, offener Kampf sein,- dann wird er auch im Geiste des Friedens und der Versöhnung geführt werden. Denn wir sollen doch Alle nur Einem Ziele dienen, - dem Glücke, der Ehre und der Freiheit unseres Volkes." (Mehrfaches Bravo); abgedruckt in: Wigard I, S. 702.

bb) Die Diskussion über die Vorgehensweise

Im weiteren Diskussionsverlauf stellte der Präsident die Frage hinsichtlich der Vorgehensweise zur Beratung[576]. Es schloß sich eine "ungeheuer lange Geschäftsordnungsdebatte"[577] darüber an, ob zwei Beratungen und Abstimmungen vorgenommen werden sollten und ob gegebenenfalls auch bei der ersten Beratung die namentliche Abstimmung zulässig sei, die viel Zeit in Anspruch nehmen würde.

Obwohl in dieser Diskussion teilweise sehr emotional argumentiert wurde, dürfte es sinnvoll sein, die Hauptargumente derjenigen Abgeordneten zusammenzufassen, die sich für oder gegen zwei verschiedene Beratungen aussprachen, da sie die Stimmungslage der Abgeordneten hinsichtlich der Beratungstechnik widerspiegeln. Es zeigen sich neben lediglich national motivierten Äußerungen[578] fundierte Überlegungen zur Gesetzesberatung, die auch heute noch Gültigkeit haben dürften.

Gegen eine zweimalige Beratung der Grundrechte wurde das Argument angeführt, daß es völlig ausreiche, wenn der Ausschuß die Überarbeitung des Gesetzesentwurfs im Ganzen noch einmal vornehme[579]. Es sei ein dringendes Bedürfnis, "sobald als möglich der Nation die kostbarsten Güter (zu) geben, und nicht durch eine endlose längere Debatte, wer weiß wie weit, das Ziel hinausrücken, was gerade die Revolution beendigen und die Errungenschaften der Revolution befestigen soll"[580]. Aus dem Ablauf der bisherigen

---

[576] Wigard I, S. 702

[577] so formuliert es von Wedel, Verfassungsgebung, S. 207

[578] So bspw. Abgeordneter Rösler (Wigard I, S. 706): "... so halte ich sie (gemeint ist die zweimalige Beratung) doch nicht für haltbar; es müßte nur sein, daß wir damit den Engländern oder Amerikanern etwas parlamentarisches nachthun wollen; ..."; auch Abgeordneter v. Linde (Wigard I, S. 703): "Und besonders darin bei der Beratung unsere Behutsamkeit, unsere deutsche Umsicht und unsere deutsche Gründlichkeit bewahren, daß wir bei Auffassung dieses Principes uns durch das Beispiel anderer Völker nicht irre leiten lassen, daß wir den Standpunkt begreifen, den wir als Deutsche haben."

[579] So Abg. Löwe, Wigard I, S. 703

[580] So Abg. Lette, Wigard I, S. 704

Verhandlungen der Nationalversammlung folgerte man, daß die einmalige Beratung eine hinlängliche Gründlichkeit verbürge[581].

Als ein Hauptgegner der zweimaligen Beratung der Grundrechte erwies sich der Mitschöpfer der Geschäftsordnung Robert von Mohl innerhalb der Diskussion. Bei dessen wichtigem Beschluß, einen Antrag auf zweimalige Beratung der Grundrechte zu stellen, war er trotz seiner Mitgliedschaft im Verfassungsausschuß nicht anwesend[582]. Vor der Nationalversammlung führte er aus:

" ...; aber daß eine in zwei Fractionen gespaltene Berathung zweckmäßiger sein soll, sehe ich nicht ein; denn wir würden die Gründe nur noch einmal hören, einen Theil heute, einen Theil in einigen Monaten; stellen wir die Sache auf einmal her, besprechen wir den Gegenstand gründlich, und wir werden dann entscheiden, wie vernünftige Männer zu entscheiden wissen. ... Ein dritter Grund für meine Ansicht ist, daß auch nach der zweimaligen Berathung offenbar noch eine Redaction erfolgen muß. Diejenigen, welche glauben, nach der zweiten Beratung sei die Sache so glatt und eben, täuschen sich, denn es werden manche Punkte beseitigt oder zurückgenommen werden; es werden sich also wieder Lücken und Widersprüche finden, und Sie haben so, machen Sie sich hierüber keine Illusion, statt einer zweifachen Berathung eine dreifache...".

Es gab jedoch auch Befürworter für die zweimalige Beratung der Grundrechte. Sie argumentierten dahingehend, daß man sich durch die folgende zweite Beratung in bezug auf einzelne Punkte innerhalb der ersten Beratung kurz fassen werde, da Aussicht auf eine weitere Besprechung bestehe[583]. Bei einer ersten Beratung werde nach dem "Brauch anderer Parlamente" Paragraph für Paragraph zu beraten sein. Daher verstehe sich von selbst, daß bei einer solchen Besprechung keine langen Reden gehalten würden[584]. Ein weiterer Vorteil einer zweimaligen Beratung sei die Tatsache, daß die Ergebnisse der ersten Beratung in den "Volksstämmen" bekannt würden und daraufhin vorbringen

---

581 So argumentiert Abg. Nauwerck, Wigard I, S. 705

582 Dies räumt er in seiner Rede selbst ein. (vgl von Mohl, Wigard I, S. 706.)

583 So sinngemäß der Abgeordnete v. Linde, Wigard I, S. 702

584 So Abg. Tellkamp, Wigard I, S. 703

könnten, was noch notwendig sei[585]. Recht bildhaft führte der Abgeordnete Bassermann aus: "Ich bin überzeugt, daß, wenn man nach gefaßtem Beschlusse die öffentliche Meinung erfährt, wie sie sich im Süden und Norden ausspricht, man dann vielleicht sagen wird: O hätte ich doch Gelegenheit, noch einmal und anders zu stimmen ! Und diese Gelegenheit haben Sie sich verscherzt, wenn sie wegen einer oder zweier Wochen nicht auf den Antrag der Commission eingehen wollen"[586].

Als gut nachvollziehbar und auf die heutige Zeit übertragbar erweist sich die Argumentation des Abg. Arndt, der noch einmal auf die historische Bedeutung des Gesetzesvorhabens hinwies[587]: "Meine Herren! Die Grundrechte, mit deren Berathung wir jetzt beginnen wollen, werden eines der wichtigsten Capitel der Verfassungs-Urkunde des Gesamtstaates Deutschland ausmachen, eines Werkes, von dem wir hoffen wollen, daß es für lange Zeit die Gestaltung und Geschicke Deutschlands bestimmt. Es scheint mir, es müsse uns Allen vorzüglich daran gelegen sein, daß ein solches Werk sowohl formell als materiell den Charakter größter Vollkommenheit an sich trage; nun zeigt aber die Erfahrung aller parlamentarischen Versammlungen, und zwar um so mehr, je größer diese Versammlungen an Zahl sind, daß es unmöglich ist, ein zusammenhängendes umfassendes Gesetz von vorn herein formell und materiell auf eine vollkommen befriedigende Weise hinzustellen, daß es zu den seltensten, wo nicht gar unmöglichen Fällen gehört, daß nicht theils durch plötzlich eingeworfene Redactionsveränderungen, theils durch hinterher erst gewonnene bessere Aufklärung über den Zusammenhang einer späteren Bestimmung mit einer früheren, in das Gesetz Zweideutigkeit, Vieldeutigkeit und selbst Widersprüche hineingebracht werden... und wenn wir uns alle vornehmen, bei der Discussion der einzelnen Artikel und Paragraphen den Umstand ins Auge zu fassen, daß hier eine definitive Entscheidung nicht abgegeben wird, daß wir überall auf das Materielle der Paragraphen eingehen. Ich unterstütze daher den Antrag des Ausschusses in seinem vollen Umfange."

---

585 So Abg. Möring, Wigard I, S. 704

586 Wigard I, S. 706

587 Wigard I, S. 705

Die weitere Diskussion über die Frage, ob die Grundrechte in einer oder zwei Beratungen behandelt werden sollten, wirkte trotz der teilweise fundierten Vorträge völlig zerfahren[588].

c) Die Beratung der Grundrechte

Nach langer Diskussion beschloß das Parlament letztlich, die Grundrechte in zwei Beratungen zu behandeln[589].
Aufgrund der kaum vorhandenen Diskussionskultur in der Nationalversammlung blieb auch die eigentliche Beratung der einzelnen Grundrechte trotz der zwei Beratungsstufen sehr verworren[590]. Die erste Lesung nahm insgesamt 32 Sitzungen in Anspruch. Insbesondere durch die politische Unerfahrenheit geriet man bei der Behandlung der Grundrechte in zeitliche Bedrängnis. Teilweise trat ein "bedenklicher Stillstand im Geschäftsgang" ein[591]. In der 95. Sitzung am 12. Oktober 1848 - über drei Monate nach Einbringung des Entwurfs - wurde die erste Lesung beendet[592].

Die zweite Beratung des Gesetzes konnte dann - wie schon von den Befürwortern der zweiten Beratung vermutet - wesentlich schneller abgeschlossen werden. Bei nahezu allen Paragraphen verzichtete man auf die Diskussion. Die Befürchtung von Mohls, durch eine zweite Beratung würden nur noch mehr Unklarheiten auftreten, bestätigte sich nicht. Schließlich schloß man die zweite Beratung der Grundrechte am 20. Dezember 1848 in der 140. Sitzung ab. Durch das am 21. Dezember beschlossene und durch den Reichsverweser ausgefertigte Einführungsgesetz wurden die Grundrechte des Deutschen Volkes zum Reichsgesetz erhoben[593].

---

588 Man beachte nur die Tatsache, daß zu der vorliegenden Frage zehn Änderungsanträge - teilweise noch unter der Bedingung der Annahme eines anderen Antrags - gestellt worden waren (vgl. die Aufzählung des Präsidenten, Wigard I, S. 708).; Lesenswert ist auch die gesamte Diskussion: Wigard I, S. 700 - 716.

589 Wigard I, S. 709

590 vgl. die Schilderung bei von Wedel, Verfassungsgesetzgebung, S. 206 - 211

591 So Moldenhauer, Geschäftsgang, S. 52

592 vgl. von Wedel, Verfassungsgesetzgebung, S. 210

593 vgl. von Wedel, Verfassungsgesetzgebung, S. 211

3. Bewertung der Praktikabilität der Beratungsregeln in der Frankfurter Nationalversammlung

Es ist hier nicht möglich, die gesamte Geschäftsordnung der Nationalversammlung bezüglich ihrer Praktikabilität abschließend zu bewerten. Allerdings kann festgehalten werden, daß die von der Nationalversammlung beschlossene Geschäftsordnung trotz der zahlreichen möglichen Vorbilder im In- und Ausland keineswegs als vollkommen bezeichnet werden kann. Einige Regelungen der Geschäftsordnung haben eine negative, die fruchtbare Diskussion verhindernde Auswirkung gehabt, so daß auf sie kurz eingegangen werden soll.

Unklar ist beispielsweise die Formulierung des § 29 S. 2. Die Bestimmung, wonach ein Antrag, sofern er den Geschäftskreis eines bereits bestehenden Ausschusses berührte, ohne weiteres an dieses Gremium verwiesen wurde, ließ die Frage offen, was mit einem Antrag zu geschehen habe, falls er - und dies muß oftmals der Fall gewesen sein - in den Geschäftsbereich mehrerer Ausschüsse fiel. Dies ist insofern verwunderlich, da bereits in den landständischen Reglements des Vormärz diese Problematik geregelt worden war[594].

Teilweise ergaben sich durch die unklaren Formulierungen der Geschäftsordnung Auslegungsprobleme. So zeigte sich bei der schon oben angesprochenen Diskussion über die Vorgehensweise bei der Grundrechtsberatung hinsichtlich des § 42 das Problem verschiedener Auslegungsmöglichkeiten[595]. Die Schöpfer der Geschäftsordnung der Nationalversammlung hatten sich für das Prinzip der einen und einzigen Beratung der Anträge entschieden. Nach § 44, 2. Hs. gab es jedoch für den Ausschuß - offenbar war der mit dem Entwurf beschäftigte Ausschuß gemeint - die Möglichkeit, den Antrag zu stellen, daß über einzelne Hauptpunkte nochmals und in verschiedenen Sitzungen beraten und abgestimmt werden sollte.

---

594 vgl. bspw. Art. 44 der bayrischen Geschäftsordnung vom 10. September 1831

595 vgl. die Diskussion, Wigard I, S. 710

Diese Regelung erwies sich als denkbar ungeeignet, eine sorgfältige Erarbeitung des Gesetzes zu gewährleisten. Aus heutiger Sicht erscheint es unangemessen, die Entscheidung über eine weitere Beratung zunächst einem Ausschuß zu überlassen, der nach der Geschäftsordnung der Nationalversammlung im Normalfall mit lediglich fünfzehn Abgeordneten aus den einzelnen Abteilungen besetzt war[596]. Diese Zahl machte gerade einmal zwei Prozent der Gesamtzahl der Abgeordneten aus. Damit blieben circa 98 % der Abgeordneten der Nationalversammlung von der Entscheidung über einen Antrag auf eine zweite Beratung ausgeschlossen. Auch wenn die Ausschußmitglieder in der Regel sachkundig gewesen sein dürften, erscheint der Ausschluß von 98% der Abgeordneten hinsichtlich der Entscheidung unangemessen. Sinnvoller wäre es gewesen, den Antrag einer wesentlich größeren Anzahl von Abgeordneten zugänglich zu machen und darüber nach kurzer Diskussion abstimmen zu lassen.

Ferner ist die Regelung als problematisch anzusehen, wonach über "einzelne Hauptpunkte" noch einmal abgestimmt werden konnte. Hinsichtlich der Deutung des Begriffs "einzelner Hauptpunkt" gibt es immer verschiedene Auslegungsmöglichkeiten. Bei der Diskussion über die Vorgehensweise bei den Grundrechten wurden offenbar alle Paragraphen - dies ist nachvollziehbar - als Hauptpunkte angesehen.

Eine sorgfältige Bearbeitung eines Gesetzesentwurfs wäre sicherlich eher durch eine pauschale Festlegung auf mehrere getrennte Beratungen gewährleistet gewesen. Die Gründe der Gegner einer mehrmaligen Beratung der Grundrechte waren nicht überzeugend. Während teilweise nur polemisch gegen eine mehrmalige Beratung "agitiert" wurde[597], sind auch bspw. die Gründe des sich gegen die mehrmalige Beratung wendenden Robert von Mohl kaum nachvollziehbar. Er wandte sich gegen eine zweite Beratung mit der Begründung, daß auch nach einer zweimaligen Beratung eine Redaktion des Gesetzesvorhabens stattfinden müsse. Auch nach der zweiten Beratung sei der

---

596 beachte zu der Zusammensetzung der Ausschüsse: Moldenhauer, Geschäftsgang, S. 61 - 91

597 So der Hinweis durch den Abg. Rösler, daß mit einer mehrmaligen Beratung englische und amerikanische Methoden nachgeahmt werden. (Wigard I, S. 706)

Gesetzesentwurf nicht "so glatt und eben". Es würden sich "wieder Lücken und Widersprüche finden"[598].

Diese Einlassung stellte eher ein Argument für eine mehrfache Beratung dar, bildete aber keineswegs ein Argument für die einmalige Beratung. Die von Robert von Mohl angesprochenen "Unsauberkeiten" waren verständlicherweise nach nur einem Beratungsdurchgang noch viel stärker vorhanden. Nach einer nur einmaligen Beratung blieb keine Möglichkeit mehr, die befürchteten "Ungereimtheiten" durch das Parlament auszumerzen[599].

Festzuhalten bleibt, daß die fehlende eindeutige Festlegung der Geschäftsordnung auf eine mehrmalige Beratung des Gesetzesentwurfs keinerlei zeitsparende Geschäftsvorgänge vornehmlich bei entscheidenden und problematischen Gesetzen ermöglichte. Es fand erst eine umfassende Diskussion über die Geschäftsbehandlung selbst statt. Hinzu kam die Auslegung unbestimmter Begriffe wie "einzelne Hauptpunkte".

Gerade die durch Geschäftsordnungsfragen verlorene Zeit hätte die Deutsche Nationalversammlung dringend gebraucht, da ihre politische Machtstellung im Laufe der Zeit immer schwächer wurde[600]. Dieser zunehmende Machtverlust führte dann letztlich auch zum „Untergang“ des Frankfurter Parlaments[601]

Abschließend ist aus den Untersuchungen der Gesetzesberatungstechnik zu folgern, daß die in der Geschäftsordnung der Deutschen Nationalversammlung vorgesehene einmalige Lesung eines Gesetzes bestenfalls bei einem nüchtern und sachlich arbeitenden Parlament zu tragbaren Ergebnissen hätte führen können. Die Regelung in der Geschäftsordnung der Deutschen Nationalversammlung hätte, um effektiv sein zu können, zumindest ein bereits

---

598 von Mohl, Wigard I, S. 706

599 Diese Problematik wurde auch schon von Mittermaier in: Rotteck/Welcker, Artikel "Geschäftsordnung", S. 652 gesehen, in dem er ausführt, daß durch die Beschlüsse von vielen Personen über umfangreiche Gesetzesmaterialien manchmal durch Mehrheitsbeschluß ein Ergebnis zustande käme, welches "gar nicht mehr zum Ganzen paßt...".

600 von Eyck, Deutschlands große Hoffnung, S. 209 m. w. N.

601 vgl. zu dieser Thematik: Blos, Der Untergang des Frankfurter Parlaments

disziplinierte und strukturiertes Plenum vorausgesetzt. Sie war aber außerstande, dieses Werk der Disziplinierung von sich aus zu vollbringen[602].

4. Entwicklungsgeschichtliche Einordnung

Die Geschäftsordnung der Frankfurter Nationalversammlung entstand in einer Epoche, in der zumindest die Grundzüge ausländischer Réglements schon bekannt waren. Gleichzeitig konnte man auf die Erfahrungen der landständischen Versammlungen des Vormärz zurückgreifen. Die Bedeutung einer Regelung des Parlamentsverfahrens war mittlerweile den meisten Staatswissenschaftlern und Politikern bewußt. So hatte sich beispielsweise Dahlmann - neben von Mohl, Schwarzenberg, Murschel, Blum, Droysen, Römer und Wesendonck ein Mitschöpfer der Frankfurter Geschäftsordnung - schon in seinem Werk "Die Politik, auf den Grund und das Maß der gegebenen Zustände zurückgeführt" aus dem Jahre 1847 für die dreifache Abstimmung eines Gesetzesvorhabens ausgesprochen[603].

Mit dieser Ansicht konnte er sich jedoch nicht gegen die Befürworter der einmaligen Beratung durchsetzen. Insbesondere Robert von Mohl nahm eine stark ablehnende Haltung gegenüber der mehrfachen Beratung eines Gesetzes an. In seinen "Vorschlägen" war er mit keinem Wort auf diesen Problemkreis eingegangen. Es entsprach nicht seinen Vorstellungen, der Frankfurter Nationalversammlung eine dreifache Beratung der Gesetze nach englischem Vorbild zu empfehlen. Vielmehr entschieden sich die Initiatoren der Geschäftsordnung für die einmalige Beratung. Man unterschied jedoch nicht zwischen General- und Spezialdebatte. Auch in seinen "Vorschlägen" hat von Mohl eine solche Teilung nicht ausdrücklich erwähnt. Während diese Trennung im württembergischen Landtag - dem von Mohl bekanntlich längere Zeit als Mitglied angehörte - nicht üblich war, kannte man die Unterscheidung zwischen General- und Spezialdebatte damals durch die Verfahrensweise in einigen landständischen Versammlungen des Vormärz durchaus[604]. Ungeachtet dessen

---

602 Ziebura, Anfänge des deutschen Parlamentarismus, S. 197

603 Dahlmann, Politik, S. 153

604 vgl. bspw. § 66 der sächsischen Landtagsordnung von 1833; Art. 81 der bayerischen Geschäftsordnung von 1830; § 27 und § 30 der kurhessischen Geschäftsordnung aus dem Jahre 1831

tendierte das System der einmaligen Beratung mehr zum französisch-belgischen Vorbild als zum englischen Gesetzesberatungssystem.

Eine Besonderheit des Gesetzesberatungsverfahrens der Frankfurter Nationalversammlung stellte sicherlich die Möglichkeit eines Ausschusses dar, eine weitere Beratung zu beantragen. Vornehmlich war dieser Umstand insofern ineffizient, da er - wie das dargelegte Beispiel zeigt - zu unnötigen Diskussionen zwischen den Abgeordneten über die Geschäftsbehandlung führte.

Das Abteilungswesen als ein wesentliches Charakteristikum des französischen Parlamentsaufbaus haben die Schöpfer der Frankfurter Geschäftsordnung übernommen. Zwar stand Robert von Mohl bekanntlich einer Vorberatung von Gesetzen innerhalb der Abteilungen skeptisch gegenüber, doch konnte er sich in diesem Punkt offenbar nicht gegenüber seinen Mitstreitern bei der Abfassung der Geschäftsordnung durchsetzen. Vielmehr entsprachen auch die Art der Vorberatung in den Abteilungen, die Bildung eines Ausschusses aus Mitgliedern der einzelnen Abteilung sowie die Abfassung des Kommissionsberichtes weitgehend dem französisch - belgischen System.

Die Urheber der Gesetzesberatungsformen in der Frankfurter Nationalversammlung waren aufgrund der drängenden Zeit gezwungen, sich an den Regelungen anderer Parlamente zu orientieren. So sind kaum eigene Vorstellungen gegenüber den Geschäftsordnungen vorheriger Parlamente zu erkennen. Der größte Teil der Bestimmungen ist vom französisch - belgischen System der Gesetzesberatung übernommen worden, während das englische System keinerlei Berücksichtigung fand.

C. Die Gesetzesberatung in der preußischen Nationalversammlung

Die Revolution von 1848 erfaßte alle deutschen Einzelstaaten. Damit geriet auch Preußen in den Strudel der revolutionären Wirren, so daß sich die Forderung nach einer repräsentativen Volksversammlung erhob. Die preußische Nationalversammlung befand sich in einer vergleichbaren Situation wie die Frankfurter Nationalversammlung. Wie in Frankfurt bestand auch in Berlin die Notwendigkeit, innerhalb kurzer Zeit eine Geschäftsordnung zu entwerfen. Es erscheint zweckmäßig zu analysieren, inwieweit die Schöpfer der Geschäftsordnung bei der Ausgestaltung der Gesetzesberatungstechnik auf fürhere Erfahrungen zurückgriffen.

I. Der Weg zur Nationalversammlung

Als Wurzel für das Zustandekommen der Preußischen Nationalversammlung kann die öffentliche Zusage Friedrich Wilhelms III. bezüglich einer Gesamtverfassung für Preußen in dem Finanzedikt vom 27. Oktober 1810 und in der „Verordnung über die zu bildende Repräsentation des Volkes“ von 1815 angesehen werden. Insgesamt hat Friedrich Wilhelm III. danach noch viermal ein Verfassungsversprechen abgegeben[605]. Zunächst beschränkten sich er und später Friedrich-Wilhelm IV. darauf, Provinzialstände einzuberufen. Diese traten im Jahr 1847 zum Vereinigten Landtag zusammen[606]. Damit war der Höhepunkt von Repräsentation und Parlamentarismus in Preußen vor der Revolution erreicht[607]. Der Vereinigte Landtag[608] vermittelte zwar erstmals den Eindruck einer parlamentarischen Arbeit, erlangte jedoch nie eine bedeutende staatspolitische Stellung[609], zumal sich die Kompetenz des Landtags zunächst nur auf die Beschlußfassung über Steuern und Staatsschulden beschränkte[610]. Daher ist es entbehrlich, die Gesetzesberatungstechnik des Vereinigten Landtags eingehend zu untersuchen[611].

---

605 vgl. hierzu Böhr, Die Verfassungsarbeit, S. 6 f.

606 vgl. de Grais, Der Preußische Staat, S. 1; vgl. zu den staatspolitischen Entwicklungen bis zum Vereinigten Landtag: Menger, Deutsche Verfassungsgeschichte, Rdnr. 244 ff.

607 vgl. Obenaus, Anfänge des Parlamentarismus in Preußen, S. 710

608 vgl. zu seiner Zusammensetzung: Böhr, Die Verfassungsarbeit, S. 8

609 vgl. Obenaus, Anfänge des Parlamentarismus in Preußen, S. 728

610 vgl. Böhr, Die Verfassungsarbeit, S. 8

611 Das sog. "Reglement über den Geschäftsgang bei dem Vereinigten Landtag" war vom preußischen König verordnet worden (abgedruckt in "Der Erste Vereinigte Landtag in Berlin 1847", Erster Theil, S.14 - 20).
Im Vereinigten Landtag mußte jede Plenardebatte gemäß § 7 des Reglements zwangsweise in den Abteilungen vorbereitet werden. Die eigentliche Verhandlung im Landtag begann nach § 14 S. 3 mit der Verlesung eines Gutachten der Abteilung durch den jeweiligen Referenten. Danach wurde durch den Marschall die mündliche Beratung - vgl. zu ihren teilweise eigentümlichen Regeln § 15 des Reglements - eröffnet. Nach dem Schluß der Beratung stellte der Marschall nach § 16 die sich aus der Beratung ergebenden Fragen und bestimmte deren

Die Februarrevolution in Paris rief wie in ganz Deutschland gleichermaßen auch in Preußen starke politische Unruhe hervor[612], die dazu führte, daß sich auch Berlin als preußische Hauptstadt sehr bald zu einem Schauplatz der Märzbewegung entwickelte. Auf Volksversammlungen mehrten sich zahlreich die Forderungen nach Freiheit und parlamentarischer Mitbestimmung[613]. Da ein Großteil der Bevölkerung zunehmend über den anhaltenden Widerstand der Regierung gegen eine Umstrukturierung der Verfassung verbittert war[614], kam es immer öfter zu gewalttätigen Auseinandersetzungen zwischen Bürgern und dem Militär[615]. Friedrich Wilhelm IV. sah sich aufgrund dieser Vorkommnisse trotz seiner grundsätzlichen Abneigung gegenüber dem modernen Konstitutionalismus und der daraus resultierenden Nichtgewährung der Periodizität des Vereinigten Landtags gezwungen, weitere Zugeständnisse zu machen[616].

Am 2. April trat als Folge der Ereignisse der durch ein königliches Patent vom 14. März 1848 einberufene Vereinigte Landtag zusammen[617], dessen aristokratisch eingestellte Mitglieder aufgrund der Märzereignisse zu einer Neuordnung des Staates bereit schienen[618]. Dem Vereinigten Landtag war der Entwurf eines Wahlgesetzes für die zur "Vereinbarung der preußischen Staatsverfassung" zu berufende Versammlung und der Entwurf einer

---

Reihenfolge. Hinsichtlich einer weiteren Beratung und Abstimmung über eine redaktionelle Zusammenstellung des Gesetzesvorhabens sagt das Reglement nichts aus.

612 Schulze, Das preussiche Staatsrecht, S. 110; vgl. zu dem Gesamtkomplex: Huber , Deutsche Verfassungsgeschichte, Band II, S. 502 -586

613 Huber, Deutsche Verfassungsgeschichte, Band II, S. 572 f.

614 Hartung, Deutsche Verfassungsgeschichte, S. 153

615 vgl. zu den damaligen Ereignissen: Böhr, Die Verfassungsarbeit, S. 9 f.; detaillierter: Huber, Deutsche Verfassungsgeschichte, Band II, S. 572-576

616 Hartung, Deutsche Verfassungsgeschichte, S. 153

617 Die Entwicklung bis zu der einberufenen Sitzung zeigt den Einfluß der Unruhen auf die Handlungsweise des Königs. So erging gleich auf die Einberufung vom 14. März am 18. März eine königliche Proklamation hinsichtlich einer beschleunigten Einberufung des Vereinigten Landtags. Beachte hierzu: Born, Staatsrecht der Preußischen Monarchie, S. 58 ff.; Bornhak, Preußisches Staatsrecht, S. 48 f.

618 Böhr, Die Verfassungsarbeit, S. 10

Verordnung über Grundlagen der künftigen preußischen Verfassung[619] zur Beratung vorgelegt und vom Vereinigten Landtag ohne wesentliche Änderungen genehmigt worden[620].

Am 1. Mai 1848 fanden - zusammen mit den Wahlen zur Frankfurter Nationalversammlung - die Wahlen zur Preußischen Nationalversammlung statt[621], wobei die Zusammensetzung der 400 Mitglieder der Nationalversammlung[622] alle zeitgenössischen Beobachter überraschte. Nur zwanzig Mitglieder des ehemaligen Vereinigten Landtags hatten ein Mandat für die Preußische Nationalversammlung erhalten. Hinsichtlich der sozialen Zusammensetzung[623] gab es gegenüber dem Frankfurter Parlament einen erheblich höheren Anteil an Handwerkern und Bauern, jedoch existierte auch hier zumindest eine zahlenmäßige Vorherrschaft der Juristen und Beamten[624].

II. Der Weg zur Geschäftsordnung

Der König eröffnete am 22. Mai 1848 die "Versammlung zur Vereinbarung der preußischen Verfassung" in Berlin. Nach der Thronrede übergab der damalige Ministerpräsident Camphausen der Versammlung den Entwurf für die Verfassung[625]. In § 60 dieses Entwurfes war bestimmt, daß jede Kammer ihren Geschäftsgang durch eine Geschäftsordnung regeln solle. Darüber hinaus überreichte Camphausen der Nationalversammlung eine provisorische Geschäftsordnung[626]. Ihre eigentliche Beratungstätigkeit begann die Versammlung unter dem Vorsitz des Alterspräsidenten v. Schön in der nächsten

---

619 vgl. zum Wahlgesetz: Stier - Somlo, Das Preußische Verfassungsrecht, S. 23

620 Bornhak, Staats- und Rechtsgeschichte, S. 465

621 vgl. Stier - Somlo, Das Preußische Verfassungsrecht, S. 23; Schmoller, Preußische Verfassungsgeschichte, S. 210

622 vgl. hierzu Böhr, Verfassungsarbeit, S. 11; Zur politischen Zusammensetzung der Nationalversammlung vgl.: Stier - Somlo, Das Preußische Verfassungsrecht, S. 23

623 vgl. hierzu Böhr, Die Verfassungsarbeit, S. 11 f.

624 vgl. Botzenhardt, Das Preußische Parlament, S. 17

625 Abgedruckt im Stenographischen Bericht der "Versammlung zur Vereinbarung der Preußischen Staats-Verfassung, Eröffnungs-Sitzung, S. 1 - 4; im folgenden: Sten. Bericht, Sitzung

626 Abgedruckt Sten. Bericht, Eröffnungs-Sitzung, S. 4 -6

Sitzung und bestimmte zunächst durch das Los eine Kommission von vierzig Mitgliedern zur Prüfung der Wahlen[627]. Während dieser Prüfung wurde die provisorische Geschäftsordnung ohne weitere Diskussion angenommen[628]. Nachdem am 27. Mai die weitere Anwendung der provisorischen Geschäftsordnung beschlossen worden war[629], legte die Zentralabteilung am 26. Juni 1848 einen Entwurf für eine endgültige Geschäftsordnung für die zur Vereinbarung der preußischen Staats-Verfassung berufene Versammlung vor[630]. Diese Geschäftsordnung wurde trotz mehrerer Änderungsvorschläge nahezu einstimmig angenommen[631].

III. Die Anwendung der Regelungen der Geschäftsordnung bei der Gesetzes- und Verfassungsberatung

1. Die theoretische Behandlung eines Gesetzes bzw. Verfassungsbestimmung nach der Geschäftsordnung vom 26. Juni 1848

Nach § 3 der Geschäftsordnung der Preußischen Nationalversammlung[632] wählte die Versammlung in drei getrennten Wahlakten einen Präsidenten, vier Vizepräsidenten und acht Schriftführer. Der Präsident, gemäß § 7 S. 1 der Repräsentant der Versammlung in Außenbeziehungen, leitete auch die Verhandlungen, sorgte für die Einhaltung der Geschäftsordnung, erteilte den Rednern das Wort, stellte die einzelnen Fragen vor der Abstimmung und verkündete die Entscheidung.

Gesetzesvorschläge der Regierung waren nach § 24 der Versammlung durch den zuständigen Minister zu überreichen. Der Gesetzesvorschlag wurde gedruckt an alle Mitglieder verteilt. Durch Mitglieder der Versammlung initiierte Anträge waren beim Sekretariat des Parlamentes einzureichen. Sie

---

627 Botzenhart, Deutscher Parlamentarismus, S. 493

628 Sten. Bericht, Zweite Sitzung, S. 7 f.

629 Sten. Bericht, Vierte Sitzung, S. 29 ff.

630 Abgedruckt in: Sten. Bericht, Zwanzigste Sitzung, S. 290 - 292

631 Sten. Bericht, Zwanzigste Sitzung, S. 293

632 Paragraphen ohne nähere Bezeichnung sind solche der Geschäftsordnung der Preußischen Nationalversammlung.

hatten mit der Eingangsformel: "die Versammlung wolle beschließen, daß ..." zu beginnen und mit einer kurzen Begründung zu versehen sein.

Nach § 26 S. 1 verlas man formulierte Gesetzesvorschläge zunächst im Plenum. Für die Weiterbehandlung des Gesetzesvorschlages war gemäß § 26 S. 2 eine Unterstützung durch mindestens zehn Abgeordnete erforderlich.

Auch ein dringender Antrag eines Abgeordneten mußte nach § 26 S. 1 sofort im Plenum verlesen werden. Diese Anträge benötigten gemäß § 26 S. 2 die Unterstützung von mindestens zehn Abgeordneten. Im Falle der Unterstützung mußte der Antragsteller sein Dringlichkeitsersuchen gemäß § 26 S. 5 kurz begründen. Über die Dringlichkeit entschied die Versammlung nach § 26 S. 6 ohne jegliche Diskussion. Wurde die dringliche Beratung von der Mehrheit der Abgeordneten abgelehnt, folgte nach § 26 S. 7 das gewöhnliche Verfahren.

Die Preußische Nationalversammlung unterteilte sich nach § 12 in acht durch Los gebildete Abteilungen. Nach § 24 S. 2 und § 26 S. 3 gingen die Gesetzesvorschläge, für die keine sofortige Beratung beschlossen worden war, zunächst an die Abteilungen oder Kommissionen.

Die Beratung jedes Gesetzesvorschlages in den Abteilungen sollte gemäß § 14 S. 1 die Regel sein. Nach § 14 S. 2 wählte die Abteilung mit absoluter Mehrheit einen bzw. auf Beschluß des Parlaments mehrere Berichterstatter, deren Ernennung der Versammlung gemäß § 14 S. 3 angezeigt werden mußte, sobald die Abteilung den betreffenden Gegenstand für hinreichend diskutiert erklärt hatte. Nach Eingang mindestens fünf dieser Anzeigen berief der Präsident nach § 15 die einzelnen Berichterstatter zur sog. "Central-Abteilung" zusammen und setzte diejenigen Abteilungen davon in Kenntnis, die noch nicht das Ende ihrer Beratung angezeigt hatten. Ohne ihre Mitwirkung konnte die Zentralabteilung allerdings ihre Beratungen nicht beginnen.

Unter dem Vorsitz des Präsidenten wählte die Zentralabteilung gemäß § 17 S. 1 nach "gepflogener Beratung" mit absoluter Mehrheit einen Berichterstatter, der in einem Bericht die Ansichten der einzelnen Abteilungen und der durch sie gebildeten Zentralabteilung zusammenzustellen hatte. Dieser Bericht gelangte gemäß § 17 S. 2 nach dem Druck mindestens drei Tage vor der

Verhandlung in der Versammlung an alle Abgeordneten und an die einzelnen Minister.

Die Bestimmung des § 20 S. 1 erlaubte es der Preußischen Nationalversammlung, zur Bearbeitung eines Gesetzesvorschlages besondere Kommissionen durch Wahl oder "anderweitiges Übereinkommen" zu bilden. Die Mitglieder der Kommissionen wurden gemäß § 20 S. 2 in der Regel durch die Abteilungen gewählt. Der § 22 S. 1 billigte jedem Minister das Recht zu, an den Vorberatungen der Abteilungen und in der Zentralabteilung bzw. an den Sitzungen der möglicherweise eingesetzten Kommission teilzunehmen.

Der Abschluß der Vorbereitung des Gesetzesvorschlages durch die Zentralabteilung bzw. durch die Kommission wurde nach § 23 dem Präsidenten der Nationalversammlung mitgeteilt, der daraufhin den Tag der Verhandlung festlegte und den Gesetzesvorschlag auf die Tagesordnung setzte[633].

Nach § 44 S. 1 fand bei Gesetzesentwürfen zuerst eine Verhandlung über den Grundsatz des Vorschlages bzw. über die Grundfragen eines seiner Abschnitte statt. Bei dieser allgemeinen Diskussion konnte gemäß § 44 S. 2 jedem Abgeordneten nur einmal das Wort gestattet werden. Gemäß § 45 begann nach der allgemeinen Aussprache die Verhandlung über die einzelnen Artikel[634] der Gesetzesvorlage bzw. die sich auf sie beziehenden Abänderungsvorschläge.

Abänderungsvorschläge konnten von den Abgeordneten gemäß § 43 S. 1 jederzeit vor dem Ende der Beratungen gestellt werden, mußten allerdings nach § 43 S. 2 mit der anstehenden Hauptfrage in Verbindung stehen. Sie wurden dem Vorsitzenden in Schriftform überreicht. Die Abänderungsvorschläge erforderten für ihre Behandlung in der Versammlung gemäß § 43 S. 2 die Unterstützung von mindestens zehn Mitgliedern. Die Versammlung konnte im Sinne des § 43 S. 4 beschließen, die Verbesserungsvorschläge an die Abteilungen oder diejenigen Kommissionen zurückzuverweisen, die den

---

[633] vgl. zu den umfangreichen Bestimmungen zu der Tagesordnung §§ 30 - 37

[634] Die Bezeichnung "Paragraph" wurde in der gesamten Geschäftsordnung der Preußischen Nationalversammlung nicht verwandt.

Gesetzesentwurf in seiner ursprünglichen Form bearbeitet hatten. In diesem Fall setzte man die gesamte Beratung aus.

Die Versammlung konnte gemäß § 46 S. 1 das Ende der Beratung beschließen, falls der Präsident oder mindestens 25 Abgeordnete einen entsprechenden Vorschlag gemacht hatten. Zuvor waren jedoch nach § 46 S. 2 noch der Antragsteller und der Berichterstatter zu hören. Vor der Abstimmung formulierte der Präsident gemäß § 49 S. 1 die Frage für die Abstimmung. Über den Wortlaut der Fragen war nach § 49 S. 2 eine Beratung möglich. Waren mehrere Anträge zu einer Thematik gestellt, so legte der Präsident diese gemäß § 49 S. 4 der Reihenfolge nach dem Parlament vor. Die Beschlüsse faßte man nach § 52 mit absoluter Mehrheit.

Nach der Verhandlung und Abstimmung über die einzelnen Artikel gemäß § 45 wurden gemäß § 46 die Beschlüsse über die einzelnen Artikel und die Abänderungsvorschläge dokumentiert. Nach § 46 stimmte die Versammlung frühestens nach einem Tag über "das Ganze des Gesetzesvorschlages" ohne weitere Diskussion ab.

2. Die praktische Handhabung der Regelungen der Geschäftsordnung am Beispiel der Habeas-Corpus-Akte

Wie in den anderen aufgezeigten Fällen erscheint eine präzisere Beurteilung des Gesetzesberatungssystems der Preußischen Nationalversammlung möglich, wenn die theoretischen Regelungen anhand eines Beispiels aus der praktischen Parlamentsarbeit erhellt werden.

Die oben bereits beschriebenen revolutionären Umstände zu Beginn der preußischen Nationalversammlung schlugen sich auch in der damaligen Gesetzgebungstätigkeit nieder. So war die Gesetzgebung, die neben dem eigentlichen Verfassungswerk einsetzte, von fortschrittlichen Bestrebungen beherrscht[635]. Die Abgeordneten der Preußischen Nationalversammlung befaßten sich noch vor der Debatte über den Verfassungsentwurf mit der Verabschiedung einer sog. Habeas-Corpus-Akte, deren Hauptziel darin bestand,

---

635 so Scheyhing, Deutsche Verfassungsgeschichte, S. 130

unrechtmäßige Verhaftungen durch die Polizei zu verhindern und eine Verpflichtung festzulegen, Verhaftete alsbald einem Richter vorzuführen.

Die nähere Betrachtung der Behandlung der Habeas-Corpus-Akte im Parlament ist insbesondere aus dem Grunde angebracht, da dieses Gesetz - trotz der nur kurzen Bestandsdauer der Preußischen Nationalversammlung - den vollständigen Weg durch das Parlament gegangen ist und dieser Weg von der Einbringung über die Beratung bis zur Beschlußfassung alle wesentlichen Merkmale des Gesetzesberatungssystems der Preußischen Nationalversammlung aufweist. Des weiteren ist diese Regelung bezüglich der persönlichen Freiheit ein wesentliches Element einer Verfassung im modernen Sinn, wodurch der Behandlung im Parlament eine staatspolitisch wichtige Rolle zukam.

a) Der Streit um die Verfahrensfrage

Die "Habeas-Corpus-Akte" wurde am 1. August 1848 durch den Abgeordneten Waldeck in der in § 25 S. 1 vorgeschriebenen Form eingebracht[636] und begründet[637]. Nach der gemäß § 26 S. 2 erforderlichen Unterstützung des

---

636 Abg. Waldeck, Sten. Bericht, Vierunddreißigste Sitzung, S. 652,:
"Die hohe Versammlung wolle sofort beschließen, folgende in dem Entwurfe der Verfassung bereits aufgenommene Bestimmungen als ein besonderes Gesetz der Krone zur Erklärung vorzulegen.
§ 1 Art. 5. Die persönliche Freiheit ist gewährleistet. Außer dem Falle der Ergreifung auf frischer That darf eine Verhaftung nur kraft eines schriftlichen, die Anschuldigung bezeichnenden richterlichen Befehls bewirkt werden. Dieser Befehl muß entweder bei der Verhaftung oder spätestens innerhalb 24 Stunden zugestellt werden. In der gleichen Frist ist das Erforderliche zu veranlassen, um den Verhafteten dem zuständigen Richter vorzuführen.
§ 2 Art. 6. Niemand darf wider seinen Willen vor einen anderen, als den im Gesetze bezeichneten Richter gestellt werden.
Ausnahmegerichte und außerordentliche Kommissionen sind unstatthaft. Keine Strafe kann angedroht oder verhängt werden, als in Gemäßheit des Gesetzes.
§ 3 Art. 7. Die Wohnung ist unverletzlich. Haussuchungen dürfen nur unter der Mitwirkung des Richters oder der gerichtlichen Polizei in den Fällen und nach den Formen des Gesetzes vorgenommen werden.
§ 4 Art. 93. Es ist keine vorgängige Genehmigung der Behörden nöthig, um öffentliche Civil- und Militär-Beamte wegen der durch Ueberschreitung ihrer Amtsbefugnisse verübten Rechtsverletzungen gerichtlich zu belangen."

637 Abg. Waldeck, Sten. Bericht, Vierunddreißigste Sitzung, S. 652:
"Die Habeas-Corpus-Akte, das allerwesentlichste Requisit einer freien Verfassung, fehlt uns noch. Im Angesichte der sich so vermehrenden Polizeibeamten bedarf die persönliche Freiheit

Antrags durch mindestens zehn Abgeordnete stimmte die Versammlung darüber ab, ob der Gesetzesvorschlag vor der festgelegten Tagesordnung behandelt werden sollte[638]. Dementsprechend trug der Abg. Waldeck die Gründe für seinen Antrag auf umgehende Behandlung vor[639]. Die danach durchgeführte Abstimmung über die Dringlichkeit des Gesetzesvorhabens ergab, daß eine Mehrheit der Abgeordneten für die sofortige Behandlung des Gesetzesentwurfes war[640].

Nach der Geschäftsordnung wäre der Gesetzesentwurf jetzt konsequenterweise sofort vollständig zu behandeln gewesen. Zunächst eröffnete der Präsident die allgemeine Beratung nach § 44 S. 1[641]. Als erster Redner der allgemeinen Debatte wandte Minister Kühlwetter jedoch ein, daß es nicht sinnvoll sei, einen so wichtigen Teil wie die Habeas-Corpus-Akte aus der Verfassung herauszureißen und in einer "unvorbereiteten Weise zum Beschluß zu

---

der Staatsbürger, besonders der Bewohner Berlins, dringend dieses Schutzes. Ich bin beauftragt, das beiliegende, mit sehr zahlreichen Unterschriften bedeckte Petitionsheft zu überreichen, und füge solches dem vorstehenden Antrage bei, damit die Dringlichkeit desselben desto klarer hervortrete."

638 Sten. Bericht, Vierunddreißigste Sitzung, S. 652

639 Abg. Waldeck, Sten. Bericht, Vierunddreißigste Sitzung, S. 652:
"Meine Herren! Die Artikel des Gesetzentwurfes, welche sie soeben gehört haben, sind von der Verfassungs-Kommission ohne Widerspruch angenommen. Sie werden schon daraus entnehmen, daß in dieser Beziehung alle Parteien einig sind. Es ist ein Punkt, der zu den wichtigsten Rechten eines freien Volkes gehört. Er betrifft die sog. Habeas-Corpus-Akte, ein Recht, welches dem englischen Volke schon seit dem Jahr 1697 zustand, wobei nie ein Zweifel obgewaltet hat, daß sie zu den Fundamental-Rechten gehört. Die Dringlichkeit schien mir durch die Verhältnisse motivirt; denn man hat in neuerer Zeit bei uns die Polizei-Mannschaften vermehrt, und dadurch wird die Möglichkeit gegeben, daß Polizei-Verhaftungen, denen vorgebeugt werden soll, in ausgedehnterem Maße vorkommen, als dies bisher der Fall gewesen ist. ... Ich glaube, daß gerade dieses Stück Verfassungs-Urkunde nicht länger auf sich warten lassen dürfe, und daß es dringlich sei, dies jetzt schon im voraus zu lassen...".

640 Sten. Bericht, Vierunddreißigste Sitzung, S. 652, Präsident: "Beschließt die Versammlung aus den angegebenen Dringlichkeits-Gründen sofort auf die Beratung des Gesetzesentwurfs einzugehen? Diejenigen, welche dies wollen, bitte ich, sich zu erheben. (Geschieht.) Das Bureau ist der Ansicht, daß sich die Majorität für die sofortige Beratung erhoben habe."

641 Sten. Bericht, Vierunddreißigste Sitzung, S. 653, Präsident: "Nachdem der Abgeordnete *(gemeint ist damit der Antragsteller Abg. Waldeck)* den allgemeinen Grundsatz und die einzelnen Paragraphen entwickelt hat, kommt es darauf an, daß ich die Diskussion über den allgemeinen Grundsatz einleite und demnach die Berathung über die einzelnen Paragraphen nachfolgen lasse. Ich eröffne also die Diskussion dem Reglement gemäß über den allgemeinen Gesichtspunkt dieses Gesetzes."

tragen"[642]. Hierauf folgte - obwohl die sofortige Beratung beschlossen worden war - eine erneute Diskussion, ob der Gesetzesvorschlag sofort zu beraten war oder der normale Weg des Gesetzesberatungsverfahrens eintreten sollte[643]. Nach der teilweise zerfahrenen Diskussion wurde beschlossen, über diese Frage namentlich abzustimmen[644].

Die Abstimmung ergab die Ablehnung einer sofortigen Rückkehr zur Tagesordnung und damit die erneute Zustimmung zur sofortigen Behandlung der Habeas-Corpus-Akte[645]. Allerdings unterblieb erneut die sofortige Beratung des eingebrachten Gesetzes. Vielmehr wurden nochmals zwei Anträge nach § 39 Nr. 2 gestellt, die Diskussion über das Gesetz zu vertagen. Aufgrund dieser Anträge schloß sich erneut eine langwierige Diskussion über das Vorgehen an[646]. Letztlich wurde der Antrag angenommen, die Beratung für acht Tage zu suspendieren und bis dahin den Antrag in den Abteilungen und danach in der Zentralabteilung vorzuberaten[647].

b) Die eigentliche Beratung

Die Beratung ist nicht, wie beschlossen, innerhalb von acht Tagen, sondern erst am 22. August 1848 - also etwa drei Wochen nach dem Antrag von Waldeck - wieder aufgenommen worden[648]. Zu Beginn gab der Abgeordnete Waldeck - diesmal in der Funktion des Berichterstatters - zunächst den Bericht der Zentralabteilung ab, aus dem sich ergab, daß sich die dritte und die siebte Abteilung hinsichtlich einer Heraustrennung der Habeas-Corpus-Akte aus dem gesamten Verfassungsentwurf negativ, alle anderen Abteilungen dagegen

---

642 Sten. Bericht, Vierunddreißigste Sitzung, S. 653

643 vgl. die Debatte Sten. Bericht, Vierunddreißigste Sitzung, S. 653 f.

644 vgl. Sten. Bericht, Vierunddreißigste Sitzung, S. 654 ff.

645 vgl. Sten. Bericht, Vierunddreißigste Sitzung, S. 656, Schriftführer Bauer: "Mit Ja haben gestimmt 150, mit Nein 215. Es fehlen 42 und 3 haben sich des Stimmens enthalten." Präsident: "Es ist somit der Uebergang zur Tagesordnung verworfen."

646 vgl. die teilweise sehr persönlich beeinflußte Debatte in: Sten. Bericht, Vierunddreißigste Sitzung, S. 656 - S. 660

647 vgl. Sten. Bericht, Vierunddreißigste Sitzung, S. 660

648 vgl. auch Böhr, Die Verfassungsarbeit, S. 95

positiv geäußert hatten. Der positiven Meinung sei auch die Zentralabteilung mit einer Mehrheit von fünf gegen drei Stimmen beigetreten[649].

Diesem Ergebnis entsprechend, eröffnete der Präsident nach der dreiwöchigen Unterbrechung die allgemeine Diskussion über das Gesetz nach § 44 erneut[650]. Am Schluß dieser allgemeinen Diskussion stimmte die Nationalversammlung zum wiederholten Male darüber ab, ob das Gesetz tatsächlich vor der eigentlichen Verfassung beraten werden solle. Diese Frage wurde diesmal mit großer Mehrheit bejaht[651].

Danach eröffnete der Präsident nach § 45 die Verhandlung über die einzelnen Artikel[652]. Nach dem Kommissonsbericht zu § 1 des Gesetzes erfolgte die Eröffnung der Diskussion über diesen Paragraphen[653]. Nach ausführlicher, vorwiegend sachlicher Diskussion über den Inhalt des § 1 über gestellte Abänderungsvorschläge erklärte der Vorsitzende die Beratung über § 1 für beendet[654] und ließ über die einzelnen Sätze des § 1 abstimmen[655]. In gleicher Weise ging man auch bei den weiteren Paragraphen vor.

Nach der Beratung und Abstimmung über alle Paragraphen des Gesetzesvorschlages wurde der Berichterstatter beauftragt, das Gesetz mit den beschlossenen Änderungen schriftlich zusammenzustellen, damit darüber ohne Diskussion abgestimmt werden könne[656]. Die Zusammenstellung übernahm der Abg. Waldeck und verlas daraufhin in der Sitzung vom 28. August 1848

---

649 vgl. Sten. Bericht, Zweiundvierzigste Sitzung, S 854

650 vgl. Sten. Bericht, Zweiundvierzigste Sitzung, S. 855, Präsident: "Ich glaube, es würde hier für die Versammlung ein guter Abschnitt sein, um sich über die allgemeine Frage, welche die Zentral-Abtheilung gestellt hat, aussprechen zu können... Demgemäß eröffne ich die Diskussion über den allgemeinen Gesichtspunkt und ersuche diejenigen Herren, welche das Wort begehren, sich einschreiben zu lassen."

651 vgl. Sten. Bericht, Zweiundvierzigste Sitzung, S. 856

652 vgl. Sten. Bericht, Zweiundvierzigste Sitzung, S. 856, Präsident: "Wir kommen nun zum speziellen Teil des Gesetzes ... Darf ich bitten, die einzelnen Paragraphen vorzulesen und dann den Kommissionsbericht folgen zu lassen".

653 Sten. Bericht, Zweiundvierzigste Sitzung,, S. 857

654 vgl. Sten. Bericht, Zweiundvierzigste Sitzung, S. 862

655 vgl. Sten. Bericht, Zweiundvierzigste Sitzung, S. 864

656 vgl. Sten. Bericht, Fünfundvierzigte Sitzung, S. 924

den vollständigen Wortlaut[657]. Schließlich wurde das geplante Gesetz vom Präsidenten nach § 46 zur Abstimmung gestellt und von der Versammlung einstimmig angenommen[658]. Die Habeas-Corpus-Akte ist damit - ungefähr drei Monate vor der Auflösung der preußischen Nationalversammlung - beschlossen worden.

IV. Die entwicklungsgeschichtliche Einordnung

Bei der Analyse der Gesetzesbehandlung der preußischen Nationalversammlung erkennt man unschwer eine starke Ähnlichkeit zur Geschäftsordnung der Frankfurter Nationalversammlung. Schon der äußere Aufbau ist fast identisch, wie dies auch die Urheber der preußischen Geschäftsordnung einräumten[659].

Auch inhaltlich weist die Geschäftsordnung große Anlehnungen an das Frankfurter Reglement auf. Wie die Paulskirche entschieden sich auch die Schöpfer der preußischen Geschäftsordnung für das französisch-belgische Abteilungssystem. Hier wie dort kam den Abteilungen nicht nur eine Wahlfunktion für die Kommissionen zu, wie Robert von Mohl sie ihnen zunächst in seinen "Vorschlägen" für die Frankfurter Nationalversammlung zugedacht hatte. Vielmehr nahmen sie eine Hauptfunktion im Gesetzesberatungsverfahren ein, indem in ihnen grundsätzlich eine Vorberatung der Gesetzesentwürfe stattfinden sollte.

Trotz der Entscheidung für die Abteilungen wurde auch die Existenz von Kommissionen von den Mitgliedern der preußischen Nationalversammlung als absolute Notwendigkeit angesehen. Deshalb wurden bereits am 30. Juni 1848 - neben der am 15. Juni eingesetzten Verfassungskommission - neun ständige Kommissionen mit jeweils 16 Mitgliedern gebildet. Die Bildung eines Zentralausschusses durch die Abteilung und die entsprechende Abfassung eines Ausschußberichtes nach französisch-belgischem System ist aus der Geschäftsordnung der Frankfurter Nationalversammlung übernommen worden.

---

657 vgl. Sten. Bericht, Fünfundvierzigte Sitzung, S. 925 f.

658 vgl. Sten. Bericht, Fünfundvierzigte Sitzung, S. 926

659 vgl., Sten. Bericht, Zwanzigste Sitzung, S. 289: Rücksichtlich der Uebersicht und Anordnung haben die Berichterstatter der Abtheilungen einstimmig die des Frankfurter Reglements zum ungefähren Leitfaden empfohlen.

Eine noch stärkere Annäherung der preußischen Nationalversammlung an das französisch-belgische Modell der Gesetzesberatung zeigt sich bei der Trennung von General- und Spezialdebatte. Hier ist die Ausgestaltung der preußischen Geschäftsordnung wesentlich präziser vorgenommen worden als die Regelung der Frankfurter Nationalversammlung, die keine Trennung der Debatte vorsah[660]. In diesem Punkt berücksichtigten die Schöpfer der preußischen Geschäftsordnung offenbar die Regelungen der landständischen Versammlungen[661].

Trotz der weitgehenden Übernahme französisch-belgischer Gepflogenheiten kam es auch in der preußischen Nationalversammlung zu Unklarheiten bzw. zu Inkonsequenzen bei der Anwendung der Geschäftsordnungsregeln. Nachweislich in dem aufgezeigten Beispiel der Habeas-Corpus-Akte entbrannte eine hitzige Debatte über die geschäftliche Handhabung. Hier zeigte sich der Einfluß der Zentralkommission, die sich für eine Herausnahme der Habeas-Corpus-Akte aus den eigentlichen Verfassungsverhandlungen aussprach und damit die Beratung des Gesetzesvorhabens erst ermöglichte.

Zusammenfassend kann das Gesetzesberatungssystem der preußischen Geschäftsordnung aus dem Jahr 1848 als Abbild der belgischen Geschäftsordnung von 1831 bezeichnet werden. Dies wird insbesondere bei der Unterteilung der Beratung in eine General- und eine Spezialdebatte deutlich. Eine Anlehnung an englische Methoden – deren Übernahme vielleicht durch die räumliche Nähe zu Hannover naheliegend gewesen wäre - ist dagegen in der Preußischen Nationalversammlung nicht zu erkennen.

---

660 vgl. auch Botzenhart, Deutscher Parlamentarismus, S. 496

661 vgl. bspw. Art. 81 der bayerischen Geschäftsordnung von 1830; § 27 und § 30 der kurhessischen Geschäftsordnung aus dem Jahre 1831; § 66 der sächsischen Landtagsordnung von 1833

D. Die Gesetzesberatung im Preußischen Abgeordnetenhauses

I. Der Weg zum Preußischen Landtag

Die Preußische Nationalversammlung war durch den König mit der "Verordnung betreffend die Auflösung der zur Vereinbarung der Verfassung berufenen Versammlung" vom 5. Dezember 1848 aufgelöst worden. Kurz vor der Auflösung hatte der König am 27. November 1848 der in Brandenburg versammelten Preußischen Nationalversammlung noch einmal seinen Verfassungsentwurf vorgelegt. Schon nach wenigen Tagen zeigte sich aber, daß dieser in der Versammlung keine Mehrheit finden würde[662].

Der mit der Auflösung der Nationalversammlung durchgeführte königliche "Staatsstreich"[663] schaffte dem Monarchen die Möglichkeit, noch am selben Tag eine eigene Verfassung durch einseitigen Akt zu verkünden. Diese wurde allgemein - schon im damaligen Sprachgebrauch[664] - als "oktroyierte Verfassung" bezeichnet, da sie nicht - wie vorher versprochen und auch vom König zunächst beabsichtigt - mit der Nationalversammlung vereinbart, sondern ohne ihren Willen kraft der dem König immer noch allein zustehenden Staatsgewalt erlassen worden war[665]. Die oktroyierte Verfassung[666] bildete ein überstürztes Verfassungsprovisorium und war zugleich ein Akt der Selbstbehauptung Friedrich Wilhelms IV. in Hinblick auf die innenpolitische Situation Preußens[667].

Die oktroyierte Verfassung sollte gemäß Art. 112 der Verfassung nach dem ersten Zusammentritt der Kammern einer Revision auf dem Wege der

---

662 Meinecke, Weltbürgertum und Nationalstaat, S. 414

663 so Huber, Deutsche Verfassungsgeschichte, Band II, S. 751 ff., 764 f.

664 so Anschütz, Verfassungs-Urkunde für den Preußischen Staat, S. 44 f.

665 vgl. Anschütz, Verfassungs-Urkunde für den Preußischen Staat, S. 45

666 vgl. ausführlich zu der "oktroyierten Verfassung": Grünthal, Parlamentarismus in Preußen, S. 27 - 96

667 vgl. Kotulla, Die Tragweite der Grundrechte, S. 22 f.

Gesetzgebung unterworfen werden[668]. Die beiden Kammern konstituierten sich am 26. Februar 1849 auf einer gemeinsamen Sitzung[669].

II. Der Weg zur Geschäftsordnung

Nach Artikel 77 S. 2 der Verfassung regelte jede Kammer ihren Geschäftsgang durch eine Geschäftsordnung selbst. Dies erscheint zunächst erstaunlich, da der König mit der Geschäftsordnungsautonomie bereits mißliche Erfahrungen gemacht hatte. Die preußische Nationalversammlung hatte immer wieder versucht, die Kompetenzen der Versammlung auszudehnen[670]. Der Verzicht auf die Oktroyierung einer Geschäftsordnung erwies sich jedoch als ein "geschickter Schachzug". Die königliche Regierung setzte sich somit nicht dem Vorwurf aus, den Handlungsspielraum der Kammern zusätzlich eingeschränkt zu haben[671].

Da sich das Ministerium dementsprechend in der Frage der Geschäftsordnung völlig zurückhielt, trafen sich in den Tagen vor dem Sitzungsbeginn einige Abgeordnete beider Kammern und entwarfen in gemeinschaftlicher Beratung für jede Kammer eine Geschäftsordnung[672]. Durch den Inhalt der Geschäftsordnung und durch die Art des Vorgehens wollte man die vielen Interpellationen und dringlichen Anträge der Preußischen Nationalversammlung vermeiden und die Zeit nicht mit unzähligen Geschäftsordnungsdebatten verschwenden[673].

---

668 Die "oktroyierte Verfassung" ist abgedruckt in: Verhandlungen der durch das Allerhöchste Patent vom 5. Dezember 1848 einberufenen Kammern, Zweite Kammer, Jahrgang 1848, VII - XV

669 Interessant hier die Thronrede des Königs, in der Friedrich Wilhelm IV. durchaus versöhnliche Töne anschlägt (abgedruckt in: Verhandlungen der durch das Allerhöchste Patent vom 5. Dezember 1848 einberufenen Kammern, Zweite Kammer, Eröffnungssitzung, S. 1 f.; im folgenden Sten. Bericht, 2.K., Jahrgang, Sitzung, S.).

670 so Botzenhart, Parlamentarismus in der Revolutionszeit, S. 499; vgl. auch Grünthal; Parlamentarismus in Preußen, S.353 f.

671 so Grünthal; Parlamentarismus in Preußen, S.354

672 Botzenhart, Parlamentarismus in der Revolutionszeit, S. 499

673 so Plate, Die Geschäftsordnung des Preußischen Abgeordnetenhauses, S. 3

Nach der Eröffnungssitzung am 26. Februar 1849 konstituierte sich die zweite Kammer am 27. Februar 1849 unter dem Vorsitz des Alterspräsidenten Lensing[674]. Noch in der ersten Sitzung wurde der oben erwähnte Entwurf einer Geschäftsordnung durch den Abg. Viebahn der zweiten Kammer zur Beschlußfassung mit dem Antrag vorgelegt, ihn provisorisch anzunehmen und gleichzeitig eine Kommission zur Ausarbeitung einer "definitiven Geschäftsordnung" einzusetzen[675]. Es schloß sich eine ausführliche Diskussion mit teilweise heftigen Angriffen auf den Entwurf an[676]. Ein Teil der Abgeordneten des Parlaments stellte den Antrag, die Geschäftsordnung der Preußischen Nationalversammlung zu übernehmen, der jedoch keine Zustimmung fand[677]. Eine Kommission, der 14 Mitglieder angehörten, stellte dann am 22. März 1849 einen in neun Sitzungen erarbeiteten Entwurf für eine definitive Geschäftsordnung vor[678], die einstimmig angenommen wurde[679]. Die jederzeit mögliche Abänderung der Geschäftsordnung gewährleistete eine Kompromißfähigkeit der Abgeordneten bei der Abstimmung[680].

---

674 vgl. Sten. Bericht, 2. K, Jahrgang 1849, 1. Sitzung, S. 2

675 vgl. Sten. Bericht, 2. K, Jahrgang 1849, 1. Sitzung, S. 3 f.

676 vgl. Sten. Bericht, 2.K, Jahrgang 1849, 1. Sitzung, S. 3 ff.

677 vgl. hierzu Botzenhart, Parlamentarismus in der Revolutionszeit, S. 500

678 vgl. Sten. Bericht, 2. K, Jahrgang 1849, 19. Sitzung, S. 324 f.

679 vgl. Sten. Bericht, 2. K, Jahrgang 1849, 19. Sitzung, S. 325; Die endgültige Geschäftsordnung vom 28.3.1849 ist abgedruckt in: Sten. Bericht, 2. K, Jahrgang 1849, XXV - XXXII in Gegenüberstellung zu provisorischen Geschäftsordnung; auch abgedruckt in: Die Geschäftsordnungen deutscher Parlamente seit 1848, Hrsg.: Deutscher Bundestag. Der Abdruck erfolgt hier in synoptischer Darstellung mit anderen deutschen Geschäftsordnungen. Diese Ausgabe ist aufgrund der Gegenüberstellung der einen gleichen Bereich regelnden Paragraphen verschiedener Geschäftsordnungen für die vergleichende Parlamentarismusforschung äußerst nützlich.

680 Dies wird auch durch die Worte des Präsidenten unmittelbar vor der Abstimmung ausgedrückt: "Ich eröffne die Diskussion, erkläre aber, daß ich dem Antrage des Herrn Berichterstatters, den er zuletzt gestellt hat, meinerseits vollkommen beitrete, daß, wenn die uns vorgelegte definitive Geschäfts-Ordnung in einzelnen Punkten auch noch Mängel haben sollte, sich dieselben bei Handhabung der Geschäfts--Ordnung am besten herausstellen werden und daß, wenn die Geschäfts-Ordnung von uns auch en bloc angenommen werden, es uns doch auch jeden Augenblick freisteht, von der Geschäfts-Revisionskommission etwa vorkommende Unklarheiten und Zweifel lösen zu lassen." vgl. Sten. Bericht, 2.K, Jahrgang 1849, 19. Sitzung, S. 325

III. Die Gesetzesberatungstechnik

1. Die theoretische Behandlung der Gesetze nach der Geschäftsordnung für die zweite Kammer des Preußischen Landtages

Laut § 23 der Geschäftsordnung der zweiten Kammer des Preußischen Landtages[681] brachte der jeweils zuständige Minister die von der Regierung ausgehenden Gesetzesvorschläge ein, die gedruckt an alle Mitglieder verteilt wurden. Alle von den Abgeordneten der Versammlung auf den Weg gebrachten Anträge mußten nach § 24 S. 1 von mindestens fünfzehn Mitgliedern unterzeichnet und mit einer kurzen Begründung versehen sein. Die vorgeschriebene Eingangsformel lautete: "Die Kammer wolle beschließen, daß u. s. w. ...". Gemäß § 25 S. 1 war jeder förmliche Antrag in gedruckter Fassung an alle Mitglieder des Landtages zu verteilen.

In der Regel bereitete man die Gesetzesvorlagen der Regierung, der ersten Kammer und der Mitglieder des Parlaments für die eigentliche Beratung im Plenum gemäß § 15 S. 3 in Kommissionen vor. Neben den von den Abteilungen nach § 15 S. 4 gewählten ständigen Kommissionen, war durch § 19 S. 1 auch die Bildung von gesetzesspezifischen Kommissionen möglich[682]. Eine Kommission konnte allerdings auch für ein einzelnes Gesetzesvorhaben durch Beschluß des Abgeordnetenhauses gebildet werden. Lediglich Gesetzesentwürfe, die nicht in den Geschäftskreis einer Kommission fielen, erfuhren nach § 15 S. 5 in den Abteilungen eine Vorberatung. Die zweite Kammer des preußischen Abgeordnetenhauses unterteilte sich nach § 2 in sieben Abteilungen mit möglichst gleicher Mitgliederzahl.

Der Geschäftsgang innerhalb der Kommissionen richtete sich gemäß § 19 S. 3 nach der entsprechenden Anwendung der Vorschriften über die Zentral-Ausschüsse. Demnach waren die Kommissionen nach § 17 S. 3 nur bei

---

681 Paragraphen ohne nähere Bezeichnung sind solche der Geschäftsordnung für die zweite Kammer des Preußischen Landtages.

682 Es wurden nach § 19 besondere Kommissionen gebildet:
1) für die Geschäftsordnung; 2) die nach § 29 eingehenden Petitionen 3) die Agrar-Verhältnisse; 4) den Handel und das Gewerbe

Anwesenheit von mindestens der Hälfte seiner Mitglieder beschlußfähig. Nach der Beratung in der Kommission wählte man gemäß § 18 S. 1 einen Berichterstatter, der die verschiedenen Meinungsgruppen innerhalb der Kommission zusammenstellte. Der Kommissionsbericht wurde gemäß § 18 S. 3 gedruckt und mindestens drei Tage vor der Verhandlung den Mitgliedern des Abgeordnetenhauses übergeben.

Nach entsprechender Vorbereitung der Gesetzesentwürfe durch die Kommissionen setzt der Präsident das Gesetzesvorhaben auf die Tagesordnung und legte den Tag der Verhandlung fest. Innerhalb der Verhandlung besaßen die Berichte der Kommissionen in der Regel nach § 30 S. 3 Vorrang in der Tagesordnung.

Bei einem Gesetzesentwurf fand nach § 48 S. 1 zuerst eine Verhandlung über den Grundsatz des Vorschlags oder einen Teil des Gesetzesvorhabens statt. Bei dieser allgemeinen Diskussion durfte nach § 48 S. 2 jedem Mitglied nur einmal das Wort gestattet werden. Der Abgeordnete hatte gemäß § 44 S. 2 nach dem Beginn der Beratung des Gesetzesvorhabens die Möglichkeit, sich als Redner anzumelden.

Im Anschluß an die allgemeine Diskussion begann nach § 49 die Verhandlung über die einzelnen Artikel und die entsprechenden Abänderungsvorschläge. Die Abänderungsvorschläge konnten nach § 45 S. 1 jederzeit vor Schluß der Verhandlung gestellt werden. Während Verbesserungsvorschläge durch die Ministerien ohne jegliche Unterstützung eingebracht werden konnten, erforderte die Berücksichtigung von Verbesserungsvorschlägen eines Abgeordneten gemäß § 45 S. 4 eine Unterstützung von mindestens dreißig Mitgliedern. Die Kammer hatte nach § 45 S. 5 jederzeit das Recht, einen Verbesserungsantrag an die Kommissionen zu verweisen und die Beratung bis zur Berichterstattung auszusetzen. Auch Anträge auf Vertagung oder auf Schluß der Debatte bedurften nach § 53 S. 1 der Unterstützung von wenigstens dreißig Mitgliedern.

Gemäß § 50 S. 1 waren nach geschlossener Diskussion noch der Antragsteller, bei Gesetzesvorlagen der Regierung noch der Minister und der Berichterstatter

---

5) die Finanzen und Zölle; 6) das Justizwesen 7) das Gemeindewesen; 8) das Unterrichtswesen.

zu hören. Nach Ende der Beratung formulierte der Präsident laut § 51 die Fragen, über die abgestimmt werden sollte. Gemäß § 55 S. 1 mußte bei der Abstimmung die absolute Mehrheit erreicht werden. Bei Stimmengleichheit galt die Frage nach § 51 S. 4 als verneint.

Nach der Abstimmung über die einzelnen Artikel, Paragraphen und über die möglicherweise eingebrachten Abänderungsvorschläge ging die Vorlage gemäß § 60 S. 1 an die betreffende Kommission oder bei fehlender Beteiligung einer Kommission an den Zentral-Ausschuß zur Zusammenstellung der Ergebnisse. Die Geschäftsordnung verlangte nach § 60 S. 2 den Druck der sich hieraus ergebenden Vorlage.

Längstens drei Tage nach der Verteilung der Vorlage an die Abgeordneten wurde über das Ganze gemäß § 60 S. 2 noch einmal abgestimmt. Ob bei der zweiten Abstimmung noch eine Diskussion möglich war, ist aus den Regelungen der Geschäftsordnung nicht ersichtlich.

2. Die praktische Handhabung der Regelungen der Geschäftsordnung am Beispiel der Änderung des Artikel 42 und der Abschaffung des Art. 114 der Verfassung vom 31. Januar 1850

Die Aufhebung bzw. Abänderung der beiden Artikel war schon in den vorhergehenden Legislaturperioden[683] Gegenstand der Verhandlungen des "Hauses der Abgeordneten"[684] gewesen.

a) Ausschußüberweisung

Den Antrag, die Artikel 42 und 114 der Verfassung aufzuheben, brachte der damalige Minister des Inneren von Westphalen am 17. Dezember 1855 in das Haus der Abgeordneten ein. Nach kurzer Begründung schlug der Minister vor,

---

683 vgl. die Rede des Ministers des Innern von Westphalen, Sten. Bericht, 2. K., Jahrgang 1855, Siebte Sitzung, S. 77

684 Dies war durch ein Gesetz vom 30. Mai 1855 nunmehr die offizielle Bezeichnung der zweiten Kammer geworden. Die erste Kammer wurde nun "Herrenhaus" genannt. Beide Kammern wurden seitdem in der Verkündigungsformel "die beiden Häuser" genannt.

den Gesetzesvorschlag an die Kommissionen für das Gemeindewesen und für die Agrarverhältnisse nach § 15 S. 3 zu überweisen[685].

Auf Antrag des Abgeordneten von Patow beschloß die Kammer demgegenüber, nach § 15 S. 4 der Geschäftsordnung eine spezielle Verfassungskommission für dieses Gesetzesvorhaben aus vierzehn Mitgliedern einzurichten. Aus jeder Abteilung sollten zwei Abgeordnete in die Kommission gewählt werden[686], die den Gesetzesentwurf vorberiet.

b) Die allgemeine Diskussion

Am 31. Januar 1856 waren die Kommissionsberatungen abgeschlossen und der Präsident eröffnete am selben Tag nach § 48 S. 1 die allgemeine Diskussion über das Gesetzesvorhaben[687]. Den Kommissionsbericht hatte man zuvor gemäß § 18 S. 2 an alle Mitglieder des Abgeordnetenhauses verteilt[688].

Nach Vertagung der Debatte auf den nächsten Tag[689] wurde in der Sitzung am 1. Februar 1856 der Schluß der Generaldiskussion beantragt und beschlossen[690]. Die allgemeine Aussprache endete mit mehreren persönlichen Bemerkungen, zu denen die Abgeordneten nach § 41 S.1 2. Alt. jederzeit das Recht hatten[691]. Zuletzt ergriff im Sinne des § 50 S. 1 der Abgeordnete von Schweinitz als Berichterstatter der Kommission noch einmal das Wort[692].

---

685 vgl. Sten. Bericht, 2. K, Jahrgang 1855, Siebte Sitzung, S. 78

686 vgl. Sten. Bericht, 2. K, Jahrgang 1855, Siebte Sitzung, S. 78

687 vgl. Sten. Bericht, 2.K, Jahrgang 1856, Achtzehnte Sitzung, S. 239

688 vgl. Äußerungen des Präsidenten, Sten. Bericht, 2. K, Jahrgang 1856, Achtzehnte Sitzung, S. 239 und Minister von Westphalen, Sten. Bericht, 2. K, Jahrgang 1856, Achtzehnte Sitzung, S. 242

689 vgl. Sten. Bericht, 2. K, Jahrgang 1856, Achtzehnte Sitzung, S. 256

690 vgl. Sten. Bericht, 2. K, Jahrgang 1856, Neunzehnte Sitzung, S. 269

691 Hier läßt sich erkennen, daß das Institut der "persönlichen Bemerkungen" oftmals für Bemerkungen zur Sache nach Schließung der Rednerliste mißbraucht wurde, vgl. Sten. Bericht, 2. K, Jahrgang 1856, Neunzehnte Sitzung, S. 270 - 272.

692 Sten. Bericht, 2. K, Jahrgang 1856, Neunzehnte Sitzung, S. 271 - 272

c) Die Spezialdebatte

Unmittelbar im Anschluß an die Generaldiskussion eröffnete der Präsident sofort die Spezialdebatte über das Gesetzesvorhaben[693], allerdings endete die Spezialdiskussion hinsichtlich des Artikels 1 schon nach einem Redner. Danach nahm das Abgeordnetenhaus den ersten Artikel an[694].

Es schloß sich die Eröffnung der Diskussion über den Artikel 2 des Gesetzesvorhabens an[695]. Nach Beendigung der kurzen Spezialdebatte wurde auch über diesen Artikel mit einer Änderung - diesmal allerdings namentlich - abgestimmt und der Artikel mit einer Mehrheit von 92 Stimmen angenommen[696].

d) Problematik einer weiteren Debatte

Die nach § 60 S. 1 zusammengefaßten Beschlüsse des Abgeordnetenhauses gelangten am 23. Februar 1856 zur zweiten Abstimmung.

Nach dem Aufruf des betreffenden Tagesordnungspunktes sprach der Präsident den im Abgeordnetenhaus offensichtlich bestehenden Wunsch nach einer nochmaligen Diskussion vor der zweiten Abstimmung an. Hierzu merkte der Präsident an, daß es bei Gesetzesvorhaben immer wieder zu Kontroversen gekommen sei, ob eine Diskussion vor der zweiten Abstimmung überhaupt zulässig sei. In einem ähnlich gelagerten Fall habe man schon einmal vor der zweiten Abstimmung eine Diskussion zugelassen, aber auch festgelegt, daß die Entscheidung kein gesetzliches Präjudiz haben solle. Nach dieser Entscheidung sei die zweite Beratung in weiteren Fällen teilweise vom Präsidenten ohne Befragung des Hauses auf die Tagesordnung gesetzt worden. Es müsse jedoch

---

693 Sten. Bericht, 2. K, Jahrgang 1856, Neunzehnte Sitzung, S. 272

694 Sten. Bericht, 2. K, Jahrgang 1856, Neunzehnte. Sitzung, S. 274

695 Sten. Bericht, 2. K, Jahrgang 1856, Neunzehnte Sitzung, S. 274

696 Sten. Bericht, 2. K, Jahrgang 1856, Neunzehnte Sitzung, S. 275 - 278

seiner Meinung nach vom Beschluß des Abgeordnetenhauses abhängen, ob das Parlament in eine weitere Diskussion eintreten wolle[697].

In seiner sich anschließenden Rede zur geschäftlichen Behandlung schloß sich der Abg. Graf von Schwerin der Meinung des Präsidenten an. Es sei stets nur für den einzelnen Fall darüber abgestimmt worden, ob eine Diskussion bei der zweiten Lesung - hier taucht der zu dieser Zeit noch selten gebrauchte Begriff "Lesung" auf - zulässig sei oder nicht[698].

e) Die aus General- und Spezialdebatte bestehende nochmalige Beratung

Da sich kein Widerspruch gegen eine nochmalige Diskussion erhob, wurde die erneute Beratung durch den Präsidenten eröffnet[699]. Nach längerer Diskussion brachte letztlich der Abgeordnete von Delius den Antrag auf Schluß der Debatte ein, dem sich die 2. Kammer anschloß[700]. Danach wollte der Präsident abstimmen lassen, doch wandte der Abg. Lette ein, daß bei einem Gesetzesentwurf mit zwei Artikeln auch innerhalb der zweiten Lesung eine Spezialdebatte abgehalten werden müsse[701]. Dieser Argumentation schloß sich jetzt auch der Präsident an und eröffnete dementsprechend die Spezialdebatte[702]. Es wurde zunächst über den Artikel 1 noch einmal in einer Spezialdiskussion beraten[703]. Bei der Beratung des Artikel 2 meldete sich kein Redner, so daß die spezielle Diskussion durch den Präsidenten geschlossen werden konnte[704]. Hiernach wurde die namentliche Abstimmung nach § 60 S. 2 durchgeführt und das Änderungs- bzw. Aufhebungsgesetz mit 199 zu 105 Stimmen beschlossen.

---

697 vgl. die Äußerungen des Präsidenten; Sten. Bericht, 2. K, Jahrgang 1856, Einunddreißigste Sitzung, S. 525

698 vgl. Sten. Bericht, 2. K, Jahrgang 1856, Einunddreißigste Sitzung, S. 525

699 vgl. Sten. Bericht, 2. K, Jahrgang 1856, Einunddreißigste Sitzung, S. 526

700 vgl. Sten. Bericht, 2. K, Jahrgang 1856, Einunddreißigste Sitzung, S. 533

701 vgl. Sten. Bericht, 2. K, Jahrgang 1856, Einunddreißigste Sitzung, S. 533

702 vgl. Sten. Bericht, 2. K, Jahrgang 1856, Einunddreißigste Sitzung, S. 533

703 vgl. Sten. Bericht, 2. K, Jahrgang 1856, Einunddreißigste Sitzung, S. 533- S. 535

704 vgl. Sten. Bericht, 2. K, Jahrgang 1856, Einunddreißigste Sitzung, S. 535

IV. Entwicklungsgeschichtliche Einordnung

Die entwicklungsgeschichtliche Einordnung des Gesetzesberatungssystems der zweiten Kammer des Preußischen Abgeordnetenhauses wird durch die Tatsache erleichtert, daß die Schöpfer der Geschäftsordnung die von ihnen herangezogenen Vorbilder ausdrücklich genannt haben. Gleichzeitig haben die Bearbeiter des Reglements versucht, Mängel der vorherigen Geschäftsordnung zu beseitigen.

So begann der Berichterstatter der Kommission für den Entwurf einer Geschäfts-Ordnung für die zweite Kammer seinen Bericht mit den Worten:

"Die Kommission hat ihren Berathungen die vorläufige Geschäftsordnung zum Grunde gelegt und mit Benutzung des Geschäfts-Reglements für die National-Versammlung zu Frankfurt, für die preußische National-Versammlung des Jahres 1848 und für die belgische Kammer, so wie mit Berücksichtigung der durch die Erfahrung sich herausgestellten Mängel jener vorläufigen Geschäftsordnung solche zu verbessern versucht"[705].

In der Tat sprach sich der Ausschuß im Sinne der vorläufigen Geschäftsordnung grundsätzlich für eine einmalige Beratung der Gesetzesvorhaben nach französisch-belgischem Vorbild aus. Die Geschäftsordnung enthielt auch keine Bestimmungen über die Möglichkeit einer zweiten Beratung des Gesetzesvorhabens. Trotzdem bildete sich im Laufe der Parlamentsverhandlungen - so zeigt das Beispiel der Verfassungsänderung - vermehrt die Praxis einer nochmaligen Beratung heraus. Zwar sollte diesen Fällen keine Präjudizwirkung im Sinne einer faktischen Änderung der Geschäftsordnungsbestimmungen zukommen, allerdings war die zweite Beratung eines Gesetzesvorhaben offensichtlich - ohne positivrechtliche Normierung in der Geschäftsordnung - in der Parlamentspraxis möglich geworden. Insofern näherte sich die Praxis der zweiten Kammer der Vorgehensweise in der Frankfurter Nationalversammlung an, in deren Geschäftsordnung die Möglichkeit einer fakultativen zweiten Beratung explizit normiert war.

---

705 vgl. Sten. Bericht, 2. K., Jahrgang 1849, Neunzehnte Sitzung, S. 324

Die Trennung der Beratung in eine allgemeine und eine Spezialberatung, bei der der Gesetzesvorschlag "Paragraph für Paragraph" beraten wurde, ist aus der Praxis der Preußischen Nationalversammlung in Anlehnung an das französisch-belgische Modell übernommen worden. Auch die durch die Parlamentspraxis ermöglichte zweite Beratung teilte sich in eine allgemeine und spezielle Beratung.

Eine wesentliche Änderung gegenüber den genannten Vorbildern bestand in der weitgehenden Verringerung des Einflusses der Abteilungen. Diese Änderung wurde, wie schon in der Einleitung des Ausschußberichts angedeutet, aufgrund von Mängeln der vorläufigen Geschäftsordnung vorgenommen. Hierzu führte der Berichterstatter aus:

"Im dritten Abschnitte hat die Kommission (§ 15 bis 19) sich dafür entschieden, daß die Berathung in den Kommissionen die Regel, die Berathung in den Abtheilungen dagegen die Ausnahme bilden solle. Die Erfahrung hat hinlänglich gelehrt, daß durch die Berathung in den Abtheilungen ... bei dem Umfange des vorliegenden Materiales ein großer Zeitverlust unvermeidlich und die Berathung selbst in den größeren Versammlungen der Abtheilungen selten mit derselben Gründlichkeit erfolgt, welche die Verhandlungen in kleineren Kommissionen möglich machen; während die Vertheilung der gedruckten Vorlagen an alle Mitglieder und demnächst der Kommissionsbericht ausreichende Mittel darbieten, um alle Mitglieder der Kammer von dem Inhalte der Vorlage in Kenntniß zu setzen"[706].

Die Vorberatung des Gesetzesentwurfs in den Kommissionen war also die Regel geworden. Man hielt die Primärbefassung jedes einzelnen Abgeordneten mit dem Gesetzesvorschlag in den Abteilungen offensichtlich für nicht mehr zweckmäßig. Insoweit zeigte sich durch die Entscheidung für eine Kommissionsberatung vor der Gesetzesberatung im Plenum eine entscheidende Abkehr vom französisch-belgischen Modell. Es kam den Abteilungen hiermit die relativ geringe Rolle zu, die Robert von Mohl ihnen schon in seinen "Vorschlägen" zugedacht hatte.

---

706 vgl. Sten. Bericht, 2. K., Jahrgang 1849, Neunzehnte Sitzung, S. 324

Letztlich zeigte sich in der Gesetzesberatungstechnik der zweiten Kammer des preußischen Abgeordnetenhauses eine Zusammenführung eigener und fremder Methoden nach französisch-belgischem Vorbild. Die teilweise Abkehr vom Abteilungswesen vollzog man aufgrund eigener negativer Erfahrungen in den vorherigen parlamentarischen Verhandlungen. Auch die Möglichkeit einer zweiten Beratung entstand durch die Parlamentspraxis offenbar aus dem zunehmenden Bedürfnis, den Gesetzesvorschlag vor seiner Verabschiedung nochmals zu beraten.

E. Die Gesetzesberatung des preußischen Hauses der Abgeordneten nach der "Simson - Forckenbeckschen Reform" im Jahr 1862

I. Der Weg zur revidierten Geschäftsordnung

1. Die Vorschläge des damaligen Parlamentspräsidenten Simson

In drei folgenden Sitzungsperioden ("Sessionen") sahen die Abgeordneten, wie es scheint, keine Veranlassung, die Regelungen der Gesetzesberatung zu ändern. Mit Einräumung der Möglichkeit zur zweiten Beratung eines Gesetzesentwurfs hatte sich die Gesetzesberatungspraxis jedoch ohne eine Änderung der Geschäftsordnung verändert.

In der Session 1861 versuchte daraufhin der damalige Parlamentspräsident Simson, eine Reihe von Geschäftsordnungsbestimmungen zu ändern. Er reichte hierzu am 28. April 1861 den Antrag auf Änderung der Geschäftsordnung mit folgender Begründung ein:

"Es ist zur stetigen Fortentwicklung des parlamentarischen Lebens notwendig, die bei der Behandlung der Geschäfte gemachten Erfahrungen von Zeit zu Zeit festzustellen und durch Aufnahme in die Geschäfts-Ordnung den künftigen Mitgliedern des Hauses zu überliefern".[707]

---

[707] abgedruckt in: Anlagen zu den Stenographischen Berichten über die Verhandlungen des Abgeordnetenhauses, Fünfter Band, Jahrgang 1861, Aktenstück Nr. 153, S. 1175; im folgenden zitiert als: Anlagen Abgeordnetenhaus, Band, Jahrgang, Aktenstück, ggf. Seite

Diesen Antrag brachte er am 2. Mai 1861 förmlich ins Parlament ein[708]. Unter anderem[709] bezogen sich seine Abänderungsvorschläge auch auf die Form der Gesetzesberatung. Besonders signifikant erschien die von Simson verfolgte Absicht, eine Vorberatung der Gesetzesvorlage im gesamten Plenum zu ermöglichen, da bis dato bekanntlich vorwiegend eine Vorberatung in den Kommissionen stattgefunden hatte[710]. Auch den Ablauf einer möglicherweise stattfindenden Vorberatung im Plenum hat Simson detailliert ausgestaltet[711].

Nach kurzer Debatte überwies das Plenum seine Änderungsvorschläge zunächst dem Geschäftsordnungsausschuß, der wegen der Wichtigkeit des Antrags um sieben weitere Mitglieder erweitert wurde[712]. Der Kommissionsbericht konnte

---

708 Stenographische Berichte über die Verhandlungen des Abgeordnetenhauses, Erster Band, Jahrgang 1861, Vierundvierzigste Sitzung, S. 1011; im folgenden zitiert als: Sten. Bericht Abgeordnetenhaus, Band, Jahrgang, Sitzung, Seite.

709 Beachte hinsichtlich der weiteren Änderungsvorschläge: Plate, Die Geschäftsordnung, S. 10 f.; vgl. auch die abgedruckten Änderungsvorschläge in: Anlagen Abgeordnetenhaus, Fünfter Band, Jahrgang1861, Aktenstück Nr. 153, S. 1175 - 1178.

710 vgl. § 15 seiner Vorschläge:
"Die Gesetzes-Vorlagen der Regierung oder des Herrenhauses, sowie die Anträge der Mitglieder werden für die Schlußberathung durch eine Vorberathung entweder im ganzen Hause, oder in Kommissionen vorbereitet. Das Haus hat in jedem einzelnen Fall zu bestimmen, welche von beiden Arten der Vorberathung stattfinden soll. Es kann auch beschließen, die Vorlage ganz oder theilweise zuerst an eine Kommission zu verweisen und dann die Vorberathung im ganzen Hause nachfolgen zu lassen."; abgedruckt in: Anlagen Abgeordnetenhaus, Fünfter Band, Jahrgang 1861, Aktenstück Nr. 153, S. 1176.

711 vgl. § 16 seiner Vorschläge:
"b) Vorberathung im Hause selbst
Die Vorberathung einer Vorlage im ganzen Hause darf frühestens 4 Tage nach der Einbringung derselben in das Plenum erfolgen.
Das Haus hat sich, wenn es zu einer solchen Vorberathung zusammentritt, nur mit dem ihm überwiesenen Gegenstande zu beschäftigen. Anträge und Abänderungs-Vorschläge sind schriftlich zu stellen, bedürfen aber keiner Unterstützung und ebenso wenig bedarf es einer nochmaligen Abstimmung über solche vom Hause angenommene Amendements oder Anträge, welche demselben nicht gedruckt vorgelegen haben (§ 46).
Im Uebrigen gelten für diese Vorberathungen des Hauses, sowie für die Befugnisse des Vorsitzenden alle für die definitiven Berathungen im Plenum und für den Präsidenten desselben weiter unten zu gebenden Bestimmungen (§§ 34 bis 65).
Nach dem Schluß der Berathung stellt der Präsident mit Zuziehung der Schriftführer die gefaßten Beschlüsse mit der Vorlage zusammen. Diese Zusammenstellung wird ohne weiteren Bericht von dem Präsidenten auf die Tagesordnung des Plenums gebracht". (Anlagen Abgeordnetenhaus, Fünfter Band, Jahrgang 1861, Aktenstück Nr. 153, S. 1176)

712 Sten. Bericht Abgeordnetenhaus, Erster Band, Jahrgang 1861, Vierundvierzigste Sitzung, S. 1011

am 3. Juni 1861 fertiggestellt und veröffentlicht werden[713]. Innerhalb der Kommission herrschte grundsätzlich Einigkeit über die Schaffung der Möglichkeit zu einer Vorberatung im Plenum. Jedoch erfuhr die von Simson vorgeschlagene Fassung des § 15 der Geschäftsordnung dahingehend eine Veränderung, daß die grundsätzliche Verfahrensweise immer noch die Vorberatung in den Kommissionen bleiben sollte. Daneben sollte es aber die Möglichkeit geben, das Gesetz entweder im ganzen Parlament vorzuberaten oder gar keine Vorberatung abzuhalten[714].

Auch über die Abschaffung der Öffentlichkeit ist neben kleineren Verbesserungen des Wortlauts zwar diskutiert, jedoch mit großer Mehrheit abgelehnt worden[715]. Der umfangreiche Bericht der Geschäftsordnungskommission gelangte wegen des Sessionsschlusses nicht mehr zur Verhandlung in das Parlament[716].

2. Der zweite Versuch einer Geschäftsordnungsrevision durch den Abg. von Forckenbeck

Die am 5. Februar 1862 schriftlich eingereichten Änderungsvorschläge des Abgeordneten von Forckenbeck[717] sind am 10. Februar 1862 erstmals im Parlament behandelt worden[718]. Der Abgeordnete von Forckenbeck motivierte seinen Antrag folgendermaßen:

---

713 Mit der vorgeschlagenen Geschäftsordnung abgedruckt in: Anlagen Abgeordnetenhaus, Fünfter Band, Jahrgang 1861, Aktenstück Nr. 209, S. 1621 bis S. 1640

714 vgl. § 15 des Ausschußberichtes: "Die Gesetzes-Vorlagen der Regierung oder des Herrenhauses, sowie die Anträge der Mitglieder werden für die Schlußberathung in Kommissionen vorbereitet. Das Haus kann auch beschließen, die Vorberathung anstatt in einer Kommission, im ganzen Hause vorzunehmen oder ohne jede besondere Vorberathung in die Schlußberathung einzutreten."; abgedruckt in: Anlagen Abgeordnetenhaus, Fünfter Band, Jahrgang 1861, Aktenstück Nr. 209, S. 1623

715 Anlagen Abgeordnetenhaus, Fünfter Band, Jahrgang 1861, Aktenstück Nr. 209, S. 1626

716 Plate, Die Geschäftsordnung, S. 11

717 Anlagen Abgeordnetenhaus, Erster Band, Jahrgang 1862/1, Aktenstück Nr. 27, S. 166 ff. (Anm.: Im Jahr 1862 wurden zwei Sessionen abgehalten.)

718 Sten. Bericht Abgeordnetenhaus, Band 1, Jahrgang 1862/1, Achte Sitzung, S. 89

"Eine Aenderung der Geschäfts-Ordnung, welche eine einfachere, freiere und schnellere Behandlung der Geschäfte zuläßt, erscheint dringend geboten und nach zwölfjährigem Bestehen der jetzigen Geschäfts-Ordnung auch an der Zeit. Die Anträge, welche mit einigen Aenderungen sich an die betreffenden Anträge des Kommissions-Berichtes über den Antrag des Abgeordneten Dr. Simson anlehnen, bezwecken übrigens die baldige Abhülfe der dringendsten Bedürfnisse."[719]

Der Antragsteller Forckenbeck offenbarte damit die geistige Herkunft seiner Vorschläge. In der Tat deckte sich der Vorschlag von Forckenbeck fast wortgleich mit dem Vorschlag der Geschäftsordnungskommission zu dem Antrag Simsons. Die Vorschläge des Abg. von Forckenbeck wurden - wie auch schon der Antrag des Präsidenten Simson - einer durch sieben Mitglieder verstärkten Geschäftsordnungskommission überwiesen[720].

Aus dem am 5. März 1862 fertiggestellten ausführlichen Ausschußbericht[721] lassen sich die verschiedenen Ansichten über die Vorberatung von Gesetzesvorschlägen im Parlament erkennen[722]. Letztlich wurde innerhalb des Ausschusses trotz abweichender Meinungen der ursprüngliche Antrag des Abgeordneten von Forckenbeck angenommen. Infolge der Auflösung des Abgeordnetenhauses am 11. März 1862 kam jedoch auch dieser Ausschußbericht wie der Antrag auf Änderung der Geschäftsordnung nicht mehr zur Behandlung.

---

719 Anlagen Abgeordnetenhaus, Erster Band, Jahrgang 1862/1, Aktenstück Nr. 27, S. 167

720 Sten. Bericht Abgeordnetenhaus, Band 1, Jahrgang 1862/1, Achte Sitzung, S. 89; später wurde diese Kommission auf Antrag des Abg. Karsten ermächtigt, zusätzlich zu den Vorschlägen des Abg. Forckenbeck die gesamte Geschäftsordnung zu revidieren, vgl. die Ausführungen in dem Ausschußbericht vom 5. März 1862.(abgedruckt in: Anlagen Abgeordnetenhaus, Erster Band, Jahrgang 1862/1, Aktenstück Nr. 72, S. 431).

721 abgedruckt in: Anlagen Abgeordnetenhaus, Erster Band, Jahrgang 1862/1, Aktenstück Nr. 72, S. 431 - 450

722 vgl. hierzu den Bericht, abgedruckt in Anlagen Abgeordnetenhaus, Erster Band, Jahrgang 1862/1, Aktenstück Nr. 72, S. 434 f.

3. Der dritte Versuch durch den Abgeordneten von Forckenbeck

a) Neueinbringung des Antrags und Verweisung an einen Ausschuß

Nachdem nach der Neuwahl des Abgeordnetenhauses zunächst dem Antrag des Abg. von Forckenbeck vom 23. Mai 1862 auf vorläufige Weiterbenutzung der immer noch unveränderten alten Geschäftsordnung entsprochen worden war[723], brachte dieser am selben Tage einen "dringlichen Antrag" zur Geschäftsordnung ein, der am 26. Mai 1862 im Parlament verlesen und der Geschäftsordnungskommission zur "schleunigsten Berichterstattung" übergeben wurde. Der Antrag hatte zum Ziel durchzusetzen, daß das Parlament die in dem Bericht der verstärkten Geschäftsordnungskommission der vorherigen Session vom 5. März 1862 vorgeschlagenen Abänderungen annehmen sollte[724].

b) Die verschiedenen Meinungsgruppen innerhalb des Ausschusses

Für die entwicklungsgeschichtliche Einordnung erscheint es sinnvoll, die verschiedenen Ansichten der Ausschußmitglieder zusammenzufassen.

aa) Einigkeit der Ausschußmitglieder bezüglich der Ablehnung des Abteilungswesens

Bei den Kommissionsmitgliedern herrschte Einigkeit über die Abschaffung der von der alten Geschäftsordnung zugelassenen, aber - so der Ausschußbericht[725] - "schon seit Jahren nicht mehr gebräuchlichen Vorberathung in den Abtheilungen und dem Central-Ausschuß[726]".

---

[723] Sten. Bericht Abgeordnetnhaus, Erster Band, Jahrgang 1862/2, Vierte Sitzung, S. 28

[724] Sten. Bericht Abgeordnetnhaus, Erster Band, Jahrgang 1862/2, Vierte Sitzung, S. 31 f.

[725] Der vollständige Bericht ist abgedruckt in: Anlagen Abgeordnetenhaus, Jahrgang 1862/2, Fünfter Band; Aktenstück Nr. 8, S. 13 - 32

[726] vgl. hierzu den Bericht abgedruckt in: Anlagen Abgeordnetenhaus, Jahrgang 1862/2, Fünfter Band; Aktenstück Nr. 8, S. 17

bb) Uneinigkeit bezüglich einer Vorberatung im ganzen Parlament

Hinsichtlich der vorgeschlagenen Vorberatung im ganzen Haus waren, wie auch schon aus dem Ausschußbericht der vorherigen Session[727] ersichtlich, drei verschiedene Meinungsgruppen vorhanden[728]. Die damaligen Argumente für oder gegen die einzelnen Meinungen sind teilweise noch heute bei der Beurteilung der Gesetzesberatungstechnik und der dazu erarbeiteten Reformvorschläge zu berücksichtigen und sollen daher kurz skizziert werden.

aaa) Generelle Ablehnung der Vorberatung im ganzen Haus

Es gab Kommissionsmitglieder, die eine Vorberatung im gesamten Parlament generell ablehnten. Die Pflicht der Geschäftsordnung sei der Schutz der Minorität. Tatsächlich habe aber lediglich die Majorität des Hauses über die geschäftliche Behandlung eines Antrags zu bestimmen. Jeder Minoritätsantrag könne so von vornherein nichtig gemacht werden. Eine vorherige Kommissionsberatung biete das Rüstzeug für die Parlamentsdebatte. Dagegen würde man durch die Vorberatung im ganzen Haus viel Zeit verlieren. Auch sei keine "intime Verhandlung wie im Schoße der Kommission" gewährleistet. Nicht zuletzt habe die jetzige Regelung die Erfahrung für sich.

bbb) Generelle Befürwortung der Vorberatung im ganzen Haus

Daneben gab es auch Kommissionsmitglieder, die eine generelle Vorberatung im ganzen Parlament bevorzugten. Die Anhänger dieser Meinung argumentierten dahingehend, daß man dem Publikum die Öffentlichkeit der Verhandlungen schulde. In den Kommissionen würden öffentliche Angelegenheiten geheim behandelt. Das Haus müsse sich über jede Frage zunächst aussprechen und dadurch den Kommissionen die Richtung vorgeben. Der Minoritätenschutz sei gewahrt, da bei einer generellen Vorberatung im ganzen Haus jede Ansicht gehört werden müsse.

---

727 vgl. hierzu den Bericht abgedruckt in: Anlagen Abgeordnetenhaus, Erster Band, Jahrgang 1862/1, Aktenstück Nr. 72, S. 434, rechte Spalte

728 Die verschiedenen Ansichten der Ausschußmitglieder sind aus dem Ausschußbericht ersichtlich. (abgedruckt in: Anlagen Abgeordnetenhaus, Fünfter Band, Jahrgang 1862/2, Aktenstück Nr. 8, S. 17 f.)

Es würde auch eine Menge Zeit gespart werden, da die Verhandlungen der Kommissionen auf das äußerste Maß beschränkt blieben. Eine für jeden Einzelfall zu treffende Entscheidung über eine Vorberatung in der Kommission oder im ganzen Plenum und die damit verbundene Diskussion nehme viel zu viel Zeit in Anspruch. Man müsse sich entscheiden: "Entweder - oder!"

ccc) Vorberatung im ganzen Parlament nur auf vorherigen Beschluß des Parlaments

Gerade dieses "Springen von einem Extrem ins andere" ist in der Ausschußdiskussion den Sympathisanten der geschilderten Meinung von den Anhängern des ursprünglichen Antrags vorgeworfen worden. Es empfehle sich vielmehr, an das bereits Bestehende anzuknüpfen und einen Weg der allmählichen Entwicklung zu gehen. Nach Ansicht der Anhänger dieser Meinung sollte die Kommissionsberatung die Regel sein, die Vorberatung im Hause aber trotzdem ermöglicht werden. Es wurde argumentiert, daß die eigentliche Verhandlung durch die Vorberatung in den Kommissionen im Parlament an Ursprünglichkeit und Frische verloren habe. Durch die Vorberatung seien die Mitglieder des Parlaments in Wissende und Unwissende unterteilt. Die Unwissenden würden sich zu stark auf den Ausschußbericht verlassen. Trotzdem seien aufgrund der "Mannigfaltigkeit" der Gesetzgebung die Kommissionen nicht zu entbehren.

Die Besorgnis, daß das Parlament von der ihm nach dem Antrage zustehenden Befugnis einen "übertriebenen und verkehrten Gebrauch" mache, sei unbegründet. Da gerade die Vorberatung in den Kommissionen die Regel bleiben sollte, könne man davon ausgehen, daß das Parlament die mit der neuen Befugnis beschrittene "neue und ungewohnte Bahn nur mit größter Vorsicht betreten" werde.

ddd) Ergebnis der Abstimmung innerhalb des Ausschusses

Letztlich wurde das Amendement der Ausschußmitglieder, die eine grundsätzliche Vorberatung im ganzen Haus befürworteten, bei nur zwei positiven Stimmen abgelehnt. Den Antrag auf Einräumung einer Möglichkeit zur Vorberatung im Parlament nahm der Ausschuß daraufhin mit vier Gegenstimmen an.

c) Behandlung des Antrages und des Ausschußberichts im Parlament

Am 31. Mai 1862 sind die durch den Ausschuß vorgeschlagen Änderungen im Parlament erstmalig behandelt worden. Nachdem die Abgeordneten des preußischen Landtags der dringlichen Behandlung des Antrags von Forckenbeck einstimmig zugestimmt hatten[729], begann man unter Verzicht auf eine Generaldebatte sofort mit der Spezialdiskussion[730]. Die Spezialdiskussion über die vorgeschlagenen Änderungen der §§ 15 - 18 wurde zusammengezogen und eine gesonderte Generaldiskussion über diesen Komplex eröffnet[731].

Innerhalb der Debatte über die Problematik einer Vorberatung der Gesetzesentwürfe im gesamten Parlament wurden größtenteils lediglich die schon skizzierten Ansichten und Argumentationsmethoden der Ausschußmitglieder wieder aufgenommen und erneut diskutiert. Eine detaillierte Nachzeichnung der Parlamentsdebatte über die Möglichkeit zur Vorberatung im Plenum kann daher unterbleiben[732]. Letztlich eröffnete der Präsident nach umfangreicher Debatte die Spezialdiskussion über die erwähnten Paragraphen der Geschäftsordnung[733]. Nach darauffolgender kurzer Diskussion nahm das Parlament den Kommissionsantrag ohne Änderungen an[734].

Alle Beschlüsse zur Geschäftsordnung sind nach der am 2. Juni 1862 abgeschlossenen Diskussion über alle weiteren vorgeschlagenen Änderungen der Geschäftsordnung an die zuständige Kommission zur Zusammenstellung

---

729 Sten. Bericht Abgeordnetenhaus, Band 1, Jahrgang 1862/2, Sechste Sitzung, S. 57

730 vgl. Sten. Bericht Abgeordnetenhaus, Band 1, Jahrgang 1862/2, Sechste Sitzung, S. 57

731 vgl. Sten. Bericht Abgeordnetenhaus, Band 1, Jahrgang 1862/2, Sechste Sitzung, S. 61

732 Die Debatte wurde teilweise auf hohem wissenschaftlichem Niveau geführt, vgl. die gesamte Debatte über die §§ 15 - 18: Sten. Bericht Abgeordnetenhaus, Band 1, Jahrgang 1862/2, Sechste und siebente Sitzung, S. 61 - 104

733 vgl. Sten. Bericht Abgeordnetenhaus, Band 1, Jahrgang 1862/2, Sechste Sitzung, S. 72

734 vgl. Sten. Bericht Abgeordnetenhaus, Band 1, Jahrgang 1862/2, Sechste Sitzung, S. 75

zurückverwiesen worden[735]. Am 6. Juni 1862 nahm schließlich das Abgeordnetenhaus die neue Geschäftsordnung mit "sehr großer Majorität, fast einstimmig" an[736].

II. Die Anwendung der revidierten Geschäftsordnung bei der Gesetzesberatung

1. Die theoretische Behandlung eines Gesetzes nach der revidierten Geschäftsordnung

a) Die Vorberatung in Kommissionen

Wie festgestellt, fand schon nach der vorherigen Geschäftsordnung das Verfahren der grundsätzlichen Vorberatung in den Fachkommissionen Anwendung. Dieses Gesetzesberatungssystem ist bereits an anderer Stelle erläutert worden.

b) Die fakultative Vorberatung im ganzen Parlament

Die Gesetzesentwürfe konnten auf Beschluß des Hauses nun auch im Parlament selbst vorberaten werden. Diese Vorberatung im ganzen Haus setzte einen Beschluß des Parlaments gemäß § 15 S. 2 der "Geschäfts-Ordnung für das Haus der Abgeordneten"[737] voraus. Nach § 16 S. 1 durfte die Vorberatung im Parlament frühestens am vierten Tag beginnen, nachdem die gedruckte Gesetzesvorlage an die Mitglieder des Hauses verteilt worden war.

Das Parlament durfte sich nach § 16 S. 2 während einer Vorberatung im ganzen Haus lediglich mit dem ihm überwiesenen Gegenstand beschäftigen. Anträge

---

735 vgl. Sten. Bericht Abgeordnetenhaus, Band 1, Jahrgang 1862/2, Siebte Sitzung, S. 105

736 vgl. Sten. Bericht Abgeordnetenhaus, Band 1, Jahrgang 1862/2, Zehnte Sitzung, S. 182; die nun revidierte "Geschäfts-Ordnung für das Haus der Abgeordneten" ist abgedruckt in: Anlagen Abgeordnetenhaus, Fünfter Band, Jahrgang 1862/2, Aktenstück Nr. 209, S. 1640 ff.; weiterhin in synoptischer Darstellung in: Die Geschäftsordnungen deutscher Parlamente seit 1848, Hrsg.: Deutscher Bundestag.

737 Paragraphen ohne nähere Bezeichnung sind solche der Geschäfts-Ordnung für das Haus der Abgeordneten.

oder Abänderungsvorschläge zu dem zu behandelnden Gesetzesentwurf waren nach § 16 S. 3 schriftlich einzureichen, bedurften aber wie bei der endgültigen Beratung weder einer Unterstützung, noch einer wiederholten Abstimmung im Sinne des § 46. Im übrigen galten für die Vorberatungen gemäß § 16 S. 4 alle Regelungen der Geschäftsordnung für die definitive Beratung entsprechend. In jedem Stadium der Vorberatung konnte das Parlament nach § 16 S. 5 den Gesetzesentwurf an die Kommissionen verweisen. Nach Schluß der Vorberatung wurden die gefaßten Beschlüsse nach § 16 S. 6 neben der Gesetzesvorlage zusammengestellt und gemäß § 16 S. 7 ohne weiteren Bericht auf die Tagesordnung des Plenums gesetzt.

c) Die Möglichkeit zu einer sofortigen Schlußberatung

Durch die neue Geschäftsordnung blieb es dem Parlament nach § 15 S. 3 vorbehalten, ohne besondere Vorberatung sofort in die Schlußberatung einzutreten. Wählte das Parlament diesen Weg der Gesetzesberatung, folgte die Schlußberatung nach § 17 S. 1 auf den Vortrag eines oder mehrerer Berichterstatter - sie wurden von der Geschäftsordnung auch als Referenten oder Koreferenten bezeichnet - , die vom Präsidenten des Parlaments bestellt worden waren. Für die Schlußberatung galten nach § 17 S. 2 die Regelungen des § 16 S. 1 - 5.

2. Die praktische Handhabung der Regelungen in der neuen Geschäftsordnung

a) Der Stellenwert der verschiedenen Gesetzesberatungsmöglichkeiten

Hinsichtlich der verschiedenen Möglichkeiten, die dem Parlament bei der Gesetzesberatung durch die revidierte Geschäftsordnung eingeräumt worden waren, ist eine Untersuchung der Verhandlungen des Parlaments dahingehend aufschlußreich, welchen Stellenwert die einzelnen Alternativen der Gesetzesberatung in der praktischen Gesetzgebungsarbeit des Parlaments einnahmen.

Schon in der Ausschußberatung hatten einzelne Mitglieder die Befürchtung geäußert, der Vorberatung im Parlament werde ein zu großes Gewicht beigemessen. Die meisten Ausschußmitglieder waren dagegen der Ansicht, daß das Parlament den neuen Weg der Vorberatung im ganzen Hause nur äußerst vorsichtig beschreiten werde[738].

Die Einschätzung dieser Ansicht bestätigt sich bei der Betrachtung der Verhandlungen der auf die Revision der Geschäftsordnung folgenden Sessionen. So wurde in der Session vom 14. Januar 1964 bis zum 17. Juni 1865 kein einziges Gesetz im Parlament vorberaten[739]. Dem standen 62 Verweisungen an eine Kommission zur Vorberatung gegenüber. Innerhalb dieser Session ist zwölfmal beschlossen worden, die Schlußberatung eines Gesetzesvorschlages sofort im Parlament stattfinden zu lassen.

Dieses Ergebnis blieb auch für die ersten Sessionen nach der Änderung der Geschäftsordnung unverändert. Es bleibt festzuhalten, daß die Abgeordneten nur sehr zögerlich von der Möglichkeit der Vorberatung eines Gesetzes im Parlament Gebrauch machten. So wurden zum Beispiel in der Zeit zwischen dem 15. November 1867 und dem 21. Dezember 1867 - hinsichtlich der Gesetzesberatungstechnik waren noch keine weiteren Änderungen in der Geschäftsordnung beschlossen worden - von den 28 eingebrachten Gesetzen zwei im Parlament, 21 durch eine Kommission und fünf überhaupt nicht vorberaten. Ähnlich verhielt sich das Verhältnis in dem Zeitraum vom 7. Januar 1869 bis zum 6. März 1870. Hier wurden von 43 Gesetzesvorlagen drei im Parlament, dreißig in einer Kommission und zehn überhaupt nicht vorberaten. Das Zahlenverhältnis änderte sich im gesamten Untersuchungszeitraum nicht.

---

738 vgl. Anlagen Abgeordnetenhaus, Fünfter Band, Jahrgang 1862/2, Aktenstück Nr. 8, S. 17

739 Sämtliche Zahlenangaben entstammen Zählungen des Verfassers anhand der stenographischen Berichte des Preußischen Landtags; hier: Sten. Bericht Abgeordnetenhaus, Band 1 - 3, Jahrgang 1865. Bei der Zählung wurde die Behandlung von Staatsverträgen und Haushaltsvorlagen mitberücksichtigt; nicht mitgezählt wurden dagegen Verhandlungsgegenstände, die offensichtlich keinen gesetzes- oder gesetzesähnlichen Charakter hatten (z.B. die Aufhebung der Immunität eines Abgeordneten, obwohl auch diese Frage oftmals an einen Ausschuß verwiesen wurde).

b) Die verschiedenen Gesetzesberatungstechniken in der praktischen parlamentarischen Arbeit

aa) Die Vorberatung in der Kommission

Die Vorberatung eines Gesetzesentwurfs in einer Kommission blieb die am häufigsten angewandte Gesetzesberatungstechnik. Da diese Möglichkeit der Vorberatung schon erläutert worden ist, kann auf ein weiteres Beispiel hierfür verzichtet werden.

bb) Die Vorberatung im Parlament am Beispiel eines Beschlusses über den Entwurf des Staatshaushaltsetats für das Jahr 1867

Das Parlament nahm erst nach und nach die durch die Geschäftsordnungsänderung eingeräumte Möglichkeit wahr, die Gesetze im Haus vorzuberaten. Durchgehend ist hierbei zu erkennen, daß die Vorberatung im Parlament hauptsächlich für die Etatberatungen beschlossen wurde[740]. Als Beispiel hierfür ist der Entwurf zum Staatshaushaltsetat am 21. 11. 1866 zu nennen[741]. Auch diese Vorberatung teilte sich in eine allgemeine Diskussion[742] bzw. in eine sich direkt anschließende Spezialdiskussion[743]. Entsprechend der Vorschriften der Geschäftsordnung fand am Ende der Vorberatung die Verweisung an einen Ausschuß nicht statt. Heftige Meinungsverschiedenheiten entbrannten zu Beginn der Schlußberatung bei der Beratung eines Antrags des Abgeordneten Jung, den Jahresetat in der Schlußberatung im ganzen anzunehmen[744]. Diese "en bloc-Annahme" unterstützte der damalige Ministerpräsident von Bismarck, der darauf hinwies, daß damit zum ersten Mal die Möglichkeit bestehe, einen Etat rechtzeitig zu beschließen[745].

---

740 Bei den Beratungen des Etats wurden durchgehend die selben Geschäftsordnungsvorschriften wie für gewöhnliche Gesetze angewandt.

741 vgl. Sten. Bericht Abgeordnetenhaus, Erster Band, Jahrgang 1868, S. 591 ff.

742 vgl. Sten. Bericht Abgeordnetenhaus, Erster Band, Jahrgang 1868, S. 591 - 607

743 vgl. Sten. Bericht Abgeordnetenhaus, Erster Band, Jahrgang 1868, S. 608 - 621

744 vgl. Sten. Bericht Abgeordnetenhaus, Zweiter Band, Jahrgang 1869, S. 1233

745 vgl. Sten. Bericht Abgeordnetenhaus, Zweiter Band, Jahrgang 1869, S. 1232

Gegen diese Verfahrensweise sprachen sich jedoch mehrere Redner aus. Der Abgeordnete Hoverbeck führte aus, daß ein Jahresbudget mit einem Gesetz vergleichbar sei. Es sei "ungewöhnlich und ungeheuerlich, ein Jahresbudget en bloc anzunehmen und damit der Regierung frei Hand zu lassen"[746]. Letztlich lehnte das Haus nach längerer Diskussion die Annahme im ganzen ab und trat nach der Geschäftsordnung in die allgemeine Aussprache ein[747]. Hieran schloß sich die Spezialdiskussion an[748]. Die gesamte, größtenteils politisch motivierte Diskussion über die geschäftliche Behandlung des Etatentwurfs in der Schlußberatung verlief deshalb langwieriger als die eigentliche Beratung. Der Etatentwurf wurde in der nächsten Sitzung des Parlaments ohne weitere Beratung angenommen[749].

Die Verfahrensweise der Vorbereitung im ganzen Haus wandte die 2. Kammer auch bei den folgenden Staatshaushaltsbeschlüssen an[750].

cc) Die Gesetzesbehandlung ohne jegliche Vorberatung am Beispiel der Festsetzung von Schulversäumnisstrafen

Wie schon bei der Analyse der stenographischen Berichte des Abgeordnetenhauses ausgeführt, fand das Verfahren der Gesetzesberatung ohne jegliche Vorberatung schon relativ frühzeitig nach der Änderung der Geschäftsordnung Anwendung. Es ist nachvollziehbar, daß diese Verfahrensweise in erster Linie bei unproblematischen und weniger wichtigen Gesetzen gewählt wurde.

Beispielsweise ist bei einem Antrag auf Annahme eines Gesetzesentwurfes, der durch den Abgeordneten von Ernsthausen eingebracht worden war, am

---

746 vgl. Sten. Bericht Abgeordnetenhaus, Zweiter Band, Jahrgang 1869, S. 1233

747 vgl. Sten. Bericht Abgeordnetenhaus, Zweiter Band, Jahrgang 1869, S. 1243 f.

748 vgl. Sten. Bericht Abgeordnetenhaus, Zweiter Band, Jahrgang 1869, S. 1244 ff.

749 vgl. Sten. Bericht Abgeordnetenhaus, Zweiter Band , Jahrgang 1869, S. 1255

750 vgl. bspw. die Beratung des Etats des Justizministeriums (Sten. Bericht Abgeordnetenhaus, Erster Band, Jahrgang 1869, S. 781 - 820;
des Ministeriums des Innern; S. 831 - 860, S. 862 - 902; aber auch untergeordnete Etats, z.B. die Beratung des Etatentwurfs der Porzellan-Manufaktur, S. 1088 - 1102)

28. April 1864 beschlossen worden, keine Vorberatung abzuhalten und sofort die Schlußberatung im Parlament stattfinden zu lassen. Der Gesetzesentwurf behandelte die vorläufige Festsetzung der Schulversäumnisstrafen im Bezirk des Appellations-Gerichtshofes zu Köln[751]. Auch für einen Gesetzesentwurf über die "Beförderung im Umherziehen aufgekaufter Gegenstände" beschloß man die Schlußberatung im Hause ohne Vorberatung[752].

Des weiteren zeigte sich jedoch immer stärker die Tendenz, Staatsverträge mit anderen Staaten ohne Vorberatung zu erledigen[753]. Auch die Adressen an den König wurden oftmals lediglich mit einer Schlußberatung bedacht[754].

III. Entwicklungsgeschichtliche Einordnung der Gesetzesberatungstechnik

Der entwicklungsgeschichtlichen Einordnung der Gesetzesberatung des preußischen Abgeordnetenhauses nach der revidierten Geschäftsordnung vom 6. Juni 1862 ist voranzuschicken, daß sich der faktisch völlige Ausschluß der Abteilungen von der Gesetzesberatung schon im Vorfeld der Änderung entwickelt hatte. So wird aus den Ausführungen des Ausschußberichtes deutlich, daß schon über einen längeren Zeitraum keine Vorberatung in den Abteilungen und dementsprechend in einer Zentralkommission mehr stattgefunden hatte, obwohl diese Möglichkeit durchaus noch in der Geschäftsordnung vorgesehen war[755]. In diesem Punkt hatte sich die Parlamentspraxis vollständig vom französisch-belgischen System der Vorberatung in den Abteilungen gelöst.

Die durch die Geschäftsordnungsänderung eingeräumte Möglichkeit, durch einen Beschluß auf die Vorberatung zu verzichten, ist dagegen durch das Abgeordnetenhaus vermehrt wahrgenommen worden. Daß der Verzicht auf eine

---

751 vgl. Sten. Bericht Abgeordnetenhaus, Zweiter Band,Jahrgang 1869, S. 1193

752 Sitzung vom 7. Juni 1865, S. 1954

753 vgl. bspw. in der Sitzung vom 21. November 1867 wurde sowohl bzgl. eines mit Waldeck geschlossenen Vertrages, als auch zweier Verträge mit Oldenburg die Schlußberatung im Hause ohne Vorberatung beschlossen, siehe S. 41ff

754 vgl. bspw. die Sitzung vom 19. Januar 1865, S. 30 ff.

755 vgl. hierzu den Bericht, abgedruckt in: Anlagen Abgeordnetenhaus, Fünfter Band, Jahrgang 1862/2, Aktenstück Nr. 8, S. 17

Vorberatung hauptsächlich bei eher marginalen Gesetzesentwürfen beschlossen wurde, ist einleuchtend.

Durch die Änderungen der Geschäftsordnung ergaben sich nun zwei Formen der Vorberatung der Gesetzesvorschläge. Nach anfänglicher Zurückhaltung bei der Vorberatung im ganzen Haus fand dieses Verfahren zunehmend bei den Haushaltsberatungen Anwendung. Die Vorberatung im ganzen Haus ermöglichte eine zwanglose Debatte, in der die Änderungsvorschläge keiner Unterstützung bedurften und damit eine Richtungsweisung für die definitive Beratung des Gesetzes aufgestellt werden konnte. Diese Verfahrensart weist eine starke Ähnlichkeit mit dem englischen Verfahren der Vorberatung auf.

Einhergehend mit der Loslösung vom französisch-belgischen System der Vorberatung in den Abteilungen näherte man sich nun also dem englischen Verfahren der Vorbereitung im "comittee of the whole house" an. Diese Entwicklung entsprach auch dem Willen zumindest eines Teils der Abgeordneten. Das englische Verfahren, zunehmend in Deutschland bekanntgeworden, entwickelte sich nun zu einem möglichen Vorbild. Dies kam auch in den Debatten über die Geschäftsordnungsänderung deutlich zum Ausdruck. Zum einen gab es Abgeordnete, die eine direkte Übernahme der englischen Gesetzesberatungspraxis anstrebten, während sich andere Abgeordnete für eine Beibehaltung des Abteilungswesens nach französisch-belgischem Vorbild einsetzten. Zwischen diesen beiden Meinungen bewegten sich diejenigen Abgeordneten, die eine vermittelnde Ansicht einnahmen[756].

---

756 So führte der Abg. Frese über die Entstehungsgeschichte der damaligen Geschäftsordnung aus: " ... Ich werde mir erlauben, Sie zunächst daran zu erinnern, wie unsere Geschäfts-Ordnung entstanden ist, um begreiflich zu machen, wie wir jetzt überhaupt noch eine solche Geschäfts-Ordnung haben können. Sie ist im Sturm und Drang, im Winter 1848 auf 1849 gemacht worden, und wie man in solchen Fällen zu verfahren pflegt, ist sie abgeschrieben worden von dem, was gerade vorhanden war, aus der Geschäftsordnung der National-Versammlung, und dazu ist etwas aus der Französischen und Belgischen Geschäfts-Ordnung genommen worden. Sie konnte aber von der besten Geschäfts-Ordnung, die es giebt, von der Englischen, nicht abgeschrieben werden. Wenn sich diese hätte abschreiben lassen, und man hätte es gethan, so würde man damals gleich die viel bessere Geschäfts-Ordnung erhalten haben, auf die ich jetzt mit meinen politischen Freunden hinarbeiten will..." (vgl. Sten. Bericht Abgeordnetenhaus, Erster Band, Jahrgang 1862, Sechste Sitzung, S. 67).
Diese Ausführungen des Abg. Frese waren historisch nicht ganz haltbar, was denn auch vom Abg. Osterrath angemerkt wurde: "Meine Herren! Ich würde nicht das Wort genommen haben, wenn nicht über die Entstehung unserer Geschäfts-Ordnung hier auf dieser Tribüne

Die endgültige und immer noch maßgebliche definitive Beratung im Abgeordnetenhaus wies jedoch keinerlei Züge des englischen Gesetzesberatungsverfahrens auf. Hier wurde weiterhin nach dem Prinzip der einfachen Beratung verfahren, die in eine allgemeine Diskussion und in eine Diskussion über die einzelnen Artikel unterteilt war.

Insgesamt bedeutete die Änderung der Geschäftsordnung durch die "Simson-Forckenbecksche-Reform" demzufolge eine Verschmelzung französischer und englischer Praktiken. Während bei der Vorberatung eines Gesetzesvorschlages dem englischen System nahestehende Beratungsgepflogenheiten angewandt wurden, orientierten sich die Regelungen der Geschäftsordnung für die definitive Beratung noch immer am französisch-belgischen Gesetzesberatungsmodell.

F. Die Gesetzesberatung des verfassungsgebenden Reichstages als Vorläufer des Norddeutschen Reichstages

Der Norddeutsche Bund bildete für die Zeitgenossen eine Übergangserscheinung[757]. Er konnte sich nur an einer Frage bewähren: dem

---

etwas gesagt worden wäre, dem ich aus eigener Anschauung widersprechen muß. Die jetzige Geschäfts-Ordnung ist nicht im Jahre 1848, sondern 1849 für die später aufgelöste Kammer zusammengestellt; als Muster diente theils die Geschäfts-Ordnung der Preußischen Nationalversammlung, theils die Geschäfts-Ordnung der Deutschen Nationalversammlung in Frankfurt. Das waren Muster, die sich bewährt hatten und aus denen wohl etwas Gutes zusammengestellt werden konnte. Man hat auch die ausländischen Geschäfts-Ordnungen keineswegs außer Augen gelassen; man hat sowohl die Französische, als auch die Englische Geschäfts-Ordnung gekannt; man hatte nicht nöthig, wie der Herr Redner meinte, die Englische Geschäfts-Ordnung erst abschreiben zu lassen, denn sie, die standing-orders, ist nicht bloß abgeschrieben, sondern auch gedruckt. Sie ist also in reifliche Erwägung gezogen worden. Wir fanden aber, daß die wiederhohlten Beratungen, welche die Englischen Geschäfts-Ordnung vorschreibt, für unsere Verhältnisse nicht entsprechend seien..." (vgl. Sten. Bericht Abgeordnetenhaus, Erster Band, Jahrgang 1862, Sechste Sitzung, S. 69).
Auch der Abg. Waldeck versuchte in seiner "Leichenrede" bezüglich des Abteilungswesens im preußischen Parlament, noch einmal die Vorzüge der schon längst im Preußischen Landtag nicht mehr angewandten Vorberatung der Gesetze in den Abteilungen zu verteidigen. Er führte hier Frankreich und Belgien als positive Beispiele an. Er zeigt in seinen Ausführungen auch ein detailliertes Wissen des englischen Gesetzesberatungssystems (vgl. Sten. Bericht Abgeordnetenhaus, Erster Band, Jahrgang 1862, Sechste Sitzung, S. 62 - S. 64).

757 vgl. die Äußerung des Abg. Miquel in der Verfassungsdiskussion des konstituierenden Reichstags, daß der geplante Norddeutsche Bund nur eine Durchgangsstation sei, "... wo wir

Eignungsnachweis und dem Ausbau der Institutionen der Bundesverfassung und dem schnellen Abschluß der Nationalstaatsgründung[758]. Der Norddeutsche Bund bildete damit die Grundlage für das später entstandene Deutsche Reich. Daher ist es für eine historische Betrachtung der Entwicklung des Gesetzesberatungssystems angemessen, auch die parlamentarischen Gepflogenheiten im Reichstag des Norddeutschen Bundes entsprechend zu würdigen.

I. Der Weg zur verfassungsgebenden Versammlung

Als Folge des preußisch-österreichischen Krieges[759] gelang es Bismarck, die deutsche Rivalität zwischen Preußen und Österreich zugunsten Preußens zu entscheiden, ohne an Napoleon III. einen Tribut in Gestalt wichtiger deutscher Gebiete zahlen zu müssen[760]. Auch das allmählich wiedererwachende politische Interesse des Bürgertums richtete sich nun erneut auch auf die Lösung der deutschen Frage[761].

Der preußische Partikularismus war schon des öfteren von politisch einflußreichen Personen - gerade auch von Bismarck - beklagt worden[762]. Auch wenn sich bei den Friedensverhandlungen mit den süddeutschen Staaten zeigte, daß durchaus eine Bereitschaft bestand, auf die von Preußen im Juni gemachten Bundesreformvorschläge einzugehen, war die Beschränkung des

---

Wasser und Kohlen einnehmen, Atem schöpfen, um nächstens weiterzugehen..." (Stenographische Berichte über die Verhandlungen des Reichstages des Norddeutschen Bundes, Erster Band, S. 112). Im folgenden zitiert als: Sten. Bericht Verfassungsgebender Reichstag, Band, Seite. Eine Aufschlüsselung nach Sitzung und Jahr der Verhandlung ist aufgrund der nur kurzen Wirkungsdauer und der fortlaufenden Bände nicht erforderlich. Die Stenographischen Berichte der verfassungsgebenden Versammlung sind innerhalb der Berichte des Norddeutschen Reichstages erschienen, sollen hier zur besseren Übersichtlichkeit als Verfassungsgebender Reichstag zitiert werden.

758 Pollmann, Parlamentseinfluß, S. 56

759 vgl. hierzu: Huber, Deutsche Verfassungsgeschichte, Band III; S. 556 f.

760 vgl. Rössle, Bismarcks Politik, S. 290

761 Tormin, Geschichte der deutschen Parteien, S. 49

762 Rothfels, Bismarck, S. 129

von Preußen zu errichtenden Bundes auf Norddeutschland bereits beschlossene Sache[763]

Zwecks Gründung des Norddeutschen Bundes erfolgte zunächst die Beratung einer Verfassung mit 22 Vertretern deutscher Staaten. Aufgrund des Augustbündnisses[764] sollten die einzelnen Regierungen Gesetze zur Wahl eines Reichstages des Norddeutschen Bundes erlassen. Diese Versammlung sollte verfassungsvereinbarende Gewalt haben[765]. Die Aussicht auf einen verfassungsgebenden norddeutschen Reichstag bildete für von Bismarck offenbar schon vor Zusammentritt des Norddeutschen Bundes ein Mittel, um anfängliche Widerstände der norddeutschen Regierungen zu überwinden[766]

Am 12. Februar 1867 fanden die Wahlen zum Konstituierenden Reichstag des Norddeutschen Bundes statt. Das Bundesgebiet war in 297 Wahlkreise aufgeteilt, von denen allein 235 auf Preußen entfielen. Als stärkste Kraft ging hieraus die Nationalliberale Partei[767] mit 80 Sitzen hervor[768]. Die Politik der Gründung des Deutschen Reiches wurde ab 1867 daher gemeinsam von Bismarck[769] und einer parlamentarischen Mehrheit getragen, in der die Nationalliberalen - die stärkste deutsche Partei bis zum Ende der 1870er Jahre[770] - die einflußreichste Kraft darstellten[771].

Der Norddeutsche Bund sollte ein Bundesstaat sein, der sich seinerseits in Staaten gliederte. Die Führung des Bundes lag bei der Hegemonialmacht

---

763 so Forsthoff, Deutsche Verfassungsgeschichte, S. 147

764 vgl. hierzu Huber, Deutsche Verfassungsgeschichte, Band III, S. 644 ff.

765 so Huber, Deutsche Verfassungsgeschichte, Band III, S. 646; anders Peters, Geschichtliche Entwicklung, S. 68, der von einer verfassungsberatenden Gewalt ausgeht.

766 Becker, Bismarcks Ringen, S. 166

767 Einflußreiche Mitglieder der Partei und Abgeordnete des Norddeutschen Reichstags waren unter anderem die Politiker Forckenbeck, Lasker, Miquel, Twesten.

768 vgl. hierzu Huber, Deutsche Verfassungsgeschichte , Band III, S. 648 f.

769 vgl. auch Kaehler, Studien zur deutschen Geschichte, S. 350

770 vgl. auch Pollmann, Parlamentarismus im Norddeutschen Bund, S. 47 ff.

771 Ritter, Die Deutschen Parteien, S. 19; vgl. zu der grundsätzlichen Übereinstimmung der Ansichten Bismarcks und denen der Nationalliberalen: Pollmann, Parlamentseinfluß, S. 56

Preußen[772]. Der Norddeutsche Bund wäre somit eine föderative Vereinigung von Einzelstaaten nach Art des Deutschen Bundes von 1815 gewesen, wenn er nicht ein ganz neues Element aufgewiesen hätte, von dem erhofft werden konnte, daß von ihm eine unitarische Wirkung ausgehen würde: den Reichstag[773].

II. Der Weg zur Geschäftsordnung des verfassungsgebenden Reichstages

Der verfassungsgebende Reichstag trat am 24. Februar 1867 zur Eröffnungssitzung zusammen. Hier wies der preußische König in seiner national und patriotisch gehaltenen Eröffnungsrede[774] noch einmal auf die Verantwortung der gewählten Abgeordneten hin[775].

Sogleich nach der Konstituierung befaßte sich der Reichstag mit der Annahme einer Geschäftsordnung. Da eine starke Heranziehung preußischer Kräfte für den geplanten Bundesstaat damals als Selbstverständlichkeit galt[776], war es nicht verwunderlich, daß von den fünf zur Thematik der Geschäftsordnung gestellten Anträgen drei nahezu gleichlautende Vorschläge auf eine Übernahme der Geschäftsordnung des preußischen Abgeordnetenhauses zielten. Letztlich zogen alle Antragsteller ihren Antrag zugunsten des Antrags von dem Abgeordneten Graf Schwerin-Putzar zurück, der mit einer Änderung in der Diskussion[777] mehrheitlich angenommen wurde. Angesichts der großen

---

772 Forsthoff, Deutsche Verfassungsgeschichte, S. 148; vgl. zu der "faktischen" Hegemonialstellung: Boldt, Deutscher Konstitutionalismus, S. 125

773 Vogel, Deutsche Reichsgliederung, S. 70

774 so die Charakterisierung durch Maurenbrecher, Gründung des Deutschen Reiches, S. 187

775 "... Meine Herren ! Ganz Deutschland, auch über die Grenzen unseres Bundes hinaus, harrt der Entscheidungen, die hier getroffen werden sollen.
Möge durch unser gemeinsames Werk der Traum von Jahrhunderten, das Sehnen und Ringen der jüngsten Geschlechter der Erfüllung entgegengeführt werden. Im Namen aller verbündeten Regierungen, im Namen Deutschlands fordere ich Sie vertrauungsvoll auf: helfen sie uns, die große nationale Arbeit rasch und sicher durchzuführen..." (Eröffnungsrede des Königs von Preußen, abgedruckt in: Sten. Bericht Verfassungsgebender Reichstag, Erster Band, vor S. 1)

776 vgl. Goldschmidt, Das Reich und Preußen, S. 1

777 Wortlaut: Der Reichstag des Norddeutschen Bundes möge beschließen:
Die Geschäfts-Ordnung des Preußischen Abgeordneten-Hauses mit der Maßgabe provisorisch en bloc anzunehmen, daß

Mehrheit der preußischen Abgeordneten im verfassungsgebenden Reichstag lag diese Entscheidung offensichtlich im Interesse einer schnellen Aufnahme der Verhandlungen. Allerdings zeigte sich schon in der Debatte über die Geschäftsordnung die Bevormundung und bei einigen Abgeordneten die Überheblichkeit gegenüber den nichtpreußischen Abgeordneten[778].

III. Die Anwendung der Geschäftsordnung bei der Gesetzesberatung

1. Die theoretische Behandlung eines Gesetzes nach der Geschäftsordnung

Da die Geschäftsordnung des preußischen Abgeordnetenhauses mit wenigen hier nicht relevanten Änderungen durch den verfassungsgebenden Reichstag übernommen worden ist, kann hinsichtlich des theoretischen Ganges der Gesetzesberatung auf die Ausführungen zum preußischen Abgeordnetenhaus verwiesen werden.

---

1. überall an die Stelle von "Regierung", "Minister", "Regierungs-Commissarien" gesetzt wird:
"Bundes-Präsidium", "Bundes-Commissarien", sowie statt "Haus-", "Reichstag";
2. die Wahl der Fachkommissionen (§§ 19, 20, 21) nur je nach dem im Laufe der Verhandlungen sich etwa herausstellenden Bedürfnisse stattfindet;
3. § 69 dahin gefaßt wird:
"Nach erfolgter Beschlußnahme werden die Gesetzes-Vorlagen dem Bundes-Präsidium eingereicht." (abgedruckt: Sten. Bericht Verfassungsgebender Reichstag, Erster Band, S. 5)

[778] So bat der nichtpreußische Abgeordnete Haberkorn um wenigstens einen Tag Aufschub der Entscheidung, damit die nichtpreußischen Abgeordneten die Möglichkeit hätten, sich wenigsten oberflächlich die Preußische Geschäftsordnung aneignen zu können, bevor sie dem Antrag zustimmen würden. Diese Bitte wurde schroff vom preußischen Abgeordneten Braun abgewiesen: "... Die Mehrzahl der Versammlung kennt ja die Geschäfts-Ordnung des Preußischen Abgeordnetenhauses, es ist also nur ein geringer Zeit- und Kraftaufwand, wenn wir diese Geschäfts-Ordnung annehmen; man kann nicht Jedermann zumuthen, die Geschäfts-Ordnung von Nassau, Dessau oder sonst zu kennen. Es liegt aber hier eine Frage der Zweckmäßigkeit vor, und da müssen untergeordnete Interessen als unberechtigt schweigen. ..." (vgl. Sten. Bericht Verfassungsgebender Reichstag, Erster Band, S. 4).

2. Die praktische Handhabung der Regelungen der Geschäftsordnung am Beispiel der Beratungen über die Verfassung

a) Die außerparlamentarische Vorbereitung des Verfassungsentwurfs

Die Bevollmächtigten der norddeutschen Regierungen traten am 15. Dezember 1866 - also schon vor der Wahl des verfassungsgebenden Reichstags - zusammen, um den Regierungsentwurf der Bundesverfassung zu erstellen[779]. Für die Bundesverfassung lagen mehrere Entwürfe und Überarbeitungen vor[780]. Letztlich konnten sich die Vertreter der norddeutschen Länder - nachdem der preußische Entwurf zunächst auf erheblichen Widerstand gestoßen war - am 7. Februar 1867 auf einen definitiv festgestellten Entwurf für die Konzeption der Bundesverfassung einigen[781]. Diese Fassung sollte nach Ratifikation durch die Regierungen vorerst dem zu bildenden verfassungsgebenden Reichstag vorgelegt werden[782].

Bismarck hatte ein starkes Interesse an einer bedingungslosen Zustimmung des verfassungsgebenden Reichstages zu seinen Vorschlägen. Von einer problemlosen Verfassungsvereinbarung mit dem Reichstag erwartete er quasi eine automatische Zustimmung der Landtage. Bei einem eventuellen Bruch mit dem Reichstag rechnete er aber auch mit einer Ermutigung der Landtage zum Widerspruch[783], zumal sich nahezu alle Landtage vorbehalten hatten, das Resultat der Reichstagsverhandlungen noch einmal einer eigenen Beratung und Beschlußfassung im Landtag zu unterziehen[784].

---

779 Huber, Deutsche Verfassungsgeschichte, Band III, S. 649

780 Einen Überblick gibt Huber, Deutsche Verfassungsgeschichte, Band III, S. 649 - 653; ausführlicher Triepel, Zur Vorgeschichte der Norddeutschen Bundesverfassung, S. 589 - 630. Eine chronologische Darstellung der außerparlamentarischen Schritte zur Festlegung der Bundesverfassung bietet: Hiersemenzel, Die Verfassung des Norddeutschen Bundes, Vorbem. III - X .

781 teilweise abgedruckt in: Hiersemenzel, Die Verfassung des Norddeutschen Bundes, Vorbem. IX

782 vgl. Huber, Deutsche Verfassungsgeschichte, Band III, S. 652

783 vgl. Becker, Bismarcks Ringen, S. 386

784 so von Bismarck in: Sten. Bericht Verfassungsgebender Reichstag, Erster Band, S. 41: "... Ich erlaube mir auf den Umstand aufmerksam zu machen, der uns allen bekannt ist, daß die Landtage, oder wenigstens manche von ihnen, sich ausdrücklich vorbehalten haben, das

b) Die parlamentarische Verhandlung des Entwurfs

Wie schon erläutert, hatte der verfassungsgebende Reichstag provisorisch die Geschäftsordnung und damit auch das Gesetzesberatungsverfahren des Preußischen Abgeordnetenhauses übernommen. Die verschiedenen Wege der Gesetzesberatung wurden bereits aufgezeigt und erläutert, so daß hier nur ein Abriß der Geschäftsbehandlung des Verfassungsentwurfs durch den verfassungsgebenden Reichstag gegeben werden soll.

Den Gesetzesentwurf brachte von Bismarck am 4. März in der sechsten Sitzung als "Entwurf der Verfassung des Norddeutschen Bundes" ein[785]. Damit stellte sich die Frage der geschäftlichen Behandlung einer derart umfangreichen und möglichst schnell zu erledigenden Vorlage. Deshalb stellte der Präsident des Reichstages Dr. Simson den Antrag, die Vorberatung des Verfassungsentwurfs "im ganzen Hause" vorzunehmen. Diesen Antrag zog man nach längerer Diskussion einem anderen Antrag vor, nach dem der Verfassungsentwurf einer aus dem Reichstag zu wählenden Kommission zur Vorberatung anvertraut werden sollte[786]. Der beschlossene Verzicht auf eine der Parlamentsberatung vorhergehende Beratung innerhalb einer Kommission war ein Ausdruck der Entschlossenheit des Reichstages, in möglichst kurzer Zeit zu einem erfolgreichen Abschluß zu gelangen und nicht in Detailberatungen steckenzubleiben[787].

Die beschlossene Vorberatung begann am 9. März 1867 mit der 9. Sitzung, wobei sich die allgemeine Diskussion über den Verfassungsentwurf bis zur 12. Sitzung erstreckte. Die Debatte über die einzelnen Punkte der Vorlage zog sich von der 13. bis zur 32. Sitzung am 10. April 1867 hin. Der mit einigen Änderungen aus der Vorberatung hervorgegangene neue Verfassungsentwurf bildete die Grundlage für die Schlußberatung. Die eigentliche Schlußberatung füllte nur zwei Sitzungstage aus (15./16. April 1867). Ebenfalls am 16. April

---

Resultat unserer Veränderungen (gemeint sind die Verhandlungen) ihrer Beschlußnahme zu unterziehen. Wir werden also sofort nach Schluß des Reichstages in der Nothwendigkeit sein, die Landtage der 22 einzelnen verbündeten Staaten mit Beschleunigung zusammenzuberufen".

785 Sten. Bericht Verfassungsgebender Reichstag, Erster Band, S. 41

786 vgl. Sten. Bericht Verfassungsgebender Reichstag, Erster Band, S. 71

787 vgl. Pollmann, Parlamentarismus im Norddeutschen Bund, S. 190

wurde der Entwurf mit den in der Beratung erfolgten Änderungen[788] mit 230 gegen 53 Stimmen angenommen[789].

Der Reichstag wurde am 17. April 1867 davon in Kenntnis gesetzt, daß die Bevollmächtigten der Bundesregierungen den vom Reichstag angenommenen Verfassungsentwurf noch am Vortage angenommen hatten. Nach dieser Mitteilung ist der Reichstag durch den König von Preußen "geschlossen" worden[790].

IV. Entwicklungsgeschichtliche Einordnung

Die entwicklungsgeschichtliche Einordnung des Gesetzesberatungssystems ist unproblematisch, da im wesentlichen das Modell des preußischen Abgeordnetenhauses übernommen wurde. Erwähnt werden muß die Tatsache, daß dieses Gesetzesberatungssytem offenbar auch für die Verabschiedung umfangreicher Gesetzesvorhaben geeignet war. Jedoch gab es in diesem Falle, wie die Erläuterungen der Verfassungsberatung gezeigt haben, viele Diskussionen über eine eventuelle Vorberatung im ganzen Haus oder in einer speziellen Kommission.

G. Die Gesetzesberatung im Norddeutschen Reichstag nach der "Twesten-Laskerschen Reform"

I. Der Weg zum Reichstag des Norddeutschen Bundes

Am 14. Juli 1867 ernannte König Wilhelm I. als Träger der Bundespräsidialgewalt den preußischen Ministerpräsidenten von Bismarck zum Bundeskanzler. Ohne weiteren Verzug kamen auch die beiden anderen obersten Bundesorgane zusammen. Neben dem Bundesrat, in den die Regierungen der Mitgliedsstaaten ihre Bevollmächtigten entsandten, fanden für den Reichstag

---

788 abgedruckt in Huber, Dokumente, Band 2, Nr. 187, S. 227

789 Eine Analyse des Wahlergebnisses findet sich bei Huber, Deutsche Verfassungsgeschichte, Band III, S. 666 f.

790 ausführlicher zu dem Verlauf der Verhandlungen mit allen Änderungsanträgen: Hiersemenzel, Die Verfassung des Norddeutschen Bundes; auch Pollmann, Parlamentarismus im Norddeutschen Bund, S. 198 - 251

am 31. August 1867 Wahlen statt[791]. Am 10. September 1867 eröffnete der preußische König den Reichstag mit einer Thronrede[792].

In den vier Sessionen, die zwischen eineinhalb und gut drei Monaten dauerten, wurde eine Vielzahl von Gesetzen verabschiedet. Unter ihnen befanden sich auch Gesetze mit höchst komplizierter Rechtsmaterie und Vorlagen von großem Umfang[793]. Bismarck schwärmte schon bald hinsichtlich des Reichstags von dem Nutzen der "parlamentarischen Hochdruckmaschine". Aufgrund des quantitativ und wohl auch qualitativ hohen Niveaus[794] der Gesetzgebungstätigkeit dürfte die Untersuchung der Frage vom besonderen Interesse sein, nach welchem Verfahren der Norddeutsche Reichstag bei der Gesetzesberatung vorgegangen ist.

II. Der Weg zur revidierten Geschäftsordnung mit den drei Beratungen eines Gesetzes

1. Der erste Versuch, die Gesetzesberatungspraxis zu ändern

Zunächst hatte auch der Reichstag des Norddeutschen Bundes die "alte" Geschäftsordnung der verfassungsgebenden Versammlung übernommen. Schon knapp einen Monat nach Konstituierung des Reichstages brachten am 8. Oktober 1867 die Abgeordneten Twesten und Lasker[795] einen Antrag auf Abänderung der Geschäftsordnung ein, der zunächst an eine Geschäftsordnungskommission überwiesen wurde[796]. Dieser Antrag[797] sah unter anderem die Einführung der folgenden Bestimmung vor:

---

791 Huber, Deutsche Verfassungsgeschichte, Band III, S. 668

792 siehe Stenographische Berichte über die Verhandlungen des Reichstages des Norddeutschen Bundes, Session 1867, Erster Band, S. 1 f.; im folgenden zitiert als Sten. Bericht Norddeutscher Reichstag, Session, Band, Seite; auch hier ist die Angabe der Sitzung entbehrlich, da die Bände fortlaufend weitergeführt wurden.

793 vgl. Pollmann, Parlamentseinfluß während der Nationalstaatsbildung, S. 72

794 Gelegentlich kam hinsichtlich der Geschwindigkeit bei der Gesetzesbearbeitung Kritik auf. So kritisierte die "Linke" teilweise die "Dampfgeschwindigkeit" der Gesetzesmacherei, die Rechte protestierte gegen die "tumultuarische" Gesetzgebung (vgl. Pollmann, Parlamentseinfluß während der Nationalstaatsbildung, S. 72).

795 vgl. zu Laskers Lebenslauf: Laufs, Eduard Lasker. Ein Leben für den Rechtsstaat

796 Sten. Bericht Norddeutscher Reichstag, Session 1867, Band 1, S. 295

"Über Gesetz-Entwürfe, welche von dem Bundespräsidium oder von Mitgliedern des Reichstages eingebracht sind, findet eine dreimalige Berathung und Abstimmung statt."

Damit sollte also nunmehr ein System der dreimaligen Beratung eines Gesetzesentwurfs eingeführt werden.

Schon am 19. Oktober 1867 konnte der Bericht des Geschäftsordnungsausschusses vollendet werden[798]. Trotz der Bearbeitung der Vorlage in nur drei Ausschußsitzungen zeigt der Bericht eine eingehende Auseinandersetzung mit dem vorgeschlagenen Gesetzesberatungssystem. Im Ausschußbericht wurde eingeräumt, daß in der von Twesten und Lasker eingeschlagenen Richtung schon öfter Wünsche auf Abänderung der Geschäftsordnung erhoben worden waren[799]. Es sei nicht zu bestreiten, daß die gegenwärtige Art der Beratung der Gesetzesentwürfe nicht immer ganz sachgemäß sei und an "mehrfachen Gebrechen leide"[800]. Letztlich wurde durch die Ausschußmehrheit der Antrag zwar an verschiedenen Stellen modifiziert[801], insgesamt unterstützte der Ausschuß jedoch das Vorhaben der dreimaligen Gesetzesberatung. Der Antrag kam jedoch trotz des rechtzeitig erschienenen Ausschußberichtes in der Session nicht mehr zur Abstimmung.

---

797 Abgedruckt als Nr. 65 der Anlagen zu den Stenographischen Berichten über die Verhandlungen des Reichstages des Norddeutschen Bundes, Session 1867, Zweiter Band, Aktenstück Nr. 65, S. 129 f.; im folgenden zitiert: Anlagen zu Sten. Bericht Norddeutscher Reichstag, Session, Band, Aktenstück, Seite.

798 Abgedruckt in: Anlagen zu Sten. Bericht Norddeutscher Reichstag, Session 1867, Zweiter Band, Aktenstück Nr. 136, S. 207 - 214

799 vgl. Anlagen zu Sten. Bericht Norddeutscher Reichstag, Session 1867, Zweiter Band, Aktenstück Nr. 136, S. 207

800 vgl. Anlagen zu Sten. Bericht Norddeutscher Reichstag, Session 1867, Zweiter Band, Aktenstück Nr. 136, S. 208

801 vgl. Anlagen zu Sten. Bericht Norddeutscher Reichstag, Session 1867, Zweiter Band, Aktenstück Nr. 136, S. 209 ff.

2. Der zweite Versuch zur Einführung von drei Lesungen eines Gesetzes

In der folgenden Session nahmen die Abgeordneten Twesten und Lasker ihr Vorhaben wieder auf, das "System der drei Lesungen" als Grundlage für die Gesetzesberatung im Reichstag des Norddeutschen Bundes einzuführen. Deshalb reichten sie am 24. März 1868 erneut einen entsprechenden Antrag ein[802]. Hierbei berücksichtigten sie auch die durch die Geschäftsordnungskommission der vorherigen Session erarbeiteten Änderungsvorschläge.

Nachdem zunächst die Schlußberatung dieses Antrags durch das Parlament beschlossen worden war, wurde nach dem Einbringen mehrerer Änderungsanträge am 28. März 1868 die gesamte Problematik erneut an die Geschäftsordnungskommission zur Berichterstattung überwiesen. Innerhalb der Ausschußsitzung erarbeiteten die Mitglieder einen Ausschußbericht, aus dem verschiedene Argumente für und gegen die Einführung von drei Beratungen eines Gesetzes hervorgingen. Gerade die Überlegungen der Ausschußmitglieder erleichtern die entwicklungsgeschichtliche Einordnung des Gesetzesberatungssystems, so daß auf sie noch innerhalb der Einordnung näher einzugehen sein wird.

Letztlich legte der Geschäftsordnungsausschuß den Antrag der Abgeordneten Twesten und Lasker mit einigen Modifikationen dem Reichstag des Norddeutschen Bundes zur Beschlußfassung vor. Diesen Vorschlag nahm der Norddeutsche Reichstag nach nur eintägiger Beratung an[803].

---

802 abgedruckt in: Anlagen zu Sten. Bericht Norddeutscher Reichstag, Session 1868, Zweiter Band, Aktenstück Nr. 14, S. 67 f.

803 vgl. Sten. Bericht Norddeutscher Reichstag, Session 1868, Band 1, S. 287 - 299

III. Die Anwendung der Geschäftsordnung bei der Gesetzesberatung im Norddeutschen Reichstag

1. Die theoretische Behandlung des Gesetzes nach der neuen Geschäftsordnung

a) Der Antrag auf Erlaß eines Gesetzes

Nach § 15 dieser neuen Geschäftsordnung[804] ("Geschäfts-Ordnung für den Reichstag des Norddeutschen Bundes"[805]) wurden die Vorlagen des Bundesrates sowie die förmlich eingebrachten Anträge von Mitgliedern des Reichstages vom Präsidenten in Druck gegeben und danach an die Abgeordneten verteilt. Anträge von Mitgliedern des Reichstags mußten nach § 20 S. 1 von mindestens fünfzehn Mitgliedern unterzeichnet und mit der Eingangsformel "Der Reichstag wolle beschließen" versehen sein.

b) Die erste Lesung des Gesetzesentwurfs

Die erste Beratung des Gesetzesentwurfs konnte nach § 16 S. 1 erst am dritten Tag nach Verteilung an die Mitglieder erfolgen. Nach § 20 S. 2 erhielt der Antragsteller vor der ersten Beratung zunächst die Möglichkeit, seinen Gesetzesvorschlag zu begründen.

In der ersten Beratung war durch § 16 S. 1 nur eine allgemeine Diskussion über die Grundsätze des Entwurfs zulässig. Diese allgemeine Diskussion konnte nach § 16 S. 3 aber auch auf die Grundsätze einzelner Teile des Entwurfs gerichtet sein.

Gemäß § 16 S. 2 beschloß der Reichstag nach Schluß der ersten Beratung, ob eine Kommission mit einer Vorberatung des Entwurfs zu betrauen sei[806]. Diese

---

804 abgedruckt in: Anlagen zu Sten. Bericht Norddeutscher Reichstag, Session 1868, Zweiter Band, Aktenstück Nr. 117, S. 433 - 438

805 Paragraphen ohne nähere Bezeichnung sind solche der Geschäfts-Ordnung für den Reichstag des Norddeutschen Bundes.

806 Nach § 24 S. 1 konnten für die Bearbeitung der folgenden Materien ein Ausschuß bestellt werden: Geschäftsordnung, eingehende Petitionen, Handel und Gewerbe, Finanzen und Zölle,

Kommissionen wurden nach § 24 S. 3 durch die aufgrund § 2 im Reichstag des Norddeutschen Bundes immer noch vorgesehenen Abteilungen gewählt, die im übrigen nur noch die Aufgabe der Wahlprüfung besaßen. Nach nichtöffentlicher Beratung wählte die Kommission gemäß § 25 S. 2 aus ihrer Mitte einen Berichterstatter, der die Ansichten und Anträge der Kommission in einem Bericht zusammenstellte.

c) Die zweite Lesung des Gesetzesentwurfs

Der Ausschußbericht wurde gedruckt und gemäß § 25 S. 3 mindestens zwei Tage vor der zweiten Beratung an die Reichstagsmitglieder verteilt[807]. Wenn keine Kommission eingesetzt worden war, konnte die zweite Beratung des Gesetzesentwurfs nach § 17 S. 1 frühestens am zweiten Tag nach Ende der ersten Beratung behandelt werden.

Innerhalb der zweiten Beratung wurde gemäß § 17 S. 2 über jeden einzelnen Artikel der Reihenfolge nach die Diskussion eröffnet, geschlossen und danach abgestimmt. Durch Reichstagsbeschluß konnte nach § 17 S. 3 die Reihenfolge verändert werden, wobei auch eine Verbindung mehrerer Artikel möglich war. Auch bei mehreren Abänderungsvorschlägen zu einem Artikel blieb die Möglichkeit, diese getrennt zu diskutieren. Änderungsvorschläge erforderten nach § 17 S. 4 keine Unterstützung und konnten auch noch während der Verhandlung gestellt werden.

Nach dem Schluß der zweiten Beratung stellte der Präsident nach § 17 S. 5 die gefaßten Beschlüsse zusammen. Diese Zusammenstellung bildete gemäß § 17 S. 6 die Grundlage für die dritte Beratung. War der Entwurf innerhalb der zweiten Beratung in allen Teilen abgelehnt worden, fand nach § 17 S. 7 keine weitere Beratung mehr statt, und der Gesetzesvorschlag galt als endgültig abgelehnt.

Justizwesen, Bundeshaushaltsetat. Nach § 24 S. 2 konnte der Reichstag für einzelne Angelegenheiten die Bildung besonderer Kommissionen beschließen.

807 Es war allerdings nach § 25 S. 4 auch möglich, daß unter Verzicht auf einen schriftlichen Bericht durch den Berichterstatter mündlich über die Kommissionsverhandlungen berichtet

d) Die dritte Lesung des Gesetzesentwurfs

Nach § 18 S. 1 erfolgte die dritte Beratung des Gesetzesvorschlages frühestens am zweiten Tag nach Abschluß der zweiten Beratung oder nach Verteilung der gemäß § 17 S. 5 zusammengestellten Beschlüsse der zweiten Beratung. Auch in der dritten Beratung konnten gemäß § 18 S. 2 noch Abänderungsvorschläge eingebracht werden, brauchten aber dort nach § 18 S. 3 eine Unterstützung von mindestens dreißig Mitgliedern.

Die dritte Beratung eines Gesetzes begann gemäß § 18 S. 4 mit einer erneuten Diskussion über die Grundsätze des Entwurfs nach Maßgabe des § 16. Hieran schloß sich eine erneute Diskussion über die einzelnen Artikel nach Maßgabe des § 17 an. Hatte der Reichstag noch in der dritten Beratung Verbesserungsvorschläge angenommen, wurde gemäß § 18 S. 6 die Schlußabstimmung ausgesetzt, bis die Beschlüsse durch das "Bureau" des Reichstags zusammengestellt worden waren. Nach § 18 S. 7 stimmte der Reichstag am Schluß der dritten Beratung über die Annahme oder Ablehnung des Gesetzesentwurfs endgültig ab.

e) Für alle Lesungen geltende Bestimmungen

Bei allen Beratungen konnten nach § 50 S. 1 die Vertagung oder der Schluß der Debatte mit einer Unterstützung von mindestens dreißig Mitgliedern beantragt werden. Über diese Anträge stimmte der Reichstag nach § 50 S. 2 ohne Diskussion ab. Nach § 48 S. 1 formulierte und stellte der Präsident des Reichstags die Fragen für die Abstimmung. Allerdings konnten die Abgeordneten zur Formulierung das Wort ergreifen. In diesem Fall hatte über die Formulierung gemäß § 48 S. 2 der Reichstag zu entscheiden. Nach § 49 S. 1 konnte jeder einzelne Abgeordnete die Teilung einer Frage und damit eine getrennte Abstimmung verlangen, worüber bei Gesetzentwürfen der Reichstag entschied.

Nach § 19 S. 1 konnte eine Abkürzung der in § 17 bestimmten Frist mit einfacher Mehrheit beschlossen werden. Dies galt auch für eine

wurde. Trotzdem konnte nach § 25 S. 5 die Sache an die Kommission zurückverwiesen und ein schriftlicher Ausschußbericht verlangt werden.

Zusammenlegung der ersten und zweiten Beratung. Die in § 16 und § 18 aufgeführten Fristen konnten nur verkürzt werden, falls nicht mindestens fünfzehn anwesende Mitglieder widersprochen hatten.

Der Reichstag konnte nach § 19 S. 2 in jedem Stadium der Beratung bis zum Beginn der Fragestellung den Gesetzentwurf oder einen Teil davon an eine Kommission verweisen. Diese durfte sich nur mit dem ihr übertragenen Gegenstand beschäftigen.

2. Die praktische Handhabung der Regelungen in der neuen Geschäftsordnung am Beispiel der Verhandlungen über das Gesetz betreffend die Kommandit-Gesellschaften auf Aktien und die Aktiengesellschaften

Im Zuge der zunehmenden Industrialisierung hatten sich neue Gewerbeformen wie die Aktiengesellschaften gebildet, die eine Freisetzung von Kapital und Unternehmergeist zur Folge hatten[808]. Das "Gesetz betreffend die Kommandit-Gesellschaften auf Aktien und die Aktiengesellschaften", welches am 12. Mai 1870 - also kurz vor dem Ende der Session - dem Reichstag im "Namen des Präsidiums des Norddeutschen Bundes" durch den Kanzler des Norddeutschen Bundes vorgelegt worden war[809], hatte zum Ziel, die innerhalb des Norddeutschen Bundes bestehende Rechtsverschiedenheit zu beseitigen und die staatliche Konzessionspflicht für die beiden Gesellschaftsformen, soweit sie in den einzelnen Bundesstaaten noch bestand[810], aufzuheben. Die bis dahin vorhandene Schutzfunktion des Staates gegenüber den Gläubigern dieser Gesellschaften war aufgrund der sprunghaften Zunahme der

---

808 so Schulze, Preußen und das Reich, S. 159

809 vgl. Anlagen zu Sten. Bericht Norddeutscher Reichstag, Session 1870, Vierter Band, Aktenstück Nr. 158, S. 645 - 649

810 Frei von staatlicher Genehmigung waren die Aktiengesellschaften in Deutschland damals nur in Lübeck, Oldenburg, Bremen, Hamburg, Sachsen, Baden und Württemberg, die Kommanditgesellschaften auf Aktien dazu in Preußen (vgl. die Aufzählung in den Motiven zum Gesetz abgedruckt in: Anlagen zu Sten. Bericht Norddeutscher Reichstag, Session 1870, Vierter Band, Aktenstück Nr. 158, S. 649 f.)

Unternehmensgründungen nicht mehr wahrzunehmen, so daß ein Festhalten an der Staatsaufsicht unmöglich geworden war[811].

Der Norddeutsche Reichstag behandelte den Gesetzesentwurf ohne vorhergehende offizielle Ausschußberatung[812] nach § 16 S. 1 in erster Beratung[813]. Nach Eröffnung der Diskussion erhielt zunächst der Bundesbevollmächtigten Pape im Einklang mit § 20 S. 2 der Geschäftsordnung das Wort. Nach einer kurzen Aussprache wurde ein Antrag auf Schluß der Debatte mit Mehrheit angenommen. Hierauf verkürzte der Reichstag nach § 19 S. 1 die Frist des § 17 S. 1 und begann sogleich ohne Ausschußüberweisung im Sinne des § 16 S. 2 mit der zweiten Beratung[814].

Während der zweiten Beratung wurde gemäß § 17 S. 2 über jeden Artikel der Reihenfolge nach die Diskussion eröffnet und geschlossen[815]. Innerhalb der zweiten Beratung galt ein Artikel des Gesetzes in Abweichung von § 17 S. 2 als angenommen, wenn kein Antrag auf Abstimmung vorlag[816]. Nach Schluß der zweiten Beratung stellte das "Bureau" die hier gefaßten Beschlüsse nach § 17 S. 5 zusammen.

---

811 so Pollmann, Parlamentarismus im Norddeutschen Bund, S. 488 f.; vgl. auch die Motive abgedruckt in: Anlagen zu Sten. Bericht Norddeutscher Reichstag, Session 1870, Vierter Band, Aktenstück Nr. 158, S. 649 - 660

812 Es hatte sich allerdings schon vor Beginn der ersten Lesung eine "freie Kommission" gebildet, der - bis auf die Konservativen - alle Fraktionen angehörten. Diese hatte eine Reihe von Anträgen vorbereitet, die größtenteils angenommen wurden. (vgl. hierzu Pollmann, Parlamentarismus im Norddeutschen Bund, S. 489)

813 vgl. Vice-Präsident zu Hohenlohe: "Wir kommen nun zunächst zu der Ersten Beratung über den Gesetzentwurf, betreffend der Kommandit-Gesellschaften auf Aktien und die Aktien-Gesellschaften..." (Sten. Bericht Norddeutscher Reichstag, Session 1870, Zweiter Band, S. 1055); vgl. auch die weitere Generaldiskussion, ebenda, S. 1055 - 1061

814 Sten. Bericht Norddeutscher Reichstag, Session 1870, Zweiter Band, S. 1061

815 vgl. die zweite Beratung, abgedruckt in: Sten. Bericht Norddeutscher Reichstag, Session 1870, Zweiter Band, S. 1061 - 1075

816 vgl. Vice-Präsident von Hohenlohe: "Meine Herren, es ist der § 2 zunächst zur Diskussion zu stellen. Ich eröffne die Diskussion, es hat sich Niemand zu Worte gemeldet; wenn die Abstimmung nicht verlangt wird, so konstatiere ich dessen Annahme... ." (Sten. Bericht Norddeutscher Reichstag, Session 1870, Zweiter Band, S. 1075)

Die dritte Beratung des Gesetzes begann mit einer Abstimmung über die nach § 18 S. 2 notwendige Unterstützung eines zuvor gestellten Abänderungsvorschlages. Da die Mehrheit eine Diskussion über die Grundsätze des Entwurfs nach § 18 S. 4 offenbar für nicht nötig erachtete wurde, fand sogleich eine erneute Diskussion über die einzelnen Artikel nach Maßgabe des § 17 statt[817]. Wegen vorliegender Änderungswünsche gegenüber dem Ergebnis der zweiten Beratung setzte der Präsident die Schlußabstimmung nach § 18 S. 6 aus, damit die Beschlüsse zuvor durch das Bureau zusammengestellt werden konnten[818]. Letztlich nahm der Reichstag in der nächsten Sitzung das gesamte Gesetz mit großer Mehrheit an[819].

3. Die praktische Handhabung der Regelungen der Geschäftsordnung am Beispiel der Beratungen über das Strafgesetzbuch

Während die Behandlung des soeben erläuterten Gesetzes relativ unkompliziert vonstatten ging, verlangte der am 14. 2. 1870 eingebrachte Strafrechtsentwurf[820] ein Höchstmaß an Detailarbeit und Disziplin von den Abgeordneten des Norddeutschen Reichstages. Dieser Entwurf sollte eine Einheit des Strafrechts innerhalb des Norddeutschen Bundes schaffen, da auf dem Gebiet der Strafrechtspflege teilweise gravierende Unterschiede zwischen den Strafgesetzbüchern der einzelnen Bundesstaaten geherrscht hatten[821]. Der Gesetzesentwurf ist durch eine Resolution des Reichstags zu Beginn der Session 1868 angeregt worden[822].

Der Bundesrat hatte diese Anregung aufgenommen und ließ sich vom preußischen Justizminister einen Entwurf ausarbeiten, der im Juli fertiggestellt

---

817 vgl. Sten. Bericht Norddeutscher Reichstag, Session 1870, Zweiter Band, S. 1180 - 1182

818 vgl. Vice-Präsident zu Hohenlohe: " ... und somit ist auch in dritter Lesung dieses Gesetz angenommen, und es wird nur die Zusammenstellung der Beschlüsse noch erforderlich sein, um über das ganze Gesetz abzustimmen." (Sten. Bericht Norddeutscher Reichstag, Session 1870, Zweiter Band, S. 1182)

819 vgl. Sten. Bericht Norddeutscher Reichstag, Session 1870, Zweiter Band, S. 1187

820 abgedruckt in: Anlagen zu Sten. Bericht Norddeutscher Reichstag, Session 1870, Dritter Band, Aktenstück Nr. 5, S. 2 ff.

821 Pollmann, Parlamentarismus im Norddeutschen Bund, S. 490

822 vgl. Sten. Bericht Norddeutscher Reichstag, Session 1870, Erster Band, S. 129

und den Regierungen der Bundesstaaten sowie den damaligen Strafrechtsexperten vorgelegt worden war. Mit deren Stellungnahmen wurde der Entwurf einer außerparlamentarischen Experten-Kommission zugeleitet, die den ursprünglichen Entwurf in Teilen wesentlich abänderte. Dieser Entwurf ging wiederum an die Justiz-Kommission des Bundesrates und avancierte dort zur Bundesratsvorlage[823].

In der ersten Lesung[824] nach § 16 S. 1 standen vorrangig Verfahrensfragen im Mittelpunkt der Erörterung[825]. Die Nationalliberalen empfahlen eine überwiegende Beratung im Plenum, lediglich einzelne Abschnitte sollten an eine Kommission überwiesen werden[826]. Dieser Antrag wurde einem anderen Vorschlag, der auf eine generelle Kommissionsüberweisung des gesamten Gesetzes abzielte, mit großer Mehrheit vorgezogen[827]. Die Hauptarbeit der umfangreichen Gesetzesberatung im ganzen Parlament führte dazu, daß die Abgeordneten mit den Beratungen teilweise an die Grenze seiner Belastbarkeit gehen mußten[828].

Die zweite Lesung nach § 17 war zunächst von der Streitfrage über die Todesstrafe beherrscht[829]. Von dieser Frage hing die Zustimmung zum

---

823 vgl. zu den Einzelheiten: Anlagen zu Sten. Bericht Norddeutscher Reichstag, Session 1870, Dritter Band, Aktenstück Nr. 5, S. 2 ff.; auch Pollmann, Parlamentarismus im Norddeutschen Bund, S. 490 f.

824 vgl. Sten. Bericht Norddeutscher Reichstag, Session 1870, Erster Band, S. 41 - 55

825 Justizminister Leonhardt: "...Es würde in diesem Augenblick auch wohl nicht an der Zeit sein, die Grundprincipien des vorgelegten Gesetzesentwurfs zu entwickeln, geschweige denn in das Detail des Entwurfs einzugehen..." (Sten. Bericht Norddeutscher Reichstag, Session 1870, Erster Band, S. 41).

826 Der Antrag des Abg. Albrecht ging dahin, für die Vorberatung des Strafgesetzbuches eine Kommission von 21 Mitgliedern zu wählen und dieser den Abschnitt VIII. des Entwurfs und die folgenden Abschnitte des zweiten Teils zu überweisen, im Uebrigen aber über die vorangegangenen Abschnitte in die zweite Beratung einzutreten (siehe die Verlesung des Antrags bei der Abstimmung: Sten. Bericht Norddeutscher Reichstag, Session 1870, Erster Band, S. 55).

827 Sten. Bericht Norddeutscher Reichstag, Session 1870, Erster Band, S. 54 f.; vgl. zu den politischen Hintergründen der Diskussion über die Verfahrensweise: Pollmann, Parlamentarismus im Norddeutschen Bund, S. 491 f.

828 vgl. hierzu Pollmann, Parlamentarismus im Norddeutschen Bund, S. 361

829 vgl. nur die Äußerung des Abg. Reichensperger, direkt nach Eröffnung über der Beratung über § 1 des Gesetzesentwurfs: "Meine Herren! Es kann für eine gesetzgebende Versammlung

gesamten Gesetz ab[830]. Insgesamt fand die zweite Lesung des Strafgesetzbuches an 18 Sitzungstagen zwischen dem 25. Februar und dem 18. April statt[831].

Die dritte Beratung nach § 18 begann mit der Eröffnung der Generaldebatte nach Maßgabe des § 16. Darüber hinaus standen mehrere nach § 18 S. 2 mögliche Abänderungsvorschläge zur Debatte[832]. Auch innerhalb der dritten Lesung beherrschte zunächst die in der zweiten Lesung erfolgte generelle Ablehnung der Todesstrafe die Diskussion[833]. Letztlich ist auf Intervention des Bundesrates die Beibehaltung der Todesstrafe aufgrund der Uneinigkeit der Nationalliberalen doch beschlossen worden[834]. Neben den Abänderungsvorschlägen des Bundesrates gab es keine wesentlichen Abweichungen von der in zweiter Lesung beschlossenen Vorlage mehr. Am Ende ist das gesamte Strafgesetzbuch - einschließlich der Todesstrafe - mit einer großen Mehrheit des Parlaments angenommen worden[835].

---

keine ernstere, feierlichere Aufgabe gestellt sein, als diejenige, die wir heute zu lösen haben. Die Aufgabe würde nach meinem Gefühle erdrückend sein, wenn nicht die ganze Frage der Beibehaltung oder Abschaffung der Todesstrafe von dem obersten Gedanken beherrscht würde, daß es sich keinen Augenblick ... um den Zweck handelt, ein Menschenleben zu vernichten, sondern nur um die Frage, ob es notwendig sei, das Leben eines Verbrechers zu opfern ..."; Sten. Bericht Norddeutscher Reichstag, Session 1870, Erster Band, S. 95

830 vgl. zu dieser Problematik mit einer Zusammenfassung der damaligen Hauptargumente für und gegen die Todesstrafe: Pollmann, Parlamentarismus im Norddeutschen Bund, S. 492 f.

831 Sten. Bericht Norddeutscher Reichstag, Session 1870, Erster Band, S. 96 - 117 ; 119 - 137; S. 151 - 164 ; S. 170- 195 ; S. 199 - 220 ; S. 222 - 239 ; S. 241 - 246 ; S. 289 - 315 ; S. 328 - 341 ; S. 343 - 369 ; S. 371 - 394 ; S. 399 - 413 ; S. 423 - 446 ; S. 461 - 480 ; Zweiter Band, S. 639 - 663 ; S. 666 - 685; S. 717 - 746 ; S. 754 - 777

832 Sten. Bericht Norddeutscher Reichstag, Session 1870, Zweiter Band, S. 1091

833 Pollmann, Parlamentarismus im Norddeutschen Bund, S. 495 f.

834 ausführlicher Pollmann, Parlamentarismus im Norddeutschen Bund, S. 497

835 Sten. Bericht Norddeutscher Reichstag, Session 1870, Zweiter Band, S. 1187

IV. Entwicklungsgeschichtliche Einordnung der Gesetzesberatungs-technik

1. Der Ausschußbericht der Geschäftsordnungskommission als Grundlage für eine entwicklungsgeschichtliche Einordnung

Der Inhalt der Ausschußberatungen ist bereits an anderer Stelle kurz angesprochen worden. Insbesondere erhellen die unterschiedlichen Argumente für und gegen die dreifache Beratung des Gesetzes die Vorbilder und parlamentarischen Erfahrungen, auf die im Ausschuß zurückgegriffen werden konnte.

a) Denkstrukturen der Ausschußmitglieder

Die Geschäftsordnungskommission schloß ihren Ausschußbericht[836] am 20. April 1868 ab. Dieser offenbart eine tiefgehende Auseinandersetzung mit der Gesetzesberatungstechnik. Die Ausschußmitglieder hatten sowohl theoretische, als auch praktische Erwägungen zu der anstehenden Problematik angestellt. An vielen Stellen des Ausschußberichtes zeigt sich, daß Erfahrungen aus den Verhandlungen früherer Parlamente auf dem Gebiet der Gesetzesberatung wahrgenommen und umgesetzt worden sind.

Im folgenden sollen die Argumente für und gegen die dreimalige Gesetzesberatung - auch im Hinblick auf eine Beurteilung des Gesetzesberatungssystems der heutigen Zeit - zusammenfassend dargestellt und hierbei die Gedankengänge der Ausschußmitglieder aus dem Jahre 1868 aufgezeigt werden. Da der Antrag der Abgeordneten Twesten und Lasker auf den Ergebnissen der Ausschußarbeit der vorhergehenden Session basierte, ist auch dieser Ausschußbericht[837] mit in die Darstellung einzubeziehen.

---

836 abgedruckt in: Sammlung sämtlicher Drucksachen des Reichstages des Norddeutschen Bundes, Session 1868, Drucksache Nr. 55; im folgenden Ausschußbericht II

837 Anlagen zu Sten. Bericht Norddeutscher Reichstag, Session 1867, Zweiter Band, Aktenstück Nr. 136, S. 207 - 214; im folgenden zitiert: Ausschußbericht I

b) Einleitende Überlegungen der Ausschußmitglieder

Die Kommission begann nach eigenen Aussagen mit grundlegenden Überlegungen zur Zweckbestimmung einer parlamentarischen Geschäftsordnung. Ziel einer jeder Geschäftsordnung müsse sein, eine möglichst sorgfältige Vorbereitung endgültiger Beschlüsse zu gewährleisten, ohne hierbei den Schutz der Parlamentsminderheit zu übergehen.

Ferner stellten die Ausschußmitglieder fest, daß sich in der damaligen Parlamentspraxis im wesentlichen zwei verschiedene Wege feststellen ließen, wie dieses Ziel erreicht werden könne. Der Ausschuß stellte den englischen Typus der drei Lesungen dem Typus der belgischen Geschäftsordnung gegenüber, der sich in "den meisten deutschen Geschäftsordnungen niedergeschlagen" habe[838]. Die Ausschußmitglieder gelangten zur Erkenntnis, daß sich die Bedeutung der Abteilungen im Laufe der Zeit vermindert und dies letztlich eine "Vorberatung im ganzen Hause" erst möglich gemacht hatte.

c) Feststellung der Hauptschwächen der herkömmlichen Gesetzesberatungsregelungen

aa) Entscheidung über die Verfahrensweise ohne Verständigung zwischen den Abgeordneten

Bei den Ausschußmitgliedern herrschte Einigkeit darüber, daß die Art der Beratung der Gesetzesentwürfe "nicht immer ganz sachgemäß" gewesen sei und "an mehrfachen Gebrechen" leide[839]. Als ungünstig schätzten sie die bisherige Praxis ein, wonach der Reichstag von vornherein entscheiden mußte, ob die Vorlage einer Kommission überwiesen, eine Vorberatung im ganzen Hause stattfinden oder eine sofortige Schlußberatung abgehalten werden sollte, ohne daß zuvor die Ansichten über die Bedeutung der Gesetzesvorlage ausgetauscht werden konnten. In nicht wenigen Fällen sei die geschäftliche Behandlung einer Vorlage zufällig und jeweils von der Reihenfolge der Antragstellung abhängig

---

838 vgl. Ausschußbericht II, S. 2; vgl. auch die vorherigen Untersuchungen; gemeint ist hiermit natürlich auch das französische Gesetzesberatungssystem.

839 so Ausschußbericht I, S. 208; auch die Minorität des Ausschusses spricht von Mängeln und Gebrechen; vgl. Ausschußbericht I, S. 209

gewesen sei. Es sei daher zu befürchten, daß in Zukunft bei Beibehaltung dieses Verfahrens die meisten Gesetzesvorlagen "sicherheitshalber" an eine Kommission verwiesen werden würden[840].

bb) Ausschluß der meisten Abgeordneten bei vorheriger Kommissionsberatung

Die Mitglieder des Ausschusses stellten hinsichtlich des Preußischen Abgeordnetenhauses fest, daß umfangreiche Vorlagen in der Mehrzahl an die Kommissionen weitergeleitet worden seien[841]. In den Kommissionen seien naturgemäß nur wenige Mitglieder des Reichstags tätig, so daß bei einer Häufung der Vorlagen für den Arbeitsbereich eines Ausschusses mit einer Überlastung des einzelnen Abgeordneten zu rechnen sei[842]. Für die übrigen Abgeordneten vermindere die Aussicht auf einen ausführlichen Ausschußbericht die Bereitschaft zur eigenen Auseinandersetzung mit dem Gesetzesentwurf. Eine unbefangene Beurteilung sei dann zumindest beeinträchtigt[843].

cc) Verkümmerung bzw. Vernachlässigung der Spezialdebatte

Darüber hinaus bemängelte die Mehrheit der Ausschußmitglieder, daß durch die alte Geschäftsordnung, der zufolge sich die Spezialdebatte der Generaldebatte unmittelbar anschloß und oftmals mit ihr in einer Sitzung stattfand, "die Spezialdebatte gedrückt ist und nicht zu der gehörigen Entfaltung und Geltung gelangt, indem die Generaldebatte bei der großen Ausdehnung, die ihr gegeben wird, die Aufmerksamkeit und das Interesse des Hauses so wesentlich in

---

840 vgl. Ausschußbericht II, S. 3; wie bereits erörtert, geschah gerade dies beispielsweise beim verfassungsgebenden Reichstag des Norddeutschen Bundes bezüglich der Verfassung gerade nicht. Dies wird auch vom Ausschuß erkannt, jedoch auf die "außerordentlichen Verhältnisse" zurückgeführt.

841 Die Geschäftsordnung des preußischen Abgeordnetenhauses wurde - wie schon ausgeführt - übernommen.

842 Ausschußbericht II, S. 3

843 Ausschußbericht II, S. 4

Anspruch nimmt, daß die Spezialdebatte nur in geringem Maße noch dieser Aufmerksamkeit sich zu erfreuen pflegt."[844]

dd) Gefahren einer einmaligen Abstimmung

Die Mehrheit der Ausschußmitglieder führte an, daß kein Korrektiv für die Parlamentsbeschlüsse bestehe, wenn über die Gesetzesvorlage nur einmal beraten und abgestimmt werde. Mit der einmaligen Beratung sei kein Ausgleich übereilter oder ungenauer Beschlüsse gewährleistet. Dies müsse vor allem für diejenigen Parlamente gelten, die nur "aus einem Haus bestehen"[845]. Auch könnten Widersprüche oder Unstimmigkeiten durch wechselnde Mehrheiten im Parlament während des Gesetzesberatungsverfahrens hervorgerufen werden, die nach dem herkömmlichen Verfahren nicht mehr zu beseitigen seien[846]. Zwar sei auch nach der bisherigen Geschäftsordnung eine zweite Lesung möglich gewesen, doch sei durch die gerade bei wichtigen Gesetzesvorschlägen oft vorgenommene Verweisung an die zuständigen Ausschüsse auf eine zweite Beratung gerade nicht verzichtet worden[847].

Nach der Gesetzesberatungstechnik der alten Geschäftsordnung seien nach Meinung der Mehrheit der Ausschußmitglieder diejenigen Abgeordneten, die nicht in einem mit dem Gesetz befaßten Ausschuß säßen, dahingehend benachteiligt, daß sie erst im letzten Stadium der Debatte eventuelle Änderungsvorschläge einbringen könnten. Hier seien ihre Anträge gegenüber den Kommissionsanträgen stark benachteiligt. Der Minderheitenschutz in einem Parlament sei so nicht gewährleistet, da die Minderheit kaum zu Wort komme, wenn die Kommission die Prüfung der Vorlage dem Plenum praktisch vorwegnehme und die gesamte Materie bis ins Detail bearbeite.

---

844 vgl. Ausschußbericht I, S. 208

845 so die Formulierung im Ausschußbericht II, S. 4

846 vgl. Ausschußbericht I, S. 208

847 Ausschußbericht II, S. 4

d) Kritik an dem Gesetzesberatungssystem der drei Lesungen

Gegen die Einführung des Systems der drei Lesungen wurde angeführt, daß sich das bisherige Gesetzesberatungssystem als solches bewährt habe. Ein Bedürfnis zu derart weitgehenden Änderungen sei überhaupt nicht erkennbar. Durch die Einführung der drei Lesungen werde die Beratungsstruktur zu schwerfällig. Besonders bei schwierigeren Vorlagen biete sie keinen ausreichenden Ersatz für die Tätigkeit der Kommissionen, die aus der Verschiedenartigkeit der Vorlagen „hervorwuchernde Amendements" einer Sichtung zu unterziehen und nur bei sachlich berechtigten Änderungsvorschlägen die Berücksichtigung zu empfehlen hatten. Damit hätten die Debatten des Plenums auf die wirklich maßgebenden Gesichtspunkte beschränkt werden können, da der Kommissionsbericht zumeist die Beschäftigung des gesamten Plenums mit „leichtfertigen, aus einer unzureichenden Bekanntschaft mit der Vorlage entspringenden Amendements" verhindere. Daß das Plenum sich mit nicht sorgfältig erstellten Anträgen in wiederholten Beratungen beschäftigen solle, sei unverantwortbar[848].

Insbesondere spreche gegen die dritte Lesung, daß sie zum einen bei einfachen Vorlagen, deren Tragweite ganz eindeutig sei, die Arbeit nutzlos erschwere. Des weiteren sei auch noch in der dritten Beratung durch die Möglichkeit zu Änderungsanträgen die Gefahr von Übereilungen vorhanden[849].

e) Gegenargumente der Befürworter des Gesetzesberatungssystems der drei Lesungen

Dem Argument der Gegner des von Twesten und Lasker vorgeschlagenen Systems, daß durch die erste Beratung das selektive Element der Kommissionen hinsichtlich oberflächlich erstellter Änderungsanträge und eigenständiger Anträge wegfalle, wurde begegnet, daß unreife Anträge, abgesehen davon, daß sie eher zu den Ausnahmen gehörten, auch in der Generaldiskussion ihr "verdientes Schicksal" fänden. Die Ablehnung ginge noch schneller als in einer Kommissionsberatung vonstatten. Ebenso beuge die Generaldebatte solchen

---

848 Ausschußbericht II, S. 4

849 Ausschußbericht II, S. 4 f.

übereilten Änderungsanträgen vor, da sie über den Sinn des Gesetzesentwurfes aufkläre und damit Mißverständnisse vermeide. Es sei gerade begrüßenswert, daß durch das neue System das gesamte Plenum mit allen Auffassungen zu einem Gesetzesvorschlag konfrontiert werde.

Bei dem bisherigen Geschäftsgang würden die nicht den Gesetzesvorschlag bearbeitenden Abgeordneten mit ihren Änderungsvorschlägen in das letzte Stadium der Beratung verwiesen und dadurch gegenüber den Kommissionsanträgen in eine ungünstige Lage geraten, da die Kommission die Prüfung der Vorlage "so zu sagen vorweg nehme und Alles bis in das Kleinste und Feinste zurecht mache". Zukünftig sei die Teilnahme an der Erörterung der Hauptgrundsätze allen Abgeordneten garantiert, während die Kommissionen die Detailarbeit zu verrichten hätten. Durch diese Beschränkung auf die Detailarbeit sei es auch möglich, für verschiedene Teile einer umfassenden Gesetzesvorlage verschiedene Kommissionen gleichzeitig arbeiten zu lassen.

Das Argument der Gegner einer dreimaligen Beratung hinsichtlich der nach ihrer Auffassung teilweise überflüssigen dritten Lesung entkräftete man mit dem Hinweis, daß schon beim herkömmlichen System der "Vorberatung im ganzen Hause" eine Schlußberatung folge, in der nur selten bei Gesetzesvorschlägen von erheblichem Gewicht eine nochmalige, die Gesetzesvorlage "selbst in Zweifel ziehende Debatte entstanden sei". Gerade durch die Kommissionsarbeit bestehe die Möglichkeit einer vollständigen Veränderung des Gesetzesvorschlages durch die Kommissionsmitglieder, so daß dafür zumindest die Gelegenheit zur zusätzlichen Beratung gewährleistet sein müsse. Bei unwichtigen Gesetzen werde die zweite wie auch die dritte Lesung eine bloße Form sein, zumal zusätzlich die Möglichkeit zur Fristverkürzung bestehe.

2. Einflüsse auf die beschlossene Gesetzesberatungstechnik

Die intensiven Verhandlungen des Ausschusses zeigen deutlich, daß es den Urhebern des neuen Gesetzesberatungssystems primär um die Steigerung der Effizienz des Gesetzesberatungsverfahrens ging. So wurde zunächst auf eine umfassende Information der Abgeordneten über die zu behandelnde Gesetzesvorlage Wert gelegt. Darüber hinaus bestand das Bestreben der

Verfasser des neuen Gesetzesberatungstyps, den Willen der Majorität adäquat zum Ausdruck zu bringen, ohne die Rechte der Parlamentsminderheit einzuschränken[850]. Dieses Ziel glaubte man mit einer klaren Funktionsabgrenzung der einzelnen legislatorischen Beratungsstufen erreichen zu können.

Die Auswertung der beiden Ausschußberichte zeigt eine intensive fachliche Auseinandersetzung mit den verschiedenen parlamentarischen Möglichkeiten, ein Gesetz zu beraten. Hervorzuheben ist insbesondere die Verknüpfung historischer Überlegungen mit praktischen Erfahrungen der vorherigen Parlamente. Bei der geschichtlichen Betrachtung und Verwertung griffen die Ausschußmitglieder nicht nur auf die Erfahrungen deutscher Parlamente, sondern auch auf im Ausland entwickelte Gesetzesberatungsstrukturen zurück.

Unter anderem brachten die Ausschußmitglieder die zunehmende Abwendung vom französisch - belgischen Typus der Gesetzesberatung und die fließende Annäherung an das englische System in der Entwicklungsgeschichte der deutschen Gesetzesberatung in dem neuen Konzept zum Ausdruck. Die weitgehende Loslösung vom französisch - belgischen Gesetzesberatungssystems lag ebenfalls im Bestreben der Ausschußmehrheit. Insbesondere bezüglich der Herauslösung der Abteilungen aus der Gesetzesberatung herrschte Einigkeit, so daß damit bereits ein wesentliches Element des französisch-belgischen Systems verworfen wurde. Die erste Beratung sollte gewährleisten, daß sich das Plenum bzw. jeder einzelne Abgeordnete primär mit dem Gesetzesvorschlag beschäftigt, ohne unter dem Eindruck eines eventuell polarisierenden Ausschußberichts zu stehen. Der starke Einfluß der Kommissionsarbeit durch die bis dahin mögliche sofortige Verweisung des Gesetzesvorschlages an einen Ausschuß könne auf diese Weise vermindert werden. Mit der Abhaltung einer ersten Beratung zu den Grundgedanken und Motiven des Gesetzes solle den Ausschußmitgliedern ein klares Meinungsbild des Plenums als "festes Gerüst" für die Ausschußberatungen vermittelt werden. Die Beratungen der Ausschüsse sollten vorwiegend auf die Funktion eines "bloßen Hilfsorgans" reduziert werden[851].

---

850 vgl. hierzu auch Pollmann, Parlamentarismus im Norddeutschen Bund, S. 357

851 So drückt es Pollmann, Parlamentarismus im Norddeutschen Bund, S. 359 f. aus.

Da die Diskussionen über die parlamentarische Behandlungsweise einer Gesetzesvorlage in der parlamentarischen Vergangenheit - wie schon öfter festgestellt - zu großen Zeitverzögerungen durch langwierige Verfahrensdiskussionen geführt hätten, solle diese Schwäche des bisherigen deutschen Gesetzesberatungssystems mit der Einführung einer grundsätzlichen ersten Beratung und der weitgehend festgelegten Verfahrensweise in den weiteren Beratungsstufen beseitigt werden.

Letztlich nahm der Ausschuß eindeutig Abstand vom französisch-belgischen Typus einer einzigen Beratung. Speziell die oftmals erfolgte Behandlung der General- und Spezialdebatte an einem Tag habe - so argumentierte man - die Spezialdebatte teilweise "verkümmern" lassen. Die Spezialdebatte solle durch die nun beabsichtigte grundsätzliche Trennung von der Generaldebatte aufgewertet werden.

Der Vorschlag, Gesetze grundsätzlich in drei Beratungsstufen zu behandeln, legt die Vermutung nahe, daß hier das englische Gesetzesberatungssystem starken Einfluß auf die Ausgestaltung genommen hat. Wie schon beschrieben, beweist eine Analyse des Ausschußberichtes, daß die Mitglieder des Ausschusses über eine genaue Kenntnis des englischen Systems verfügten.

Eine eingehende Analyse des von Twesten und Lasker ausgearbeiteten Gesetzesberatungssystems zeigt aber, daß bewußt davon Abstand genommen wurde, das englische Verfahren nachzuahmen oder zu kopieren. So wurden wichtige Institutionen wie beispielsweise das "Committee of the whole house" nicht berücksichtigt. Die Verweisung an eine Kommission sollte nach den Vorstellungen der Urheber des neuen Gesetzesberatungssystems zunächst nach der ersten Beratung des Gesetzesvorschlages erfolgen, während dies nach dem englischen System im Normalfall nicht möglich war. Die erste Beratung des Gesetzes sollte auch nicht die vorwiegend formale Rolle der bloßen Verlesung wie im englischen Beratungssystem einnehmen, sondern eine wirkliche Kenntnis des Gesetzesvorschlages bei jedem Abgeordneten gewährleisten.

Diese Abweichungen des Twesten-Laskerschen Gesetzesberatungssystems von der englischen Verfahrensweise wird von Jekewitz als "historischer Irrtum" bezeichnet[852]. Er stellt zunächst zutreffend fest, daß eine Loslösung vom französisch - belgischen System stattgefunden habe. Allerdings sei man "bei der Rückkehr zu den englischen Ursprüngen aber erneut Mißverständnissen erlegen". Die englische Geschäftsordnung habe man nicht gekannt oder nicht richtig verstanden[853]. Ein Blick auf die Motive der Urheber hätte Jekewitz erkennen lassen, daß der englische Beratungstypus den Ausschußmitgliedern durchaus bekannt war und sie von einer unreflektierten Übernahme bewußt Abstand nehmen wollten. Jekewitz wertet Twesten und Lasker als Schöpfer des neuen Gesetzesberatungssystem nämlich unberechtigt als "schlechte Nachahmer" ab. Dies ist um so problematischer, als daß Jekewitz seine Behauptungen als Argument für die von ihm vertretene Abschaffung einer dreifachen Beratung der Gesetzesvorlagen "mißbraucht".

Es dürfte unstrittig sein, daß es den Urhebern der neuen Gesetzesberatungstechnik gerade nicht darum ging, eine Kopie des englischen Systems zu erstellen. Vielmehr versuchten sie, die Erfahrungen der vergangenen Parlamente des In- und Auslandes zu nutzen und auf dieser Grundlage ein eigenes, selbständiges Gesetzesberatungssystem zu entwerfen. So äußerte sich Twesten genau auf den Vorwurf, den ihm nun Jekewitz macht: "Wir haben einiges aus der Englischen Geschäftsordnung herübergenommen ... weil wir uns selbst in unserer bisherigen Geschäftsordnung schon mehr und mehr diesem Verfahren genähert haben, keineswegs haben wir aber beabsichtigt, das englische Parlamentsverfahren bei uns einführen zu wollen, was ich allerdings für falsch halten würde."[854]

Durch die Einführung einer dreifachen Beratung eines Gesetzes ist aus heutiger Sicht - wie auch Twesten einräumt - sicherlich eine formale Nähe zum englischen System vorhanden, doch fehlen eben wesentliche Merkmale der englischen Gesetzesberatungstechnik. Tatsächlich beschloß der Reichstag ein gänzlich neues System der Gesetzesberatungstechnik, welches seine Ausgestaltung durch die sorgfältige Verwertung der mittlerweile langjährigen

---

852 so schon der Titel des Aufsatzes von Jekewitz, Ein ritualisierter historischer Irrtum

853 vgl. Jekewitz, Ein ritualisierter historischer Irrtum, S. 548

854 vgl. die Äußerungen Twestens: Sten. Bericht Norddeutscher Reichstag, Session 1868, Erster Band, S. 23

parlamentarischen Erfahrungen in Deutschland und im Ausland erhalten hatte. Vornehmlich diese Leistung aller an der Ausgestaltung der Geschäftsordnung beteiligten Personen hat dazu beigetragen, daß sich das Gesetzesberatungssystem von Twesten und Lasker in seinen Grundzügen in Deutschland - unabhängig von dem Wechsel der Staatssysteme - bis in die heutige Zeit hat halten können.

H. Die Weiterentwicklung des Systems der drei Lesungen in der Parlamentsarbeit des Deutschen Reichstags

I. Die Entwicklung zur Eröffnung des Deutschen Reichstags

Die Gründung des Deutschen Reiches ist als Folge des französisch-deutschen Krieges von 1870/71 anzusehen. Die gegenüber Preußen abgegebene Kriegserklärung Frankreichs hatte sich nach der damaligen Verfassungsrechtslage auch gegen alle Staaten des Norddeutschen Bundes gerichtet. Die süddeutschen Staaten traten aufgrund der im Jahr 1866 geschlossenen Schutzbündnisse mit dem Norddeutschen Bund ebenfalls in den Krieg ein[855]. Obwohl in den Parlamenten Bayerns und Württembergs starke antipreußische Tendenzen herrschten, gab es keinen deutschen Staat, der Preußen den Beistand verweigerte[856]. Die Rücksichtnahme auf Frankreichs Interessen war jedoch durch den Kriegsausbruch nun gegenstandslos geworden, so daß im Jahre 1870 die sog. Novemberverträge abgeschlossen werden konnten, in denen man gerade Württemberg und Bayern[857] einige Sonderrechte gewährt. Insbesondere wurde auf bayerischen Wunsch der König von Preußen nur mit dem Titel "Deutscher Kaiser" ausgestattet[858].

---

[855] vgl. Kröger, Verfassungsgeschichte, S. 89

[856] Kimminich, Deutsche Verfassungsgeschichte, S. 424

[857] beachte zu der "Werbung" um Bayern durch Bismarck: Huber, Verfassungsgeschichte, Band III, S. 728 ff.

[858] vgl. Menger, Deutsche Verfassungsgeschichte, Rdnr. 285; beachte zu der Haltung der verschiedenen Staaten zur nationalen Einheit: Huber, Verfassungsgeschichte, Band III, S. 725 ff.

Trotzdem blieb das Deutsche Reich in der Hauptsache eine Schöpfung der preußischen Staatsmacht[859]. Nach der Proklamation des Deutschen Kaisers am 18. Januar 1871 wurde Otto von Bismarck bekanntlich im Auftrag des Kaisers ohne besondere Ernennung Kanzler des neuen Reiches. Der erste Reichstag ging aus einer allgemeinen, gleichen und direkten Wahl am 3. März 1871 hervor[860]. Am 21. März 1871 trat der Deutsche Reichstag erstmals zusammen[861].

II. Die Zugrundelegung der Geschäftsordnung des Norddeutschen Reichstages für die Arbeit des Deutschen Reichstags

Mit dem Beginn der ersten Sitzung des neuen Reichstages ergab sich zwangsweise die Notwendigkeit zur Schaffung einer Geschäftsordnung, um möglichst schnell eine Verfassung für das Deutsche Reich zu erarbeiten. Allerdings gestaltete sich die Festlegung einer Geschäftsordnung als relativ einfach, da zwischen den Abgeordneten Einigkeit hinsichtlich der weiteren Anwendung der früheren, im parlamentarischen Alltag bewährten Geschäftsordnung des Norddeutschen Reichstages herrschte. So verwandte man die Geschäftsordnung des Norddeutschen Reichstages provisorisch im Deutschen Reichstag weiter[862].

Auch wenn die Annahme vorerst als vorläufig beschlossen war, verzichtete der Reichstag auf eine umfassende Revision der Geschäftsordnung bis zur Revolution von 1918. Zunächst beschloß man zu Beginn der jeweiligen Legislaturperiode die förmliche Übernahme der alten Geschäftsordnung. Ab

---

859 so Schieder, Das Deutsche Kaiserreich, S. 10

860 vgl. Kröger, Verfassungsgeschichte, S. 90

861 Eine anschauliche Schilderung der Stimmung bei Eröffnung des Reichstages bietet: Robolsky, Der Deutsche Reichstag, S. 188 ff.

862 vgl. die Äußerungen des Alterspräsidenten von Frankenberg - Ludwigsdorf nach der Begrüßung der süddeutschen Abgeordneten: "... Lassen Sie mich noch den Mitgliedern aus den süddeutschen Staaten, welche heute zum ersten Male in unsere Mitte eintreten, ein freundliches Willkommen zurufen und damit zugleich die Sitzung für eröffnet erklären. (Bravo ! Sehr gut !) Vor Allem ist uns Bedürfnis eine Geschäftsordnung. Ich schlage Ihnen vor, daß wir die Geschäftsordnung des Reichstages des Norddeutschen Bundes vorläufig als maßgebend annehmen. - Da kein Widerspruch erfolgt, so nehme ich diesen Vorschlag für

1896 unterblieb sogar eine solche explizite Beschlußfassung, die Beibehaltung der Geschäftsordnung setzte man offensichtlich als selbstverständlich voraus.

III. Die Weiterentwicklung der Gesetzesberatungspraxis durch die parlamentarische Arbeit

Eine parlamentarische Geschäftsordnung erhält ihre detaillierte Ausgestaltung erst durch die Praxis der parlamentarischen Verhandlungen. Auch wenn keine allgemeine Revision der Geschäftsordnung von 1868 durch den Reichstag vorgenommen worden war, zeigte sich schon bald im Laufe der parlamentarischen Arbeit, daß die Regelungen der Gesetzesberatung auf keinen Fall alle Fragen beantworten konnten, die sich in den Verhandlungen ergaben. So traten beispielsweise trotz der detaillierten Regelung durch die Geschäftsordnung oftmals Unstimmigkeiten bei der Geschäftsbehandlung einzelner Gesetzesentwürfe auf. Diese Fragen entschieden teilweise der Präsident, die Geschäftsordnungskommission oder der Reichstag in seiner Gesamtheit.

Im folgenden Abschnitt sollen die wesentlichen Komplexe der Gesetzesberatungspraxis des Deutschen Reichstages aufgezeigt werden, bei denen Meinungsverschiedenheiten über die geschäftliche Behandlung auftraten und daher noch Regelungsbedarf bestand[863].

1. Verbindung der ersten Beratung über die Grundsätze mehrerer Entwürfe

Im Laufe der Verhandlungen stellte sich mehrfach die Frage, ob die Verbindung mehrerer Beratungsgegenstände zu einer gemeinsamen ersten Beratung geschäftsordnungsmäßig zulässig sei. Die Behandlung dieses Problemkreises ist offenbar unterschiedlich gehandhabt worden. Allgemein bejahte man die

---

genehmigt an." (Stenographischer Bericht über die Verhandlungen des Deutschen Reichstags, Band 1, S. 5; im folgenden zitiert als: Sten. Bericht Reichstag, Band, Seite)

863 Hilfreich bei dieser Darstellung war das Werk von Jungheim, Die Geschäftsordnung für den Reichstag. Der Autor hat hier die einzelnen Paragraphen der Geschäftsordnung mit eigenen Anmerkungen versehen und dabei die parlamentarischen Erfahrungen verarbeitet. Zusätzlich zu dem Werk Jungheims wurden auch die Stenographischen Berichte des Deutschen Reichstages herangezogen.

Möglichkeit zu einer Verbindung der Vorlagen bei der Feststellung der Tagesordnung einhellig[864]. Wenn aber die Vorlagen zunächst als getrennte Punkte auf die Tagesordnung erschienen waren, hat man offenbar die Zusammenlegung der ersten Beratung nur teilweise für zulässig eingeschätzt[865], während man in anderen Fällen eine Zusammenlegung verneinte[866].

2. Zulässigkeit der Abgabe von Änderungsvorschlägen schon vor Ende der ersten Beratung

Die Frage, ob ein Abänderungsvorschlag schon vor Ende der ersten Beratung eingebracht werden durfte, stellte sich in den Verhandlungen des Deutschen Reichstags mehrfach. Das grundsätzliche Einbringen der Änderungsvorschläge wurde zwar als zulässig angesehen, hinsichtlich der Zulässigkeit der Verteilung dieser gedruckten Änderungsvorschläge an die Abgeordneten vor Beendigung der ersten Beratung bestand jedoch keine Einigkeit[867].

---

864 vgl. die Bejahung dieser Frage durch den damaligen Präsidenten Graf v. Arnim-Boitzenburg in: Sten. Bericht Reichstag, Band 58, S. 274

865 vgl. die Bejahung dieser Frage durch den damaligen Präsidenten v. Forckenbeck in: Sten. Bericht Reichstag, Band 38, 7. Sitzung, S. 96: "Die einzelnen Gesetzentwürfe stehen augenscheinlich in Verbindung miteinander; es dürfte sich daher vielleicht empfehlen, die erste Berathung von Nr. 3, 4 und 5 der Tagesordnung miteinander zu vereinigen und nur eine Erste Berathung über alle drei Gesetzentwürfe stattfinden zu lassen. (Sehr richtig!) Wenn von keinem Mitgliede des Hauses widersprochen wird, so nehme ich an, daß auf diesen Vorschlag eingegangen wird, daß also die ersten Berathungen von Nr. 3, 4 und 5 der Tagesordnung miteinander vereinigt werden."

866 vgl. die Äußerung des damaligen Präsidenten Simson in: Sten. Bericht Deutscher Reichstag, Band 7, 4. Sitzung, S. 16: "Ich halte die Zusammenfassung verschiedener Vorlagen, die unter selbständigen Nummern auf der Tages-Ordnung stehen, in einer Generaldebatte, der Geschäfts-Ordnung gegenüber für unzulässig...".

867 vgl. zum einen den damaligen Präsidenten Simson in: Sten. Bericht Deutscher Reichstag, Band 10, 15. Sitzung, S. 198: "Was die Frage von Amendements angeht, so ist es ja ganz richtig, daß ... nach der Geschäftsordnung vor dem Schluß der ersten Berathung auf die Vorlage bezügliche Abänderungsvorschläge einzubringen nicht gestattet ist. Ich habe dies aber nie dahin verstanden, daß diese Amendements nicht mir mitgeteilt, dann gedruckt werden und - ohne vorläufige öffentliche Erörterung - in die Hände der Mitglieder kommen dürfe. Dazu erkläre ich mich auch in diesem Fall bereit."
Anderer Ansicht war hier offenbar der damalige Präsident v. Forckenbeck in: Sten. Bericht Deutscher Reichstag, Band 35, 52. Sitzung, S. 1264: "Es ist allerdings richtig, daß mir bereits zwei schriftliche Amendements überreicht worden sind; sie sind auch bereits gedruckt, ich

3. Die Rechtsnatur eines Antrages, der einen Gesetzesvorschlag durch einen anderen ersetzen sollte

Die Geschäftsordnung hatte nicht den Fall geregelt, wie ein Antrag zu behandeln sei, der die Ablehnung eines bereits eingebrachten Gesetzesvorhabens unter Anführung eines neuen Gesetzesvorschlages beinhaltete. Es stellte sich die Frage, ob dieser Antrag geschäftsordnungsmäßig als Änderungsantrag oder als neuer eigenständiger Gesetzesentwurf behandelt werden mußte. Nach längerer Diskussion, bei der sich auch der Mitinitiator des damaligen Gesetzesberatungssytems Lasker maßgeblich einschaltete[868], beschloß der Reichstag, daß ein solcher Antrag nicht als Abänderungsvorschlag, sondern als selbständiger Antrag anzusehen sei[869].

4. Zulässigkeit des Einschubs einer allgemeinen Diskussion innerhalb der Spezialdiskussion

In den Verhandlungen des Reichstages regten Abgeordnete immer wieder an, innerhalb der Spezialdebatte vor Beginn der Beratung eines neuen Abschnitts der Gesetzesvorlage auch noch allgemeine Gesichtspunkte zu besprechen. Diese Möglichkeit wurde bei entsprechenden Anträgen im Reichstag durch die verschiedenen Präsidenten grundsätzlich eingeräumt[870]. Eine entsprechende positivrechtliche Regelung hatte beispielsweise bereits die Geschäftsordnung der landständischen Versammlung Bayerns für die Beratung größerer Gesetzesvorhaben enthalten.

---

habe aber die Verteilung derselben ausgesetzt, bis die erste Beratung geschlossen ist, wie die Geschäftsordnung vorschreibt".

868 vgl. die Äußerungen des Abg. Lasker in Sten. Bericht Deutscher Reichstag, Band 11, 48. Sitzung, S. 997, die in ihrer Gesamtheit seine starke Verwachsung mit den Regelungen der Geschäftsordnungen belegen: "... Da aber die Herren Abgeordneten von Blanckenburg, von Hennig, und Löwe ausdrücklich ein neues Gesetz beantragen. so ist der Antrag materiell nicht abhängig von jenem früheren Antrage, und ich bin der Meinung, daß er selbständig behandelt werden muß...".

869 vgl. den Beschluß in: Sten. Bericht Deutscher Reichstag, Band 11, 48. Sitzung, S. 998

870 vgl. bspw. die Äußerung des damaligen Präsidenten Simson in: Sten. Bericht Deutscher Reichstag, Band 10, 8. Sitzung, S. 53: "...; aber daß, wenn das Haus das will, es nicht zulässig wäre, einen jeden Abschnitt, der solchergestalt in einzelnen Artikeln schließlich zur Abstimmung gebracht werden muß, eine generelle Erörterung vorhergehen zu lassen, das kann ich nicht finden."

5. Verbindung der Diskussion und Abstimmung über alle Artikel eines Gesetzesentwurfs

Erschien die spezielle Diskussion eines Gesetzesentwurfs unproblematisch und bestand der Wunsch nach einer gemeinsamen Beratung aller im Gesetzesentwurf enthaltenen Einzelbestimmungen, konnte der Präsident diese Vorgehensweise zulassen, falls die Mitglieder des Reichstags hiermit einverstanden waren[871]. Lag ein Beschluß über eine solche Verbindung vor, konnte diese Entscheidung jedoch stets durch eine nachträgliche Trennung der Diskussion rückgängig gemacht werden[872].

6. Verfahrensweise bei der Ablehnung eines grundlegenden § 1 des Gesetzesentwurfs

Problematisch blieb die verfahrensmäßige Vorgehensweise, wenn innerhalb der zweiten Beratung ein grundlegender erster Paragraph eines Gesetzesentwurfs abgelehnt worden war. Man argumentierte teilweise dahingehend, daß durch die Ablehnung dieses grundlegenden Paragraphen zum einen der gesamte Gesetzinhalt unsinnig sei, zum anderen durch die Ablehnung eine Zurückweisung des gesamten Gesetzesentwurfs durch die Abgeordneten dokumentiert worden sei. Deshalb verzichtete man in diesem Fall teilweise auf eine weitere Diskussion[873]. Andererseits beriet der Reichstag in Ausnahmefällen trotz der Ablehnung eines grundlegenden Paragraphen die

---

[871] vgl. beispielsweise das Ansinnen des Abg. Arendt in: Sten. Bericht Deutscher Reichstag, Band 232, 147. Sitzung, S. 4962: "Herr Präsident, ich möchte die Bitte aussprechen, daß wir die Diskussion gleich über alle Artikel des Gesetzentwurfs aufnehmen".

[872] vgl. hierzu die Erläuterungen von Jungheim, Die Geschäftsordnung für den Reichstag, S. 47 f.

[873] vgl. die Äußerungen des damaligen Präsidenten Simson in: Sten. Bericht Deutscher Reichstag, Band 8, 50. Sitzung, S. 1228: "Nun frage ich, ob wirklich noch über § 2 abgestimmt werden soll. Ich denke, es ist füglich nicht möglich, nachdem man ein Gesetz abgelehnt hat, das aus einem Paragraphen besteht, im zweiten Paragraphen zu sagen: Die zur Ausführung dieses Gesetzes erforderlichen Anordnungen etc. (Zustimmung) Also auch diese Vorlage kommt nicht zur dritten Beratung."

weiteren Paragraphen und stimmte über sie ab[874]. Die Verfahrensweise gestaltete sich also als uneinheitlich.

7. Dritte Beratung über eine in zweiter Beratung abgelehnte Einzelbestimmung

Problematisch und nicht eindeutig in der Geschäftsordnung geregelt blieb die Frage, ob die in zweiter Beratung abgelehnte Einzelbestimmung einer Gesetzesvorlage überhaupt noch in dritter Beratung zu behandeln sei. Die Regelung des § 17, daß eine weitere Beratung nicht mehr stattfinden sollte, bezog sich nur auf eine Ablehnung des gesamten Gesetzesvorschlages. Allerdings ist aus der Regelung auch zu entnehmen, daß die Zusammenfassung der Beschlüsse der zweiten Beratung durch den Präsidenten die Grundlage für die dritte Beratung bildete. Man könnte dies dahingehend auslegen, daß durch die Ablehnung der Einzelbestimmung in der zweiten Beratung gerade dieser Paragraph für die dritte Beratung nicht mehr existent sei[875]. Dagegen wäre einzuwenden, daß die Zusammenstellung der Beschlüsse für die dritte Beratung gerade auch die ablehnenden Beschlüsse umfasse[876]. Letztlich entschied sich die Mehrheit des Hauses für die erste Betrachtungsweise, die vorschrieb, daß nur die Wiederaufnahme der in der zweiten Beratung abgelehnten Einzelbestimmung durch einen Abgeordneten eine Behandlung in der dritten Beratung ermöglichte[877].

---

874 vgl. wiederum die Verhandlungsführung Simsons, der die weitere Abstimmung über die folgenden Paragraphen "kulanterweise" durchführte, da sich im Vorfeld Diskussionen über die Vorgehensweise ergeben hatten, in Sten. Bericht Deutscher Reichstag, Band 63, 40. Sitzung, S. 1218: "Indessen wir erledigen den Streit (am) angemessensten, wenn wir die einzelnen Paragraphen zur Abstimmung bringen."

875 vgl. die Ansicht Laskers in: Sten. Bericht Deutscher Reichstag, Band 21, 49. Sitzung, S. 26

876 so die Ansicht des Reichskanzlers Bismarck in: Sten. Bericht Deutscher Reichstag, Band 21, 49. Sitzung, S. 26, der sich hier aktiv in die Geschäftsordnungsdebatte eingeschaltet.

877 vgl. den Beschluß des Hauses in: Sten. Bericht Deutscher Reichstag, Band 21, 49. Sitzung, S. 27

8. Verbindung der Beratungen

Grundsätzlich stand es im Ermessen der Reichstagsmitglieder, die verschiedenen Beratungsstufen einer Gesetzesvorlage miteinander zu verbinden. So nutzten sie die Möglichkeit einer Verbindung der ersten mit der zweiten Beratung oftmals aus[878]. Grundsätzlich bestand auch die Möglichkeit, die dritte Beratung direkt an die zweite Beratung anzuschließen. Umstritten blieb die Frage, ob es zulässig sei, diese Verbindung schon bei Festlegung der Tagesordnung zu bestimmen[879].

9. Berechnung der Fristen

Die Methode zur genauen Fristenberechnung ließ sich nicht eindeutig aus der Geschäftsordnung entnehmen, deshalb wurde dieser Problemkreis schon in den frühen Verhandlungen des Deutschen Reichstags erörtert. Bei der Berechnung der Fristen wurde nicht nur der Tag, sondern auch die Tageszeit der Verteilung mit in die Berechnung einbezogen[880].

Als Streitpunkt erwies sich die Behandlung der Frist hinsichtlich des Beginns der ersten Beratung. Hier vertrat man die Meinung, daß der Tag der Verteilung mitgerechnet werden müsse[881]. Andere Fristberechnungen der Parlamentspraxis lassen jedoch auch auf einen Ausschluß des Verteilungstages aus der Fristberechnung schließen[882].

---

878 vgl. die Nachweise bei: Jungheim, Die Geschäftsordnung für den Reichstag, S. 52 f.

879 vgl. hierzu die verschiedenen Ansichten bei: Jungheim, Die Geschäftsordnung für den Reichstag, S. 53 f.

880 vgl. die Äußerungen des damaligen Präsidenten Simson in: Sten. Bericht Deutscher Reichstag, Band 3, 21. Sitzung, S. 441: "Mindestens drei Tage heißt so viel als mindestens 72 Stunden."

881 vgl. die Äußerungen des damaligen Präsidenten v. Goßler: "Nach früheren ausdrücklichen Beschlüssen des Hauses ist der dritte Tag eingetreten, wenn ein einziger freier Tag dazwischen liegt. Der Tag der Verteilung ist der erste Tag; dann ein freier Tag, und der dritte Tag ist der, an welchem die Beratung stattfindet." (in: Sten. Bericht Deutscher Reichstag, Band 63, 42. Sitzung, S. 1053")

882 vgl. die Äußerung des damaligen Präsidenten v. Forckenbeck in: Sten. Bericht Deutscher Reichstag, Band 53, 47. Sitzung, S. 1302: "Am 16. wurde die Vorlage verteilt; nach der Regel, die der Reichstag bisher immer angenommen hat, ist der 19. als der dritte Tag zu rechnen".

V. Entwicklungsgeschichtliche Einordnung

Die entwicklungsgeschichtliche Einordnung der Gesetzesberatungspraxis des Deutschen Reichstages ist unproblematisch, da keine wesentlichen Änderungen seit Verabschiedung der Geschäftsordnung von 1868 eingeführt wurden. Der Beschluß, bis zum Ende der ersten Beratung keine Änderungsanträge zuzulassen, stellte ebensowenig eine wesentliche Änderung dar wie die Neubestimmung der Grundlage für die dritte Beratung.

Die Untersuchung der Parlamentspraxis hat gezeigt, daß sich in vielen Punkten der Gesetzesberatung Verfahrensfragen ergeben haben, die man gelegentlich unterschiedlich beurteilte. Doch gab es kaum - wie teilweise in den vorher untersuchten Parlamenten - längere Geschäftsordnungsdebatten. Dies ist zum einen darauf zurückzuführen, daß die Sitzungen zumeist durch Präsidenten geleitet wurden - so z. B. die Verhandlungsführung durch v. Forckenbeck oder Simson -, die schon über eine langjährige Erfahrung hinsichtlich parlamentarischer Geschäftsordnungen und ihrer Anwendung in den Beratungen verfügten oder selber an der Ausgestaltung des Gesetzesberatungssystems beteiligt waren.

Andererseits muß dem auf Initiative von Twesten und Lasker eingeführten System der dreifachen Gesetzesberatung zuerkannt werden, daß durch die detaillierte Regelung möglicherweise langwierige Geschäftsordnungsdebatten verhindert wurden, so daß während der über fünfzigjährigen Anwendung von 1868 bis 1922 keine schwerwiegenden Mängel des Gesetzesberatungssystems zu Tage traten. Drei verschiedene Anträge auf eine allgemeine Revision, jeweils an die Geschäftsordnungskommission verwiesen, blieben dort unerledigt[883].

Verfahrenstechnische Fragen wurden in der Regel einvernehmlich durch die Reichstagsmitglieder oder durch ihre Präsidenten entschieden. Zu dieser gegenüber den früheren Parlamenten kultivierteren Arbeitsweise hatte sicherlich auch die mittlerweile abgeschlossene Herausbildung von verschiedenen Fraktionen beigetragen, wodurch eine vorherige Verständigung über etwaige Verfahrensfragen möglich war. Jedoch gab es auch hier manchmal

---

[883] vgl. die Nachweise bei: Jungheim, Die Geschäftsordnung für den Reichstag, S. 2

Schwierigkeiten bei der Kommunikation und Koordination zwischen den einzelnen Institutionen[884].

Dennoch zeigte sich der Deutsche Reichstag als ein effektiv arbeitendes Parlament. Zwar führte die Beschränkung der Ausschußarbeit auf die Detailprobleme und die Bearbeitung der Hauptprobleme des Gesetzesentwurfs im ganzen Parlament teilweise zu einer starken Arbeitsüberlastung. So gerieten insbesondere bei den umfangreichen Gesetzen wie z.B. dem oben angesprochenen Strafgesetzbuch die Abgeordneten manchmal an die Grenze ihrer Belastbarkeit.

Insgesamt gesehen sind die Erfolge der Verhandlungstätigkeit des Deutschen Reichstages nicht zu übersehen. Obwohl sich von Bismarck und die Armee bis in die neunziger Jahre des vorigen Jahrhunderts immer wieder aufgrund außerparlamentarischer Agitationen - wie Pressekampagnen und der Mobilisierung von verschiedenen Interessenverbänden - gegen den Einfluß des Reichstags durchsetzten[885], erarbeitete und beschloß der Reichstag dessenungeachtet bedeutende Gesetzeswerke, wie zum Beispiel das Bürgerliche Gesetzbuch, die im wesentlichen noch heute ihre Gültigkeit haben. Zu diesem Ergebnis hat mit großer Wahrscheinlichkeit auch das von Twesten und Lasker entwickelte Gesetzesberatungssystem beigetragen.

I. Die Gesetzesberatung der verfassunggebenden Deutschen Nationalversammlung und des Deutschen Reichstages

I. Die Entwicklung bis zur Geschäftsordnung vom 12.12.1922

1. Die Übernahme der alten Geschäftsordnung in der verfassunggebenden Deutschen Nationalversammlung

Die verfassunggebende Deutsche Nationalversammlung hatte die schwierige Aufgabe zu leisten, für das Staatssystem in möglichst kurzer Zeit eine neue

---

884 vgl. zu der Herausbildung der Fraktionen und ihres Einflusses auf die parlamentarische Arbeit: Pollmann, Parlamentarismus im Norddeutschen Bund, S. 362

885 vgl. hierzu Schulze, Preußen und das Reich, S. 168 f.

Verfassung zu entwerfen. Da alle Kräfte des Parlaments auf dieses Werk gebündelt werden mußten, entwarf man zunächst keine neue Geschäftsordnung. Vielmehr herrschte zwischen den Parlamentsmitgliedern Einigkeit hinsichtlich der Übernahme der Geschäftsordnung des alten Deutschen Reichstages.

So gab es in der "Reichstagsgeschäftsordnung von 1868 in der Fassung vom 31. Dezember 1918"[886] hinsichtlich der Gesetzesberatung gegenüber der schon untersuchten Fassung der Geschäftsordnung aus dem Jahr 1868 im wesentlichen nur zwei Änderungen.

Eine wesentliche Änderung gegenüber der Geschäftsordnung von 1868 bestand in der Regelung des § 18 Abs. 2, wonach das Einbringen von Abänderungsvorschlägen vor der Beendigung der ersten Beratung nun nicht mehr möglich war[887].

Die zweite Änderung betraf die Grundlage für die dritte Beratung. Während vorher auch bei unveränderter Beibehaltung des Gesetzesvorhabens in der zweiten Beratung eine Zusammenstellung durch den Präsidenten vorgelegt werden mußte, bestimmte nunmehr § 19 Abs. 4 der Geschäftsordnung, daß nur noch bei Änderungen in der zweiten Beratung eine Zusammenstellung durch den Präsidenten veranlaßt werden sollte, die daraufhin die Beratungsgrundlage für die dritte Beratung darstellte. Waren innerhalb der zweiten Beratung keine Änderungen gegenüber der ursprünglichen Gesetzesvorlage beschlossen worden, blieb diese Grundlage für die dritte Beratung.

Bezüglich der Abschaffung der Abteilungen bestand bei den Parlamentsmitgliedern Übereinstimmung[888]. Mit Hilfe der „alten“

---

[886] So die Bezeichnung in der synoptischen Darstellung des Deutschen Bundestages

[887] vgl. zu der etwas verworrenen Entstehungsgeschichte dieser Regelung die synoptische Darstellung des Deutschen Bundestages, § 79 der Geschäftsordnung von 1980. Beachte auch den ausformulierten Antrag vom 13. April 1869 in: Sten. Bericht Deutscher Reichstag, Band 9, Drucksache Nr. 100, S. 327

[888] vgl. Alterspräsident Pfannkuch: "Meine Damen und Herren, ich schlage Ihnen vor, die Geschäftsordnung des Reichstages einschließlich der in der Verfassung enthaltenen Bestimmungen über die Abteilungen anzunehmen. - Ein Widerspruch erfolgt nicht: mein Vorschlag ist angenommen."(in: Sten. Bericht der Deutschen Nationalversammlung, Band 326, 1. Sitzung, S. 4) Die Bände der Nationalversammlung schloß unmittelbar an die

Geschäftsordnung führte die Nationalversammlung sämtliche Verfassungsberatungen durch. Da schon in der Geschäftsordnung des Reichstages die Abteilungen keine Rolle mehr im Gesetzesberatungsverfahren spielten, wird hier auf eine Darstellung anhand von praktischen Beispielen verzichtet.

2. Der Weg zu der neuen Geschäftsordnung

Der Deutsche Reichstag übernahm in seiner konstituierenden Sitzung zunächst die Geschäftsordnung der Nationalversammlung und damit die Geschäftsordnung des "alten" Reichstages[889]. Auch wenn diese Geschäftsordnung über einen Zeitraum von fünfzig Jahren fast unverändert Bestand hatte, zeigten sich während der parlamentarischen Arbeit verständlicherweise Schwächen, die nur durch die praktische Anwendung der Geschäftsordnung im parlamentarischen Verhandlungsablauf aufgedeckt werden konnten.

Durch die neue Staatsstruktur hatte der Deutsche Reichstag eine maßgebende Entscheidungsgewalt erlangt. Dementsprechend mehrten sich auch die Stimmen, die Arbeitsweise des Reichstages an die geänderte staatsrechtliche Situation anzupassen[890]. Auch die Regierung sah eine Reformbedürftigkeit[891].

Stenographischen Berichten über die Verhandlungen des Deutschen Reichstags an, so daß die Zitierweise beibehalten werden kann.

889 Sten. Bericht, Deutscher Reichstag, Band 344, 1. Sitzung, S. 1

890 vgl. die Äußerungen des Abgeordneten Schiffer in: Sten. Bericht Deutscher Reichstag, Band 345, 25. Sitzung: "... Bekennen wir uns ganz ruhig: wenn ein Gegenstand reformbedürftig ist, so ist es die Art, in welcher der Reichstag seine Geschäfte erledigt. (Zustimmung) So wie jetzt die Dinge gehen, gehen sie nach einem Schema, das für alte Verhältnisse vielleicht noch passend war, das für den Ursprung des Reichstags zugeschnitten war, das aber für die ganz anders geartete Stellung des Reichstags nicht mehr paßt. (Zustimmung) Es wäre ja auch ganz außerordentlich wunderbar, wenn eine Veränderung in der Stellung des Reichstags, der jetzt im Mittelpunkt der gesamten Staatsgeschäftsführung steht, gar keine gesunde Rückwirkung auch auf den Mechanismus des Reichstags ausüben sollte."

891 So führt bspw. der damalige Reichsminister des Innern Koch in: Sten. Bericht Deutscher Reichstag, Band 343, 79. Sitzung, S. 2783 aus: "... Wenn wir aber an unserem Parlamentarismus, der sich ja zweifellos gegenüber dem englischen noch in den Kinderkrankheiten befindet, etwas auszusetzen haben, sind wir nach meiner Ansicht

Diese Betrachtungsweise führte zu dem am 21. Januar 1921 durch den Reichstag erteilten Auftrag an die Geschäftsordnungskommission, eine Revision der alten Geschäftsordnung vorzunehmen[892]. Die Kommission legte zunächst einen ersten Ausschußbericht vor[893], worauf mehrere Änderungsanträge durch verschiedene Abgeordnete eingereicht wurden und eine umfangreiche Debatte innerhalb des Hauses entstand. Als Reaktion darauf fertigte die Kommission einen zweiten Bericht an[894], dessen Fassung vom Reichstag nach längerer Diskussion über die Regelungen der Gesetzesberatung unverändert angenommen wurde[895]. Die Gründe der Ausschußmitglieder, der Inhalt der Änderungsanträge und die verschiedenen Argumente, die sich in den Debatten gezeigt hatten, erscheinen bei der entwicklungsgeschichtlichen Einordnung der Geschäftsordnung hilfreich.

II. Die Gesetzesberatungspraxis der Geschäftsordnung vom 12. Dezember 1922

Selbst wenn man davon ausgeht, daß der Reichstag seine staatsrechtliche Stellung ausgebaut hatte und die Geschäftsordnung auf diese neuen Anforderungen ausgerichtet werden sollte, sind hinsichtlich der Gesetzesberatung keine derart entscheidenden Änderungen vorgenommen worden, daß eine vollständige Darstellung der neuen Gesetzgebungspraxis notwendig würde. Deshalb sollen hier vor allem die Änderungen gegenüber dem alten Gesetzesberatungssystem vergleichend dargestellt werden.

---

miteinander berufen, in Einzelheiten hier zu bessern und zu ändern, ... Wir werden also bemüht sein, ... in eine gründliche Reformarbeit miteinander einzutreten, deren Ziel ... die Veredelung des Parlamentarismus zu sein hat".

892 vgl. die Äußerung des Präsidenten Löbe in: Sten. Bericht Deutscher Reichstag, Band 346, 53. Sitzung, S. 1968: "Meine Damen und Herren ! Eine Durchsicht unserer Geschäftsordnung ist schon lange als dringend empfunden worden. Ich bitte den Reichstag, der Geschäftsordnungskommission den Auftrag zu geben, diese Revision vorzuberaten. Ich nehme Ihr Einverständnis an, wenn ich Widerspruch nicht höre. - Es ist so beschlossen."

893 siehe Sten. Bericht des Deutschen Reichstages, Anlagen, Band 374, Nr. 4411

894 abgedruckt in: Sten. Bericht des Deutschen Reichstages, Anlagen, Band 375, Nr. 5349

895 vgl. die eindeutig bejahende Abstimmung, abgedruckt im: Sten. Bericht des Deutschen Reichstages, Band 357, 280. Sitzung, S. 9278

1. Allgemeine Änderungen der Gesetzesberatung

Die dreifache Beratung eines Gesetzesvorhabens legte der Paragraph § 36 Abs. 1, S. 1 der neuen Geschäftsordnung erneut explizit fest. Der § 36 Abs. 2 räumte dem Reichstag die Möglichkeit ein, die Beratung eines Gegenstandes bis zu vier Wochen auszusetzen. Auch nach dieser Geschäftsordnung begannen die Beratungen gemäß § 36 Abs. 1, S. 2 frühestens am dritten Tag nach Verteilung der Drucksache.

2. Die erste Beratung des Gesetzesvorhabens

Inhaltlich stimmte die Regelung der ersten Beratung mit der Geschäftsordnung von 1918 überein. Allerdings war nun nicht mehr von einer "allgemeinen Diskussion" die Rede. Der Wortlaut des § 37 Abs. 1, 1. Hs. der neuen Geschäftsordnung ordnete eine Besprechung der "Grundsätze der Vorlagen" an. Diese Regelung entsprach inhaltlich der alten Regelung in vollem Umfang. Ebenso erlaubte 37 Abs. 2 keine Änderungsanträge vor Schluß der ersten Beratung. Dem Parlament wurde gemäß § 37 Abs. 1, 2. Hs. die Möglichkeit eingeräumt, die allgemeine Besprechung nach einzelnen Teilen des Gesetzesentwurfs zu trennen. Auch in der neuen Geschäftsordnung bestand für das Parlament nach § 38 Abs. 1, S. 1 die Möglichkeit, am Schluß der allgemeinen Beratung die Vorlage an einen Ausschuß zu verweisen.

3. Die zweite Beratung des Gesetzesvorhabens

Auch nach der neuen Geschäftsordnung hatte die zweite Beratung gemäß § 40 Abs. 1 frühestens am zweiten Tag nach Ende der ersten Beratung, im Falle der Ausschußberatung frühestens am zweiten Tag nach Verteilung des Ausschußberichts stattzufinden.
Gegenüber der alten Geschäftsordnung bestimmte nun § 40 Abs. 2, S. 2 bestimmt, daß neben der Beratung der einzelnen Normen auch eine Einzelbesprechung der Abschnittsüberschriften und zuletzt über die Einleitung und Überschrift abgehalten werden müsse. Zwar blieb es auch nach der neuen Geschäftsordnung die Regel, daß innerhalb der zweiten Beratung keine allgemeine Besprechung stattfand, jedoch konnte sie nach § 40 Abs. 1, S. 2 durch den Reichstag zugelassen werden.

Nach § 41 Abs. 2 mußten alle Änderungsanträge, die innerhalb der zweiten Beratung auch hier keiner Unterstützung bedurften, schriftlich abgefaßt werden. War die Verteilung noch nicht erfolgt, wurde der Änderungsvorschlag verlesen. Die Ausschußüberweisung von Teilen des Gesetzesentwurfs blieb im Gegensatz zu der vorherigen Geschäftsordnung nach § 38 Abs. 4 auch nach Erledigung der jeweiligen Einzelbestimmung möglich, solange noch nicht die letzte Einzelabstimmung durchgeführt war. Hinsichtlich der Abstimmung gab § 42 Abs. 1 der neuen Geschäftsordnung die Möglichkeit einer einzigen Abstimmung über den gesamten Gesetzesentwurf am Ende der zweiten Beratung.

4. Die dritte Beratung des Gesetzesentwurfs

Nach § 43 Abs. 2, S.1 bildeten die Beschlüsse der zweiten Beratung die Grundlage für die dritte Beratung. Waren innerhalb der zweiten Beratung Änderungen beschlossen worden, ließ der Präsident nach § 43 Abs. 1 diese neben der Vorlage zusammenstellen. Auch nach § 43 Abs. 2, S. 2 der neuen Geschäftsordnung fand keine dritte Beratung mehr statt, wenn die Vorlage innerhalb der zweiten Beratung in allen ihren Teilen abgelehnt worden war. Hinsichtlich des Zeitpunktes der dritten Beratung gab es nunmehr zwei unterschiedliche Fristen. So galt grundsätzlich nach § 44 S. 1, 1. Alt. die Frist von zwei Tagen. Jedoch wurde durch § 44 S. 1, 2. Alt. für den Fall, daß keine Änderungen innerhalb der zweiten Beratung beschlossen worden waren, angeordnet, daß die dritte Beratung unmittelbar nach dem Schluß der zweiten Beratung zu erfolgen habe.

Der Inhalt der dritten Beratung blieb mit der zunächst abgehaltenen allgemeinen Diskussion, an die sich unmittelbar eine Einzelberatung anschloß, im Vergleich zur alten Geschäftsordnung identisch. Auch nach der neuen Geschäftsordnung konnten noch innerhalb der dritten Beratung Änderungsanträge eingebracht werden, allerdings war nach § 44 S. 3 die Unterstützung von nur noch mindestens fünfzehn Mitgliedern des Reichstages notwendig.

Am Ende der dritten Beratung stimmte der Reichstag über das gesamte Gesetzesvorhaben ab. Waren zuvor Änderungen beschlossen worden, sah die Ordnung vor, die Abstimmung zur Zusammenstellung und zum Druck der

Beschlüsse nach § 46 Abs. 1, S. 2 - im Gegensatz zur alten Geschäftsordnung - nur noch auf Antrag von mindestens fünfzehn Mitgliedern des Reichstages auszusetzen.

5. Die Behandlung der Fristen

Die in der neuen Geschäftsordnung genannten, bei der Gesetzesberatung zu beachtenden Fristen, konnten verkürzt oder aufgehoben werden, falls nicht fünfzehn anwesende Mitglieder des Reichstags widersprachen. Nach § 47 Abs. 1 S. 1 war allerdings zwischen der ersten und zweiten Beratung schon bei der Feststellung der Tagesordnung eine Verkürzung oder Aufhebung der Frist durch einfachen Beschluß möglich. Explizit nennt die neue Geschäftsordnung in § 47 Abs. 2 die Möglichkeit, die drei Beratungen einer Gesetzesvorlage an einem Tag zu erledigen. Doch setzte dies voraus, daß kein Reichstagsmitglied dieser Verfahrensweise widersprochen hatte.

III. Entwicklungsgeschichtliche Einordnung

Die Geschäftsordnung des Deutschen Reichstages vom 12. Dezember 1922 wies hinsichtlich der Gesetzesberatung mehrere Änderungen gegenüber der alten Geschäftsordnung auf. Allerdings waren diese Änderungen nicht so bedeutend, daß von einem völlig neuen Gesetzesberatungssystem gesprochen werden könnte. Eine grundsätzliche Veränderung des "alten" Gesetzesberatungssystems nach Twesten und Lasker lag auch nicht in der Intention der mit der neuen Geschäftsordnung befaßten Ausschußmitglieder. Die Vorschläge hinsichtlich einer direkten Verweisung des Gesetzesvorschlages an eine Kommission durch Mehrheitsbeschluß der Reichstagsmitglieder zur Abkürzung der Verhandlungen fanden in der Kommission gerade keine Zustimmung. Diesem Ansinnen begegnete man mit der Argumentation, daß die erste Lesung die "Begründung des Gesetzes" - so der Sprachgebrauch des Ausschußberichtes[896] - ermögliche. Auch in der Diskussion im Parlament über die Geschäftsordnung griff man den Vorschlag nochmals auf. Gerade hier zeigte sich seitens einiger Reichstagsmitglieder eine starke Abneigung gegen das Ausschußwesen. Sie argumentierten dahingehend, daß die wesentlichen

---

[896] siehe Sten. Bericht des Deutschen Reichstages, Anlagen, Band 374, Nr. 4411, S. 4867

Verhandlungen im Plenum durchgeführt werden müßten[897]. Teilweise wurde diese Argumentation für die Forderung benutzt, die Ausschußsitzungen öffentlich abzuhalten[898].

Andererseits gab es auch passionierte Anhänger des Kommissionswesens. So waren im Vorfeld der Schaffung einer neuen Geschäftsordnung Anträge eingereicht worden, die auf die Möglichkeit eines endgültigen Beschlusses des Gesetzes durch die Kommissionen abzielten. Hierbei wies man gerade dem mittlerweile anerkannten Ältestenrat eine gewichtige Rolle zu[899].

Derart "revolutionäre Eingriffe" in das bestehende Gesetzesberatungssystem zogen die Ausschußmitglieder jedoch nicht ernsthaft in Erwägung. Vielmehr ging es ihnen primär darum, die in fünfzig Jahren mit dem Gesetzesberatungssystem von Twesten und Lasker gesammelten Erfahrungen zu reflektieren und die Beratungsform weiterzuentwickeln bzw. an geänderte Umstände anzupassen. Die Änderungen durch die neue Geschäftsordnung gründeten daher größtenteils auf eine positivrechtliche Umsetzung der

---

897 vgl. bspw. die Äußerungen des Abg. Ledebour: "... Ich habe gestern schon ... darauf hingewiesen, daß wir an einem Kommissionsunfug leiden, daß viel zu viel Kommissionen da sind, daß viel zu wichtige Dinge da verhandelt werden und daß deshalb das ganze Kommissionsunwesen abgebaut werden muß." (in Sten. Bericht des Deutschen Reichstages, Band 357, 270. Sitzung, S. 9066); auch die Äußerungen des Abg. Eichhorn: "Wir sind ... einverstanden, daß der Schwerpunkt der Verhandlungen im Plenum liegen muß. Wir stehen auf dem Standpunkt, daß alle wichtigen Angelegenheiten der Gesetzgebung und des Reichstags ins Plenum, vor die breite Öffentlichkeit gehören und daß in den Kommissionen nur Vorarbeiten geleistet werden sollen, die natürlich immer nur einen unverbindlichen Charakter haben dürfen. ... Nun haben wir aber diesen Zustand nicht mehr." (in Sten. Bericht des Deutschen Reichstages, Band 357, 270. Sitzung, S. 9067).

898 vgl. wiederum den Abg. Ledebaour in Sten. Bericht des Deutschen Reichstages, Band 357, 270. Sitzung, S. 9066: "..., es finden dort so bedeutungsvolle Verhandlungen statt, daß wir, weil eben dieser Rechtszustand jetzt besteht, beantragt haben, nunmehr für alle Ausschüsse die volle Öffentlichkeit einzuführen... .Es handelt sich bei diesen Ausschüssen um Teile des Parlaments, die mit großen Rechtsbefugnissen ausgestattet sind. Solange dieser Zustand besteht, soll man auch für diese Ausschüsse, die volle Öffentlichkeit, auch das Publikum, zulassen."

899 vgl. bspw. den aus heutiger Sicht fast als exotisch zu bezeichnenden Gesetzesvorschlag, abgedruckt in: Sten. Bericht des Deutschen Reichstages, Anlagen, Band 365, Nr. 1382; insb. § 4: "Reichsgesetze, die nicht lediglich oder hauptsächlich Grundsätze enthalten und auch nicht aus anderen Gründen von besonderer Bedeutung sind, können von einem Ausschuß des Reichstags beschlossen werden." und § 5: "Ob ein Gesetz vom Reichstag oder von einem Ausschuß zu beschließen ist, entscheidet der Ältestenrat".

parlamentarischen Übung, die sich bei der Gesetzesberatung bereits herausgebildet hatte.

Wie bereits beschrieben, war die Frage nach einer allgemeinen Diskussion in der zweiten Beratung schon vor den Änderungen der Geschäftsordnung mehrmals aufgetreten. Nun räumte die Geschäftsordnung ausdrücklich diese Möglichkeit ein. Auch die Anordnung einer Beratung über die Einleitung und über einzelne Überschriften eines Gesetzesvorhabens zielte in diese Richtung. Die Verfasser der Geschäftsordnung hatten realisiert, daß eine strikte Beratung der einzelnen Paragraphen dann nicht zu einer effektiven Lösung führen konnte, wenn mehrere oder alle Einzelnormen eines Gesetzesvorhabens nur im Kontext zu verstehen waren. Auch diese Erfahrung fand nun eine positivrechtliche Umsetzung.

Andererseits wurden auch verschiedene Möglichkeiten normiert, um die Verhandlungen über einen Gesetzesvorschlag abzukürzen. Am bedeutendsten ist hier die nunmehr in der Geschäftsordnung festgelegte Möglichkeit zu nennen, alle drei Beratungen eines Gesetzes unter Aufhebung der Fristen an einem Tag zu behandeln. Einschneidend erwies sich in diesem Zusammenhang auch die zwingende Vorschrift, daß die dritte Beratung unmittelbar an die zweite Beratung anzuschließen sei, falls keine Änderungen in der zweiten Beratung vorgenommen worden waren. Auch in diesem Falle wurde eine - wie oben dargelegt - bereits länger geübte Verfahrensweise explizit geregelt und damit sogar ohne Wahlmöglichkeit positivrechtlich angeordnet. Auch die durch die neue Geschäftsordnung eingeräumte Möglichkeit einer gemeinsamen Abstimmung über alle Einzelbestimmungen innerhalb der zweiten Beratung stellte letztlich eine positivrechtliche Anerkennung einer in der Verhandlungspraxis des Reichstages seit langem anerkannten Abkürzungsmöglichkeit des Gesetzesberatungsverfahrens dar.

Zusammenfassend läßt sich festhalten, daß das Gesetzesberatungssystem, wie es von Twesten und Lasker maßgebend entwickelt worden war, im wesentlichen beibehalten wurde. Die Detailänderungen basierten größtenteils auf einer Umsetzung der durch die langjährigen Parlamentsverhandlungen gesammelten Erfahrungen und der positivrechtlichen Normierung schon länger bestehender Parlamentsbräuche. Die Geschäftsordnung von 1922 folgte somit, ohne daß dies einer Abwertung gleichkommt, gewissermaßen der parlamentarischen Wirklichkeit.

J. Die Gesetzesberatungsstrukturen der Länderparlamente in der Weimarer Republik

Innerhalb der Darstellung der Entwicklungsgeschichte des deutschen Gesetzesberatungssystems erscheint auch eine Erörterung der Methoden in den Länderparlamenten hinsichtlich der Beratung und Beschlußfassung eines Gesetzes erforderlich. Nur dadurch wird eine Betrachtung der "Verzahnung" zwischen den einzelnen Gesetzesberatungssystemen und der Einflüsse auf die gegenwärtig geltenden Gesetzesberatungsstrukturen möglich. Unter diesem Aspekt wurde auch die Reihenfolge ausgewählt.

Die Länderparlamente konnten nach der Eingliederung der deutschen Einzelstaaten in das Deutsche Reich auf die Gesetzesberatungspraxis des Reichstages wie auf Erfahrungen und Methoden der "alten" Länder zurückgreifen. Hier soll dargestellt werden, inwieweit sich die Länder der Weimarer Republik von dem reichsstaatlichen Vorbild entfernt und eigene Gesetzesberatungssysteme erarbeitet haben. Selbst wenn die Zusammenstellung der einzelnen Gesetzesberatungssysteme für den Leser zunächst etwas reizlos erscheinen mag, ist sie für jeden Betrachter von Wert, der die Entwicklungsgeschichte der Gesetzesberatung "seines" Landes nachvollziehen möchte[900].

I. Die Einflußfaktoren auf das Gesetzesberatungssystem im Preußischen Landtag

1. Die Gesetzesberatung im Preußischen Landtag

Maßgebend für die Darstellung des Gesetzesberatungsverfahrens im Preußischen Landtag ist die Geschäftsordnung des Preußischen Landtages vom 24. November 1921.

---

900 Beachte den vollständigen Abdruck aller Geschäftsordnungen der Länderparlamente zur Zeit der Weimarer Republik bei: Zschucke, Geschäftsordnungen der deutschen Parlamente

Nach § 21 S. 1[901] wurden die Gesetzesanträge zunächst gedruckt und verteilt. Alle Gesetzesvorlagen behandelte der Preußische Landtag gemäß § 23 Abs. 1, 1. Alt. in drei Beratungen.

Die erste Beratung des Gesetzesentwurfes konnte gemäß § 25 S. 1 frühestens am dritten Tage nach Verteilung der Vorlage abgehalten werden. Sie beschränkte sich auf eine allgemeine Besprechung über die Grundsätze der Vorlage, wobei diese auch getrennt nach einzelnen Teilabschnitten des Gesetzesentwurfes abgehalten werden konnte.

Nach Schluß der ersten Beratung war es gemäß § 26 Abs. 1 möglich, die Vorlage einem Ausschuß[902] zu überweisen. Auch im Laufe der zweiten und dritten Beratung konnte der Landtag nach § 26 Abs. 2 die Vorlage ganz oder teilweise an einen Ausschuß verweisen oder zurückverweisen, solange nicht die letzte Einzelabstimmung abgeschlossen war. Selbst hinsichtlich bereits erledigter Teile des Gesetzesentwurfes bestand noch diese Möglichkeit.

Die zweite Beratung fand nach § 27 Abs. 1 frühestens am zweiten Tage nach Beendigung der ersten Beratung statt. Lag eine Ausschußüberweisung vor, konnte die zweite Beratung frühestens am dritten Tage, nachdem der schriftliche Bericht oder - bei mündlichem Bericht - der Ausschußantrag verteilt worden war, erfolgen.

In der zweiten Beratung fand nach § 27 Abs. 2 in der Regel keine allgemeine Besprechung statt[903]. Vielmehr wurde dort gemäß § 27 Abs. 3 über jede selbständige Einzelbestimmung bzw. über Abschnittsüberschriften der Reihenfolge nach, zuletzt über Einleitung und Überschrift, die Besprechung eröffnet, dann geschlossen und danach abgestimmt. Es blieb jedoch dem Landtag vorbehalten, die Reihenfolge der Besprechungen zu verändern oder

901 Paragraphen ohne nähere Bezeichnung sind solche der Geschäftsordnung des Preußischen Landtags vom 24. November 1921.

902 Zu den 14 ständigen Ausschüssen vgl. § 16 Abs. 1

903 Ausnahmsweise konnte die allgemeine Besprechung über einen Artikel oder § 1 über die Grundsätze der zu behandelnden Gesetzesvorlage vom Landtag zugelassen werden (bzgl. der weiteren Ausnahmemöglichkeiten vgl. § 27).

mehrere Einzelbesprechungen zu verbinden. Eine sogenannte Blockabstimmung über mehrere oder alle Teile der Vorlage war nach § 27 Abs. 4 zulässig, wenn kein Abgeordneter widersprach.

§ 28 Abs. 1 ordnete an, nach Schluß der zweiten Beratung den Gesetzesentwurf selber und die von ihm abweichenden Beschlüsse des Landtages als Beratungsergebnis zusammenzustellen. Diese Zusammenstellung war jedoch bei unveränderter Annahme der Beschlüsse des Ausschusses entbehrlich. Bei Ablehnung aller Teile der Vorlage innerhalb der zweiten Beratung unterblieb nach § 28 Abs. 3 jede weitere Beratung. Der Gesetzesentwurf galt als endgültig abgelehnt.

Nach § 28 Abs. 2 bildeten die Beschlüsse der zweiten Beratung die Grundlage für die dritte Beratung, die frühestens am dritten Tag begann, nachdem die zweite Beratung geschlossen und gegebenenfalls die Zusammenstellung der Änderungen verteilt worden war.

Nach § 29 Abs. 2 sah die dritte Beratung entsprechend der Regelung des § 25 eine allgemeine Besprechung vor. Danach folgten gemäß § 27 die Einzelberatungen und Einzelabstimmungen hinsichtlich des Gesetzesvorschlages. Bei Änderung von Beschlüssen nach Unterstützung eines entsprechenden Antrages von mindestens fünfzehn Abgeordneten, wurde die Schlußabstimmung nach § 30 Abs. 1 S. 2 bis zum Druck und zur Verteilung der Änderungsbeschlüsse ausgesetzt. Vor der Schlußabstimmung durften kurze Anmerkungen über Fehler im Abdruck der Beschlüsse gemacht werden[904]. Nach der Abstimmung über die letzte Einzelbestimmung stimmte der Preußische Landtag gemäß § 30 Abs. 1, S. 1 noch einmal über die gesamte Vorlage ab.

2. Entwicklungsgeschichtliche Einordnung

Die Geschäftsordnung des Preußischen Landtags war schon vor der Geschäftsordnung des Deutschen Reichstags von 1922 in Kraft gesetzt worden.

---

904 In diesem Fall mußte die Schlußabstimmung in der Tagesordnung zurückgestellt oder auf eine spätere Sitzung verschoben werden, wenn die Fehler nach Einschätzung des Landtages so erheblich waren, daß der Druck der Verbesserungen geboten erschien.

Als Vorbild diente offenbar die Reichstagsgeschäftsordnung von 1918. Das System der dreifachen Beratung fand auch im Preußischen Landtag Anwendung, wobei der Aufbau der drei Beratungsstufen bis auf unerhebliche Fristunterschiede im Wesentlichen unverändert blieb.

Hinsichtlich der zweiten Beratung räumte die preußische Geschäftsordnung jedoch einige Variationsmöglichkeiten ein. So war eine gemeinsame Blockabstimmung über alle Teile der Vorlage zulässig. Ebenso fand auch eine Beratung über die Abschnittsüberschriften statt. Durch die Geschäftsordnung wurde auch die Möglichkeit eingeräumt, innerhalb der zweiten Beratung nochmals eine allgemeine Beratung durchzuführen.

Diese Besonderheiten enthielt die Reichstagsgeschäftsordnung von 1918 noch nicht. Wie bereits ermittelt, sind speziell diese Änderungen bei der Reichstagsgeschäftsordnung von 1922 berücksichtigt worden. Deshalb kann vermutet werden, daß die Verfasser der Reichstagsgeschäftsordnung von 1922 sich an den Regelungen des Preußischen Landtags zumindest orientiert haben.

II. Die Einflußfaktoren auf das Gesetzesberatungssystem des Bayerischen Landtags

1. Die Gesetzesberatung des Bayerischen Landtags

Maßgebend für die Beurteilung des Gesetzesberatungsverfahrens im Bayerischen Landtag ist die Geschäftsordnung nach dem Stand vom 31. Januar 1928.

Nach § 13 Abs. 1[905] waren zur Einbringung der Gesetzesvorlagen die Staatsregierung, die Staatsbürgerschaft durch Volksbegehren, die nach § 24 der Bayerischen Verfassung befugten berufsständigen Vertretungen und die Mitglieder des Landtages berechtigt. Die Gesetzesvorschläge der Landtagsmitglieder hatten allerdings nach § 13 Abs. 2 nur einen Anspruch auf

---

905 Paragraphen ohne nähere Bezeichnung sind solche der Geschäftsordnung des Bayrischen Landtags vom 31. Januar 1928.

Beratung, wenn sie von mindestens fünfzehn Mitgliedern des Landtages unterzeichnet worden waren.

§ 13 Abs. 9 verlangte, alle Gesetzesvorlagen nach der Einbringung in der Druckfassung den Mitgliedern des Landtages sowie den beteiligten Ministerien zuzustellen. Alle Gesetzesvorlagen waren nach § 13 Abs. 8, S. 1 auf Antrag der Staatsregierung sofort in Beratung zu nehmen oder an einen Ausschuß zu überweisen. Vor der Überweisung an einen Ausschuß war die Gesetzesvorlage jedoch gemäß § 13 Abs. 8, S. 2 einer allgemeinen Beratung zu unterziehen, wenn dies von wenigstens fünfzehn Mitgliedern beantragt worden war. Diese allgemeine Erörterung der Gesetzesvorlage galt nach § 14 Abs. 1, S. 2 jedoch nicht als Lesung im Sinne der Geschäftsordnung.

Dementsprechend schrieb die Regelung der bayerischen Geschäftsordnung in § 14 Abs. 1, S. 2 eine Behandlung der jeweiligen Gesetzesvorlage in mindestens zwei Lesungen vor. Bemerkenswerterweise war die doppelte Lesung eines Gesetzesvorhabens bereits in § 28 Abs. 3 der Verfassung des Freistaates Bayern vom 14. August 1919 vorgeschrieben.

Nach § 14 Abs. 3, 1. Alt. mußte zwischen der Verteilung der Gesetzesvorlage nach § 13 Abs. 9 und der ersten Lesung ein Zeitraum von wenigstens zwei vollen Tagen liegen. Gemäß § 14 Abs. 3, S. 2 war nur bei gleichzeitiger Zustimmung von Landtag und Staatsregierung eine Verkürzung der Frist möglich.

Die erste Lesung teilte sich dabei nach § 14 Abs. 2, S. 1 in eine allgemeine und eine besondere Erörterung. Es konnte allerdings auch eine Verbindung der allgemeinen und speziellen Diskussion vom Landtag beschlossen werden. In der allgemeinen Erörterung der Gesetzesvorlage erhielt nach § 14 Abs. 2 S. 3 jedes Landtagsmitglied nur einmal das Wort.

Zwischen der ersten und zweiten Lesung mußte nach § 14 Abs. 3, 2. Alt. ein Zeitraum von zwei vollen Tagen eingehalten werden. Die Verkürzung der Frist setzte die gleichzeitige Zustimmung der Staatsregierung und des Landtages voraus.

Abänderungsanträge zu einer Gesetzesvorlage, nach § 14 Abs. 4 schriftlich zu stellen, blieben bis zum Schluß der zweiten Lesung zulässig. Bis zu diesem Zeitpunkt blieb die Möglichkeit einer Verweisung des Gesetzesvorhabens nach § 14 Abs. 4, S. 3 an einen Ausschuß gegeben.

Die zweite Lesung schloß nach § 14 Abs. 6 mit einer Schlußabstimmung über die Gesetzesvorlage, wie sie sich aus den vorhergegangenen Einzelabstimmungen ergeben hatte.

2. Entwicklungsgeschichtliche Einordnung

Die Analyse des bayerischen Gesetzesberatungssystems zur Zeit der Weimarer Republik ergibt eine andersgeartete Verfahrensweise hinsichtlich der Gesetzesberatung als sie sich nach der Reichstagsgeschäftsordnung von 1922 anbot.

Bemerkenswert ist die in der Regel vorgesehene sofortige Verweisung des Gesetzesvorhabens an einen Ausschuß. Eine allgemeine Beratung fand nur statt, wenn sie von mindestens fünfzehn Landtagsmitgliedern verlangt worden war. Die Tatsache, daß diese Beratung nicht als Lesung im Sinne der Geschäftsordnung angesehen wurde, zeigt die Bevorzugung eines Gesetzesberatungssystems mit zwei Lesungen und einer Primärbefassung des Ausschusses mit der Gesetzesvorlage. Die erste und wohl entscheidende Lesung unterteilte sich in eine allgemeine und eine spezielle Beratung, wurde aber formal als eine Beratungsstufe angesehen.

Damit befand sich die bayerische Geschäftsordnung von 1928 in der Tradition ihres historischen Vorgängers, der Geschäftsordnung der "zweyten Kammer der bayerischen Landständeversammlung" vom 10. September 1831. Auch dort hatte eine Zusammenfassung der allgemeinen und der speziellen Beratung innerhalb einer Lesung stattgefunden. Insbesondere bildete die sofortige Ausschußüberweisung ein wesentliches Merkmal des Gesetzesberatungssystems der bayerischen Ständeversammlung im Vormärz.

Offenbar hatte sich das frühere Gesetzesberatungssystem bewährt, da im Grunde genommen in der übernommenen Fassung keine wesentliche

Abweichung vom alten System zu erkennen ist. Möglicherweise könnte die Möglichkeit der allgemeinen Beratung noch vor der Ausschußverweisung in gewisser Weise als Annäherung an das System der Primärbefassung des Plenums mit dem Gesetzesvorhaben angesehen werden. Allerdings wird diese These dadurch entkräftet, daß diese eventuelle Beratung explizit nicht als Beratungsstufe verstanden werden sollte. Insofern hat sich in Bayern über einhundert Jahre des Parlamentslebens und der Neuentwicklung anderer Gesetzesberatungstechniken im Wesentlichen ein gleichbleibendes Gesetzesberatungssystem erhalten. Offenbar hielten die Schöpfer der Geschäftsordnung von 1928 ein Abweichen von der bayerischen "Tradition" für unangebracht.

III. Die Einflußfaktoren auf das Gesetzesberatungssystem des Sächsischen Landtages

1. Die Gesetzesberatung im Sächsischen Landtag

Grundlage für die Beurteilung des Gesetzesberatungsverfahrens im Sächsischen Landtag zur Zeit der Weimarer Republik ist die Geschäftsordnung des Sächsischen Landtages vom 3. März 1921.

Nach § 22 der Geschäftsordnung[906] verteilte man die Gesetzesvorlagen der Regierung bzw. der Abgeordneten des Landtages in Druckfassung an die Abgeordneten und die Staatsregierung. Gemäß § 23 Abs. 1 mußten Vorlagen und Anträge der Regierung bzw. der Abgeordneten des Landtages im Normalfall zwei Beratungen unterzogen werden.

Die erste Beratung - in der Geschäftsordnung auch als allgemeine Vorberatung bezeichnet - konnte gemäß § 25 erst nach einem Zeitraum von zwei Tagen nach der Verteilung des gedruckten Gesetzesvorhabens erfolgen. Die Diskussion innerhalb der ersten Beratung beschränkte sich nach § 23 Abs. 2 auf die Erörterung von Grundfragen der Vorlage. Die Möglichkeit der Überweisung der Gesetzesvorlage an einen Ausschuß blieb auch nach Schluß der allgemeinen

---

906 Paragraphen ohne nähere Bezeichnung sind solche der Geschäftsordnung des Sächsischen Landtages vom 3. März 1921.

Beratung gegeben. Prinzipiell stand dem Präsidenten oder dem Landtag das Recht zu, einen oder mehrere Berichterstatter für das Gesetzesvorhaben zu benennen. Bemerkenswerterweise konnte die Regierung der Verfassung des Freistaates Sachsen vom 1. November 1920 nach Art. 17 verlangen, daß eine bestimmte Vorlage durch einen Ausschuß vorzuberaten und ein schriftlicher Bericht darüber zu erstatten sei.

Die Geschäftsordnung schrieb zwischen der ersten und der zweiten Beratung des Gesetzesvorhabens nach § 25 wiederum ein Zeitraum von zwei vollen Tagen vor. Die zweite Beratung - in der Geschäftsordnung auch Schlußberatung genannt - fand gemäß § 24 Abs. 1, S.1 statt, nachdem die Anträge der Berichterstatter oder des mit der Berichterstattung beauftragten Ausschusses gedruckt und verteilt waren. Diese Vorlagen bildeten gemäß § 24 Abs. 1, S. 2 die Grundlage für die zweite Beratung. Auf die Vorlagen und Anträge in ihrer ursprünglichen Fassung durfte nach § 24 Abs. 1, S. 3 - unbeschadet des Rechts jedes Abgeordneten, sie zu einem eigenen Antrag zu erheben - nicht mehr zurückgegriffen werden.

Innerhalb der zweiten Beratung fand gemäß § 24 Abs. 2, 1. Hs. eine allgemeine Besprechung nicht mehr statt. Sie konnte jedoch bei der Beratung zum ersten Abschnitt einer Vorlage oder bei der Beratung des ersten Paragraphen (Artikel) eines jeden Abschnitts zugelassen werden.

Nach § 24 Abs. 3 beriet und stimmte man innerhalb der zweiten Beratung über jede einzelne selbständige Bestimmung und über die Abschnittsüberschriften nach der Reihenfolge, zuletzt über die Einleitung, Schluß und Überschriften ab. Gemäß § 24 Abs. 4 konnte der Landtag die Reihenfolge bei der Beratung verlassen oder die Debatte über mehrere oder alle selbständigen Teile getrennt durchführen. Bei umfangreichen Beratungsgegenständen konnte sich der Präsident nach § 24 Abs. 5 die Ermächtigung erteilen lassen, die von ihm aufgerufenen Einzelbestimmungen ohne Eröffnung und Schließung der Debatte und ohne Abstimmung für angenommen zu erklären, falls Wortmeldungen nicht vorlagen, ein Änderungsantrag nicht gestellt und eine förmliche Abstimmung nicht verlangt worden war.

Dem Landtag blieb es nach § 27 Abs. 1, S. 1 in jeder Phase der Beratung bis zum Beginn der Schlußabstimmung vorbehalten, eine weitere dritte Beratung zu beschließen. Bei Gesetzesvorlagen mußte die dritte Beratung erfolgen, falls mindestens zehn Abgeordnete diese beantragt hatten. In diesem Falle unterblieb zunächst die Schlußabstimmung. Die Zusammenstellung der bei der zweiten Beratung gefaßten Einzelbeschlüsse bildete die Grundlage der weiteren Beratung und Abstimmung. Auf die dritte Lesung des Gesetzes fanden die Regelungen der zweiten Beratung entsprechende Anwendung.

Wenn nicht wenigstens zehn Landtagsabgeordnete widersprochen hatten, konnte der Landtag nach § 26 Nr. 1 beschließen, die erste und zweite Beratung zu verbinden oder gemäß § 26 Nr. 3 die durch § 25 erforderliche Frist abzukürzen oder aufzuheben. Nach Ende der Beratung erfolgte nach § 24 Abs. 6 die Schlußabstimmung über Annahme oder Ablehnung der gesamten Gesetzesvorlage mit den eventuell angenommenen Abänderungsanträgen.

2. Entwicklungsgeschichtliche Einordnung

In der sächsischen Gesetzesberatungspraxis zur Zeit der Weimarer Republik wurde das Prinzip einer zweifachen Beratung der Gesetzesvorschläge verfolgt. Bis zum Ende der zweiten Beratung war die sächsische Form der Gesetzesberatung identisch mit der Methode des Reichstages nach der Geschäftsordnung von 1918. Die Ausschußüberweisung erfolgte fakultativ erst am Ende der ersten Beratung. Insofern war das System der primären Ausschußbefassung der Geschäftsordnung der sächsischen Landständeversammlung vom 27. Januar 1833 nicht übernommen worden. Eine Zusammenfassung der Allgemein- und Spezialdebatte in einer Lesung gab es nicht mehr. Bemerkenswert ist, daß - wie auch schon in der Geschäftsordnung des Preußischen Landtags - innerhalb der Einzelberatung auch über die Einleitung und über die einzelnen Überschriften abgestimmt wurde. Dies hat der Deutsche Reichstag erst mit der Geschäftsordnung von 1922 positivrechtlich eingeführt.

Charakteristisch für das sächsische Gesetzesberatungssystem von 1921 war die grundsätzliche Beschränkung auf zwei Beratungen. Die dritte Beratung fand nur fakultativ statt. Damit löste sich das sächsische Gesetzesberatungssystem von dem des Deutschen Reiches. Gerade das Prinzip der drei Beratungen des Gesetzes sollte im Normalfall nicht angewandt werden. Die sächsische Geschäftsordnung von 1921 entstand also durch eine Mischung aus dem reichsstaatlichen Gesetzesberatungssystem und eigenen Methoden.

IV. Die Einflußfaktoren auf das Gesetzesberatungssystem des Württembergischen Landtages

1. Die Gesetzesberatung des Württembergischen Landtages

Maßgebend für die Beurteilung des Gesetzesberatungsverfahrens im Landtag ist dessen Geschäftsordnung vom 1. Juli 1926.

Nach § 30 [907] bestimmte die Geschäftsordnung, Gesetzesvorlagen zu drucken und möglichst umgehend an die Mitglieder des Landtages und die Ministerien zu verteilen.

Alle Gesetzesentwürfe wurden gemäß § 31 S. 1 in drei Beratungen behandelt. Nach § 31 S. 2 durfte die Beratung frühestens am dritten Tage nach Verteilung der Drucksache beginnen.

In der ersten Beratung standen gemäß § 32 Abs. 1, S. 1 nur die Grundsätze der Vorlage zu Debatte. Die Beratung konnte jedoch nach § 32 Abs. 1, S. 2 in einzelne Abschnitte unterteilt werden. Änderungsanträge zu Gesetzesentwürfen waren nach § 32 Abs. 2 nicht vor Ende der ersten Beratung zulässig. Am Ende der ersten Beratung konnte die Gesetzesvorlage gemäß § 33 Abs. 1, S. 1 einem Ausschuß überwiesen werden[908].

Nach § 35 Abs. 1, S. 1 begann die zweite Beratung frühestens am zweiten Tag nach Schluß der ersten Beratung bzw. frühestens am zweiten Tag nach

---

907 Paragraphen ohne nähere Bezeichnung sind solche der Geschäftsordnung für den Württembergischen Landtag vom 1. Juli 1926.

908 Die Verweisung oder Zurückverweisung einer Vorlage oder Teile der Vorlage an einen Ausschuß konnte beschlossen werden, solange nicht die letzte Einzelabstimmung vorgenommen worden war. Es konnte auch die Überweisung an einen anderen Ausschuß

Verteilung des schriftlichen Ausschußberichts oder bei nur mündlichem Bericht nach Verteilung des Ausschußantrags. Im Normalfall fand gemäß § 35 Abs. 1, S. 2 innerhalb der zweiten Lesung des Gesetzes keine allgemeine Beratung statt, sie konnte jedoch vom Landtag zugelassen werden.

Nach § 35 Abs. 2 beriet man in der Reihenfolge zunächst über jede selbständige Bestimmung, danach über die Abschnittsüberschriften und zuletzt über Einleitung und Überschrift. Nach Beendigung jeder Beratung stimmte das Gremium ab. Dem Landtag billigte man gemäß § 35 Abs. 3 das Recht zu, die Reihenfolge der Beratung zu ändern, die Beratung über mehrere Einzelbestimmungen zu verbinden oder Teile einer Einzelbestimmung getrennt zu behandeln. Noch bis zum Schluß der Beratung konnten nach § 36 Abs. 1 Änderungsanträge schriftlich eingereicht werden.

Waren in der zweiten Beratung Änderungen beschlossen worden, ließ der Präsident sie gemäß § 37 Abs. 1 zusammenstellen. Bei Ablehnung aller Teile der Gesetzesvorlage in der zweiten Beratung unterblieb nach § 37 Abs. 3 jede weitere Beratung und Abstimmung.

Die Beschlüsse der zweiten Beratung bildeten gemäß § 37 Abs. 2 die Grundlage für die dritte Beratung. Diese konnte nach § 38 Abs. 1 frühestens am zweiten Tage nach Verteilung der in zweiter Beratung gefaßten Beschlüsse oder, falls keine Änderungen der Gesetzesvorlage beschlossen worden waren, frühestens am zweiten Tage nach Schluß der zweiten Beratung anberaumt werden.

Die dritte Beratung des Gesetzesentwurfes begann gemäß § 38 Abs. 2 mit einer allgemeinen Aussprache über die Grundsätze der Vorlage, an die sich unmittelbar eine erneute Einzelberatung anschloß. Nach § 38 Abs. 3 mußten zur dritten Beratung eingebrachte Änderungsanträge von wenigstens fünf Mitgliedern des Landtags unterzeichnet sein.

§ 40 Abs. 2 ließ es zu, alle drei Beratungen in einer Sitzung durchzuführen. Diese Ausnahmemöglichkeit bestand allerdings nur, wenn kein

---

beschlossen werden. Auch bereits erledigte Teile konnten überwiesen oder zurückverwiesen werden.

Landtagsmitglied widersprochen hatte. Die dritte Beratung schloß gemäß § 39 Abs. 1 mit einer Abstimmung über die Vorlage im Ganzen ab.

2. Entwicklungsgeschichtliche Einordnung

Die entwicklungsgeschichtliche Einordnung des Gesetzesberatungssystems Württembergs von 1926 erscheint unproblematisch, da es sich nahezu als genaues Abbild des reichsstaatlichen Gesetzesberatungssystems nach der Geschäftsordnung der Deutschen Reichstages von 1922 darstellt. Selbst die Detailregelungen entsprechen dem reichsstaatlichen Vorbild, da keine Übernahmen aus dem alten württembergischen System der Gesetzesberatung vorgenommen wurden.

V. Die Einflußfaktoren auf das Gesetzesberatungssystem des Badischen Landtages

1. Die Gesetzesberatung im Badischen Landtag

Grundlage für die Beurteilung des Gesetzesberatungsverfahrens im Badischen Landtag ist die Geschäftsordnung vom 19. November 1919 mit den Änderungen bis zum 31. Januar 1928. Nach § 33 [909] wurden Gesetzesvorlagen der Regierung sowie die Anträge der Mitglieder, soweit der Landtag nichts anderes beschloß, auf Veranlassung des Präsidenten zum Druck und zur Verteilung an die Mitglieder des Landtags und an die Regierung gebracht.

Nach Bekanntgabe des Eingangs einer Regierungsvorlage entschied der Landtag nach § 37 Abs. 1, ob der zu behandelnde Gegenstand sofort im Parlament beraten oder zunächst an einen Ausschuß überwiesen werden sollte. Dies galt nach § 40 auch für Anträge, die von Landtagsmitgliedern vorgelegt wurden. Die Bestimmung des § 38 erlaubte dem Landtag, vor der Entscheidung eine allgemeine Aussprache über die Grundsätze des Gesetzesentwurfs abzuhalten, in der aber noch keine Änderungsanträge gestellt werden konnten.

---

909 Paragraphen ohne nähere Bezeichnung sind solche der Geschäftsordnung des Badischen Landtags vom 19. November 1919.

Nach § 35 Abs. 1, S. 1 war es auch möglich, eine Gesetzesvorlage auch ohne Vorberatung in einem Ausschuß zu behandeln.

Nach § 27 Abs. 6 durften die Beratungen des Landtages über einen gedruckten Ausschußbericht in der Regel erst nach Ablauf von drei Tagen nach Verteilung des Berichtes vorgenommen werden. Gemäß § 57 Abs. 1 mußten Abänderungsanträge zu Gesetzesvorlagen mit der Hauptfrage im wesentlichen Zusammenhang stehen und durften einer in derselben Beratung ergangenen Entscheidung des Landtags nicht entgegenstehen.

Lag in der ersten Beratung ein Änderungsbeschluß hinsichtlich des Ausschußantrags, der Regierungsvorlage oder des selbständigen Antrags vor, wurde nach § 35 Abs. 1, S. 2 die durch die erste Beratung geänderte Fassung zusammengestellt und gedruckt, wobei die Änderungen gegenüber der Ursprungsfassung durch Fettdruck kenntlich gemacht werden mußten.

Innerhalb der zweiten Beratung waren gemäß § 57 Abs. 2 Abänderungsvorschläge nur dann zulässig, wenn mindestens sechs Abgeordneten einen derartigen Antrag eingebracht hatten. Der Landtag konnte nach § 66 bis zum Beginn der Abstimmung jederzeit beschließen, eine begonnene Beratung zu unterbrechen, die Fortsetzung auf eine andere Sitzung zu verschieben bzw. den Gegenstand einem Ausschuß erneut oder auch erstmalig zu überweisen.

Nach § 73 Abs. 1 wurde bei Gesetzesentwürfen über die Überschrift und die einzelnen Artikel oder Paragraphen getrennt abgestimmt. Gemäß § 73 Abs. 2 kamen Abänderungsanträge vor dem Hauptantrag zur Abstimmung.

Nach § 67 konnte der Landtag ebenfalls beschließen, die Formen der Beratung und Entscheidung in jeder geeigneten Weise abzukürzen, soweit nicht die Bestimmungen der Verfassung entgegenstanden oder falls nicht mehr als fünfzehn Abgeordnete widersprachen[910].

---

[910] Zum Schluß der Beratung und Feststellung der Fragen vgl. § 68 f.

2. Entwicklungsgeschichtliche Einordnung

Die Verfasser der badischen Geschäftsordnung übernahmen das System der dreifachen Beratung des Deutschen Reichstags nicht. Mit der grundsätzlichen Primärbefassung eines Ausschusses mit der Gesetzesvorlage bestand ein wesentlicher Unterschied zur reichsstaatlichen Methode. Eine vorherige allgemeine Aussprache sah die entsprechende Regelung in der Geschäftsordnung nur als Ausnahme vor.

Allerdings hatten alle Abgeordneten durch die Verteilung der Gesetzesanträge zumindest Kenntnis über den Gesetzesvorschlag, bevor der Ausschuß seine Arbeit begann. Die eigentliche Beratung des Gesetzesentwurfs im Parlament entsprach dagegen der zweiten Beratung im Reichstag.

VI. Die Einflußfaktoren auf das Gesetzesberatungssystem des Thüringischen Landtages

1. Die Gesetzesberatung des Thüringischen Landtags

Maßgebend für die Beurteilung des Gesetzesberatungsverfahrens im Landtag von Thüringen ist die Geschäftsordnung des Thüringischen Landtages vom 13. Mai 1924 mit den Änderungen bis zum 31. Januar 1928.

Zunächst sah § 32 Abs. 1 [911] vor, alle Vorlagen der Landesregierung an die Mitglieder des Landtags und an die Ministerien zu verteilen. Die Bestimmung galt durch die Regelung des § 46 auch für selbständige Anträge von Abgeordneten. Gesetzesvorlagen erledigte der Landtag gemäß § 33 S. 1 grundsätzlich in zwei Beratungen, er konnte von dieser Regel jedoch gemäß § 33 S. 2 abweichen.

Die Beratung begann nach § 33 S. 3 frühestens am dritten Tage nach Verteilung der Drucksache. In der ersten Beratung besprach man gemäß § 34 S. 1 nur die Grundsätze der Vorlage. Änderungsanträge konnten nach § 34 S. 2 bis zum

911 Paragraphen ohne nähere Bezeichnung sind solche der Geschäftsordnung des Thüringischen Landtages vom 13. Mai 1924 mit den Änderungen bis zum 31. Januar 1928.

Ende der Beratung gestellt werden. Am Schluß der ersten Beratung ergab sich die Möglichkeit, die Vorlage gemäß § 35 S. 1 einem Ausschuß zu überweisen. Auch im weiteren Verlauf der Beratung konnte die Ausschußüberweisung nach § 35 S. 2 noch jederzeit bis zur letzten Einzelabstimmung vorgenommen werden.

Gemäß § 37 Abs. 1, S. 1 begann die zweite Beratung frühestens am zweiten Tag nach Schluß der ersten Beratung und, falls eine Ausschußberatung stattgefunden hatte, frühestens am Tage der Verteilung des Ausschußberichts. Diese Fristen konnten aber nach § 41 verkürzt werden, wenn nicht wenigstens drei Landtagsmitglieder der Fristverkürzung widersprochen hatten.

Nach § 37 Abs. 1, S. 3 ging der zweiten Beratung auf Verlangen eines Landtagsabgeordneten oder der Regierung eine allgemeine Aussprache voraus. Innerhalb der Einzelbesprechung beriet das Gremium gemäß § 37 Abs. 2 der Reihenfolge nach über jede selbständige Bestimmung, die Abschnittsüberschriften und zuletzt über Einleitung und Überschrift und stimmte dann nach Maßgabe des § 39 ab. Gemäß § 37 Abs. 3 konnte die Reihenfolge geändert, die Besprechung über mehrere Einzelbestimmungen verbunden oder Teile einer Einzelbestimmung abgetrennt werden. Jedem Landtagsmitglied stand das Recht zu, gemäß § 38 Abs. 2 Änderungen zu beantragen, solange die Beratung des betroffenen Gegenstandes noch nicht geschlossen war.

Nach Schluß der Beratung und der Einzelabstimmungen stimmte der Landtag nach § 40 Abs. 1, S. 1 über die Annahme oder Ablehnung der Gesetzesvorlage in ihrer Gesamtheit ab.

2. Entwicklungsgeschichtliche Einordnung

Auch die Verfasser der thüringischen Geschäftsordnung von 1928 hatten sich für eine grundsätzlich zweimalige Beratung der Gesetzesvorlagen entschieden. Bis zum Ende der zweiten Beratung deckte sich die Verfahrensweise mit derjenigen des Deutschen Reichstages. Eine eventuelle Ausschußverweisung erfolgte erst nach einer allgemeinen ersten Beratung. Der Unterschied zu dem reichsstaatlichen Gesetzesberatungssystem bestand lediglich in dem Verzicht auf die dritte Beratungsstufe. Offenbar sahen die Schöpfer der thüringischen Geschäftsordnung keine Notwendigkeit für eine dritte Beratung.

VII. Die Einflußfaktoren auf das Gesetzesberatungssystem des Hessischen Landtages

1. Die Gesetzesberatung des Hessischen Landtags

Für die Bewertung des Gesetzesberatungsverfahrens ist die Geschäftsordnung des Hessischen Landtages vom 16. Juni 1926 maßgebend.

Nach Artikel 31 der Geschäftsordnung[912] waren die Vorlagen der Regierung zu drucken und an die Mitglieder des Landtags zu verteilen. Der Präsident verfügte daraufhin die sofortige Zuleitung des Gesetzesvorschlages an den jeweils zuständigen Ausschuß zur Berichterstattung. Gemäß Art. 33 hatte auch ein Abgeordneter das Recht, einen Gesetzesvorschlag einzureichen, falls er die Unterstützung von mindestens fünf Mitgliedern des Landtags erhielt. Auch diese Anträge wurden gedruckt an die Mitglieder des Hessischen Landtags verteilt, der Regierung mit der Bitte um Stellungnahme übersandt und durch den Präsidenten dem zuständigen Ausschuß zur Berichterstattung übergeben.

Dem Ausschuß selbst billigte der Art. 16 nach der Überweisung eines Gesetzesvorschlages das Recht zu, einen eigenen Gesetzesvorschlag zu formulieren, wenn mindestens Dreiviertel aller Ausschußmitglieder diesem zugestimmt hatten.

Die Beratung über eine Regierungsvorlage oder einen Antrag im Plenum durfte nach Art. 34 S. 1 nicht vor Ablauf von 24 Stunden seit der Verteilung des schriftlichen Ausschußberichtes bzw. dessen mündlichen Vortrages beginnen. Von dieser Regelung konnte nach Art. 34 S. 2 nur durch Beschluß von mindestens zwei Drittel der anwesenden Mitglieder abgewichen werden.

---

912 Artikel ohne nähere Bezeichnung sind solche der Geschäftsordnung des Hessischen Landtages vom 16. Juni 1926.

Bei Vorlagen der Regierung fand gemäß Art. 48 S. 1 eine allgemeine Beratung über die Grundsätze der Vorlage statt, falls dem kein gegenteiliger Beschluß des Landtages entgegenstand. Die allgemeine Beratung konnte nach Art. 48 S. 2 nach einzelnen Abschnitten der Vorlage getrennt durchgeführt werden.

Nach Beendigung der allgemeinen Beratung wurde in der Regel gemäß Art. 48 S. 3 über jede einzelne selbständige Bestimmung der Reihenfolge nach, zuletzt über die Einleitung, den Schluß und die Überschrift des Gesetzesvorhabens beraten. Nach Art 48 S. 4 konnte der Landtag allerdings auch durch Beschluß die Reihenfolge aufgeben oder die Beratung über mehrere selbständige Bestimmungen miteinander verbinden. Abänderungsanträge zu Ausschußanträgen, durch Art. 49 ausdrücklich für zulässig erklärt,. konnten nach schriftlicher Einreichung und Verlesung durch Beschlußfassung des Landtags an den zuständigen Ausschuß verwiesen werden.

Bei der ersten Beratung stand es dem Landtag frei, nach Art. 72 S. 1 zu beschließen, den Beratungsgegenstand einer zweiten Beratung und Abstimmung zu unterziehen. Bei Gesetzesentwürfen schrieb der Art. 72 S. 2 zwingend vor, stets eine zweite Beratung und nach Art. 61 dieser folgend eine zweite Abstimmung durchzuführen.

Bei Gesetzesentwürfen stellte man nach der ersten Beratung gemäß Art. 72 S. 4 die gefaßten Beschlüsse der ersten Beratung dem ursprünglichen Wortlaut des Gesetzesentwurfs synoptisch gegenüber. Nach Art. 72 S. 5 diente diese Zusammenstellung als Grundlage für die zweite Beratung des Gesetzesentwurfes.

Die zweite Beratung erfolgte gemäß Art. 72 S. 6 frühestens am zweiten Tag nach Abschluß der ersten Beratung und Verteilung der gedruckten Zusammenstellung. Auch diese Frist konnte allerdings nach Art. 72 S. 7 mit mindestens zwei Drittel der Stimmen der Landtagsabgeordneten verkürzt werden. Abänderungsanträge konnten gemäß Art. 72 S. 8 in der Zwischenzeit und im Laufe der Verhandlung nur mit Unterstützung von mindestens zehn Mitgliedern des Landtags beschlossen werden.

Nach Art. 72 S. 8 wurde am Schluß der Beratung über den Gesetzesentwurf im Ganzen abgestimmt, nachdem eventuell angenommene Abänderungsanträge durch den Vorstand des Landtages zusammengestellt und verlesen worden waren.

2. Entwicklungsgeschichtliche Einordnung

Die Gesetzesberatungspraxis des Hessischen Landtages zur Zeit der Weimarer Republik geht von der Primärbefassung eines Ausschusses mit dem Gesetzesvorhaben aus. Diese Verfahrensweise entspricht der hessischen Tradition hinsichtlich der Gesetzesbehandlung, die bereits laut Regelungswerk des Großherzogthums Hessen vom 25. 3. 1820 bzw. Kurhessens vom 16. 2. 1831 eine sofortige Ausschußverweisung vorsah. Mit dieser Verfahrensweise stand das hessische Gesetzesberatungssystem der Gesetzesberatungspraxis des Deutschen Reichstages, die von einer Primärbefassung des Parlaments ausging, konträr gegenüber.

Auch hinsichtlich der Beratungsanzahl folgten die Schöpfer der hessischen Geschäftsordnung nicht dem reichsstaatlichen System der drei Beratungen eines Gesetzesentwurfs, sondern hielten sich auch in diesem Punkt an die traditionellen hessischen Formen. So fanden regelmäßig eine allgemeine und eine spezielle Diskussion des Gesetzesentwurfs statt, wobei beide Diskussionen als eine Beratungsstufe aufgefaßt wurden. Diese Form der Gesetzesberatung entsprach dem überlieferten Verfahren der alten kurhessischen Geschäftsordnung. Zusätzlich wurden allerdings auch reichsstaatliche Elemente wie zum Beispiel die Erörterung der Abschnittsüberschriften innerhalb der speziellen Beratung übernommen.

Bei Gesetzesentwürfen schloß sich an diese Beratung noch eine weitere an. Interessant erscheint in diesem Zusammenhang die geforderte Gegenüberstellung zwischen den Beschlüssen der ersten Beratung gegenüber der ursprünglichen Gesetzesvorlage. Da diese Zusammenstellung als Grundlage für die zweite Beratung diente, bildeten somit auch bereits abgelehnte Teile des Gesetzesentwurfs noch den Beratungsinhalt.

Insgesamt läßt die entwicklungsgeschichtliche Einordnung der hessischen Gesetzesberatungspraxis eine eindeutige Bevorzugung der traditionellen parlamentarischen Methoden Hessens erkennen, so daß hier auch indirekt ein entfernte Verwandtschaft mit der französisch-belgischen Gesetzesberatungspraxis sichtbar wird. Reichsstaatliche Elemente hat man nur in Teilbereichen übernommen.

VIII. Die Einflußfaktoren auf das Gesetzesberatungssystem der Hamburger Bürgerschaft

1. Die Gesetzesberatung in der Hamburger Bürgerschaft

Grundlage für die Beurteilung des Gesetzesberatungssystems der Hamburger Bürgerschaft bildet die Geschäftsordnung vom 14. März 1924 mit den Änderungen vom 20. März und 13. Mai 1925.

Gesetzesvorschläge mußten nach § 70 S. 1 der Geschäftsordnung[913] schriftlich eingereicht werden und waren gemäß § 70 S. 3 den Abgeordneten und dem Senat schriftlich zuzustellen. Anträge einzelner Abgeordneter bedurften nach § 71 S. 1 der Unterschrift und Unterstützung von mindestens zehn Abgeordneten.

Gesetzesvorlagen des Senats nach § 68 S. 1 erforderten eine zweimalige Beratung. Die zweite Lesung konnte nach § 68 S. 1 entfallen, wenn das Gesetz in erster Lesung mit mindestens einer Zweidrittelmehrheit ohne Änderungen angenommen war. Es bestand auch die Möglichkeit, die zweite Lesung am selben Tage abzuhalten, sofern dagegen kein Widerspruch eingelegt wurde.

Enthielt das angenommene Gesetz Änderungen gegenüber der Urfassung, mußte zwingend eine zweite Lesung stattfinden. Die gleiche Regelung galt gemäß § 68 S. 4 für Gesetzesvorschläge, die aus der Mitte der Bürgerschaft stammten. In beiden Fällen mußte nach § 68 S. 5 zwischen beiden Lesungen ein Zeitraum von mindestens sechs Tagen liegen, wobei aber mit Zustimmung des Senats die Frist verkürzt werden konnte. Allerdings konnte der Senat gemäß §

913 Paragraphen ohne nähere Bezeichnung sind solche der Geschäftsordnung der Bürgerschaft vom 14. März 1924 mit Änderungen vom 20. März und 13. Mai 1925.

68 S. 7 die Aussetzung der zweiten Lesung für den Zeitraum bis zu einem Monat verlangen.

Bestand eine Gesetzesvorlage aus mehreren Teilen, wurden gemäß § 59 zunächst die Grundsätze der Vorlage und danach die einzelnen Teile beraten. Die allgemeine Beratung umfaßte nach § 60 S. 1 zunächst auch die geschäftliche Behandlung der Vorlage. Gemäß § 60 S. 2 konnte die Gesetzesvorlage an einen Ausschuß[914] überwiesen werden. Der § 60 S. 3 verlangte in einem solchen Falle die Wiederholung der allgemeinen Beratung des Gesetzesentwurfs in einer erneuten Verhandlung nach Vorlage des Ausschußantrages.

Bei Ablehnung des Ausschußantrages wurde die allgemeine Beratung wieder eröffnet, falls mindestens ein Drittel der Abgeordneten dafür stimmte. § 62 erlaubte dem Präsidenten mit Zustimmung der Bürgerschaft, eine Gesetzesvorlage vor jeglicher Beratung einem bereits bestehenden Ausschuß zu überweisen. Empfahl der Ausschuß die unveränderte Annahme der Vorlage, konnte nach § 62 S. 2 auf eine schriftliche Berichterstattung verzichtet werden.

Bei der Einzelberatung konnte die Bürgerschaft gemäß § 61 S. 1 beschließen, verschiedene Teile der Vorlage gemeinsam zu beraten. Bei der zweiten Lesung des Gesetzes fand nach § 61 S. 2 eine Einzelberatung nur über diejenigen Teile statt, zu denen Änderungsanträge gestellt worden waren. Lag ein Ausschußbericht vor, konnte die Bürgerschaft nach § 61 S. 3 eine Frist zur Einbringung von Einzelanträgen festsetzen. Die Einzelberatung fand nach § 61 S. 4 nur über diejenigen Einzelbestimmunmgen statt, zu denen Änderungsanträge vorlagen. Nach § 61 S. 5 war es auf Antrag des Ausschusses sogar möglich, durch Beschluß mit mindestens einer Zweidrittelmehrheit von einer Einzelberatung gänzlich abzusehen.

2. Entwicklungsgeschichtliche Einordnung

Die Urheber der Geschäftsordnung der Hamburger Bürgerschaft hatten nicht das reichsstaatliche System der dreifachen Beratung eines Gesetzes

---

914 zu der detailliert geregelten Ausschußarbeit vgl. §§ 15 - 28

übernommen. Vielmehr wählte man generell ein Prinzip der zweifachen Beratung.
Allerdings boten die Regelungen der Geschäftsordnung auffallend viele Möglichkeiten, den Verfahrensgang abzukürzen. So gingen die Schöpfer des hamburgischen Gesetzesberatungssystems zwar grundsätzlich von einer Primärbefassung des Plenums mit der Gesetzesvorlage aus, mit Zustimmung der Bürgerschaft war allerdings auch die sofortige Überweisung an einen Ausschuß durch den Präsidenten möglich. Die erste Beratung bestand aus einer Allgemein- und einer Spezialdebatte, wobei während der allgemeinen Beratung die Überweisung an einen Ausschuß möglich blieb. Die Allgemein- und Spezialdiskussion faßte man als eine in sich geschlossene Beratungsstufe auf. Dies läßt eine gewisse Ähnlichkeit mit entsprechenden Passagen im französisch-belgischen Gesetzesberatungssystem erkennen.

Erwähnenswert ist vor allem die positivrechtliche Regelung, wonach man bei der Annahme eines Gesetzesvorschlages nach der ersten Beratung mit Zweidrittelmehrheit auf eine zweite Beratung verzichten konnte. Diese Regelung hatte schon in § 38 der Lübeckischen Landesverfassung vom 23. Mai 1920 Aufnahme gefunden, so daß hier eine Übernahme der Grundidee zu vermuten ist. Zusätzlich war es der Bürgerschaft erlaubt, beide Beratungen an einem Tag zu behandeln. In der zweiten Beratung war nur noch auf diejenigen Punkte einzugehen, zu denen Änderungsvorschläge vorlagen.

Insgesamt haben die Schöpfer der hamburgischen Geschäftsordnung ein weitgehend eigenständiges Gesetzesberatungssystem geschaffen. Zwar sind teilweise Anlehnungen an fremde Modelle zu erkennen, doch zeichnete sich das hamburgische System durch einige bemerkenswerte Variationsmöglichkeiten zur Arbeitsverkürzung aus, wobei der Minoritätenschutz nur eine untergeordnete Rolle gespielt haben dürfte.

IX. Die Einflußfaktoren auf das Gesetzesberatungssystem des Landtages von Mecklenburg-Schwerin

1. Die Gesetzesberatung des Landtages von Mecklenburg-Schwerin

Maßgebend für die Beurteilung der Gesetzesberatungstechnik des Landtages von Mecklenburg-Schwerin ist die Geschäftsordnung vom 4. Juni 1924. Bis zum Jahre 1918 hatte es hier noch überhaupt keine Geschäftsordnung gegeben[915].

Schon die Verfassung des Freistaates Mecklenburg-Schwerin schrieb in § 37 S. 2 vor, Gesetzesentwürfe einer dreimaligen Beratung und Beschlußfassung zu unterziehen. Der Verfassungstext bezeichnete Beratung und Beschlußfassung gemeinsam als Lesung. Geregelt war weiterhin, daß die dritte Lesung frühestens am Tage nach Beendigung der Beschlußfassung in der zweiten Lesung beginnen konnte.

Die gesamte Behandlung eines Gesetzes war in den §§ 7 - 9 [916] geregelt. Regierungsvorlagen und alle förmlich eingebrachten Gesetzesanträge unterlagen in der Vollversammlung einem festen, detailliert geregelten Behandlungsschema.

Nach § 7 a) erfolgte die erste Beratung des Gesetzesentwurfs frühestens einen Tag, nachdem der Gesetzentwurf schriftlich den Mitgliedern des Landtages zugegangen war. Die erste Beratung beinhaltete eine allgemeine Aussprache über die Grundsätze des Entwurfs. Vor Schluß der ersten Beratung durften Abänderungsvorschläge nicht eingebracht werden. Die allgemeine Aussprache konnte nach § 7 c) auch auf einzelne Abschnitte des Gesetzesentwurfs gerichtet sein. Nach Schluß der ersten Beratung beschloß der Landtag gemäß § 7 d), ob mit der weiteren Beratung ein Ausschuß zu betrauen war.

---

915 vgl. Zschucke, Geschäftsordnungen der deutschen Parlamente, S. 8

916 Paragraphen ohne nähere Bezeichnung sind solche der Geschäftsordnung für den Landtag von Mecklenburg-Schwerin vom 4. Juni 1924.

Die zweite Beratung erfolgte nach § 8 a) frühestens am Tage nach dem Abschluß der ersten Beratung bzw. nach Beendigung der Ausschußberatung oder nach der eventuellen Verteilung des Ausschußberichtes. Innerhalb der zweiten Beratung wurde gemäß § 8 b) jeder einzelne Abschnitt des Gesetzesentwurfes der Reihenfolge nach beraten und über ihn abgestimmt. Auf Beschluß des Landtages konnte die Reihenfolge verändert und die Erörterung über mehrere Abschnitte verbunden werden. Abänderungsvorschläge brauchten innerhalb der zweiten Beratung keine Unterstützung. Bei Ablehnung des Entwurfes in seiner Gesamtheit fand eine weitere Beratung nicht mehr statt. Der Gesetzesentwurf galt als endgültig abgelehnt. Generell stellte man nach Abschluß der zweiten Beratung alle von der Vorlage abweichenden Beschlüsse zusammen.

Diese Zusammenstellung bildete nach § 8 e) die Grundlage der dritten Beratung. Sie fand nach § 9 a) und § 37 der Verfassung frühestens am Tage nach Abschluß der zweiten Beratung statt. Innerhalb der dritten Beratung brauchten Abänderungsanträge gemäß § 9 b) die Unterstützung von mindestens fünf Mitgliedern. Nach einer Beratung über die Grundsätze des Entwurfs gemäß § 9 c), folgte die Aussprache über die einzelnen Abschnitte des Gesetzesvorhabens. Den Abschluß der dritten Beratung bildete nach § 9 d) die Abstimmung über die Ablehnung oder Annahme des Gesetzesentwurfes in seiner vollständigen Form.

2. Entwicklungsgeschichtliche Einordnung

Bei der Erarbeitung der Geschäftsordnung für den Landtag von Mecklenburg-Schwerin konnte nicht auf eine lange parlamentarische Geschäftsordnungstradition zurückgegriffen werden. Deshalb erscheint die nahezu vollständige Übertragung der Geschäftsordnung des Deutschen Reichstages auf die Bedürfnisse des Landtages nicht verwunderlich. Offenbar hielt man das bewährte System der dreifachen Gesetzesberatung von Twesten und Lasker für geeignet zur effektiven Gesetzesberatungstätigkeit.

X. Die Einflußfaktoren auf das Gesetzesberatungssystem des Anhaltinischen Landtages

1. Die Gesetzesberatung im Landtag von Anhalt

Maßgebend für die Beurteilung der Gesetzesberatungstechnik im Anhaltinischen Landtag ist die Geschäftsordnung vom 1. Juni 1920, die der Landtag nach § 16 der Verfassung für Anhalt vom 18. Juli 1919 beschlossen hatte.

Nach § 18 S. 1 [917] wurden die Gesetzesvorlagen der Staatsregierung in der Regel gedruckt an die Abgeordneten verteilt. Gesetzesentwürfe von Abgeordneten mußten nach § 20 S. 2 von mindestens fünf Abgeordneten unterzeichnet sein.

Alle Gesetzesentwürfe waren nach § 19 und § 20 S. 1 in drei Lesungen zu beraten. Die erste Lesung begann gemäß § 22 S.1 frühestens am zweiten Tag nach Verteilung der Gesetzesvorlage an die Abgeordneten. Sie beschränkte sich nach § 22 S. 2 auf eine allgemeine Erörterung der Grundsätze der Vorlage. Die Beratung konnte aber nach § 22 S. 3 auch getrennt nach Abschnitten durchgeführt werden. Abänderungsvorschläge durften gemäß § 22 S. 3 nicht vor Beendigung der ersten Lesung eingebracht werden. Nach § 22 S. 4 beschloß der Landtag nach Beendigung der ersten Lesung, ob die Vorlage einem Ausschuß zur Vorberatung überwiesen werden sollte.

Die zweite Lesung begann gemäß § 23 S. 1 frühestens am zweiten Tag nach Beendigung der ersten Beratung bzw. nach der Verteilung des Ausschußberichts. In der zweiten Lesung fand nach § 23 S. 2 keine allgemeine Erörterung der Gesetzesvorlage statt, vielmehr wurde nach § 23 S. 3 über jede Einzelbestimmung bzw. über die Abschnittsüberschriften der Reihenfolge nach, am Ende über Einleitung und Überschrift der Vorlage beraten und abgestimmt. Nach § 23 S. 5 bestand allerdings die Möglichkeit, die Reihenfolge zu verlassen sowie die Beratungen über mehrere Einzelbestimmungen miteinander zu

---

917 Paragraphen ohne nähere Bezeichnung sind solche der Geschäftsordnung des Anhaltinischen Landtags vom 1. Juni 1920.

verbinden. Abänderungsanträge zu Einzelbestimmungen durften in der zweiten Lesung gemäß § 23 S. 6 bis zur Abstimmung ohne Unterstützung eingereicht werden.

Die Bestimmung des § 24 S. 1 sah nach Beendigung der zweiten Lesung die Zusammenstellung aller von der Vorlage abweichenden Abänderungen vor. Waren alle Teile der Vorlage in zweiter Lesung abgelehnt, fand nach § 24 S. 4 keine dritte Lesung mehr statt. Das Gesetz galt damit als abgelehnt.

Andernfalls bildete das Ergebnis der zweiten Lesung gemäß § 24 S. 4 die Grundlage für die dritte Lesung. Diese begann nach § 25 S. 1 frühestens am zweiten Tag nach Beendigung der zweiten Lesung bzw. der Zusammenstellung der Änderungen. Der Landtag hatte allerdings die Möglichkeit, diese wie auch alle anderen Fristen gemäß § 28 zu verkürzen oder auch mehrere Lesungen in derselben Sitzung vorzunehmen, wenn die Staatsregierung zugestimmt hatte und nicht mindestens fünf Abgeordnete widersprachen.

Die Besprechung erstreckte sich gemäß § 25 S. 1 zunächst wie bei der ersten Lesung auf die Grundsätze des Entwurfs, danach wie bei der zweiten Lesung auf die Einzelbestimmungen. Abänderungsanträge bedurften nach § 25 S. 3 der Zustimmung von mindestens fünf Abgeordneten. Am Schluß der dritten Lesung stimmte der Landtag gemäß § 25 S. 4 über die gesamte Vorlage ab.

2. Entwicklungsgeschichtliche Einordnung

Vergleichbar mit dem Verfahren in anderen Länderparlamenten zeigt sich auch bei der Gesetzesberatung im Anhaltinischen Landtag eine weitgehende Übernahme der reichsstaatlichen Methoden. So übernahmen die Schöpfer der Geschäftsordnung das System der dreifachen Beratung. Bemerkenswert ist die positivrechtlich eingeräumte Möglichkeit, mehrere - und falls erforderlich alle - Beratungen an einem Sitzungstag zu behandeln. Diese Regelung ging über die Geschäftsordnung des Reichstages von 1918 hinaus und fand dort erst im Regelungswerk von 1922 Aufnahme.

XI. Die Einflußfaktoren auf das Gesetzesberatungssystem der Bürgerschaft der Freien und Hansestadt Bremen

1. Die Gesetzesberatung der Bremischen Bürgerschaft

Gegenstand für die Beurteilung der Gesetzesberatungspraxis in der Bremer Bürgerschaft ist die Geschäftsordnung der Bürgerschaft aus dem Jahr 1922.

Die Bremer Bürgerschaft behandelte Gesetzesvorhaben nach § 22 S. 8 der Geschäftsordnung[918] grundsätzlich in zwei Lesungen. Diese hatten an verschiedenen Versammlungstagen stattzufinden. Allerdings räumten die Bestimmungen des § 22 S. 9 dem Parlament die Möglichkeit ein, davon mit einfacher Mehrheit Ausnahmen zu machen. Aufgrund der Satzstellung läßt die unklare Formulierung dieser Vorschrift die Auslegung zu, daß auch bei Gesetzesvorlagen auf eine zweite Lesung verzichtet werden konnte. Nur bei Verfassungsänderungen schrieb § 22 S. 10 zwei Lesungen zwingend vor.

Bei Gesetzesentwürfen fand gemäß § 22 S. 1 regelmäßig zunächst eine sogenannte Gesamtaussprache statt, in der zunächst "das gesamte Gesetz und die Anträge, die sich auf das Gesetz bezogen" zur Debatte standen. Daraufhin begann die sog. Einzelaussprache, bei der die einzelnen Bestimmungen erörtert wurden. Bei Einigkeit konnte auf eine Abstimmung verzichtet werden.

Der zweiten Beratung legte man gemäß § 22 S. 6 das Ergebnis der ersten Beratung zugrunde, allerdings fanden auch Anträge auf Wiederherstellung der ursprünglichen Gesetzesvorlage Berücksichtigung. Hinsichtlich der Verfahrensweise bei der zweiten Lesung ergaben sich aus der Geschäftsordnung keine besonderen Bestimmungen. Es kann deshalb davon ausgegangen werden, daß hier die gleichen Beratungs- und Abstimmungsmodalitäten wie bei der ersten Lesung praktiziert wurden.

918 Paragraphen ohne nähere Bezeichnung sind solche der Geschäftsordnung der Bremischen Bürgerschaft aus dem Jahr 1922.

Nach der Einzelaussprache stimmte man gemäß § 22 S. 3 über die Gesamtvorlage ab. Eine Ausschußüberweisung konnte nach § 22 S. 4 bis zum Beginn der Schlußabstimmung beschlossen werden.

2. Entwicklungsgeschichtliche Einordnung

Die Urheber der Geschäftsordnung der Bremer Bürgerschaft haben sich nur bedingt an dem Gesetzesberatungssystem des Deutschen Reichstages orientiert. Wie im Reichstag ging man zwar von einer Primärbefassung des Plenums mit der Gesetzesvorlage aus, jedoch waren für die Gesetzesberatung grundsätzlich nur zwei Beratungsstufen vorgesehen. Jede Beratungsstufe bestand aus einer "Gesamtaussprache" und einer Einzelberatung der Normen. Das Verständnis der Allgemein- und Spezialdiskussion als eine Beratungsstufe entsprach dem französisch-belgischen Modell.

XII. Andere deutsche Länder

Die Gesetzesberatungssysteme der anderen deutschen Länder werden der Vollständigkeit halber nur im Überblick dargestellt, da sie für die Gesamtbeurteilung keine eigene Bedeutung haben.

Die Geschäftsordnung des Landtages des Freistaates Oldenburg vom 20. April 1920 sah bei allen Gesetzesentwürfen gemäß § 68 Abs. 1 zwei Lesungen vor. Nach § 68 waren die gestellten Gesetzesvorschläge von einem Ausschuß vorzuberaten. Hier lag also dem Gesetzesberatungssystem der Gedanke der Primärbefassung eines Ausschusses mit der Vorlage zugrunde.

Die Gesetzesberatung im Braunschweiger Landtag umfaßte nach der Geschäftsordnung vom 1. Februar 1927 gemäß der §§ 31, 33 und 34 drei Lesungen. Die Ausschußüberweisung fand nach § 32 regelmäßig nach der ersten Lesung des Gesetzesvorhabens statt. In diesem Punkt stimmte diese Geschäftsordnung mit dem reichsstaatlichen Modell überein.

Im Lippischen Landtag gab es nach der Geschäftsordnung vom 25. Januar 1877, die auch noch im Jahre 1928 ihre Gültigkeit hatte, gemäß der Regelungen der §§ 18 - 20 drei Lesungen bei der Behandlung von Gesetzesentwürfen. Nach §

18 S. 2 konnte die Gesetzesvorlage nach der ersten Lesung einem Ausschuß überwiesen werden. Auch hier hielt man an dem reichsstaatlichen Modell der dreifachen Beratung eines Gesetzes und der Primärbefassung des Plenums mit der Gesetzesvorlage fest.

In der Bürgerschaft von Lübeck wurden Gesetzesvorlagen nach § 38 der Landesverfassung vom 23. Mai 1920 in zwei Lesungen beraten, falls sich nicht mindestens zwei Drittel der Mitglieder bereits in der ersten Beratung für die Annahme des Entwurfs ausgesprochen hatten. Diese Regelung fand sich später, wie erwähnt, in der Hamburger Bürgerschaft wieder.

Der Landtag von Mecklenburg-Strelitz behandelte Gesetzesvorlagen nach der Geschäftsordnung vom 24. November 1923 gemäß §§ 38 - 45 in drei Lesungen. Die Überweisung an einen Ausschuß erfolgte in der Regel gemäß § 35 Abs. 2 am Schluß der ersten Lesung. In diesem Punkt ist eindeutig die Nähe zum reichsstaatlichen Modell der Gesetzesberatung zu erkennen.

Im Landtag von Schaumburg-Lippe konnte gemäß § 10 S. 1 der Geschäftsordnung eine Ausschußüberweisung schon vor der Beratung im Plenum beschlossen werden. Nach § 22 S. 2 beschloß das Parlament noch vor der ersten Lesung, ob der Gesetzesvorschlag einer zweiten Lesung unterzogen werden sollte oder nicht. Die Beratung und die Beschlußfassung über die geschäftliche Behandlung der Vorlage galt nach § 22 S. 3 ausdrücklich nicht als erste Lesung des Gesetzes. Hier liegt keine Anlehnung an das reichsstaatliche Modell der Gesetzesberatung vor, vielmehr war eine Primärbefassung eines Ausschusses mit der Gesetzesvorlage möglich.

XIII. Gesamtbetrachtung der Gesetzesberatungssysteme in der Zeit der Weimarer Republik

Die entwicklungsgeschichtliche Analyse der Gesetzesberatung verschiedener Länderparlamente zur Zeit der Weimarer Republik zeigt keine Homogenität hinsichtlich der Verfahrensweise. Keineswegs hatten alle Landtage bzw. Bürgerschaften das Gesetzesberatungssystem des Deutschen Reichstages nachgeahmt. Sicherlich gab es einige Länder, die dieses System für ihre Parlamentsarbeit für sinnvoll hielten. Andere Länder nahmen zwar grundsätzlich das System der dreifachen Beratung eines Gesetzesvorschlages an, entwickelten dies jedoch durch Sonderbestimmungen weiter bzw. paßten es den eigenen parlamentarischen Gegebenheiten an.

Wieder andere Geschäftsordnungen orientierten sich überhaupt nicht an der Gesetzesberatungspraxis des Deutschen Reichstages. So enthielten die Geschäftsordnungen einiger Parlamente nach wie vor Bestandteile des französisch-belgischen Systems der Gesetzesberatung, indem beispielsweise die Allgemein- und Spezialberatung gemeinsam als eine Beratungsstufe angesehen wurden. Diese Regelung kam im Deutschen Reichstag innerhalb der zweiten Beratung nur auf besonderen Beschluß zur Anwendung. Oftmals begnügten sich die einzelstaatlichen Parlamente mit einer zweifachen oder auf Beschluß sogar mit einer einfachen Beratung des Gesetzesvorhabens. Die Beteiligung von Abteilungen an der Gesetzesberatung ist in keinem Fall mehr auszumachen. Damit war ein Charakteristikum des französisch-belgischen Gesetzesberatungssystem in Deutschland nunmehr endgültig überwunden.

Einige Länder blieben bei der Erarbeitung der Geschäftsordnung ihrer parlamentarischen Tradition treu und gingen von einer Primärbefassung eines Ausschusses mit dem Gesetzesvorschlag aus. Hier sind insbesondere die Geschäftsordnungen Bayerns und Hessens zu nennen. Andere Länderparlamente haben mit ihren Traditionen gebrochen und - wie dargestellt - das Gesetzesberatungssystem des Deutschen Reichstages zumindest in den Grundzügen übernommen.

K. Das Ende der Weimarer Republik als Ende der Gesetzesberatung

Wie für fast alle Bereiche des politischen und auch des gesellschaftlichen Lebens hatte die Machtübernahme der Nationalsozialisten auch für die Gesetzesberatung fatale Folgen. Mit dem sogenannten Ermächtigungsgesetz, das die Legislativgewalt mit der Exekutivgewalt in der Hand der Regierung zusammenfaßte, besiegelte das Ende der Weimarer Republik als demokratischen und gewaltenteilenden Rechtsstaat

Das bisherige parlamentarische System der Gesetzesberatung mit der Kanalisierung verschiedener Meinungen und Argumente konnte dem totalitären Machtanspruch des Führerprinzips nicht gerecht werden. So ist das Gesetzgebungsverfahren der Weimarer Republik von zeitgenössischen, durch die nationalsozialistische Staatsauffassung geprägten Autoren durchgängig als "schwerfällig"[919] oder als "ausgeleiert"[920] bezeichnet worden. Nach der nationalsozialistischen Staatsauffassung stellte die angeblich „anonyme" Beschlußfassung durch das Parlament einen Akt der Verantwortungslosigkeit dar. Da jeder Führer dagegen Verantwortungsbewußtsein und -freudigkeit besitzen müsse, könne dies nur durch die Vereinigung der Gesetzgebung mit der Regierungsgewalt gewährleistet werden[921].

Durch das "Gesetz zur Behebung der Not von Volk und Staat" wurde die Weimarer Verfassung faktisch außer Kraft gesetzt[922]. Die eigentliche Aussprache und Verabschiedung des "Ermächtigungsgesetzes"[923] bot einen "Vorgeschmack" auf die von den Nationalsozialisten angestrebte Art der Gesetzesberatung. Dafür ist die "barsche Zurechtweisung" der sozialdemokratischen Fraktion durch den damaligen Reichstagspräsidenten Göring ("Jetzt rechnet der Kanzler ab !") nach Zurufen der Sozialdemokraten bei der Rede Adolf Hitlers ein beredtes Beispiel[924].

Bezeichnend ist die Art und Weise, wie Göring die nach der damaligen Geschäftsordnung erforderlichen drei Beratungen "durchprügelte". Dies war besonders im Hinblick auf die verfassungsrechtlich fatalen Auswirkungen des Ermächtigungsgesetzes erschreckend, auch wenn die Vorgehensweise offenbar auf die Initiative des Ältestenrats zurückging[925]. Während in der ersten

---

919 Noack, Die Gesetzgebung des Dritten Reiches, S. 1

920 Frank, Nationalsozialistisches Handbuch, S. 336

921 Hitler, Mein Kampf, S. 500

922 Möller, Das Ende der Weimarer Republik, S. 10; vgl. zur Vorgeschichte, zum Hintergrund und zum Zustandekommen des "Ermächtigungsgesetzes" sehr anschaulich: Frehse, Ermächtigungsgesetzgebung, S. 266 - 279

923 Sten. Bericht Reichstag, Bd. 457, S. 25 ff.

924 vgl. Sten. Bericht Reichstag, Band 457, S. 36

925 vgl. die Äußerungen des Zentrumsabgeordneten Esser in: Sten. Bericht Reichstag, Band 457, S. 32

Beratung noch eine Debatte stattfand, wurde die zweite und dritte Lesung offenbar nur noch als lästige Formalie gesehen:

"Wir treten in die zweite Beratung ein. Ich rufe auf Artikel 1 und bitte diejenigen, die ihn annehmen wollen, aufzustehen. - Das ist die Mehrheit. Artikel 2 - desgleichen; Artikel 3 - angenommen; ... Artikel 4 mit redaktioneller Änderung angenommen; Artikel 5 - Einleitung und Überschrift - angenommen. Ich schließe damit die zweite Beratung. Wir kommen zur dritten Beratung. Wortmeldungen liegen nicht vor; ich schließe die allgemeine Aussprache in der dritten Beratung. Ich rufe in der besonderen Beratung auf Artikel 1, - 2, - 3, - 4, - 5, Einleitung und Überschrift - und erkläre sie für angenommen ...". Die Verfahrensweise gerade bei einem derartig weitreichenden, verfassungsändernden Gesetzesbeschluß war bezeichnend für das fehlende Demokratieverständnis der Nationalsozialisten.

Die Bestimmungen der Art. 1, 2, 3 und 5 des Gesetzes führten unter der nationalsozialistischen Herrschaft faktisch zur Außerkraftsetzung der Art. 68 - 77 der Reichsverfassung als vorgeschriebenen Weg der Reichsgesetzgebung[926]. Schon damals sahen die zeitgenössischen Autoren das Ermächtigungsgesetz als einen Wendepunkt von verfassungsgeschichtlicher Bedeutung an. So wurde das Gesetz beispielsweise als "neue vorläufige Verfassung" charakterisiert[927].

Mit Erlaß des Ermächtigungsgesetzes war demnach mit der Reichsregierung ein weiterer Gesetzgeber geschaffen worden[928]. Aus dieser formalen "Mitgesetzgebungsbefugnis" erwuchs die nahezu alleinige Gesetzgebung durch die Reichsregierung[929]. Von der Möglichkeit der Ermächtigungsgesetzgebung machte die Regierung fast ausschließlich Gebrauch. So waren es bis Kriegsbeginn im Jahr 1939 insgesamt 922 Gesetze, die auf das Ermächtigungsgesetz zurückgingen; in der gleichen Zeit verabschiedete der

---

926 Frehse, Ermächtigungsgesetzgebung, S. 279

927 Schmitt, Das Gesetz zur Behebung der Not von Volk und Reich, S. 455

928 Schmitt, Das Gesetz zur Behebung der Not von Volk und Reich, S. 455

929 Ebel, Geschichte der Gesetzgebung, S. 103

Reichstag nur fünf Gesetze[930]. Die Verschiebung der Gesetzgebungsaktivität vom Reichstag zur Reichsregierung führte dazu, daß nicht mehr die Geschäftsordnung des Reichstages, sondern die Geschäftsordnung der Reichsregierung und die gemeinsame Geschäftsordnung der Reichsministerien den Gang des Gesetzgebungsverfahrens bestimmten[931]. Bereits durch Bekanntgabe am 28. Juli 1933 änderte man die gemeinsame Geschäftsordnung der Reichsministerien dahingehend, daß ein Abschnitt hinsichtlich der vereinfachten Gesetzgebung eingefügt wurde. Die Gesetze konnten nun in einem sogenannten Umlaufverfahren beschlossen werden[932]. Diese Möglichkeit des schriftlichen Umlaufs und die unzureichenden Bestimmungen hinsichtlich der Regelung von Meinungsverschiedenheiten hatten zur Folge, daß die Regierung ihre Funktion als kollegiales Organ verlor[933]. Schon am 22. April 1933 bemerkte Joseph Goebbels in seinem Tagebuch: "Im Reichskabinett ist die Autorität des Führers nun ganz durchgesetzt. Abgestimmt wird nicht mehr. Alles geht viel schneller, als wir zu hoffen gewagt hatten"[934].

Das Führerprinzip der nationalsozialistischen Ideologie kam damit voll zum Tragen. Es kann daher unterbleiben, die Beratungsstrukturen der Reichsregierung bei der Gesetzgebung weiter zu beleuchten. Der Deutsche Reichstag bildete lediglich ein Scheinparlament und wurde schon im damaligen Sprachgebrauch volkstümlich als "teuerster Gesangverein"[935] bezeichnet, in der keinerlei effektive Gesetzesberatung mehr stattfinden sollte. Diese Rolle stand im krassen Gegensatz zu den vorherigen Ankündigungen Hitlers in seiner Rede zum Ermächtigungsgesetz: "... Die Regierung beabsichtigt dabei, von diesem Gesetz nur insoweit Gebrauch zu machen, als es zur Durchführung der lebensnotwendigen Maßnahmen erforderlich ist. Weder die Existenz des Reichstags noch der Länder soll dadurch bedroht sein..."[936].

---

930 Tarrab-Maslaton, Rechtliche Strukturen, S. 26

931 vgl. Brecht, Die Geschäftsordnung der Reichsministerien, 1933

932 vgl. Beinhofer, Das Kollegialitätsprinzip im Bereich der Regierung, S. 25

933 Tarrab-Maslaton, Rechtliche Strukturen, S. 28

934 Goebbels, Tagebuch, S. 410

935 Bracher/Sauer/Schulz, Die nationalsozialistische Machtergreifung, S. 352

936 vgl. Sten. Bericht Reichstag, Band 457, S. 32

Die Entwicklungsgeschichte der Gesetzesberatung ist durch das nationalsozialistische Staatssystem jäh unterbrochen worden. Der Wunsch Adolf Hitlers, unter Aufrechterhaltung seines Systems eine effektive, demokratischen Grundsätzen entsprechende Parlamentstätigkeit für mindestens tausend Jahre zu unterdrücken, sollte glücklicherweise nicht in Erfüllung gehen.

Achter Teil. Die Gesetzesberatungspraxis im Deutschen Bundestag

Um die heutige Gesetzesberatungspraxis des Deutschen Bundestages zu bewerten und entwicklungsgeschichtlich einordnen zu können, reicht es nicht aus, die positiv festgelegten Regelungen der Geschäftsordnung zu analysieren. Vielmehr erscheint es erforderlich, die Entwicklung der Gesetzesberatung in den verschiedenen Geschäftsordnungen des Bundestages chronologisch nachzuzeichnen und die aktuelle Beratungspraxis des Deutschen Bundestages näher zu beleuchten. Neben der theoretischen Erarbeitung des Systems dürfte es sinnvoll sein, die Gesetzesbehandlung anhand praktischer Beispiele aus dem Parlamentsleben zu erhellen und durch Beobachtung und Auswertung der Verhandlungen des Deutschen Bundestages zu untersuchen, inwieweit die positvrechtlichen Regelungen der Geschäftsordnung noch der praktischen Verfahrensweise im Parlament entsprechen.

A. Die Entwicklungsgeschichte der Gesetzesberatung bis zur aktuellen Geschäftsordnung

I. Übernahme der Geschäftsordnung des Reichstages

Am 20. September 1949 übernahm der Deutsche Bundestag als vorläufige Geschäftsordnung im Wesentlichen die Geschäftsordnung des Deutschen Reichstages vom 12. Dezember 1922[937]. Hinsichtlich der Behandlung der Gesetzesvorlagen wurden die Regelungen lediglich in der Weise verändert, daß das Wort "Reichstag" durch den Begriff "Bundestag" ersetzt wurde. Lediglich die Anzahl der Mitglieder, die einer Fristverkürzung zustimmen mußten, verringerte sich auf zehn Abgeordnete. Auch Änderungsvorschläge innerhalb

---

[937] abgedruckt beispielsweise in: Geschäftsordnungen deutscher Parlamente in synoptischer Darstellung

der dritten Beratung benötigten nur noch die Unterstützung von mindestens zehn Mitgliedern.

Die nahezu unveränderte Übernahme der alten Geschäftsordnung zeigt das Vertrauen, welches man in die Gesetzesberatungsregeln und in das Prinzip der dreifachen Beratung setzte. Andererseits ist zu vermuten, daß im Zuge der Gründung der Bundesrepublik Deutschland die politischen Kräfte vorrangig mit wichtigeren Aufgaben betraut waren, so daß eine vorübergehende Übernahme der alten Geschäftsordnung als durchaus sinnvoll erschien.

II. Weiterentwicklung der Gesetzesberatung bis zur heutigen Geschäftsordnung

1. Die Untersuchungsgrundlage

Zunächst ist festzuhalten, daß mit der kontinuierlichen Weiterentwicklung der Gesetzesberatungspraxis des Deutschen Bundestages kein völlig neues System entstand. Vielmehr flossen in der Hauptsache nur Detailänderungen in die jeweiligen neuen Geschäftsordnungen ein. Diese Darstellung orientiert sich an der synoptischen Übersicht der Geschäftsordnungen in der Zusammenstellung des Bundestages. Demnach sind die Geschäftsordnung des Deutschen Bundestages vom 6. Dezember 1951, die Geschäftsordnung des Deutschen Bundestages in der Fassung der Bekanntmachung vom 22. Mai 1970 und die Geschäftsordnung des Deutschen Bundestages in der Fassung der Bekanntmachung vom 2. Juli 1980 in die Untersuchung aufzunehmen. Zusätzlich finden die Änderungen der Geschäftsordnung durch die Beschlüsse vom 1. Oktober 1969 Berücksichtigung.

Aufgrund der teilweise nur geringen Änderungen erscheint es wenig sinnvoll, die Gesetzesberatung jeder einzelnen Geschäftsordnung getrennt darzustellen,. vielmehr soll jede Stufe des bereits untersuchten Gesetzesberatungsverfahrens hinsichtlich der Weiterentwicklung durch die positivrechtlichen Bestimmungen der einzelnen Geschäftsordnungen gewürdigt werden. Um die Übersichtlichkeit zu wahren, fließen die durch die parlamentarische Praxis entstandenen Gebrauchsformen im Umgang mit der Gesetzesberatung an dieser Stelle nicht in die Darstellung ein. Diese Änderungen durch die praktische Arbeit des

Parlaments werden erst bei der Untersuchung der aktuellen Gesetzesberatungspraxis dargestellt, wobei hierzu auch die Kommentierungen zur Geschäftsordnung zur Hilfe genommen werden können, da dort die einzelnen Vorschriften eingehend hinsichtlich ihrer Handhabung in der parlamentarischen Arbeit untersucht worden sind.

2. Die Änderungen der einzelnen Gesetzesberatungsstufen

a) Die erste Beratung des Gesetzesentwurfes

Die Geschäftsordnung des Deutschen Reichstages hatte bestimmt, daß die erste Beratung frühestens am dritten Tag nach Verteilung der Drucksache behandelt werden durfte. In dieser ersten Beratung sollten nur die Grundsätze der Vorlage besprochen werden. Die Aussprache konnte jedoch auch nach einzelnen Abschnitten des Gesetzesentwurfs getrennt werden. Änderungsanträge waren in der ersten Beratungsstufe nicht möglich.

Durch die Geschäftsordnung von 1951 wurde die damals mittlerweile zu § 78 gewordene Bestimmung dahingehend geändert, daß eine Beratung nach den vom Bundestag gebilligten Vorschlägen des Ältestenrats stattzufinden habe. Noch weitergehend wirkte sich die Änderung der Geschäftsordnung durch den Beschluß von 1969 aus, in der man festschrieb, eine erste Aussprache nur noch stattfinden zu lassen, wenn sie entweder vom Ältestenrat empfohlen oder bis zum Aufruf der Sache von mindestens einer Anzahl von Mitgliedern in Fraktionsstärke verlangt worden war. Diese Fassung behielt man auch in der Geschäftsordnung von 1970 bei. Sie ist später durch die Geschäftsordnung von 1980 dahingehend geändert worden, daß nun auch eine Fraktion oder mindestens fünf Prozent der Abgeordneten eine allgemeine Aussprache verlangen konnte.

Die Bestimmung, daß die Aussprache nach einzelnen Abschnitten des Gesetzesentwurfes getrennt werden konnten, ist mit der Beschlußfassung von 1969 nicht mehr in der Geschäftsordnung vertreten. Andere positivrechtliche Änderungen gegenüber der Geschäftsordnung des Deutschen Reichstages zur ersten Beratung sind nicht feststellbar.

b) Überweisung an einen Ausschuß

Die Geschäftsordnung des Deutschen Reichstages hatte ermöglicht, den Gesetzesentwurf an einen Ausschuß zu überweisen. Die Geschäftsordnung von 1951 erwähnte erstmals die Möglichkeit, die Vorlage in besonderen Fällen zugleich an mehrere Ausschüsse zu überwiesen. Hierbei war ein federführender Ausschuß zu bestimmen. Gleichzeitig betonte die geänderte Geschäftsordnung von 1951 erneut, daß in der ersten Beratung ausschließlich über die Ausschußüberweisung abgestimmt werden durfte.

Eine entscheidende Veränderung widerfuhr der Ausschußüberweisung durch eine Neuregelung der Geschäftsordnung von 1980. Hatte man die Ausschußüberweisung vorher lediglich als Möglichkeit der Gesetzesbehandlung gesehen, gingen nun die Verfasser der Geschäftsordnung davon aus, daß die Ausschußüberweisung regelmäßig stattfinden sollte. Nur auf Antrag einer Fraktion oder von mindestens fünf Prozent der Bundestagsmitglieder vermochte der Ausschuß mit mindestens einer Zweidrittelmehrheit zu beschließen, auf eine Ausschußüberweisung zu verzichten und sofort in die zweite Beratung einzutreten. Zusätzlich räumte die Geschäftsordnung auch den Ausschüssen, denen der Gesetzesentwurf nicht überwiesen worden war, die Möglichkeit einer gutachterlichen Stellungnahme ein.

c) Die Frist zwischen erster und zweiter Beratung

Die zweite Beratung erfolgte nach der Geschäftsordnung des Reichstages frühestens am zweiten Tag nach Schluß der ersten Beratung, War eine Ausschußüberweisung vorhergegangen, begann die zweite Beratung frühestens am zweiten Tag nach Verteilung des Ausschußberichtes.

Diese Verfahrensweise behielt man zunächst auch im Deutschen Bundestag bei. Insbesondere bestand auch weiterhin die Möglichkeit einer Fristverkürzung. Allerdings wurde die Höchstzahl der Abgeordneten, die der Verkürzung widersprechen durfte, von fünfzehn auf zehn anwesende Mitglieder verringert. Die Geschäftsordnung von 1980 änderte die Regelung dahingehend, daß eine Fraktion oder mindestens fünf Prozent der Bundestagsmitglieder beantragen konnten, sofort in die zweite Beratung einzutreten. Diesem Antrag mußten mindestens zwei Drittel der anwesenden Mitglieder zustimmen.

d) Die zweite Beratung des Gesetzesentwurfs

Die Geschäftsordnung des Deutschen Reichstages hatte bestimmt, daß grundsätzlich innerhalb der zweiten Beratung keine allgemeine Beratung stattfinden sollte, eine solche jedoch durch den Reichstag zugelassen werden konnte. Nach dem Änderungsbeschluß des Bundestages aus dem Jahr 1969 mußte die zweite Beratung mit einer allgemeinen Aussprache eröffnet werden, wenn diese von mindestens der Anzahl von Abgeordneten beantragt worden war, der einer Fraktionsstärke entsprach.

Die anderen Regelungen zur zweiten Beratung haben sich bis zu der Geschäftsordnung von 1980 nicht geändert. Der Wortlaut der Geschäftsordnung des Reichstages wurde nahezu beibehalten. Auch das Verfahren bei der Abstimmung blieb ebenso unverändert wie die Möglichkeit der Zurückverweisung des Gesetzesvorhabens an einen Ausschuß.

Hatte man in der zweiten Beratung Änderungen am Gesetzesentwurf vorgenommen, stellte der Präsident die Änderungen zusammen. Allerdings bestimmte die Geschäftsordnung von 1980, daß keine synoptische Aufstellung der Änderungen neben dem ursprünglichen Gesetzesentwurf mehr nötig war.

e) Die Frist zwischen zweiter und dritter Beratung

Die dritte Beratung erfolgte laut Geschäftsordnung des Deutschen Reichstages frühestens am zweiten Tag nach Verteilung der in der zweiten Beratung gefaßten Beschlüsse. Waren keine Änderungen beschlossen worden, begann die dritte Beratung unmittelbar nach der zweiten Beratung.

Die Geschäftsordnungsänderung von 1969 räumte jedoch die Möglichkeit zur Fristverkürzung auch bei Änderungen in der zweiten Beratung ein, wenn nicht mindestens zehn anwesende Mitglieder widersprochen hatten. Die Geschäftsordnung von 1980 veränderte die Regelung dahingehend, daß der Antrag zur Fristverkürzung von einer Fraktion oder durch mindestens fünf

Prozent der Bundestagsmitglieder gestellt werden mußte. Die Verkürzung konnte nur mit Zweidrittelmehrheit beschlossen werden.

f) Die dritte Beratung des Gesetzesentwurfes

Die dritte Beratung begann nach der Geschäftsordnung des Reichstages mit einer allgemeinen Aussprache über die Grundsätze der Vorlage, an die sich unmittelbar die Einzelberatung anschloß.

Mit der Geschäftsordnung des Deutschen Bundestages von 1951 wurde die bisherige Regelung dahingehend geändert, daß eine allgemeine Aussprache nur dann stattzufinden hatte, wenn kein anderslautender Vorschlag des Ältestenrats entgegenstand. Durch den Geschäftsordnungsänderungsbeschluß von 1969 wurde dagegen bestimmt, daß eine allgemeine Aussprache nur noch stattfinden sollte, wenn diese von sovielen Mitgliedern verlangt wurde, wie es einer Fraktionsstärke entsprach. Eine weitere entscheidende Änderung erhielt die Regelung durch die Geschäftsordnung von 1980 mit der Bestimmung, daß eine allgemeine Aussprache nur dann stattfinden durfte, wenn in der zweiten Beratung keine allgemeine Aussprache abgehalten worden war und sie vom Ältestenrat empfohlen oder von mindestens fünf Prozent der anwesenden Abgeordneten verlangt wurde.

Innerhalb der Einzelberatung benötigten Änderungsvorschläge nach der Geschäftsordnung des Reichstages die Unterstützung von mindestens fünfzehn Mitgliedern. Diese Anzahl verringerte die provisorische Geschäftsordnung von 1949 auf zehn Abgeordnete. Nach der Geschäftsordnung von 1951 war die Unterstützung sovieler Abgeordneter nötig, wie sie einer Fraktionsstärke entsprach. Diese Regelung ist durch die Geschäftsordnung von 1980 dahingehend verändert worden, daß Änderungsanträge innerhalb der dritten Beratung von einer Fraktion oder mindestens fünf Prozent der Mitglieder des Bundestages unterzeichnet sein mußten. Die Änderungsanträge durften sich jedoch nur auf diejenigen Bestimmungen beziehen, zu denen in zweiter Beratung Änderungen beschlossen worden waren.

Während die Geschäftsordnung des Deutschen Reichstages bestimmt hatte, in der dritten Beratung über jede Einzelbestimmung zu beraten und abzustimmen, erfuhr diese Regelung durch die Geschäftsordnung von 1951 dahingehend eine Änderung, daß nur noch über diejenigen Einzelbestimmungen zu beraten war, zu denen Änderungsanträge vorlagen. Diese Regelung ist auch bis zur Geschäftsordnung von 1980 beibehalten worden.

Erstmalig hat die Geschäftsordnung von 1980 explizit die Möglichkeit erwähnt, die Vorlage vor der Schlußabstimmung ganz oder teilweise auch an einen anderen Ausschuß zu verweisen. Lagen durch diesen Ausschuß vorgeschlagene Änderungen gegenüber den Beschlüssen in zweiter Beratung vor, bildete die Beschlußempfehlung erneut den Gegenstand einer zweiter Beratung.

g) Die Schlußabstimmung

Gemäß der Regelung in der Geschäftsordnung des Reichstages wurde am Schluß der dritten Beratung über die Annahme oder die Ablehnung des Gesetzesentwurfes abgestimmt. Waren die Beschlüsse der zweiten Beratung nicht verändert worden, begann die Abstimmung sofort. Hatte man Änderungen vorgenommen, mußte die Abstimmung auf Antrag von wenigstens fünfzehn Mitgliedern des Reichstags zunächst ausgesetzt werden. Diese Regelung wurde durch die Geschäftsordnung von 1951 im Bundestag dahingehend geändert, daß nun auch hier für den Antrag auf Vertagung der Abstimmung die Stimmen sovieler Abgeordneter nötig waren, wie sie einer Fraktionsstärke entsprachen. Nach der Änderung der Geschäftsordnung von 1980 waren für die Vertagung der Antrag einer Fraktion oder von mindestens fünf Prozent der Bundestagsmitglieder erforderlich.

3. Entwicklungsgeschichtliche Einordnung

Die Untersuchung der Gesetzesberatungsentwicklung im Deutschen Bundestag zeigt eine weitgehende Beibehaltung des Gesetzesberatungssystems des Deutschen Reichstages, welches wiederum ein nur unwesentlich geändertes Abbild des Twesten-Laskerschen Systems der Gesetzesberatung darstellt. Allerdings haben die Geschäftsordnungsänderungen des Deutschen Bundestages das althergebrachte System weiterentwickelt. Die Regelungen, jeweils den parlamentarischen Gegebenheiten angepaßt, sind durch die

Verwertung von zahlreichen in den Verhandlungen gewonnenen Erfahrungen verfeinert worden.

Dabei ist vor allen Dingen die nun positivrechtlich geregelte bedeutende Rolle des Ältestenrates bei der Festlegung der Gesetzesberatungsform zu nennen, durch dessen Empfehlungen zur Verfahrensweise längere Geschäftsordnungsdebatten vermieden werden konnten.

Die Rolle der Ausschüsse ist durch die Veränderungen in der Geschäftsordnung stärker akzentuiert worden. Hier ist vor allen Dingen die Regelung der Geschäftsordnung von 1980 zu nennen, die erstmals von einer grundsätzlichen Verweisung der Gesetzesvorlage an einen Ausschuß ausging. In gleicher Weise konnte die Verweisung einer Gesetzesvorlage an mehrere Ausschüsse nunmehr positivrechtlich geregelt werden.

Andere Änderungen räumten den Bundestagsmitgliedern größtenteils Möglichkeiten zur Beratungsverkürzung ein, die fakultativ wahrgenommen werden konnten. Hier sind insbesondere die Möglichkeiten zur Fristverkürzung zu erwähnen. Auch die Einschränkung der Möglichkeit zur Einreichung von Änderungsanträgen in der dritten Beratung ist von Bedeutung.

Insgesamt gesehen hat der Deutsche Bundestag bis zur Geschäftsordnung von 1980 die schon seit Gründung der Bundesrepublik Deutschland bestehende lange Tradition des Twesten-Laskerschen Systems der Gesetzesberatung weiterverfolgt, sich aber Änderungen durch parlamentarische Notwendigkeiten niemals verschlossen. Dies zeigt zum einen die Qualität des traditionellen Systems, aber auch die Fähigkeit der Schöpfer der späteren Geschäftsordnungen, auf Änderungen der parlamentarischen Gegebenheiten und die innerhalb der Verhandlungen gemachten Erfahrungen positivrechtlich zu reagieren.

B. Die aktuelle Gesetzesberatungspraxis des Deutschen Bundestages

I. Die theoretische Behandlung eines Gesetzes im Deutschen Bundestag

Für die entwicklungsgeschichtliche Einordnung und die Bewertung der Praktikabilität des deutschen Gesetzesberatungssystems ist eine eingehende Untersuchung der Gesetzesberatungspraxis erforderlich. Selbst wenn sich durch eine zusammenhängende, isolierte Darstellung des aktuellen Gesetzesberatungssystems Wiederholungen ergeben, kann hierauf nicht verzichtet werden, da in der Literatur zum Parlamentsrecht kaum ausführliche, zusammenhängende und paragraphenübergreifende Darstellungen vorliegen. Obwohl die sehr detaillierten Kommentierungen zu den einzelnen Paragraphen der Geschäftsordnung als hilfreich und konstruktiv anzusehen sind, können sie jedoch naturgemäß keine zusammenhängende Darstellung beinhalten.

1. Die Regelungen im Grundgesetz der Bundesrepublik Deutschland

Das parlamentarische Verfahren erfährt seine rechtliche Prägung - wie schon beschrieben - im wesentlichen durch die Geschäftsordnung und durch die parlamentarische Praxis. Auch das Grundgesetz der Bundesrepublik Deutschland beschränkt sich auf einige grundlegende Regelungen[938]. Der Art. 77 Abs. 1 S. 1 des Grundgesetzes bestimmt lediglich, daß die Gesetze durch den Bundestag beschlossen werden müssen. Abgesehen vom Gesetzgebungsnotstand in den Fällen des Art. 81 und Art. 115 e GG kommt daher die bundesrechtliche Gesetzgebungskompetenz ausschließlich dem Deutschen Bundestag zu[939]. Über die Systematik der Behandlung einzelner Gesetzesvorlagen und über die einzelnen Beratungsstufen sagt das Grundgesetz jedoch nichts aus. Das Grundgesetz enthält damit auch zur Frage, ob eine, zwei oder drei Beratungen durchgeführt werden müssen, keine Regelung[940].

---

938 Magiera, Parlament und Staatsleitung, S. 122

939 Maunz, in: Maunz/Dürig/Herzog/Scholz, Art. 77 Nr. 1

940 so allgemeine Meinung: bspw. Trossmann/Roll, Ergänzungsband Parlamentsrecht, § 78 Rdnr. 1; auch Stein, Staatsrecht, S. 127; anders lediglich Mangoldt/Klein, Grundgesetz, Art. 77 Anm. II 6 a, der davon ausgeht, daß eine Mehrzahl von Lesungen als im Grundgesetz "stillschweigend-impliziert- (mit)-geschrieben angesehen werden kann. (vgl. hierzu unten).

2. Die Regelung der Gesetzesberatung in der Geschäftsordnung des Deutschen Bundestages von 1980 in der heute gültigen Fassung

a) Die grundsätzliche Festlegung der Geschäftsordnung auf eine dreimalige Beratung von Gesetzesvorhaben

Infolge des Verzichts auf eine detaillierte Regelung der inneren Abläufe des deutschen Parlaments räumt das Grundgesetz dem Bundestag in Art. 40 Abs.1 S.2 GG eine autonome Satzungsgewalt ein, indem es dem Parlament die Möglichkeit gibt, sich eine eigene Geschäftsordnung zu geben.

In dieser Geschäftsordnung des Deutschen Bundestages sind die Bestimmungen hinsichtlich der Gesetzesberatung vorwiegend in den §§ 78 ff.[941] geregelt. So bestimmt § 78 Abs. 1, daß Gesetzentwürfe grundsätzlich in drei Beratungen behandelt werden. Diese Gesetzesbehandlung erfolgt unabhängig vom jeweiligen Initiativberechtigten des Gesetzes[942]. Zudem unterscheidet die Geschäftsordnung verfahrensmäßig nicht zwischen marginalen und bedeutungsvollen Gesetzen. Für alle Bundesgesetze bleibt folglich die theoretische Verfahrensweise im Wesentlichen unabhängig vom Bedeutungsgehalt des Gesetzes gleich[943].

In der Arbeitspraxis des Deutschen Bundestages treten dagegen - je nach Wichtigkeit, Dringlichkeit und Bedeutung der Gesetzesvorlage - tiefgreifende Unterschiede auf. So variieren die Länge der parlamentarischen Beratung, die Zahl der beteiligten Ausschüsse und die Intensität der Debatten innerhalb der einzelnen Beratungen. Durch die Ausnutzung des formal durch die Geschäftsordnung vorgegebenen Rahmens kommt jeweils zum Ausdruck, ob ein Gesetz für das Parlament "wichtig" ist oder das Parlament nur "passiert"[944].

---

941 Paragraphen ohne nähere Bezeichnung sind solche der Geschäftsordnung des Deutschen Bundestages vom 2. Juli 1980 in der aktuellen Fassung

942 Straßberger, Abstimmungspraxis, S. 36

943 Freytag, Parlamentsreform, S. 150; Hesse/Ellwein, Regierungssystem, S. 224

944 so Hesse/Ellwein, Regierungssystem, S. 224

Aufgrund dieser Diskrepanz zwischen den formalen Regelungen der Geschäftsordnung und der praktischen Ausgestaltung der Gesetzesberatung im Parlamentsleben müssen für die theoretische Erarbeitung die Kommentierungen zur Geschäftsordnung des Deutschen Bundestages herangezogen werden. Nur sie ermöglichen dem Außenstehenden einen Einblick in die internen Vorgänge des Parlaments, deren Kenntnis für die abschließende Bewertung des Gesetzesberatungsverfahrens unerläßlich ist.

b) Einbringung und Drucklegung eines Gesetzesvorhabens

Nach § 77 Abs. 1 werden Vorlagen, zu denen nach § 75 Abs. 1 a) auch Gesetzesvorhaben gehören, grundsätzlich gedruckt und an alle Mitglieder des Bundestages, des Bundesrats und an die Bundesministerien verteilt. Der Präsident des Bundestages ist verpflichtet, für diese ordnungsgemäße Prozedur Sorge zu tragen. Sie gibt den Abgeordneten die Gelegenheit, sich schon vor Beginn der ersten Beratung mit den Beratungsgegenständen vertraut zu machen[945].

c) Die erste Beratung des Gesetzesentwurfs

Die erste Beratung eines Gesetzesvorhabens beschränkt sich nach § 79 S. 2 auf eine allgemeine Aussprache. Jedoch findet diese nach § 79 S. 1 nur unter der Voraussetzung statt, daß sie vom Ältestenrat empfohlen, bis zum Aufruf des betreffenden Tagesordnungspunktes von einer Fraktion oder von mindestens fünf Prozent der anwesenden Bundestagsmitglieder verlangt wird.

Vornehmlich die Empfehlung des Ältestenrates zu einer allgemeinen Aussprache hat zur Folge, daß der Präsident nach § 23 die Aussprache eröffnet, ohne die Mitglieder des Bundestages hinsichtlich einer Notwendigkeit zu befragen. Meldet sich nach der Eröffnung der Aussprache niemand zu Wort, hat sie der Bundestagspräsident gemäß § 25 Abs. 1 für geschlossen zu erklären, so daß die Mitglieder des Bundestages faktisch nicht an die Empfehlung des Ältestenrates gebunden sind[946]. Da jedoch insbesondere der Ältestenrat als

---

945 Achterberg, Grundzüge des Parlmentsrechts, S. 52.

946 Trossmann, Parlamentsrecht, § 78, Rdnr. 1.1.1.

"Clearingstelle für die Verfahrenswünsche der Fraktionen" dient, ist die faktische Zustimmung des Bundestages zu den Vorschlägen des Ältestenrats durch Anmeldung zur Rednerliste in der Regel nur Formsache[947].

Die Empfehlung zu einer allgemeinen Aussprache mit ausführlicher Debatte wird in der Praxis hauptsächlich dann ausgesprochen, wenn mit dem Gesetzesvorhaben ein bedeutender Problemkreis geregelt werden soll, bei dem die Regierung und die Regierungsparteien eine andere Grundauffassung vertreten als die Opposition[948]. Allerdings unterbleibt der Versuch, eine allgemeine Aussprache innerhalb der ersten Beratung grundsätzlich zu vermeiden. Nur bei weniger bedeutenden Vorlagen oder aus Zeitgründen verzichtet man seit mehreren Wahlperioden gänzlich auf eine Aussprache[949].

Die erste Beratung wird in der Regel durch eine einführende, die gesetzgeberischen Motive darlegende und den Inhalt der Gesetzesvorlage in groben Zügen wiedergebende Rede eines Vertreters des bzw. der Initiatoren - bei Initiativen der Bundesregierung im Regelfall der zuständige Bundesminister - eingeleitet[950]. Die Begründung gehört jedoch noch nicht zur Aussprache[951], so daß sie auch ohne die Empfehlung des Ältestenrats erfolgen kann. Da nach Aufruf des betreffenden Punktes der Tagesordnung gemäß § 79 S. 1 keine Anträge mehr auf eine allgemeine Aussprache gestellt werden dürfen, kann diese danach nur noch durch eine mit Zweidrittelmehrheit beschlossene Geschäftsordnungsabweichung nach § 126 herbeigeführt werden[952].

Die allgemeine Aussprache beschränkt sich nach § 79 S. 2 auf die Grundsätze der Vorlage. Was unter den "Grundsätzen einer Vorlage" zu verstehen ist, läßt sich mitunter nur schwierig abgrenzen[953]. Im Zweifel entscheidet darüber der

---

947 so Schellknecht, Meinungsvielfalt, S. 36

948 Schäfer, Der Bundestag, S. 220; Blischke/Scholz, Bundestag, S. 61

949 vgl. Ritzel/Bücker, Kommentar zur Geschäftsordnung, § 79 1. g)

950 Mangoldt/Klein, Grundgesetz, Art. 77, 6 b)

951 vgl. Ritzel/Bücker, Kommentar zur Geschäftsordnung, § 79 1. e)

952 vgl. Ritzel/Bücker, Kommentar zur Geschäftsordnung, § 79, 1. f); vgl zu dieser Problematik auch Trossman, Parlamentsrecht, § 78, 1.1.2.

953 Diese Auslegungsschwierigkeiten traten bekanntlich schon bei der entsprechenden Regelung in der Frankfurter Nationalversammlung auf.

Bundestagspräsident, da er nach § 36 S. 1 das Recht hat, einen Redner zur Sache zu verweisen, wenn er sich zu sehr mit Detailfragen der Vorlage befaßt[954].

Die Darlegung der Grundsätze in der ersten Beratung eines Gesetzesvorhabens dient im Wesentlichen dazu, die Auffassungen der Fraktionen zu verdeutlichen[955]. Damit sollen den Ausschußmitgliedern Anhaltspunkte für die Beratung an die Hand gegeben werden. Die Darlegung des Standpunktes ist insbesondere bei konträren Fraktionsmeinungen sinnvoll. Damit kann verdeutlicht werden, ob und in welchen Punkten eine Kompromißbereitschaft vorhanden ist. Auch die Darstellung des eigenen politischen Standpunktes in der Öffentlichkeit ist in der allgemeinen Aussprache möglich. Aus Erwägungen für eine praktische Handhabung geht die Empfehlung des Ältestenrates häufig dahin, daß nur jeweils ein Mitglied jeder Fraktion das Wort erhalten soll[956].

Während der auf die Begründung folgenden Aussprache achten die Redner der Fraktionen naturgemäß sehr darauf, daß ihre grundsätzliche Einstellung zu den angeschnittenen Fragen in genügender Weise deutlich wird. Dabei legen sie selbstverständlich Wert darauf, der Öffentlichkeit die Fragestellungen verständlich zu machen, so daß der Unterschied der Auffassungen deutlich wird[957].

Nach § 79 S. 3 sind Änderungsanträge in der ersten Beratung nicht zulässig. Dagegen werden Anträge zur Geschäftsordnung zugelassen, wenn sie lediglich

---

954 vgl. Ritzel/Bücker, Kommentar zur Geschäftsordnung, § 79, 2. a)

955 vgl. zu der Meinungsbildung innerhalb der Fraktionen sehr anschaulich: Loewenberg, Parlamentarismus, S. 364 ff.

956 vgl. Ritzel/Bücker, Kommentar zur Geschäftsordnung, § 79, 2. b). Er wertet die Annahme dieser Empfehlung als einen konkludente Annahme eines offenbar auch konkludenten Antrages auf Schluß der Aussprache nach Abgabe der vereinbarten Erklärungen. Das Recht auf freie Meinungsäußerung des einzelnen Abgeordneten aus Art. 5 Abs. 1 GG werde hierdurch allerdings nicht beeinträchtigt, da das Rederecht den Schranken des autonomen Parlamentsrechts unterliege. Anders Trossmann, Parlamentsrecht, § 78, 3., der von einem Verstoß ausgeht und daher nur die Möglichkeit eines Hinweises des Präsidenten auf die Empfehlung bzw. die interfraktionelle Absprache einräumt, nicht aber die Entziehung des Wortes.

957 Schäfer, Der Bundestag, S. 218

das Verfahren betreffen[958]. Die Beschränkung auf die Erörterung der Grundsätze der Vorlage nach § 79 S. 2 hat zur Folge, daß während der ersten Beratung praktisch keine endgültige Entscheidung über den Gesetzesentwurf möglich ist[959].

Gemäß § 80 Abs. 1, S. 1 kann der Gesetzesentwurf am Schluß der Beratung im Regelfall an einen Ausschuß überwiesen werden. Gleichzeitig wird dem Plenum die Möglichkeit eingeräumt, von einer Ausschußüberweisung abzusehen. Allerdings kann der Bundestag gemäß § 80 Abs. 2, S. 1 auf Antrag einer Fraktion oder von mindestens fünf Prozent der Bundestagsabgeordneten mit mindestens einer Zweidrittelmehrheit der anwesenden Mitglieder beschließen, ohne Ausschußüberweisung in die zweite Beratung einzutreten. Nach § 80 Abs. 2, S. 2 i. V. m. § 20 Abs. 2, S. 3 muß der Antrag auf Verzicht der Ausschußüberweisung bis 18 Uhr des Vortages dem Präsidenten vorliegen, um Zufallsmehrheiten zu verhindern[960].

Nach § 80 Abs. 1, S. 1, 2. Hs. darf der Gesetzesentwurf nur in besonderen Fällen gleichzeitig an mehrere Ausschüsse überwiesen werden. Die Praxis entspricht jedoch nur selten dem Inhalt der Vorschrift. Ein Großteil der Vorlagen wird an mehrere Ausschüsse überwiesen, da sie den Zuständigkeitsbereich mehrerer Ausschüsse berühren[961]. In diesen Fällen bestimmt man stets einen federführenden Ausschuß i. S. d. § 63 der Geschäftsordnung[962]. Ferner besteht nach § 80 Abs. 1, S. 2 die Möglichkeit, andere Ausschüsse im Benehmen mit dem federführenden Ausschuß hinsichtlich der Beratung einzelner Fragen gutachterlich zu beteiligen[963].

Grundsätzlich erfolgt in der Parlamentspraxis die Überweisung an die Ausschüsse aufgrund einer Empfehlung des Ältestenrats. An diese Empfehlung

---

958 Trossmann/Roll, Ergänzungsband Parlamentsrecht, § 79 Rdnr. 5

959 Trossmann, Parlamentsrecht, § 78, 2.

960 vgl. Ritzel/Bücker, Kommentar zur Geschäftsordnung, § 80 II. 2.

961 Trossmann/Roll, Ergänzungsband Parlamentsrecht, § 80, Rdnr. 2; Schäfer, Der Bundestag, S. 220

962 Ritzel/Bücker, Kommentar zur Geschäftsordnung, § 80, I, 1. c)

ist der Bundestag allerdings nicht gebunden, so daß auch noch weitere Ausschüsse an der Beratung beteiligt werden können[964].

Nach § 80 Abs. 4 besteht bei Vorlagen wie bei Gesetzesvorhaben die Möglichkeit eines vereinfachten Verfahrens. Es berechtigt das Parlament, mehrere Vorlagen an die Ausschüsse durch einen Beschluß zu verweisen. Durch diese Regelung wird das Parlament entlastet, indem das Plenum auf die Einzelabstimmungen über die Verweisung verzichten kann[965]. Grundlage für diese Verfahrensweise ist nach § 80 Abs. 4, S. 1 eine Vereinbarung im Ältestenrat. Die Regelung des § 80 Abs. 4, S. 4 räumt jedem einzelnen Bundestagsmitglied die Möglichkeit ein, den Antrag zu stellen, eine Aussprache über die Verweisung der betreffenden Vorlage abzuhalten.

d) Die Ausschußberatung

Die Ausschußberatungen stellen eine der wichtigsten Stufen für ein geplantes Gesetzesvorhaben im Deutschen Bundestag dar. Dort fallen - wenn nicht schon vorher in informellen Gesprächen zwischen den Fraktionen und Interessenverbänden - die wesentlichen inhaltlichen Entscheidungen über die Gesetzesvorlage[966], so daß ein bedeutender Teil der Arbeit nicht im Plenum, sondern während der Ausschußphase stattfindet[967].

Nach der Geschäftsordnung werden in den Ausschüssen gemäß § 54 Abs. 1, S. 1 die Verhandlungen des Bundestages vorbereitet. Die Ausschüsse sind nach § 62 Abs. 1, S. 2 sog. "vorbereitende Beschlußorgane des Bundestages". Sie haben die Pflicht, dem Bundestag bestimmte Beschlüsse zu empfehlen. Diese Empfehlungen dürfen sich nur auf die ihnen überwiesenen Vorlagen oder mit diesen in unmittelbarem Sachzusammenhang stehenden Fragen beziehen. Nach § 66 Abs. 1, S. 1 sind die Ausschußberichte an den Bundestag über Vorlagen in der Regel schriftlich abzufassen. Der Bericht kann nach § 63 Abs.1 nur vom

---

963 vgl. hierzu: Trossmann/Roll, Ergänzungsband Parlamentsrecht, § 80, Rdnr. 10 ff.; Ritzel/Bücker, Kommentar zur Geschäftsordnung, § 80, I, 2.

964 Ritzel/Bücker, Kommentar zur Geschäftsordnung, § 80, I, 1. d)

965 Ritzel/Bücker, Kommentar zur Geschäftsordnung, § 80 IV. 1. a)

966 Stein, Staatsrecht, § 14 III 1.

federführenden Ausschuß erstattet werden. Die Ausschußberichte müssen nach § 67 Abs. 2, S. 1 die Beschlußempfehlung des federführenden Ausschusses mit Begründung sowie die Ansicht der Minderheit und die Stellungnahmen der beteiligten Ausschüsse enthalten. Sie können aber gemäß § 66 Abs. 1, S. 2 mündlich ergänzt werden.

Eine detaillierte Schilderung der internen Vorgänge in den jeweiligen Ausschüssen kann hier unterbleiben[968], doch muß für die weitere Analyse festgehalten werden, daß die Ausschüsse das für die Gesetzgebung mittlerweile maßgebliche parlamentarische Gremium bilden[969]. Sie stellen das "Herzstück der interfraktionellen Parlamentsarbeit" dar[970], so daß ihnen mittlerweile eine größere als die ihr nach § 62 Abs. 1 zugedachte Rolle eines "vorbereitenden Organ" zukommt. Die Ausschüsse erleichtern und beschleunigen die Arbeit der Legislative, indem sie vornehmlich bei komplizierten Materien, die eine detaillierte Fachkenntnis voraussetzen, sachkundige und effektive Vorarbeit leisten[971]. Die Ausschußsitzungen sind - abgesehen von einzelnen Ausnahmen - nach § 69 Abs. 1, S. 1 grundsätzlich nicht öffentlich. In den Ausschüssen bietet sich die Möglichkeit, den Sachstand fundiert zu klären, die Hintergründe des Problemkreises zu erhellen und Lösungsmöglichkeiten aufzuzeigen. Der Ausschuß kann sich bei seinen Beratungen sogar vom ursprünglichen Text des Entwurfs und auch von den behandelten Sachproblemen entfernen; muß sich aber an das ihm überwiesene Thema halten[972]. Allerdings zielen die Änderungen im Ausschuß selten darauf ab, die politische Zielsetzung der Vorlagen in Frage zu stellen. Im Normalfall geht es um zwischenzeitlich notwendig gewordene Anpassungen an die Rechtslage sowie an technische und ökonomische Entwicklungen um Korrekturen gesetzestechnischer Mängel[973].

---

967 Abmeier, Befugnisse, S. 167

968 vgl. zur Arbeit der Ausschüsse §§ 57 - 74 GOBT, Eine kurze Darstellung der Arbeit der Ausschüsse bietet Loewenberg, Parlamentarismus, S. 182 - 192; anschaulich auch Majonica, Zur Arbeitsweise der Bundestagsausschüsse, insb. S. 117 ff.; Ismayr, Der Deutsche Bundestag, S. 309 ff.

969 so bspw. Abmeier, Befugnisse, S. 167

970 so Schellknecht, Meinungsvielfalt, S. 36

971 so Straßberger, Abstimmungspraxis, S. 40; Stein, Staatsrecht, S. 127

972 Schäfer, Bundestag, S. 220

973 Ismayr, Der Deutsche Bundestag, S. 309 f.

e) Die zweite Beratung von Gesetzentwürfen

Der zweiten Beratung eines Gesetzesvorhabens geht zumeist eine Beratung innerhalb der Fraktionen über den im zu bearbeiteten Entwurf voraus. Jede Fraktion entscheidet schon vor Beginn der zweiten Beratung, ob sie der Fassung zustimmen will, ob Änderungsanträge gestellt werden sollen bzw. wer als Redner für die Fraktion auftreten soll. Im Ältestenrat stimmt man den Termin für die zweite Beratung des Gesetzes zwischen den Fraktionen ab[974].

Allerdings kann nach § 81 Abs. 1, S. 2, 1. Hs. die Beratung erst am zweiten Tag nach Verteilung der Beschlußempfehlung und des Ausschußberichts stattfinden. Die Frist beginnt gemäß § 123 Abs. 1 erst mit dem Tag nach der Verteilung[975] und kann nach § 81 Abs. 1, S. 2, 1. Hs. nur durch eine Mehrheit von mindestens zwei Dritteln der Abgeordneten auf Antrag einer Fraktion bzw. von mindestens fünf Prozent der Abgeordneten verkürzt werden. Eine Verkürzung durch eine einfache Mehrheit der Abgeordneten ist nur bei dringlichen Gesetzesentwürfen der Bundesregierung im Sinne des Art. 81 GG möglich.

Die zweite Beratung eines Gesetzesvorhabens wird nach § 81 Abs. 1, S. 1 nur dann mit einer allgemeinen Aussprache eröffnet, wenn sie vom Ältestenrat empfohlen oder von einer Fraktion bzw. bei Anwesenheit von mindestens fünf Prozent der Gesamtzahl der Abgeordneten beantragt wurde. Die allgemeine Aussprache bietet die Möglichkeit, den gesamten Gesetzesentwurf im Lichte der vorausgegangenen Ausschußberatungen zu erörtern[976]. Der Antragsteller und der Berichterstatter des Ausschusses haben gemäß § 28 Abs. 2, S. 2 das Recht, vor Beginn der Aussprache um das Wort zu bitten. Ihre Äußerungen gehören - ähnlich wie die entsprechende Regelung bei der ersten Beratung besagt - noch nicht zur allgemeinen Aussprache. Insofern ist die Formulierung des § 81 Abs. 1, S. 1 ungenau, weil in diesen Fällen die zweite Beratung ausdrücklich nicht mit einer allgemeinen Aussprache eröffnet wird, jedoch machen die jeweiligen Berichterstatter in der Parlamentspraxis wesentlich öfter

---

974 vgl. Blischke/Scholz, Bundestag, S. 73

975 Beachtenswert ist auch die Parallele zu § 187 Abs. 1 BGB.

976 Trossmann/Roll, Ergänzungsband Parlamentsrecht, § 81, Rdnr. 11

von der eingeräumten Möglichkeit Gebrauch, ihren Standpunkt darzulegen als die Antragsteller[977].

Die Geschäftsordnung des Deutschen Bundestages enthält hinsichtlich der dritten Beratung keine mit § 83 Abs. 2 vergleichbare Bestimmung über die Beratungsgrundlage wie bei der zweiten Beratung. Wenn die Schlußempfehlung des Ausschusses von der ursprünglich eingereichten Fassung abweicht, ersetzt sie den ursprünglichen Gesetzesentwurf und bildet die Grundlage für die Einzelberatung. Wird durch den Ausschuß die unveränderte Annahme oder die vollständige Ablehnung des Gesetzentwurfs empfohlen, bleibt der eingebrachte Gesetzentwurf die Beratungsgrundlage[978].

Nach § 81 Abs. 2, S. 1 wird bei der Einzelberatung über jede selbständige Bestimmung der Reihenfolge nach - zuletzt über Einleitung und Überschrift - die Aussprache eröffnet und nach der Diskussion geschlossen. Nach Schluß der Aussprache stimmte das Gremium gemäß § 81 Abs. 1, S. 2 über jede Einzelbestimmung ab.
Als selbständige Bestimmung im Sinne des § 81 Abs. 2, S. 1 gilt jeder Paragraph bzw. jeder Artikel eines Gesetzesvorhabens[979]. Nach § 47 S. 1 und § 81 Abs. 3 kann jedoch jeder Abgeordnete den Antrag stellen, die "Frage zu teilen". Auf diese Weise ist es möglich, über einzelne Absätze und sogar über einzelne Sätze gesondert zu beraten und abzustimmen. Andererseits kann der Bundestag gemäß § 81 Abs. 3 beschließen, die Aussprache über mehrere Einzelbestimmungen zu verbinden oder die Reihenfolge der Beratung zu verändern. Auch eine gemeinsame Abstimmung über mehrere oder alle Teile eines Gesetzentwurfs ist nach § 81 Abs. 4 möglich. Diese Verfahrensweise wird in der Regel angewandt, wenn zu den einzelnen Bestimmungen keine Änderungsanträge vorliegen und auch sonst kein Abgeordneter um das Wort gebeten hat[980].

---

[977] vgl. Ritzel/Bücker, Kommentar zur Geschäftsordnung, § 81 I. 1. c)

[978] vgl. Trossmann/Roll, Ergänzungsband Parlamentsrecht, § 81, Rn. 16; Trossmann, Parlamentsrecht, § 80, 9.2; Ritzel/Bücker, Kommentar zur Geschäftsordnung, § 81 II. 1. e.

[979] vgl. Ritzel/Bücker, Kommentar zur Geschäftsordnung, § 81 II. 1 d.

[980] Ritzel/Bücker, Kommentar zur Geschäftsordnung, § 81 I. 2. c. bb)

Änderungsanträge zu Gesetzentwürfen können nach § 82 Abs. 1, S. 1 beantragt werden, wenn die Beratung über den betreffenden Gegenstand noch nicht abgeschlossen ist. Schon vor der Behandlung der Gesetzesvorlage in zweiter Beratung finden regelmäßig Beratungen der Fraktionen über die Beschlußempfehlungen der Ausschüsse und über eventuell zu stellende Änderungsanträge statt[981].

Als "Änderungen" sind Streichungen, Ergänzungen und materielle bzw. formelle Änderungen der vorgelegten Beschlußempfehlung anzusehen. In der jüngeren Parlamentspraxis sind auch sog. Streichungsanträge zugelassen, die die vollständige Streichung einer oder mehrerer Einzelvorschriften zum Inhalt haben. Sie werden wie Änderungsanträge behandelt[982].

Ein Änderungsantrag muß gemäß § 82 Abs. 1, S. 2 von wenigstens einem Bundestagsmitglied unterzeichnet sein und kann mit einer kurzen Begründung versehen werden. Damit eröffnet sich für fraktionslose Bundestagsmitglieder im gesamten Gesetzesberatungsverfahren die einzige Möglichkeit, Sachanträge zu stellen[983].

Solange nicht die letzte Einzelabstimmung erledigt ist, besteht für den Deutschen Bundestag nach § 82 Abs. 3, 1. Hs. die Möglichkeit, die Vorlage ganz oder teilweise an einen anderen Ausschuß zurückzuverweisen. Dies gilt gemäß § 82 Abs. 3, 2. Hs. auch für bereits beratene Teile. Die Regelung ist ebenfalls anwendbar, wenn nach der ersten Beratung keine Ausschußverweisung beschlossen worden war[984]. Die mögliche Zurückverweisung an einen anderen als den federführenden Ausschuß bleibt jedoch die Ausnahme, da bereits die Ausschußüberweisung nach der ersten Beratung unter dem Gesichtspunkt der sachlichen Zuständigkeit erfolgt[985].

---

981 Ritzel/Bücker, Kommentar zur Geschäftsordnung, § 81 IV. 1.

982 Ritzel/Bücker, Kommentar zur Geschäftsordnung, § 82 I. 1. b)

983 Ritzel/Bücker, Kommentar zur Geschäftsordnung, § 82 I. 2. b)

984 Trossmann/Roll, Ergänzungsband Parlamentsrecht, § 82, Rn. 2

985 Ritzel/Bücker, Kommentar zur Geschäftsordnung, § 82 III. e)

Hinsichtlich der parlamentarischen Bedeutung der zweiten Beratung sei hier angemerkt, daß sie in vielen Fällen eine zusammenfassende Wiederholung der Erörterung in den Fachausschüssen darstellt. Oftmals nehmen nur die Mitglieder der zuständigen Ausschüsse an der zweiten Lesung im Plenum teil, in der wiederum die in den Ausschußberatungen bereits ausgetauschten Standpunkte der Fraktionen erneut - meist in politisch zugespitzter Form - ausgetauscht werden[986].

f) Die dritte Beratung des Gesetzesentwurfs

Im Auftrag des Präsidenten werden gemäß § 83 Abs. 1 die Beschlüsse der zweiten Beratung mit den eventuell beschlossenen Änderungen zusammengestellt. Diese Beschlüsse bilden nach § 83 Abs. 2 die Grundlage für die dritte Beratung. Wurden in der zweiten Beratung alle Teile eines Gesetzesentwurfes abgelehnt, unterbleibt gemäß § 83 Abs. 3 jede weitere Beratung und die Vorlage gilt als abgelehnt. Die Ablehnung des ersten Paragraphen oder einer grundlegenden Bestimmung reicht nicht aus, um den Entwurf insgesamt als abgelehnt zu betrachten[987].

Die dritte Beratung des Gesetzesvorhabens schließt sich laut § 84 S. 1 unmittelbar an die zweite Beratung an, sofern keine Änderungen vorgenommen wurden. Liegt ein Änderungsbeschluß aus der zweiten Beratung vor, kann die dritte Beratung erst zwei Tage nach Verteilung der Zusammenstellung mit den beschlossenen Änderungen erfolgen. Eine Verkürzung dieser Frist ist nur durch Beschluß von mindestens zwei Dritteln der anwesenden Mitglieder auf Antrag einer Fraktion oder von mindestens fünf Prozent der Bundestagsmitglieder möglich.

Die dritte Beratung eines Gesetzesvorhabens beginnt nach § 84 S. 2 nur für den Fall mit einer allgemeinen Aussprache, daß in zweiter Beratung keine allgemeine Aussprache stattgefunden hat und sie vom Ältestenrat empfohlen bzw. von mindestens fünf Prozent der anwesenden Mitglieder des Bundestages

---

986 So die Feststellung eigener Untersuchungen des Deutschen Bundestags in: Parlamentsrecht in der Entwicklung, Bd. 1, S. 28

987 Ritzel/Bücker, Kommentar zur Geschäftsordnung, § 83 III. c)

verlangt wird. Ein Grund für diese Regelung ist offenbar die Überlegung, daß eine allgemeine Aussprache in dritter Beratung im wesentlichen aus Wiederholungen dessen besteht, was schon in einer allgemeinen Aussprache in der zweiten Beratung vorgetragen wurde[988].

Änderungsanträge zu Gesetzentwürfen in dritter Beratung müssen nach § 85 Abs. 1, S. 1 von einer Fraktion oder mindestens fünf Prozent der Bundestagsmitglieder unterzeichnet sein. Gemäß § 85 Abs. 1, S. 2 dürfen sie diese nur auf solche Bestimmungen beziehen, zu denen in zweiter Beratung Änderungen beschlossen worden sind. Die Einzelberatung ist nach § 85 Abs. 1, S. 3 auf diese Bestimmungen beschränkt[989].

Gemäß § 85 Abs. 2, S. 1 kann die Vorlage bis zur Schlußabstimmung auch an einen anderen Ausschuß zurückverwiesen werden. Es gelten hier die Regelungen des § 80 Abs. 1. Auch in diesem Fall ist durch den Ausschuß wiederum ein Ausschußbericht zu erstellen. Enthält dieser keine Änderungen, wird die dritte Beratung fortgesetzt. Schlägt der Ausschuß dagegen Änderungen vor, muß nach § 85 Abs. 2, S. 2 über die Beschlußempfehlung erneut eine zweite Beratung eröffnet werden. Mit dieser Regelung sollen auch die Rechte der einzelnen Abgeordneten aus § 82 Abs. 1, S. 2 gewahrt werden[990].

g) Die Schlußabstimmung über den Gesetzesentwurf

Die Schlußabstimmung findet gemäß § 86 S. 1 nach Schluß der dritten Beratung statt. Liegt keine Änderung der Beschlüsse der zweiten Beratung durch die dritte Beratung vor, erfolgt die Abstimmung nach § 86 S. 2 unmittelbar im Anschluß an die dritte Beratung. Allerdings ist auch ein Beschluß mit einfacher Mehrheit möglich, die Abstimmung zu einem späteren Zeitpunkt stattfinden zu lassen[991].

---

988 Trossmann/Roll, Ergänzungsband Parlamentsrecht, § 84 Rn. 4; auch im Deutschen Reichstag wurde diesbezüglich unterschiedlich verfahren.

989 vgl. zu den Motiven für die Einführung dieser Regelung ausführlich: Ritzel/Bücker, Kommentar zur Geschäftsordnung, § 85 I. 2. a)

990 Ritzel/Bücker, Kommentar zur Geschäftsordnung, § 85 II. 2. a)

991 Trossmann/Roll, Ergänzungsband Parlamentsrecht, § 86, Rdnr. 2

Wurden Änderungen vorgenommen, muß die Schlußabstimmung nach § 86 S. 3 auf Antrag einer Fraktion oder mindestens fünf Prozent der anwesenden Abgeordneten ausgesetzt werden, bis die Beschlüsse der dritten Beratung zusammenstellt und verteilt worden sind. Diese Regelung kann nicht mit einer Zweidrittelmehrheit unterlaufen werden, da es sich um einen "durchsetzbaren Anspruch einer Minderheit" handelt[992].

Für einen wirksamen Gesetzesbeschluß ist die Schlußabstimmung ein unbedingtes Erfordernis. Schlußabstimmung im Sinne des § 86 bedeutet die Abstimmung über die Gesetzesvorlage im Ganzen. Über Teile der Vorlage kann bei der Schlußabstimmung daher nicht entschieden werden[993]. Einen Aufruf und die Abstimmung über alle Einzelbestimmungen mit Einleitung und Überschrift ersetzt die Schlußabstimmung nicht[994]. Erreicht das Gesetzesvorhaben bei der Schlußabstimmung die erforderliche Mehrheit der Stimmen der Bundestagsmitglieder, ist das Gesetz durch den Bundestag beschlossen.

II. Die praktische Behandlung eines Gesetzesvorhabens im Deutschen Bundestag

Ähnlich wie bei den bisherigen Untersuchungen werden die Regelungen der Geschäftsordnung auch hier erst durch eine Einbeziehung der Parlamentswirklichkeit in die Analyse sichtbar. Nicht nur für die entwicklungsgeschichtliche Einordnung, sondern auch im Hinblick auf eine eventuelle Weiterentwicklung des durch den Deutschen Bundestag praktizierten Gesetzesberatungssystems dürfte es sinnvoll sein, die Gesetzesberatungspraxis anhand der stenographischen Berichte über die Verhandlungen des Deutschen Bundestages zu erhellen. Auch die Behandlung einzelner Gesetzesvorhaben verdeutlicht die Wege und Hürden eines Gesetzes bis zur Beschlußfassung. Nur auf diesem Wege scheint es möglich, die unterschiedliche Behandlung von wichtigen und eher marginalen Gesetzesvorhaben in der Parlamentspraxis nachzuvollziehen und kritisch zu hinterfragen.

---

992 Ritzel/Bücker, Kommentar zur Geschäftsordnung, § 86 3. c)

993 Ritzel/Bücker, Kommentar zur Geschäftsordnung, § 86 3. d)

994 Ritzel/Bücker, Kommentar zur Geschäftsordnung, § 86 3. e)

1. Allgemeine Betrachtung der Gesetzesberatungspraxis des Deutschen Bundestages

Bei dieser allgemeinen Betrachtung der Gesetzesberatungspraxis ist die Tätigkeit des Bundestages dahingehend kritisch zu untersuchen, ob und inwieweit die durch die Geschäftsordnung eingeräumten Möglichkeiten zur individuellen Modifikation der Gesetzesberatung in der Parlamentswirklichkeit wahrgenommen werden. Es stellt sich die Frage, ob nicht einige Regelungen der Geschäftsordnung durch die Parlamentspraxis als überholt zu bezeichnen sind und einer Neuordnung bedürfen.

a) Die Untersuchungsgrundlage

Eine Grundlage für diese allgemeine Betrachtung der Gesetzesberatungspraxis bieten die aufgezeichneten Verhandlungen des Deutschen Bundestages. Hierbei wird exemplarisch die Beratung derjenigen Gesetzesentwürfe ausgewertet, die in der 13. Wahlperiode zwischen der 1. und der 39. Sitzung eingebracht worden sind. Dabei können naturgemäß nur diejenigen Gesetzesentwürfe herangezogen werden, die zum Zeitpunkt der Untersuchung bereits das gesamte Gesetzesberatungsverfahren durchlaufen haben. Berücksichtigt werden bei der Untersuchung auch die abgelehnten Gesetzesentwürfe. Keine Berücksichtigung finden dagegen die aufgrund anderweitiger Gesetzesbeschlüsse für erledigt erklärten Gesetzesvorschläge und die Gesetzesbeschlüsse zu Staatsverträgen.

Selbst wenn die etwa achtzig untersuchten Gesetzesvorschläge kein vollständiges Bild der Gesetzesberatung des Bundestages ergeben können, lassen sich aus den Ergebnissen der exemplarischen Auswertung mit großer Wahrscheinlichkeit allgemeine Rückschlüsse auf die Arbeit des Deutschen Bundestages insgesamt ziehen.

b) Die allgemeine Aussprache bei der ersten Beratung nach § 79 GOBT

Bereits in der Art der Durchführung einer allgemeinen Aussprache im Rahmen der ersten Beratung des Gesetzesentwurfes sind Unterschiede zwischen den angenommenen - zumeist von der Regierungskoalition oder der Regierung selbst auf den Weg gebrachten - und den abgelehnten - zumeist von der

Opposition oder dem Bundesrat eingebrachten - Gesetzesentwürfen auszumachen.

Den 35 im Untersuchungszeitraum vom Deutschen Bundestag angenommenen Gesetzen ging jeweils nur bei zehn Gesetzesentwürfen eine allgemeine Aussprache voraus. Bei diesen zum Gesetz erhobenen Entwürfen handelte es sich meist um wichtige Gesetzesvorhaben wie zum Beispiel das "Haushaltsgesetz 1995"[995] oder das durch die Regierungskoalition eingebrachte Jahressteuergesetz 1996[996]. Die restlichen Gesetzesvorhaben sind allesamt ohne Aussprache oder nähere Diskussionen über die weitere Vorgehensweise an die empfohlenen Ausschüsse überwiesen worden.

Anders verhielt es sich bei den von der Opposition oder dem Bundesrat eingebrachten Gesetzesentwürfen, die größtenteils abgelehnt wurden. Generell wurde hier die Möglichkeit einer allgemeinen Aussprache in der ersten Beratung des Gesetzesentwurfs wesentlich öfter wahrgenommen als vergleichsweise bei den positiv beschiedenen Entwürfen. Auffälligerweise fand im Zusammenhang mit 24 von insgesamt 32 abgelehnten Gesetzesentwürfen in der ersten Beratungsstufe eine allgemeine Aussprache statt[997], auch wenn oftmals mehrere inhaltlich verwandte Gesetzentwürfe gemeinsam in einer allgemeinen Aussprache behandelt wurden. Mehrfach ist es vorgekommen, daß über einen Regierungs- und einen Oppositionsentwurf gemeinsam eine allgemeine Aussprache abgehalten wurde[998].

---

995 Erste Beratung in der 8., 9. und 10. Sitzung; vgl. Verhandlungen des Deutschen Bundestages, Band 176, S. 315 (B) ff.; S. 398 (B) ff.; S. 515 (B) ff.

996 Erste Beratung in der 32. Sitzung; Verhandlungen des Deutschen Bundestages, Band 178, 2474 (A)

997 Beispielsweise das Gesetz zur Förderung der ganzjährigen Beschäftigung in Baubetrieben; vgl. Verhandlungen des Deutschen Bundestages, Band 176, S. 931 (D)

998 So fand in der 19. Sitzung bspw. hinsichtlich eines "Gesetzes zur Anpassung des Schwangeren- und Familienhilfegesetzes an die Vorgaben des Bundesverfassungsgerichtsurteils vom 28. Mai 1993" eine gemeinsame allgemeine Aussprache über sieben verschiedene Gesetze unterschiedlicher Initiatoren statt (vgl. Verhandlungen des Deutschen Bundestages, Band 177, S. 1275 (A) - (D) ff.).

c) Die Behandlung eines Gesetzentwurfs in der zweiten Beratung nach § 81 GOBT

Eine ähnliche Differenz in der Behandlung zwischen abgelehnten und letztlich angenommenen Gesetzesentwürfen ist auch bei der zweiten Beratung in vielen Fällen zu erkennen.

Die durch § 81 Abs. 1, S. 1 eingeräumte Möglichkeit, bereits zu Beginn der zweiten Beratung eine allgemeine Aussprache abzuhalten, ist nachweislich bei 28 von den 32 letztlich abgelehnten Gesetzesentwürfen festzustellen. Eine Einzelberatung und -abstimmung i. S. d. § 81 Abs. 1 über jede selbständige Bestimmung des Gesetzesvorhabens wurden dagegen in keinem Fall durchgeführt. Bei vier Gesetzesvorhaben fand innerhalb der zweiten Beratung überhaupt keine Aussprache statt, vielmehr ist sofort abgestimmt worden.

Von den letztlich angenommenen Gesetzesentwürfen bedachte man nur etwa ein Drittel auch innerhalb der zweiten Beratung bzw. zum ersten Mal mit einer allgemeinen Aussprache. Es ist bemerkenswert, daß auch hier Einzelberatungen und -abstimmungen nach § 81 Abs. 2 nur äußerst selten stattfanden. Bis auf zwei Fälle wurde vielmehr in allen der untersuchten Gesetzesentwürfe von der fakultativen Möglichkeit nach § 81 Abs. 4, S. 1, 2. Alt. Gebrauch gemacht, über den gesamten Gesetzentwurf gemeinsam abzustimmen.

Bemerkenswerterweise ist nur bei einem Gesetzentwurf auf Antrag einer Fraktion eine getrennte Abstimmung über die einzelnen Bestimmungen durchgeführt worden[999]. Eine zweite Beratung mit einer allgemeinen Aussprache, an die sich eine Beratung über alle Einzelbestimmungen anschloß,

---

999 vgl. die Abstimmung über die Einzelbestimmungen innerhalb der zweiten Beratung; vgl. Verhandlungen des Deutschen Bundestages, Band 179, S. 3408 (B);Vizepäsidentin Antje Vollmer: "Wir kommen jetzt zur Abstimmung über den Gesetzentwurf in der Ausschußfassung mit der vom Berichterstatter vorgetragenen Berichtigung. Die Fraktion Bündnis 90/Die Grünen verlangt, über die einzelnen Artikel des Gesetzesentwurfs getrennt abzustimmen.
Ich rufe auf Art. 1 - Änderung des Einkommenssteuergesetzes - auf. Ich bitte diejenigen, die zustimmen wollen, um das Handzeichen. - Wer stimmt dagegen ? - Enthaltungen ? - Art. 1 ist damit mit den Stimmen der Koalitionsfraktionen gegen die Stimmen der Opposition angenommen worden.
Ich rufe Art. 1 a auf, Neufassung des Bundeskindergeldgesetzes ... ."

fand lediglich beim Haushaltsgesetz statt, wobei die einzelnen Haushaltsposten jeweils als Einzelbestimmung behandelt wurden[1000]. Bei knapp zwei Dritteln aller letztlich angenommenen Gesetzesentwürfe fand keine Aussprache innerhalb der zweiten Beratung statt.

Eine Diskussion über Änderungsanträge während der zweiten Beratung ist nur selten zu erkennen. Teilweise wird das Vortragen von Änderungsanträgen innerhalb der zweiten Beratung von den Abgeordneten sogar als "unseriöses Verhalten"[1001] bezeichnet, obwohl formell gerade diese Möglichkeit für jeden Abgeordneten nach § 82 Abs. 1 besteht. Wenn tatsächlich Änderungsanträge während der zweiten Beratung gestellt worden waren, wurden diese nur kurz diskutiert und zumeist abgelehnt.

Diese Untersuchung belegt die vorstehenden Ausführungen, wonach die zweite Beratung in der Regel lediglich eine komprimierte Wiederholung der Ausschußarbeit darstellt. Diese Tatsache wird durch die internen Untersuchungen des Deutschen Bundestages bestätigt. So führt ein Bericht des unter anderem mit der Revision der Gesetzesberatung befaßten Verfassungsausschusses aus: "Die zweite Beratung stellt praktisch eine fachliche Erörterung der Einzelfragen durch die mit der jeweiligen Materie besonders vertrauten Mitglieder der Ausschüsse dar. Diese ist dadurch gekennzeichnet, daß im Plenum ein `Schichtwechsel´ der Spezialisten stattfindet, die in oft hochspezialisierten Darlegungen die Details des Gesetzes erörtern, ohne daß dies für die breite Öffentlichkeit immer nachvollziehbar ist, während die Mehrzahl der mit dieser Materie nicht unmittelbar befaßten

---

1000 vgl. die zweite Beratung in der 29., 30. und 31. Sitzung: Verhandlungen des Deutschen Bundestages, S. 3053 (B); S. 2131 (A); S. 2322 (B)

1001 So gab die Abgeordnete Eichstädt-Bohlig (Bündnis 90/Die Grünen) vor der Abstimmung innerhalb der zweiten Beratung des Mietenüberleitungsgesetzes nach § 31 GO eine persönliche Erklärung zur Abstimmung ab, nachdem die Gruppe der PDS acht Änderungsanträge eingereicht hatte: "Ich möchte kurz eine Erklärung zu den Änderungsanträgen der PDS abgeben. Wir werden uns bei diesen Anträgen durchweg enthalten; denn wir können so kurzfristig nicht beurteilen, ob sie gut, falsch oder richtig usw. sind. Ich muß dazu deutlich sagen: Kollegen von der PDS, wir halten ihr Vorgehen für falsch, denn Sie hatten in drei Ausschüssen Gelegenheit, Anträge zum Gesetz zu stellen.
Von daher finde ich das ein unseriöses Verhalten. ... Ich möchte jedoch deutlich Kritik an diesem Vorgehen üben. (Beifall beim Bündnis 90 / Die Grünen, der SPD und der F.D.P.); vgl. Verhandlungen des Deutschen Bundestages, Band 178, S. 2962 (C).

Abgeordneten der Beratung nicht folgt oder im Plenum gar nicht anwesend ist"[1002].

d) Die Behandlung des Gesetzesentwurfs bei der dritten Beratung nach § 84 GOBT

Keines der 32 letztlich abgelehnten Gesetze gelangte in die dritte Beratung. Alle waren in der zweiten Beratung in ihrer Gesamtheit abgelehnt worden und galten somit nach § 83 Abs. 3 auch als endgültig abgelehnt.

Bei den später angenommenen Gesetzesentwürfen fand die dritte Beratung nach § 84 S. 1 a) - bis auf eine Ausnahme - regelmäßig unmittelbar im Anschluß an die zweite Beratung statt. Eine weitere Aussprache unterblieb. Lediglich beim schon oben angesprochenen Haushaltsgesetz erfolgte die dritte Beratung getrennt von der zweiten Beratung. Hier fand auch zu Beginn der dritten Beratung nochmals eine allgemeine Aussprache statt[1003].

2. Die Betrachtung der Gesetzesberatung anhand von Beispielen

a) Die Beratung des Gesetzes zur Änderung des Gesetzes über den Ladenschluß

aa) Die wesentlichen Änderungen durch das Gesetz

Mit dem am 21. Juni 1996 durch den Deutschen Bundestag beschlossenen "Gesetz zur Änderung des Gesetzes über den Ladenschluß und zur Neuregelung der Arbeitszeit in Bäckereien und Konditoreien" sind in der Hauptsache die Ladenöffnungszeiten für die Tage von Montag bis Freitag auf die Zeit von 6 bis 20 Uhr und für den Samstag grundsätzlich auf die Zeit von 6 bis 16 Uhr festgelegt worden. Die Herstellung und der Verkauf von Bäcker- und Konditorwaren an Sonn- und Feiertagen wurden für jeweils drei Stunden

---

[1002] vgl. den Bericht der Verfassungskommission, abgedruckt als Drucksache zu den Verhandlungen des Deutschen Bundestages, 7 / 5924, 5. Kapitel, hier S. 81 (im folgenden zitiert als Drucksache, Legislaturperiode / Drucksachennummer, ggf. Seite)

[1003] vgl. die dritte Beratung in der 32. Sitzung: Verhandlungen des Deutschen Bundestages, Band 178, S. 2449 (C) ff.

zugelassen. Die Debatte über dieses Gesetzesvorhaben stand wegen der praktischen Auswirkungen des Gesetzes für den Großteil der Bevölkerung sehr im Blickpunkt der Öffentlichkeit. Es mußte demnach durch den Deutschen Bundestag eine Synthese zwischen der effektiven Arbeit am Gesetzesvorhaben und der Öffentlichkeitswirkung gefunden werden.

bb) Die Einreichung des Gesetzesentwurfs beim Deutschen Bundestag durch den Bundeskanzler

Mit Schreiben vom 27. März 1996 übersandte der damalige Bundeskanzler Dr. Helmut Kohl den Gesetzesentwurf der Präsidentin des Deutschen Bundestages mit der Bitte, "die Beschlußfassung des Deutschen Bundestages herbeizuführen"[1004]. Als federführendes Ministerium bestimmte er in diesem Schreiben das Bundesministerium für Arbeit und Sozialordnung. Aus dem Schreiben ging weiterhin hervor, daß gemäß Art. 76 Abs. 2, S. 1 GG der Gesetzesentwurf bereits dem Bundesrat zu einer Stellungnahme vorgelegt worden war[1005]. Der Gesetzentwurf enthielt neben dem eigentlichen Text des Gesetzesvorhabens eine umfangreiche Begründung, in der man auf die Zielsetzung, auf die Lösung, auf andere Alternativen und auf die mit der Gesetzesänderung verbundenen Kosten einging[1006].

cc) Die erste Beratung des Gesetzesentwurfs

Am 9. Mai 1996 - also etwa eineinhalb Monate nach der Einbringung durch den Bundeskanzler - ist der Gesetzesentwurf in erster Beratung behandelt worden. Innerhalb des aufgerufenen Tagesordnungspunktes wurde auch ein vom Bundesrat eingereichtes Gesetz zur Änderung des Ladenschlußgesetzes parallel beraten. Für eine eventuelle Überweisung schlug der Präsident den Ausschuß für Arbeit und Sozialordnung als federführenden Ausschuß vor[1007].

1004 vgl. das Schriftstück abgedruckt als Drucksache 13/4245, S. 3

1005 vgl. Anlage 2 zu Drucksache 13/4245, S. 12; Anlage 3, ebenda, S. 13 enthält die Gegenäußerung der Bundesregierung zu dieser Stellungnahme.

1006 vgl. die Begründung; Drucksache 13/4245, S. 6 ff.

Zu Beginn der gemeinsamen Aussprache wies der Vizepräsident Klein darauf hin, daß in einer interfraktionellen Vereinbarung eine Dauer von eineinhalb Stunden verabredet worden sei. Diese Dauer der Aussprache fand die Zustimmung des Hauses, so daß danach der Vizepräsident Klein die Aussprache eröffnen konnte[1008].

Innerhalb der allgemeinen Beratung nahmen die an der Aussprache beteiligten Redner zu den Grundzügen der von der Regierung eingebrachten Gesetzesvorlage entweder zustimmend oder betont ablehnend Stellung. Insbesondere die Folgen für die Infrastruktur wurden von den Regierungsparteien und der Opposition sehr unterschiedlich beurteilt[1009].

Nach streitiger Diskussion schloß der mittlerweile mit der Sitzungsleitung betraute Vizepräsident Hans-Ulrich Klose die Aussprache. Danach beschloß der Bundestag gemäß der ursprünglichen Empfehlung, beide Gesetzesentwürfe gemeinsam an den Ausschuß für Arbeit und Sozialordnung als federführenden Ausschuß und an weitere Ausschüsse zur Mitberatung zu überweisen[1010].

1007 vgl. den Aufruf durch den Vizepräsident Hans Klein als Tagesordnungspunkt 4; in: Verhandlungen des Deutschen Bundestages, 13/104, S. 9140 (B)

1008 vgl. Verhandlungen des Deutschen Bundestages, 13/104, S. 9140 (C); Vizepräsident Klein: "Nach einer interfraktionellen Vereinbarung sind für die gemeinsame Aussprache eineinhalb Stunden vorgesehen. - Dies scheint auf das Einverständnis des Hauses zu treffen. Dann ist das so beschlossen. Ich eröffne die Aussprache und erteile das Wort dem Bundesminister für Arbeit und Sozialordnung Dr. Norbert Blüm."

1009 vgl. die teilweise hitzig geführte Debatte: Verhandlungen des Deutschen Bundestages, 13/104, S. 9140 (C) - 9168 (A)

1010 vgl. Verhandlungen des Deutschen Bundestages, 13/104; Vizepräsident Hans-Ulrich Klose: "Ich schließe die Aussprache. Es wird vorgeschlagen, die Vorlagen auf den Drucksachen 13/4245 und 13/201 zur federführenden Beratung an den Ausschuß für Arbeit und Sozialordnung und zur Mitberatung an den Rechtsausschuß, den Ausschuß für Wirtschaft, den Ausschuß für Ernährung, Landwirtschaft und Forsten, den Ausschuß für Familie, Senioren, Frauen und Jugend, den Ausschuß für Verkehr, den Ausschuß für Raumordnung, Bauwesen und Städtebau und den Ausschuß für Fremdenverkehr und Tourismus zu überweisen. Gibt es dazu anderweitige Vorschläge? - Dies ist nicht der Fall. Dann ist es so beschlossen."

dd) Die Behandlung des Gesetzesvorhabens im Ausschuß

Etwa eineinhalb Monate nach der Ausschußüberweisung legte der federführende Ausschuß am 19. Juni 1996 seine Beschlußempfehlung und den Ausschußbericht vor[1011].

Der Ausschuß empfahl zunächst die Annahme des Gesetzesentwurfs der Bundesregierung mit einigen durch den Ausschuß erarbeiteten Änderungen. Der Gesetzesvorschlag des Bundesrates sollte für erledigt erklärt werden[1012]. Aus dem Ausschußbericht ist eine intensive sachliche Auseinandersetzung der Ausschußmitglieder mit den einzelnen Bestimmungen, aber auch mit dem Grundgedanken des Gesetzesentwurfes erkennbar. Die ursprüngliche Gesetzesvorlage war aufgrund von vierzehn Änderungsanträgen der Koalitionsfraktionen durch den Ausschuß mehrheitlich geändert worden. Die Änderungsanträge der Oppositionsfraktionen waren abgelehnt worden[1013].

Der Ausschußbericht enthielt auch eine synoptische Darstellung dieser Änderungen durch den Ausschuß gegenüber der ursprünglich eingereichten Fassung. Aus dem Bericht geht eine Prüfung sämtlicher Artikel der ursprünglichen Gesetzesvorlage hervor[1014]. Obwohl die meisten Regelungen unverändert blieben, ergaben sich aus dem Ausschußbericht neben redaktionellen Abänderungen auch neue Artikel bzw. neue Regelungen. Gegenüber dem ursprünglichen Gesetzesentwurf umfaßte das neue Gesetz keine Änderungen der Öffnungszeiten für Apotheken. Diese wurden durch einen eingefügten Art. 5 a in der Ausschußfassung berücksichtigt[1015].

Aus dem Ausschußbericht ist weiterhin ersichtlich, daß am 20. Mai 1996 in einer Ausschußsitzung eine öffentliche Anhörung zu den Änderungen des Ladenschlußgesetzes und der Aufhebung des Bäckerarbeitszeitgesetzes stattgefunden hat. An dieser öffentlichen Anhörung im Sinne des § 70 Abs. 1

1011 abgedruckt als Drucksache 13/4975

1012 vgl. Drucksache 13/4975, S. 3

1013 vgl. Drucksache 13/4975, S. 12

1014 vgl. Drucksache 13/4975, S. 4 -8

1015 vgl. Drucksache 13/4975, S. 7

nahmen Sachverständige verschiedener Organisationen teil. Neben zahlreichen Vertretern der Arbeitgeber- und Arbeitnehmerverbände - insgesamt nahmen Vertreter von 31 Verbänden und sonstigen Institutionen teil - hatten sich zahlreiche weitere Verbände und Einzelpersonen mit schriftlichen Eingaben an den Ausschuß gewandt[1016]. Diese bezogen teilweise äußerst konträre Positionen[1017].

Letztlich wurde in einer abschließenden Sitzung des Ausschusses am 19. Juni 1996 der Gesetzesentwurf der Bundesregierung mit der Mehrheit der Ausschußmitglieder von der CDU/CSU und der F.D.P. gegen die Stimmen der Ausschußmitglieder von SPD, Bündnis 90/Die Grünen sowie der Gruppe der PDS angenommen. Der Gesetzesentwurf des Bundesrates wurde für erledigt erklärt[1018].

ee) Die zweite Beratung des Gesetzesentwurfes

Schon zwei Tage später, am 21. Juni 1996, standen die zweite und dritte Beratung des von der Bundesregierung eingebrachten "Entwurfs eines Gesetzes zur Änderung des Gesetzes über den Ladenschluß und zur Neuregelung der Arbeitszeit in Bäckereien und Konditoreien" auf der Tagesordnung des Deutschen Bundestages, wobei man die nach § 81 Abs. 1 S. 2 vorgeschriebene Frist einhielt. Auch die Beschlußempfehlung und der Bericht des Ausschusses für Arbeit und Sozialordnung gehörten mit zu diesem Tagesordnungspunkt[1019].

Gegen die im Ältestenrat vereinbarte einstündige Beratung erhob sich kein Widerspruch aus dem Plenum[1020]. Die Aussprache über das nicht einhellig

---

[1016] vgl. die Aufstellung der Teilnehmer der Anhörung in : Drucksache 13/4975, S. 11 f.

[1017] Beachte die Zusammenstellung der Meinungen und Argumente; vgl. Drucksache 13/4975, S. 14 f.

[1018] vgl. Drucksache 13/4975, S. 12

[1019] vgl. den Aufruf des Tagesordnungspunktes 15 durch die Präsidentin des Deutschen Bundestages Frau Dr. Rita Süssmuth; Verhandlungen des Deutschen Bundestages, 13/ 114, S. 10203 (B)

[1020] vgl. die Feststellung der Bundestagspräsidentin in: Verhandlungen des Deutschen Bundestages, 13/ 114, S. 10203 (C)

beurteilte Gesetzeswerk stellte sich als allgemeine Aussprache dar. In der Debatte wurden nur die Grundsätze des Gesetzesvorhabens erörtert. Änderungsvorschläge seitens der Opposition lagen nicht vor. Eine Behandlung der Einzelbestimmungen fand ebensowenig statt wie die Einzelabstimmung über jeden Artikel des Gesetzesvorhabens. Nach dem Schluß der Aussprache[1021] und zwei mündlichen Erklärungen zur Abstimmung nach § 31 stimmte der Bundestag über den gesamten Gesetzesentwurf der Bundesregierung in der Ausschußfassung ab und nahm diesen in zweiter Beratung an[1022].

ff) Die dritte Beratung des Gesetzesentwurfs und Schlußabstimmung

Da in der zweiten Beratung keine Änderungen beschlossen worden waren, erfolgte nach § 84 a die dritte Beratung sofort nach der zweiten Beratung. Allerdings ging der Bundestag gemäß § 86 S. 2 sofort zur Schlußabstimmung über, da keine Wortmeldungen mehr vorlagen[1023]. Letztlich ist das Gesetz mit 327 Stimmen gegenüber 321 Gegenstimmen bei drei Enthaltungen angenommen worden[1024]. Anschließend nahm der Bundestag die

---

1021 vgl. Verhandlungen des Deutschen Bundestages, 13/ 114, S. 10220 (D)

1022 vgl. Verhandlungen des Deutschen Bundestages, 13/ 114, S. 10222 (B); Bundestagspräsidentin Dr. Rita Süssmuth: "...Wir kommen zur Abstimmung über den von der Bundesregierung eingebrachten Entwurf zur Änderung des Gesetzes über den Ladenschluß und zur Neuregelung der Arbeitszeit in Bäckereien und Konditoreien. Ich bitte diejenigen, die dem Gesetzentwurf in der Ausschußfassung zustimmen wollen, um das Handzeichen. - Gegenstimmen ? - Enthaltungen ? - Der Gesetzentwurf ist in zweiter Beratung mit den Stimmen der CDU/CSU und der F.D.P. gegen die Stimmen der SPD, des Bündnisses 90/Die Grünen und der PDS angenommen."

1023 Verhandlungen des Deutschen Bundestages, 13/ 114, S. 10222 (B); Bundestagspräsidentin Dr. Rita Süssmuth: "... Wir treten in die dritte Beratung ein und kommen zur Schlußabstimmung. Die Fraktion der SPD verlangt namentliche Abstimmung. Ich bitte die Schriftführerinnen und Schriftführer, die vorgesehenen Plätze einzunehmen. Wenn alle Urnen besetzt sind, können wir mit der Abstimmung beginnen. - Haben alle Mitglieder des Hauses ihre Stimme abgegeben ? (Zurufe: Nein !) - Also warten wir noch. Ich frage noch einmal: Sind alle Stimmkarten abgegeben ? - Das ist der Fall. Dann schließe ich die Abstimmung...".

1024 Verhandlungen des Deutschen Bundestages, 13/ 114, S. 10222 (B); Bundestagspräsidentin Dr. Rita Süssmuth: "Ich gebe das von den Schriftführerinnen und Schriftführern ermittelte Ergebnis der namentlichen Schlußabstimmung über den Gesetzentwurf der Bundesregierung ... bekannt: Abgegebene Stimmen: 651, mit Ja haben

Beschlußempfehlung des Ausschusses an, das vom Bundesrat eingebrachte Gesetz zur Veränderung der Ladenöffnungszeiten für erledigt zu erklären[1025].

gg) Bewertung der Gesetzesberatung beim "Ladenschlußgesetz"

Die Beratung und Verabschiedung des Ladenschlußgesetzes fand, wie schon ausgeführt, in der Öffentlichkeit starke Beachtung. Vornehmlich anhand des Ausschußberichtes läßt sich erkennen, daß sich viele widerstreitende Interessen verschiedener Organisationen und Gruppierungen gegenüberstanden. Gerade bei einem solchen Gesetz mit starken Auswirkungen auf das öffentliche Leben war es kaum möglich, im Plenum die gegensätzlichen Positionen der Koalitionsfraktionen und der Opposition "aufzuweichen". So konnte der Bundestag in den öffentlichen Sitzungen keinerlei Sacharbeit leisten. Dies offenbart insbesondere der Verzicht auf die Abstimmung und vor allen Dingen die Beratung der einzelnen Normen des Gesetzesentwurfes in der zweiten Beratung.

Dagegen zeigt der Ausschußbericht, daß gerade in der Ausschußsitzungen umfassende Detailarbeit an dem eingebrachten Gesetzesentwurf geleistet worden war. Vor allem die öffentliche Anhörung verschiedener Interessengruppen und die Berücksichtigung der dort vorgetragenen Argumente sind im Ausschußbericht dokumentiert. Die Qualität der Argumentation gestaltete sich in den Ausschußsitzungen wesentlich vielfältiger und tiefergehender als in der Aussprache im Parlament.

Trotz der grundsätzlich unterschiedlichen Standpunkte der Regierungsparteien und der Opposition ist bemerkenswert, mit welchem Konsens der Gesetzentwurf hinsichtlich der geschäftlichen Verfahrensweise behandelt worden ist. Eine "Verschleppungstaktik" durch die Opposition ist nicht erkennbar. Die Länge und auch den Inhalt der Debatten haben interfraktionelle Absprachen bestimmt. Die Oppostionsparteien stellten ihre in den Ausschußberatungen abgelehnten Änderungsvorschläge in der zweiten Beratung nicht erneut zur Debatte.

---

gestimmt: 327, mit Nein haben gestimmt: 321, Enthaltungen: 3. Der Gesetzentwurf ist angenommen." (Beifall bei der CDU/CSU und der F.D.P.).

1025 Verhandlungen des Deutschen Bundestages, 13/ 114, S. 10224 (A)

Die faktisch nicht durchgeführte dritte Beratung des Gesetzentwurfs und die sofortige Schlußabstimmung unterstreichen die mögliche Konsensfähigkeit aller Fraktionen des Deutschen Bundestages hinsichtlich der Verfahrensweise bei wichtigen Gesetzesvorhaben.

b) Die Gesetzesberatung des Aufstiegsförderungsgesetzes und des Wachstums- und Beschäftigungsförderungsgesetz

Die vorstehend geschilderte Konsensbereitschaft der Mitglieder und Fraktionen des Deutschen Bundestages hinsichtlich der Verfahrensweise zeigt sich ebenso bei der Behandlung den meisten anderen Gesetzesvorhaben. Dieses weitgehende Einvernehmen kann sich in der Arbeit des Deutschen Bundestages auch dahingehend auswirken, daß einige Gesetze sogar innerhalb eines Sitzungstages abgehandelt werden können.

So standen zum Beispiel am 23. November 1995 die erste, zweite und dritte Beratung des von der Bundesregierung eingebrachten Entwurfs eines Gesetzes zur Förderung der beruflichen Aufstiegsfortbildung auf der Tagesordnung. Auch wenn letztlich der inhaltsgleiche Gesetzesentwurf der Koalitionsfraktionen angenommen wurde, bestand zwischen den Bundestagsmitgliedern Konsens darüber, alle drei Beratungen an einem Sitzungstag abzuhandeln[1026].

Trotz des angesprochenen weitgehenden Einvernehmens hinsichtlich der Vorgehensweise bei Gesetzesberatungen sind auch Fälle zu beobachten, in denen die Mittel der Geschäftsordnung voll ausgenutzt wurden, um dem jeweiligen politischen Gegner Unannehmlichkeiten zu bereiten. Oftmals geht es dabei um das Ziel, der eigenen Fraktion eine politische Plattform durch die angebliche Notwendigkeit einer erneuten Behandlung des Gesetzesentwurfs im Plenum zu verschaffen.

1026 vgl. Vizepräsident Hirsch, Verhandlungen des Deutschen Bundestages, 13/181, S. 6232 (A): "Interfraktionell ist vereinbart, den Regierungsentwurf des Aufstiegsfortbildungsförderungsgesetzes in erster, zweiter und dritter Lesung zu beraten... Darf ich deshalb davon ausgehen, daß sie deshalb mit dem Verfahren einverstanden sind? -

Beispielsweise ist in der zweiten Beratung des von den Fraktionen der CDU/CSU und der F.D.P. eingebrachten Wachstums- und Beschäftigungsförderungsgesetzes eine Änderung beschlossen worden, eine einzelne Verwaltungsbestimmung im Gesetzentwurf zu streichen. Nach § 83 Abs. 1 war hier aufgrund der Änderung des Gesetzesentwurfes innerhalb der zweiten Beratung die Änderung durch den Präsidenten in Druck zu geben. Erst zwei Tage nach Verteilung der Drucksache hätte die dritte Beratung gemäß § 84 S. 1 b) abgehalten werden können. Die CDU/CSU beantragte daraufhin, die dritte Beratung des Gesetzentwurfs trotz der Änderung sofort vorzunehmen[1027]. Während die Fraktion der F.D.P. Zustimmung signalisierte[1028], widersprach die Opposition dem Ansinnen in heftiger Weise. Insbesondere die Wortwahl zeigte die konträren Ansichten hinsichtlich der Behandlungsweise in eklatanter Weise[1029]. Besonders gravierend war die Wortwahl der Rednerin der PDS, die aufgrund des Antrags der CDU/CSU auf eine durch die Regierung beabsichtigte Umgehung des Parlaments schloß[1030].

Ich sehe und höre keinen Widerspruch. Dann ist (dies) mit der erforderlichen Mehrheit so beschlossen... ."

1027 vgl. den Antrag des Abg. Hörster; Verhandlungen des Deutschen Bundestages, 13/ 184, S. 10614 (A): "Frau Präsidentin ! Wir stellen den Antrag, von der Frist gemäß § 84 der Geschäftsordnung des Bundestages abzuweichen und das Gesetz in dritter Lesung gleich im Anschluß an die zweite Lesung zu beraten, weil das, was wir eben in zweiter Lesung geändert haben, eine reine verfahrenstechnische Vorschrift war, (Lachen bei der SPD) die mit dem materiellen Gehalt des Gesetzes nichts zutun hat... Es ist lediglich eine arbeitsökonomisch vernünftige Verfahrensweise, (Lachen bei der SPD) ,von der ich meine, daß die Sozialdemokraten ihr im Interesse des gesamten Parlaments folgen sollten."

1028 vgl. Abg. van Essen, Verhandlungen des Deutschen Bundestages, 13/ 184, S. 10614 (D): "Frau Präsidentin ! Meine Damen und Herren ! Wir unterstützen den Antrag der Koalitionsfraktionen. (Lachen bei der SPD). Es handelt sich um eine völlig unbedeutende Vorschrift, die ein Verwaltungsverfahren regelt und die deshalb in diesem Gesetz ohne Probleme gestrichen werden kann. Es handelt sich nicht um Fragen, die wirklich in politischer Auseinandersetzung stehen....".

1029 vgl. Abg. Struck, Verhandlungen des Deutschen Bundestages, 13/ 184, S. 10614 (B): "Frau Präsidentin ! Meine Damen und Herren ! Dieser Vorgang zeigt, daß unsere Vermutung richtig war: Man kann den Koalitionsfraktionen und der Regierung in diesen Fällen überhaupt kein Wort mehr glauben. ... Vielleicht gibt es noch viele andere Schlampereien in diesem Gesetz. Deshalb werden wir jede Frist ausschöpfen und verweigern uns einer sofortigen Beratung. (Beifall bei der SPD sowie bei Abgeordneten des Bündnisses 90/Die Grünen - Peter Hinze (CDU/CSU): Feigling !)

1030 vgl. Abg. Enkelmann, Verhandlungen des Deutschen Bundestages, 13/ 184, S. 10615 (A) und (B): "Frau Präsidentin ! Meine Damen und Herren! ... Dieses Programm soll hier in

Letztlich wurde die nach § 84 S. 1 b) erforderliche Zweidrittelmehrheit nicht erreicht, so daß die Beratung nicht am selben Tag stattfinden konnte.

III. Zusammenfassung der Untersuchungsergebnisse

Die normative Betrachtung der Behandlung von Gesetzesvorhaben hat eine grundsätzliche Festlegung auf eine dreimalige Beratung eines Gesetzesentwurfs gezeigt. Gleichzeitig ergeben sich jedoch aus der Geschäftsordnung vielfältige Möglichkeiten, die Beratung den parlamentarischen Erfordernissen anzupassen und die Fristen bis zur endgültigen Annahme oder Ablehnung des Gesetzesvorhabens zu verkürzen.

Die Betrachtung der parlamentarischen Arbeitspraxis macht eine weitgehende Ausnutzung dieser durch die Geschäftsordnung eingeräumten Möglichkeiten deutlich. Eine wesentliche Rolle spielt in diesem Zusammenhang der Ältestenrat. Er gibt Empfehlungen zur Dauer der Verhandlung über eine Gesetzesvorlage, die in der Regel durch die Bundestagsmitglieder befolgt werden. Auch in anderen Fragen der Geschäftsordnung besteht bis auf wenige Ausnahmen zumeist Konsens zwischen den Abgeordneten der verschiedenen Parteien.

So bestimmen oftmals interfraktionelle Absprachen, daß innerhalb der ersten Beratung nur ein Redner einer Fraktion zugelassen wird. Häufig wird auf die erste Beratung des Gesetzes völlig verzichtet, so daß eine sofortige Verweisung an die Ausschüsse erfolgen kann. Innerhalb der zweiten Beratung beschreitet man in der Parlamentspraxis kaum mehr den von der Geschäftsordnung grundsätzlich angeordneten Weg, über jede Einzelbestimmung gesondert abzustimmen. Diese Verfahrensweise findet sich fast nur noch bei Haushalts- und Finanzgesetzen, bei denen die einzelnen Posten als Einzelbestimmungen gesehen werden. Nur vereinzelt wird in der zweiten Beratung über einzelne Änderungsanträge abgestimmt. Bei Gesetzesvorhaben, die eine umfangreiche Vorbehandlung im Ausschuß erfahren haben, scheint das Stellen von

---

einem Affentempo durchgezockt werden. Nun ist bedauerlicherweise eine Panne passiert, für die offenkundig ein hochbezahlter Regierungsbeamter verantwortlich ist. Ich frage mich ..., wie die Regierung mit diesem Parlament umgeht. Wozu braucht diese Regierung eigentlich noch das Parlament ? Als demokratisches Aushängeschild oder wozu ?...".

Änderungsanträgen innerhalb der zweiten Beratung teilweise als "unpassend" angesehen zu werden.

Dies ist ein deutliches Indiz für die Tatsache, daß bei den Beratungen im Plenum selbst kaum mehr effektive Sacharbeit geleistet wird. Innerhalb der Beratungen im Parlament können - wie es scheint - überwiegend nur noch die Grundsätze des Entwurfs oder der einzelnen Bestimmungen angesprochen werden. Das Schicksal des Gesetzentwurfs entscheidet sich vielmehr - wenn nicht schon im Vorfeld bei interfraktionellen Gesprächen - in der Ausschußsitzung. Gerade die Ausschußarbeit nimmt daher eine herausragende Stellung in der Gesetzesberatungstätigkeit des Deutschen Bundestages ein. Hier stehen die wesentlichen Probleme des Gesetzesentwurfs zur Beratung und Verhandlung zwischen den Ausschußmitgliedern. Diese Tatsache ist mittlerweile auch in Entscheidungen des Bundesverfassungsgerichts festgestellt worden. So wird ausgeführt, daß "im Bundestag ein wesentlicher Teil der anfallenden Arbeit außerhalb des Plenums, vor allem in den Ausschüssen, geleistet wird. Die Ausschüsse arbeiten also stets auf die endgültige Beschlußfassung durch das Plenum hin und nehmen damit zugleich einen Teil des Entscheidungsprozesses entlastend vorweg"[1031]. In einem anderen Urteil wird von einer Vorverlagerung der Repräsentation in die Ausschüsse gesprochen, da dort "der Sache nach die Entscheidungen fallen"[1032].

Als Korrelat zu der mittlerweile bedeutenden Rolle der Ausschußarbeit zwischen der ersten und der zweiten Beratung, hat sich - wie bereits beschrieben - der Charakter der zweiten Beratung zu einer bloßen Formalie entwickelt. Durch die Untersuchungen ist belegt, daß eine detaillierte Sacharbeit in der zweiten Beratung kaum erkennbar ist. Sie dient vorwiegend - bei Abhaltung einer allgemeinen Aussprache - der Opposition zur Darlegung ihrer Ansichten im Hinblick auf die Öffentlichkeit, da die letztlich abgelehnten Gesetzesentwürfe fast nie die dritte Beratungsstufe erreichen.

1031 Urteil des Bundesverfassungsgerichts vom 13. Juni 1989; abgedruckt in: EuGRZ 1989, S. 288 -300; hier S. 296 f.

1032 BVerfGE, 70. 324, 363

Der Charakter der dritten Beratung ist ebenso nahezu "verkümmert". Ein Beweis für diese Feststellung ist die Tatsache, daß keiner der letztlich abgelehnten Gesetzesentwürfe überhaupt in die dritte Beratungsstufe gelangte. Aber auch bei den angenommenen Gesetzen schloß sich die dritte Beratung nahezu ausschließlich ohne eine weitere Aussprache jeweils unmittelbar an die zweite Beratung an.

IV. Die entwicklungsgeschichtliche Einordnung der drei Lesungen des Deutschen Bundestags als ein Beispiel für den europäischen Einfluß auf die Entwicklung des deutschen Gesetzgebungsverfahrens

Die Bewertung und entwicklungsgeschichtliche Einordnung der derzeitigen Gesetzesberatung des Deutschen Bundestages muß unzweifelhaft auch eine besondere Würdigung des von den Herren Twesten und Lasker propagierten Gesetzesberatungssytems beinhalten. Sie haben mit der Einführung dieses Systems im Jahre 1868 den Grundstein für die Entwicklung einer Institution und eines Charakteristikums des deutschen Gesetzesberatungsverfahrens gelegt.

Ihr System einer ersten Lesung als allgemeine Beratung, einer zweiten Lesung als Möglichkeit zur Arbeit an den einzelnen Bestimmungen und einer dritten Lesung als eine aus Allgemein- und Spezialdiskussion bestehende letzte Beratungsstufe diente als Grundlage für viele in den folgenden Jahren und Jahrzehnten ausgearbeiteten Gesetzesberatungssysteme. Auch das Gesetzesberatungssystem des Deutschen Bundestages läßt sich - trotz einiger Änderungen - immer noch auf das Twesten-Laskersche System zurückführen und kann daher auf eine weit über hundert Jahre alte Tradition zurückblicken.

Wie bereits dargelegt, hatten Twesten und Lasker bei ihren Überlegungen hinsichtlich eines neuen Gesetzesberatungssystems die Verfahrensweisen verschiedener Parlamente des In- und Auslandes einbezogen. Allerdings strebten sie nicht eine bloße "Überstülpung" eines fremden Systems auf die Verhältnisse des Norddeutschen Reichstags an, vielmehr hatten sie sich zum Ziel gesetzt, sowohl die negativen als auch die positiven Erfahrungen der anderen Parlamente zu verwerten, um ein selbständiges Gesetzesberatungssystem zu entwerfen.

Auch wenn sich - unabhängig von den verschiedenen Staatssystemen - die Grundzüge des Verfahrens bis in die heutige Zeit gehalten haben, mußte sich das Twesten-Laskersche System im Laufe der deutschen Parlamentsgeschichte immer wieder einer kritischen Überprüfung unterziehen. Mit dem System machten die Parlamente positive wie negative Erfahrungen, so daß Änderungen notwendig wurden. Teilweise mußte das System an einigen Stellen den geänderten parlamentarischen Gegebenheiten angepaßt werden. Oftmals hatte sich auch längst eine der positivrechtlichen Regelung entgegenstehende Gewohnheit im Parlamentsverfahren herausgebildet, die man erst später - der Parlamentsrealität folgend - in die Geschäftsordnung aufnahm.

Alle Änderungen waren jedoch nicht so gravierend, daß der Charakter des Gesetzesberatungsverfahrens völlig verändert wurde. Sie korrigierten das Twesten-Laskersche System nach und nach, ließen aber das Grundkonzept unberührt. Daher gilt für das heutige Gesetzesberatungssystem des Deutschen Bundestages hinsichtlich der entwicklungsgeschichtlichen Einordnung dasselbe wie für das Twesten-Laskersche System: Es wurde unter Anschauung und Abwägung eigener und fremder Parlamentserfahrungen ein eigenes, gut funktionierendes System geschaffen. Auch die Gesetzesberatungssysteme von Frankreich, Belgien und England fanden bei der Ausarbeitung zumindest gedanklich Berücksichtigung, wurden aber nicht kritiklos übernommen. Damit dürfte auch der "Angriff" auf das System der dreifachen Beratung entkräftet sein, es handele sich um einen "ritualisierten Irrtum", der auf mangelnde Kenntnisse der damaligen ausländischen Vorbilder basieren würde.

Trotz seiner über ein Jahrhundert währenden Tradition sollte das Gesetzesberatungssystem des Deutschen Bundestages jedoch stets offen für eine Anpassung des Verfahrens an Änderungen der parlamentarischen Gegebenheiten und Notwendigkeiten sein.

Neunter Teil: Die Gesetzesberatungspraxis der Bundesländer

Die Entwicklungsgeschichte des Gesetzesberatungssystems des Deutschen Bundestages kann nur bei gleichzeitiger Betrachtung der Verfahrensweise in den deutschen Länderparlamenten der Neuzeit vollständig erschlossen werden. Dabei erscheint es interessant zu betrachten, ob und inwieweit sich wiederum einzelne Bundesländer bei der Ausgestaltung des Parlamentsverfahrens an dem Gesetzesberatungssystem des Deutschen Bundestages orientiert haben. Insbesondere erscheint untersuchenswert zu sein, ob einige Länder sich möglicherweise an das Gesetzesberatungssystem ihrer Vorgänger aus der Zeit der Weimarer Republik angelehnt haben. Im Mittelpunkt stehen gerade die Geschäftsordnungen der Parlamente in den neuen Bundesländern, deren Urheber aufgrund der politischen Vorgänge im Zusammenhang mit der Wiedervereinigung einem ähnlichen Zeitdruck ausgesetzt waren wie z. B. die Verfasser der Geschäftsordnung für die Frankfurter Nationalversammlung. Es galt, innerhalb kürzester Zeit ein effektives System der Gesetzesberatung für das Landesparlament zu schaffen. Um mögliche Zusammenhänge transparent zu machen, sollen die Parlamente der neuen Bundesländer am Ende dieses Abschnitts behandelt werden. Im übrigen richtet sich die Reihenfolge der Erörterung nach der jeweiligen Lage des Bundeslandes im „Nord-Süd-Gefälle“, wobei mit den nördlichen Bundesländern begonnen wird.

Die Geschäftsordnungen der einzelnen Bundesländer sind allgemein zugänglich[1033], so daß hier auf eine zusammenhängende Darstellung des jeweiligen Gesetzesberatungssystems verzichtet werden kann. Herausragende Charakteristika und Unterschiede zur Gesetzesberatungspraxis des Deutschen Bundestages sind jedoch für eine entwicklungsgeschichtliche Einordnung unentbehrlich.

A. Die Gesetzesberatung im Schleswig-Holsteinischen Landtag

Im Gegensatz zum Gesetzesberatungsverfahren des Deutschen Bundestages behandelt der Schleswig-Holsteinischen Landtag seine Gesetzesvorlagen nach § 24 Abs. 1, S. 1 grundsätzlich in zwei Lesungen. Allerdings kann bis zum Schluß der Schlußabstimmung gemäß § 24 Abs. 1, S. 2 die Durchführung einer dritten Lesung beschlossen werden.

Die Verfahrensweise bei der ersten Lesung nach § 25 ist mit der des Bundestages nahezu identisch. Bemerkenswert ist die positivrechtliche Regelung des § 25 Abs. 3, wonach bei Gesetzesentwürfen, die wichtige

---

1033 so bspw. der Abdruck bei: Burhenne, Recht und Organisation der Parlamente

kommunale Belange berühren, die bestehenden kommunalen Spitzenverbände schriftlich oder mündlich angehört werden sollen.

Zu Beginn der zweiten Lesung kann gemäß § 27 eine nochmalige Grundsatzberatung zugelassen werden. Die nachfolgende Einzelberatung entspricht im wesentlichen der Verfahrensweise des Bundestages. Bei der möglichen dritten Lesung wird aufgrund der Verweisung nach § 28 an die Ausschüsse genauso wie in der zweiten Lesung verfahren. Am Schluß der letzten Sitzung erfolgt § 30 die Abstimmung über die gesamte Vorlage. Wurden während der Einzelberatung Änderungen beschlossen, muß die Schlußabstimmung ausgesetzt werden, bis die in der Einzelberatung gefaßten Beschlüsse zusammengestellt sind.

Trotz der anderslautenden Festlegung des Landtages von Schleswig-Holstein auf zwei Beratungen zeigt sich eine Nähe zum System des Deutschen Bundestages. Dies belegt auch die fakultative Abhaltung einer dritten Beratungsstufe.

B. Die Gesetzesberatung im Niedersächsischen Landtag

Wie der Deutsche Bundestag behandelt der niedersächsische Landtag Gesetzesentwürfe nach § 24 Abs. 1 seiner Geschäftsordnung grundsätzlich in drei Beratungen. In dringenden Fällen kann jedoch gemäß § 24 Abs. 2 die erste Beratung unterbleiben. In diesem Falle ist der Gesetzesentwurf durch den Präsidenten des Landtags direkt an einen Ausschuß zu verweisen.

In der ersten Beratung wird wie im Bundestag nur über eine Ausschußüberweisung entschieden. Bemerkenswert ist die Regelung des § 27 Abs. 2, wonach ein Gesetzesentwurf bereits als überwiesen gilt, falls dreißig Landtagsmitglieder für die Verweisung stimmen.

Auch das Verfahren innerhalb der zweiten Beratung entspricht der des Bundestages. Von Bedeutung ist lediglich die Regelung des § 23 Abs. 2. Sie besagt, daß Änderungsanträge in allen Stufen des Gesetzesberatungsverfahrens - und damit auch in der zweiten Beratung - der Unterstützung einer Fraktion oder von mindestens zehn Landtagsmitgliedern bedürfen. Dem einzelnen

Abgeordneten ist damit die Möglichkeit genommen, direkt auf den Gesetzesentwurf einzuwirken.

Auch die dritte Beratungsstufe des Niedersächsischen Landtags entspricht weitgehend der des Bundestages. Interessant ist allerdings die Regelung, daß Änderungsanträge, die innerhalb der zweiten Beratung abgelehnt wurden, nach § 34 Abs. 2 erneut gestellt werden dürfen, wobei gemäß § 23 Abs. 2 die gleiche Unterstützung wie in der zweiten Beratung ausreicht. Am Ende der dritten Beratung stimmt der Landtag nach § 35 Abs. 1 darüber ab, ob der Gesetzesentwurf mit den vorher beschlossenen Änderungen angenommen werden soll. Diese Schlußabstimmung wird aufgrund der Formulierung des § 35 Abs. 1 im Gegensatz zur Verfahrensweise des Bundestages als Teil der dritten Beratung angesehen.

Das Gesetzesberatungssystem Niedersachsens weist damit viele Parallelen zum Verfahren des Deutschen Bundestages auf. Insbesondere ist das System der dreifachen Beratung des Gesetzes übernommen worden. Die dreifache Beratung entspricht der Tradition der Vorgängerparlamente Preußens und des Königreichs Hannover. Die landständische Versammlung des Vormärz hatte sich schon für eine dreimalige Beratung eines Gesetzes - wenn auch nach englischem Vorbild - entschieden. Die Unterschiede des niedersächsischen Gesetzesberatungsverfahrens zum System des Deutschen Bundestages sind zumeist marginal. Verfassungsrechtlich problematisch erscheint allerdings die Regelung, daß auch in der zweiten Beratung durch einen einzelnen Abgeordneten das Stellen von Änderungsanträgen nur mit Unterstützung anderer Abgeordneter möglich ist.

C. Die Gesetzesberatung in der Bremischen Bürgerschaft

Die Bremische Bürgerschaft behandelt einfache Gesetzesvorlagen gemäß § 32 Abs. 2 grundsätzlich in zwei Beratungen. Lediglich bei verfassungsändernden Gesetzen müssen nach § 32 Abs. 3, S. 1 drei Lesungen an drei verschiedenen Tagen stattfinden. Diese Regelung sieht ebenfalls der Art. 125 Abs. 2 der Bremischen Landesverfassung vor.

Die erste Lesung besteht nach § 34 Abs. 1 zum einen aus einer allgemeinen Besprechung des Gesetzesvorhabens. Ihr folgt in der Regel die Einzelberatung, die noch der ersten Beratungsstufe zugeordnet wird. Die Gesetzesvorlage kann gemäß § 34 Abs. 2 an einen Ausschuß verwiesen werden. Wird die Vorlage nicht an einen Ausschuß überwiesen, kann am Ende der ersten Lesung gemäß § 35 S. 1 über die gesamte Gesetzesvorlage abgestimmt werden. Bei Ablehnung einer Gesetzesvorlage unterbleibt nach § 35 S. 2 jede weitere Lesung.

Die zweite Lesung findet nach § 36 Abs. 1 in der Regel frühestens eine Woche nach Ende der ersten Lesung statt. Die Verfahrensweise bei der zweiten Lesung nach § 36 Abs. 4 und 5 ist nahezu identisch mit der zweiten Beratung des Deutschen Bundestages, in der vor der Einzelberatung die Abhaltung einer weiteren allgemeinen Aussprache beschlossen werden kann. Die Lesung muß nach § 36 Abs. 3 unterbrochen werden, wenn in der zweiten Lesung eine Ausschußüberweisung ansteht.

Der Abstimmung in zweiter Lesung folgt nach § 37 Abs. 1 die Schlußabstimmung, der eine Schlußaussprache vorausgehen kann.

Das Gesetzesberatungsverfahren der Bremischen Bürgerschaft unterscheidet sich trotz einiger Gemeinsamkeiten von dem des Deutschen Bundestages. Entwickelt wurde ein System der zweifachen Lesung, wobei in der ersten Lesung eine allgemeine und eine Einzelberatung abgehalten werden. Die Zusammenlegung beider Beratungsformen in der ersten Beratungsstufe entspricht dem Verfahren innerhalb des bereits untersuchten traditionellen Gesetzesberatungssystem der Bremischen Bürgerschaft zur Zeit der Weimarer Republik. Hinsichtlich der Zusammenfassung beider Beratungen in einer Lesung besteht somit auch jetzt noch eine Ähnlichkeit mit dem französisch-belgischen System der Gesetzesberatung. Aus der Geschäftsordnung zur Zeit der Weimarer Republik ist ebenfalls übernommen worden, daß der Gesetzesentwurf - im Gegensatz zu der Regelung im Bundestag - bereits nach der ersten Lesung eine Ablehnung widerfahren kann. Gegenüber der "alten" Geschäftsordnung wurde die Anzahl der Lesungen bei verfassungsändernden Gesetzen auf drei erhöht. Eine Neuerung besteht auch darin, daß es nicht mehr möglich ist, ein Gesetz in einer einzigen Lesung zu beschließen.

D. Die Gesetzesberatung in der Hamburgischen Bürgerschaft

Die Hamburgische Bürgerschaft behandelt ihre Gesetzesvorlagen nach § 41 ihrer Geschäftsordnung grundsätzlich in zwei Lesungen. Die erste Lesung besteht gemäß § 42 S. 1 aus einer allgemeinen Beratung über die Grundsätze der Vorlage sowie aus einer Einzelberatung bzw. einer jeweiligen Abstimmung über die betreffende Norm des Gesetzesvorhabens. Wenn der Gesetzesentwurf in der ersten Lesung an einen Ausschuß überwiesen wird, erfolgt nach § 41 S. 2 die Abstimmung zur ersten Lesung nach erneuter Verhandlung in der Bürgerschaft.

Die zweite Lesung entfällt nach § 43 Abs. 2 bei Gesetzesvorlagen des Senats, wenn sich bei der Abstimmung zur ersten Lesung mindestens zwei Drittel der anwesenden Abgeordneten für eine unveränderte Annahme entscheiden. Andernfalls ist schon durch Art. 49 Abs. 2 der Hamburgischen Verfassung vorgeschrieben, daß eine Frist von sechs Tagen zwischen der ersten und zweiten Lesung eingehalten werden muß. Allerdings kann diese Frist durch Beschluß verkürzt werden. Die zweite Beratung ist am selben Tag nach § 43 Abs. 3 der Geschäftsordnung nur statthaft, wenn sich aus der Mitte der Bürgerschaft kein Widerspruch von mindestens einem Viertel der anwesenden Abgeordneten erhebt. Bei verfassungsändernden Gesetzen muß gemäß § 46 S. 1 zwischen der ersten und der zweiten Abstimmung mindestens ein Zeitraum von 13 Tagen liegen.

In der zweiten Beratung ist nach § 43 Abs. 1, S. 1 zunächst wiederum eine allgemeine Aussprache möglich. Es steht der Bürgerschaft frei, diese mit der Einzelberatung zu verbinden. Die Einzelabstimmungen in der ersten und zweiten Lesung können nach § 44 S. 1 auch über mehrere Teile der Vorlage gemeinsam erfolgen. Nach der Einzelabstimmung wird gemäß § 44 S. 2 über die Vorlage im Ganzen abgestimmt.

Das Gesetzesberatungssystem der Hamburgischen Bürgerschaft hat sich gegenüber der Verfahrensweise zur Zeit der Weimarer Republik nur unwesentlich verändert. So wurde das System der zwei Lesungen und insbesondere die Möglichkeit des Verzichts auf die zweite Lesung übernommen. Ferner zeigt sich parallel zu Verfahren in anderen Parlamenten eine Affinität zum französisch-belgischen System der Gesetzesberatung, indem die Allgemein- und Spezialdebatte innerhalb der ersten Lesung als eine Beratungsstufe aufgefaßt werden.

E. Die Gesetzesberatung im Landtag von Nordrhein-Westfalen

Wie im Deutschen Bundestag werden nach § 78 Abs. 1 der Geschäftsordnung die Gesetze innerhalb der ersten Lesung begründet und in ihren Grundsätzen beraten.
Am Ende der ersten Lesung kann der Gesetzesentwurf ebenfalls nach § 78 Abs. 2 an einen oder mehrere Ausschüsse überwiesen werden. Der Gesetzesentwurf gilt gemäß § 78 Abs. 4 dann als erledigt, wenn die Überweisung an einen Ausschuß oder der Gesetzesentwurf selbst abgelehnt wird.

Auch im Landtag von Nordrhein-Westfalen wird innerhalb der zweiten Lesung gemäß § 79 Abs. 2 der Gesetzesentwurf im einzelnen beraten, wobei nach § 79 Abs. 2, S. 1 zwischen der ersten und zweiten Beratung mindestens ein Tag liegen muß, an dem keine Lesung stattfindet. Nur auf Antrag einer Fraktion oder mindestens eines Viertels der Landtagsmitglieder kann die zweite Lesung gemäß § 80 Abs. 1 als Einzelberatung und Einzelabstimmung durchgeführt werden. Gemäß § 79 Abs. 4 S. 1 wird nach Schluß der Beratung über die Annahme oder Ablehnung des Gesetzesentwurfs abgestimmt.

Eine dritte Lesung findet nach § 81 Abs. 1, S. 1 bei Verfassungsänderungen sowie auf Antrag einer Fraktion oder mindestens eines Viertels der Landtagsmitglieder statt. Die dritte Lesung kann - wie im Deutschen Bundestag - nach § 81 Abs. 2, S. 2 auch unmittelbar nach Schluß der zweiten Lesung erfolgen. Innerhalb der dritten Lesung müssen Änderungsanträge gemäß § 81 Abs. 3, S. 3 von mindestens drei Abgeordneten unterzeichnet werden.

Als Besonderheit gegenüber dem Gesetzesberatungssystem des Deutschen Bundestages ist eine weitere Lesung nach § 82 erforderlich, wenn die Landesregierung gemäß Artikel 67 der Landesverfassung gegen ein vom Landtag beschlossenes Gesetz Bedenken erhoben hat.

F. Die Gesetzesberatung im Hessischen Landtag

Die Gesetze werden im Hessischen Landtag nach § 12 Abs. 1 der Geschäftsordnung grundsätzlich in mindestens zwei Lesungen beraten. Haushaltsgesetze und verfassungsändernde Gesetze allerdings müssen nach § 12 Abs. 2, Nr. 1 und 2 in drei Lesungen beraten werden. Dasselbe gilt gemäß § 12 Abs. 2, Nr. 3 unabhängig vom Regelungsgehalt für alle Gesetze, wenn eine Fraktion eine dritte Lesung vor Beginn der Schlußabstimmung in zweiter Lesung verlangt.

Die erste Lesung beinhaltet auch hier nach § 13 Abs. 1 die Behandlung der Grundsätze des Entwurfs und kann frühestens am sechsten Tag nach Verteilung der Drucksache beginnen. Es steht dem Landtag frei, am Schluß der ersten Lesung gemäß § 14 Abs. 2 zu beschließen, den Gesetzentwurf an einen Ausschuß zu überweisen oder nach § 14 Abs. 3 mit mindestens einer Zweidrittelmehrheit sofort in die zweite Beratung einzutreten. Kommt keiner dieser beiden Beschlüsse zustande, gilt der Gesetzentwurf gemäß § 14 Abs. 4 als erledigt, und es findet keine weitere Lesung mehr statt. Nach § 14 Abs. 1 kann auch direkt der Antrag gestellt werden, den Gesetzentwurf abzulehnen.

Änderungsanträge sind nach § 21 Abs. 1 von der ersten Lesung bis zum Schluß der letzten Beratung zulässig, bedürfen aber gemäß § 21 Abs. 2 der Unterstützung von mindestens fünf Mitgliedern. Innerhalb der Ausschußsitzungen können nach § 21 Abs. 6 auch einzelne Abgeordnete mündliche Änderungsanträge stellen.

Für die zweite Lesung ist eine Einzelberatung nicht vorgeschrieben. Erst auf Verlangen einer Fraktion oder von wenigstens fünf Landtagsmitgliedern sind gemäß § 16 Abs. 1 Teile des Gesetzesentwurfes getrennt zur Beratung und zur Abstimmung zu stellen. Wird ein Gesetz in der Schlußabstimmung der zweiten Lesung angenommen, so gilt das Gesetz nach § 16 Abs. 4 als beschlossen.

Für den Fall, daß der Gesetzesentwurf jedoch in den oben genannten Fällen drei Lesungen durchlaufen muß, ist dieser nach § 17 Abs. 1 zwingend an einen oder mehrere Ausschüsse zu überweisen. Die vom Ausschuß empfohlene Fassung bildet die Grundlage für die dritte Lesung, in der nur auf Antrag einer Fraktion oder von mindestens fünf Landtagsmitgliedern gemäß § 19 Abs. 1 eine getrennte Beratung und Abstimmung stattfinden.

Eine verfassungsrechtliche Besonderheit bildet die weitere Lesung gemäß § 20, falls die Landesregierung Einspruch gegen ein vom Landtag beschlossenes Gesetz erhebt. In diesem Fall ist eine vierte Lesung des Gesetzes möglich.

Diese mögliche vierfache Lesung eines Gesetzesentwurfes bildet allerdings die Ausnahme und ist somit nicht als ein wesentliches Charakteristikum der hessischen Gesetzesberatungstechnik anzusehen. Vielmehr ist grundsätzlich die zweifache Beratung eines Gesetzes üblich. Diese Verfahrensweise fand sich schon in dem bereits behandelten hessischen Gesetzesberatungsverfahren zur Zeit der Weimarer Republik. Allerdings wird nach der heute geltenden Geschäftsordnung zwischen allgemeiner und spezieller Beratung getrennt. Eine getrennte Beratung mit einer Abstimmung über die Einzelbestimmungen findet nur auf Antrag statt.

Die im Hessischen Landtag zur Zeit der Weimarer Republik praktizierte und auf die früheren hessischen Landständeversammlungen des Vormärz zurückgehende Primärbefassung eines Ausschusses mit dem Gesetzesentwurf wurde fallengelassen. Beibehalten ist allerdings der hohe Stellenwert der Ausschußarbeit für die Beratungstätigkeit des Hessischen Landtags. Dies wird insbesondere durch die zwingende Verweisung des Entwurfs an einen Ausschuß zwischen der zweiten und der eventuell erforderlichen dritten Lesung sichtbar.

G. Die Gesetzesberatung im Landtag von Rheinland-Pfalz

Der Landtag von Rheinland-Pfalz behandelt Gesetzesentwürfe gemäß § 51 Abs. 1 der Geschäftsordnung nur in zwei Lesungen, verfassungsändernde Gesetze dagegen in dreifacher Lesung.

Die Verfahrensweise innerhalb der ersten Beratung entspricht der des Deutschen Bundestages. Die zweite Beratung beginnt nach § 54 Abs. 2 dagegen zwingend mit einer allgemeinen Besprechung der Grundsätze des Entwurfs. Im Anschluß daran folgt die Beratung der Einzelnormen, wobei nahezu die gleichen Möglichkeiten der Beratungszusammenfassung bestehen wie im Bundestag. Bis zur letzten Einzelabstimmung kann gemäß § 55 Abs. 6 die erstmalige oder erneute Ausschußüberweisung beschlossen werden. In diesem Zusammenhang läßt die Geschäftsordnung den Beschluß zu, eine dritte Beratung des Gesetzesentwurfs vorzunehmen. Während der dritten Beratung gelten gemäß § 57 Abs. 3 die Vorschriften der zweiten Beratung.

Das Gesetzesberatungssystem von Rheinland-Pfalz weist trotz der grundsätzlichen Festlegung auf zwei Beratungen Ähnlichkeiten mit der Verfahrensweise des Bundestages auf. Es kann z. B. eine Vorlage innerhalb der ersten Beratung noch nicht abgelehnt werden. Jedem einzelnen Abgeordneten steht nach § 58 Abs. 1 das Recht zu, in der zweiten Beratung Änderungsanträge zu stellen. Ein wesentlicher Unterschied gegenüber dem System des Bundestages besteht allerdings - abgesehen von den verfassungsändernden Gesetzen - in der nur fakultativen Abhaltung einer dritten Beratungsstufe. Insgesamt bietet das Gesetzesberatungssystem von Rheinland-Pfalz mehrere Möglichkeiten der Verfahrensverkürzung, wobei die Minderheitenrechte in ausreichender Weise Berücksichtigung finden.

H. Die Gesetzesberatung im Saarländischen Landtag

Im Saarländischen Landtag werden Gesetzesvorlagen nach § 32 Abs. 1 der Geschäftsordnung grundsätzlich in drei Lesungen behandelt. Allerdings beginnen die Lesungen im Unterschied zum Deutschen Bundestag gemäß § 33 Abs. 1, S. 1 frühestens fünf Tage nach Verteilung der Drucksachen. Die zweite und die dritte Lesung können nach § 33 Abs. 2 frühestens zwei Tage nach der vorangegangenen Lesung abgehalten werden, jedoch besteht nach § 33 Abs. 3 die Möglichkeit zur Fristverkürzung. Die für die Verabschiedung der Gesetzesvorlage erforderlichen Lesungen dürfen allerdings nicht in einer Sitzung und nicht am selben Tag stattfinden.

Auch im Saarländischen Landtag werden in der ersten Lesung nur die Grundsätze des Entwurfs behandelt. Jedoch ist gemäß § 35 Abs. 2 schon am Ende der ersten Lesung eine Abstimmung vorgesehen. Bei Ablehnung des Vorschlages findet keine weitere Lesung mehr statt. Der Gesetzesentwurf gilt als endgültig abgelehnt.

Auch bei einer Ablehnung nach der zweiten Lesung - für die in der Geschäftsordnung keine detaillierten Verfahrensvorschriften vorhanden sind - entfällt eine weitere Lesung. Andererseits unterbleibt nach § 36 eine dritte Lesung, wenn ein Gesetzesentwurf in erster Lesung angenommen war und innerhalb der zweiten Lesung nicht eine Fraktion oder wenigstens fünf Abgeordnete widersprechen. Gesetze können damit auch in zwei Lesungen beschlossen werden.

Selbst wenn die Regelungen hinsichtlich der Gesetzesberatung äußerst knapp gehalten sind, engt das Gesetzesberatungssystem die Rechte der parlamentarischen Minderheit weit ein. Änderungsanträge durften erst nach der ersten Lesung gestellt werden. Dem Abgeordneten ist damit bei einer Ablehnung im Anschluß an die erste Lesung im Prinzip die Möglichkeit genommen, überhaupt Änderungsanträge zur Verhandlung zu bringen.

Die endgültige Ablehnung eines Gesetzesvorschlags aufgrund einer negativen Abstimmung in der ersten Lesung ist nicht auf historische Vorgänger zurückzuführen. Insbesondere die fehlende positivrechtliche Ausgestaltung des Verfahrens in zweiter Lesung ist angesichts der zahlreichen möglichen Vorbilder kaum zu erklären.

I. Die Gesetzesberatung des Bayerischen Landtags

Der Bayerische Landtag behandelt Gesetzesvorlagen nach § 53 S. 1 seiner Geschäftsordnung in zwei Lesungen, räumt jedoch durch § 53 S. 2 dem Ältestenrat, einer Fraktion oder einer Gruppe von zwanzig Abgeordneten das Recht ein, eine dritte Lesung zu beantragen. Auch im Bayerischen Landtag werden nach § 54 Abs. 1, S. 1 in der ersten Beratungsstufe nur die Grundsätze der Vorlage besprochen, wobei Änderungsanträge noch nicht gestellt werden dürfen. Allerdings kann im Gegensatz zur Verfahrensweise des Deutschen Bundestages auch innerhalb der ersten Lesung eine Ablehnung des gesamten Gesetzesentwurfs erfolgen. Die Regelung des § 54 Abs. 1, S. 2 verlangt zwingend, den Gesetzesentwurf an einen oder mehrere Ausschüsse zu überweisen.

Die zweite Lesung kann nach § 55 Abs. 1, S. 1 frühestens am vierten Tag nach Verteilung der Beschlußempfehlungen der Ausschüsse beginnen. Sie beginnt nach § 55 Abs. 2 mit einer allgemeinen Aussprache, sofern nicht der Landtag mindestens mit einer Zweidrittelmehrheit auf sie verzichtet. In der auf die allgemeine Aussprache folgenden Einzelberatung besteht die Möglichkeit, gemäß § 55 Abs. 3 über mehrere Bestimmungen gleichzeitig abzustimmen. Werden während der zweiten Lesung alle wesentlichen Teile der Gesetzesvorlage abgelehnt, unterbleibt nach § 55 Abs. 4 jede weitere Beratung und Abstimmung.

Bei Beantragung einer dritten Lesung schließt sich diese gemäß § 56 Abs. 2 unmittelbar an die zweite an, wenn in der zweiten Beratung keine Änderungen beschlossen wurden oder falls nicht eine Fraktion bzw. wenigstens zwanzig Abgeordnete widersprochen haben. Bei Änderungsbeschlüssen in der zweiten Beratung kann die dritte Lesung erst nach Aushändigung der in der zweiten Lesung gefaßten Beschlüsse an die Abgeordneten erfolgen, wenn dies von einer Fraktion oder von mindestens zwanzig Abgeordneten verlangt wurde. Die dritte Beratung besteht nach § 56 Abs. 3 aus einer allgemeinen Besprechung und einer sich ihr unmittelbar anschließenden Einzelberatung. Nach Beendigung der Lesungen wird gemäß § 59 über Annahme oder Ablehnung der Gesetzesvorlage abgestimmt.

Das Beratungssystem der zwei Lesungen des Bayerischen Landtags zur Zeit der Weimarer Republik findet noch in der heutigen bayerischen Parlamentspraxis Anwendung. Jedoch erfolgt nun vor der Ausschußüberweisung eine allgemeine Aussprache. Diese hätte zwar auch schon nach der alten Geschäftsordnung stattfinden können, zählte aber nicht als Lesung im rechtlichen Sinne. Damit ist das Prinzip der Primärbefassung des Ausschusses aufgegeben worden. Der hohe Stellenwert des Ausschußwesens im Bayerischen Landtag zeigt sich aber in der zwingenden Überweisung der Gesetzesvorlage an einen oder an mehrere Ausschüsse nach der ersten Lesung. In diesem Zusammenhang ist auch die grundsätzliche Öffentlichkeit der Ausschußsitzungen im Bayerischen Landtag nach § 29 Abs. 1, S. 1 hinzuweisen.

Die erste Beratung besteht wie im Bundestag lediglich noch aus einer allgemeinen Aussprache. Auch die Ausgestaltung der zweiten und der eventuell abzuhaltenden dritten Lesung zeigt eine Zusammenführung alter "bayerischen" Methoden und der Gesetzesberatungstechnik des Deutschen Bundestages.

J. Die Gesetzesberatung im Landtag von Baden-Würtemberg

Nach § 42 Abs. 1 seiner Geschäftsordnung behandelt der Landtag von Baden-Würtemberg Gesetze in zwei Beratungen. Lediglich für Haushaltvorlagen und Gesetze zur Änderung der Landesverfassung sind drei Beratungen vorgesehen.

Wie im Deutschen Bundestag werden nach § 43 Abs. 1 in der ersten Beratung nur die Grundsätze der Vorlage besprochen. Am Schluß dieser Beratung beschließt der Landtag nach § 43 Abs. 2 lediglich darüber, ob der Gesetzesentwurf einem Ausschuß überwiesen werden soll.

Die zweite Beratung beginnt nach § 45 Abs. 1 frühestens am zweiten Tag nach dem Schluß der ersten Beratung. Geht eine Ausschußsitzung voraus, findet die zweite Beratung erst am zweiten Tag nach Verteilung des Ausschußantrages statt. Innerhalb der zweiten Beratung findet gemäß § 45 Abs. 2 zwingend zunächst eine allgemeine Aussprache statt. Nach § 45 Abs. 2 folgt - wie auch im Deutschen Bundestag - eine Beratung und eine Abstimmung über jede Einzelbestimmung. Bei der Ablehnung aller Teile einer Vorlage in der zweiten Beratung findet nach § 45 Abs. 6 auch im Landtag von Baden-Würtemberg keine weitere Beratung mehr statt und der Gesetzesentwurf gilt als abgelehnt.

Eine möglicherweise notwendige dritte Beratung wird nach § 47 Abs. 1 frühestens zwei Tage nach Verteilung der in der zweiten Beratung gefaßten Beschlüsse oder, wenn die Vorlage aus der zweiten Beratung unverändert hervorgegangen ist, frühestens am Tag nach der zweiten Beratung vorgenommen. Gemäß § 49 wird nach dem Schluß der letzten Beratung über die Vorlage im ganzen abgestimmt.

K. Die Gesetzesberatung des Abgeordnetenhauses von Berlin

Das Berliner Abgeordnetenhaus behandelt die Gesetzesvorlagen nach § 30 Abs. 2, S. 1 seiner Geschäftsordnung zwar grundsätzlich in zwei Lesungen. Allerdings wird dem Präsidenten des Abgeordnetenhauses und dem

Senat durch § 30 Abs. 2, S. 2 die Möglichkeit eingeräumt, eine dritte Lesung zu verlangen.

Die Verfahrensweise in der ersten und zweiten Lesung entspricht dem Vorgehen im Bundestag, doch findet gemäß § 33 Abs. 4 die Schlußabstimmung bereits nach der zweiten Lesung statt. Bei der Abhaltung einer dritten Lesung ist die allgemeine Aussprache im Gegensatz zum Bundestag zwingend vorgeschrieben.

Insgesamt ähnelt die Gesetzesberatung des Berliner Abgeordnetenhauses sehr stark dem Beratungsverfahren im Deutschen Bundestag, auch wenn grundsätzlich nur zwei Lesungen zwingend vorgeschrieben sind.

L. Die Gesetzesberatung des Landtages von Mecklenburg-Vorpommern

Der Landtag von Mecklenburg-Vorpommern behandelt seine Gesetzesentwürfe gemäß § 17 Abs. 1, S. 1 seiner Geschäftsordnung grundsätzlich in zwei Beratungen. Der Präsident kann nach § 17 Abs. 1, S. 2 vorschlagen, die erste mit der zweiten Lesung zu verbinden.

In der ersten Beratung werden "in der Regel" nach § 18 Abs. 1 die Grundsätze der Vorlage besprochen. Diese soll gemäß § 18 Abs. 2 frühestens am dritten Tag nach Verteilung der Vorlage beginnen.

Die zweite Lesung kann nach § 18 Abs. 2 frühestens am dritten Tage nach Verteilung der Vorlage folgen. In der zweiten Lesung wird gemäß § 20 Abs. 2, S. 1 neben der Überschrift jede selbständige Bestimmung der Reihenfolge nach verlesen, beraten und zur Abstimmung gebracht. Die Verlesung kann unterbleiben, wenn nicht nach § 20 Abs. 2, S. 2 mindestens fünfzehn Abgeordnete widersprechen. Am Schluß der letzten Lesung wird gemäß § 21 über die Vorlage im ganzen abgestimmt.

Im Landtag von Mecklenburg-Vorpommern wird - wie auch in einigen Bundesländern der „alten“ Bundesrepublik - im wesentlichen das Gesetzesberatungssystem des Deutschen Bundestages unter Verzicht auf die dritte Lesung angewandt.

M. Die Gesetzesberatung des Landtages Brandenburg

Der Landtag von Brandenburg berät seine Gesetzesvorhaben im Prinzip gemäß § 42 Abs. 2 seiner Geschäftsordnung in zwei Lesungen. Dagegen müssen Verfassungsänderungen oder -ergänzungen sowie der Entwurf des Haushaltsgesetzes und des Gemeindefinanzierungsgesetzes nach § 42 Abs. 2 einer dreimaligen Lesung unterzogen werden.

Wie im Bundestag werden auch im Brandenburgischen Landtag innerhalb der ersten Lesung nach § 44 nur die Grundzüge des Gesetzesvorhabens beraten. Am Schluß dieser Lesung ist es möglich, den Gesetzesentwurf an einen Ausschuß zu überweisen. Im Gegensatz zum Verfahren im Bundestag gilt jedoch der Gesetzesentwurf gemäß § 44 Abs. 3 schon nach der ersten Lesung als erledigt, wenn sowohl die Überweisung an einen Ausschuß als auch der Gesetzesentwurf selbst abgelehnt werden.

Die zweite Lesung wird nach § 46 Abs. 1 nur dann als Einzelaussprache und -abstimmung abgehalten, wenn zuvor ein solcher Antrag von einer Fraktion oder mindestens einem Fünftel der Landtagsmitglieder gestellt wird. Im Falle der Einzelaussprache ähneln die Vorschriften der Verfahrensweise im Bundestag. Der Regelfall ist jedoch nach den Regelungen der Geschäftsordnung eine Gesamtaussprache.

Die dritte Lesung findet gemäß § 47 Abs. 1 in den Fällen des § 42 Abs. 3 sowie auf Antrag einer Fraktion oder mindestens eines Fünftels der Abgeordneten statt. Vor der dritten Lesung eröffnet sich die Möglichkeit, den Gesetzesentwurf noch einmal an den Ausschuß zu überweisen. Der Antragsteller kann dies nach § 47 Abs. 2, S. 3 sogar zwingend verlangen.

Eine weitere Lesung ist nach § 48 Abs. 1 erforderlich, falls die Landesregierung oder der Präsident des Landtages dies verlangen. Es ist also wie in Hessen durchaus möglich, daß vier Lesungen eines Gesetzesentwurfs abgehalten werden müssen. Auch im übrigen haben sich die Urheber der Geschäftsordnung des Brandenburgischen Landtages hinsichtlich der Gesetzesberatung sehr stark an das hessische System angelehnt. So ist die Möglichkeit einer Ablehnung des Gesetzesentwurfes schon am Ende der ersten Lesung auch in Hessen gegeben.

Gleichermaßen verhält es sich mit der nur auf Antrag zu erfolgenden Einzelaussprache in der zweiten Lesung. Im Gegensatz zu Hessen ist in Brandenburg die Ausschußüberweisung zwischen der zweiten und der eventuellen dritten Lesung nicht zwingend vorgeschrieben.

Hauptcharakter beider Gesetzesberatungssysteme ist aber in erster Linie das Merkmal der grundsätzlich durchzuführenden zweimaligen Beratung.

N. Die Gesetzesberatung im Landtag von Sachsen-Anhalt

Der Landtag von Sachsen-Anhalt behandelt die Gesetzesvorlagen nach § 25 S. 1 seiner Geschäftsordnung ebenfalls generell in zwei Beratungen. In § 25 S. 2 und 3 ist jedoch festgelegt, daß bei Verfassungsänderungen auf Beschluß des Landtages oder bei Verweisung eines Gesetzesentwurfes an einen Ausschuß nach Ende der zweiten Lesung eine dritte Lesung abgehalten werden muß.

Die erste Beratung verläuft nach dem gleichen Prinzip wie im Bundestag. Auch in Sachsen-Anhalt ist nach der ersten Lesung eine Entscheidung über eine Ablehnung des Gesetzesentwurfs nicht zulässig. Der Verlauf der zweiten Beratung orientiert sich ebenso an der Verfahrensweise des Bundestages. Allerdings findet in Sachsen-Anhalt - wie auch im Abgeordnetenhaus von Berlin - nur in den oben genannten Fällen eine dritte Lesung statt, die wiederum wie im Bundestag verläuft. Festzuhalten bleibt, daß grundsätzlich im Gegensatz zur Verfahrensweise im Bundestag und auch zum anhaltinischen Parlament zur Zeit der Weimarer Republik eine generelle dreifache Lesung eines Gesetzes verworfen wurde.

O. Die Gesetzesberatung im Sächsischen Landtag

Ähnlich wie in Sachsen-Anhalt haben sich auch die Urheber des sächsischen Gesetzesberatungssystems von ihrem historischen Vorgänger teilweise entfernt. Das an die reichsstaatliche Praxis angelehnte System der dreifachen Lesung des Sächsischen Landtags ist zur Zeit der Weimarer Republik auf eine grundsätzliche zweifache Lesung der Gesetzesvorhaben reduziert worden. Es kann jedoch nach § 39 Abs. 1 der Geschäftsordnung des Sächsischen Landtags auch eine dreimalige Lesung beschlossen werden.

Die Gesetzesberatungsregeln der Geschäftsordnung sind trotz der Festlegung auf zwei Lesungen weitgehend an die des Bundestages angelehnt. Eine allgemeine Aussprache in der zweiten Lesung ist im Gegensatz zu der Regelung im Bundestag durch § 42 Abs. 2, S. 1 zwingend vorgeschrieben. Auch ist bei einer möglichen dritten Lesung der Sächsiche Landtag gemäß § 44 Abs. 1, S. 2 ohne Einschränkung gehalten, eine allgemeine Aussprache durchzuführen.

P. Die Gesetzesberatung im Thüringer Landtag

Gesetzesentwürfe werden im Thüringer Landtag nach § 55 Abs. 1 der Geschäftsordnung in der Regel in zwei Beratungen behandelt. Nur bei Gesetzesentwürfen zur Änderung der Verfassung finden drei Beratungen statt.

Wie im Deutschen Bundestag werden gemäß § 56 in der ersten Beratung nur die Grundsätze der Vorlagen besprochen, wobei die Beratung nach einzelnen Abschnitten getrennt werden kann. Als einzige Abstimmung ist der Beschluß über die Frage zugelassen, ob der Gesetzesentwurf an einen Ausschuß überwiesen werden soll.

Die zweite Beratung findet gemäß § 58 Abs. 1, 1. Hs. frühestens am zweiten Werktag nach Schluß der ersten Beratung oder der Verteilung der Beschlußempfehlung des Ausschusses statt. Bemerkenswert ist die Bestimmung des § 58 Abs. 1, 2. Hs., wonach die zweite Beratung spätestens zwei Monate nach Verteilung der Beschlußempfehlung zu beginnen hat. Wie auch im Deutschen Bundestag enfällt nach § 58 Abs. 2 jede weitere Beratung und Abstimmung, wenn in der zweiten Beratung alle Teile eines Gesetzesentwurfs abgelehnt werden.

Eine dritte Beratung findet neben Verfassungsänderungen nach § 59 Abs. 2 auch statt, wenn innerhalb der zweiten Lesung eine erneute Ausschußüberweisung beschlossen wurde. Die dritte Beratung findet gemäß § 61 Abs. 2, S. 2 frühestens am zweiten Werktag nach Schluß der zweiten

Beratung statt. Grundlage für eine eventuelle dritte Beratung bilden gemäß § 61 die Beschlüsse der zweiten Beratung.

Nach Beendigung der letzten Beratung wird nach § 63 Abs. 1, S. 1 über die Annahme oder Ablehnung der Vorlage im ganzen abgestimmt.

Wie bei den meisten Bundesländern der ehemaligen Deutschen Demokratischen Republik wird auch in Thüringen ein an das Prinzip des Deutschen Bundestages angelehntes System geübt, wobei regelmäßig auf die dritte Beratungsstufe verzichtet wird.

Zehnter Teil. Exkurs: Die Gesetzesberatung in der Volkskammer der Deutschen Demokratischen Republik

Wie in der Bundesrepublik Deutschland war man auch in der Deutschen Demokratischen Republik bestrebt, für die Volkskammer ein Gesetzesberatungssystem zu entwickeln. Selbst wenn es sich bei der Volkskammer nur um ein "pseudodemokratisches Organ" handelte, soll der Weg eines Gesetzes kurz geschildert werden.

Die Aufgabe und Wirkungsweise der Volkskammer beschrieb das durch den Staatsverlag veröffentlichte Staatsrechtslehrbuch der DDR unter der Überschrift "Das demokratische Verfahren der Gesetzgebung" mit folgenden Worten:

"Die wichtigste Form, in der die Volkskammer über die Ziele der gesellschaftlichen Entwicklung der DDR entscheidet und die Hauptregeln für deren Verwirklichung durch die Staatsorgane, die gesellschaftlichen Organisationen und Bürger festlegt, sind die Gesetze und Beschlüsse. Sie sind auf das Wohl der Arbeiterklasse und der mit ihr verbündeten Werktätigen sowie auf die immer bessere Befriedigung der materiellen und kulturellen Lebensbedürfnisse des Volkes gerichtet."[1034]

[1034] Staatsrecht der DDR, S. 336

Die Volkskammer der Deutschen Demokratischen Republik war - im Gegensatz zu dieser formalen Zielsetzung - innerhalb seiner gesamten Wirkungszeit[1035] nie ein Parlament im demokratischen Sinne, in dem zwischen den einzelnen Mitgliedern ein reger Informations- und Meinungsaustausch stattfand. Öffentliche Diskussionen mit Kritik an der Staatsleitung und "Kampfabstimmungen" über Gesetzesentwürfe gab es praktisch nicht.

Vielmehr gingen die Gesetze in der Regel auf Beschlüsse der Spitzengremien der Sozialistischen Einheitspartei Deutschlands zurück[1036]. Diese vollständige Abhängigkeit der Parlamentsarbeit von dem Einfluß der SED wurde sogar in wissenschaftlichen Arbeiten der DDR eingeräumt und keineswegs als undemokratisch kritisiert. Man führte aus, daß die Volkskammer ihr Gesetzgebungsrecht auf der Grundlage und in Durchführung der Beschlüsse der SED wahrnehme, in denen die gesellschaftlich notwendigen Aufgaben zur Verwirklichung der objektiven Entwicklung des Sozialismus in der DDR herausgearbeitet und begründet seien[1037]. Die Volkskammer und die anderen Volksvertretungen der DDR seien "Organe zur Verwirklichung der Führungsposition der Arbeiterklasse und ihrer marxistisch-leninistischen Partei...[1038]".

Der Einfluß der Volkskammer wurde mittels Normenfestlegung durch den Staats- oder Ministerrat noch zusätzlich beschnitten, wobei hierbei offensichtlich bewußt der Begriff des "Gesetzes" vermieden wurde[1039]. Bemerkenswerterweise entfielen auf 2700 rechtsetzende Bekanntmachungen der Jahre 1950 bis 1953 gerade einmal sechzig Gesetze[1040]. Die Verfassungspraxis der ehemaligen Deutschen Demokratischen Republik hat das

---

1035 vgl. zur Entstehungsgeschichte der Volkskammer der DDR: Neugebauer, Volkskammer der DDR, S. 389 ff.

1036 DDR Handbuch, Stichwort: Gesetzgebung

1037 Staatsrecht der DDR, S. 337

1038 Weichelt, Der sozialistische Staat, S. 115

1039 Die Möglichkeit, durch Umgehung des "Gesetzesbegriffs" neue Rechtsetzungskompetenzen auch für andere Organe zu schaffen, war ein Charakteristikum für die kommunistischen Staatssysteme; vgl die Parallele zur früheren Sowjetunion: Riedel, Einfluß des Sowjetrechts, S. 141 f.

1040 Die Zahlen sind entnommen aus: Feddersen, Die Rolle der Volksvertretungen, S. 121.

Plenum der Volkskammer "nicht als Forum verstanden, auf dem unterschiedliche Auffassungen zu Sachfragen zur Sprache gebracht, das Für und Wider einer Lösung erörtert oder auch öffentliche Kritik an einzelnen Maßnahmen der Exekutive, sei es des Ministerrats und der Ministerien oder anderer Staatsorgane, Kombinate oder Betriebe geübt werden könnten"[1041].

Diesem niedrigen staatspolitischen Stellenwert und der nur geringen Beratungstätigkeit der Volkskammer paßte sich auch das Gesetzesberatungssystem an. Die in dieser Hinsicht nach dem 7. Oktober 1974 nicht mehr geänderte "Geschäftsordnung der Volkskammer der Deutschen Demokratischen Republik"[1042] bestimmte in § 16, daß die Beratung von Gesetzesvorlagen in mehreren Lesungen erfolgen könne. Die Volkskammer mußte daher ausdrücklich beschließen, wenn zwei oder drei Lesungen abgehalten werden sollten. Die einmalige Lesung bildete bis zum Ende der Deutschen "Demokratischen" Republik die geschäftsordnungsmäßige Regel[1043].

Das Verfahren der einen und einzigen Lesung des Gesetzesvorhabens eignet sich nicht für eine entwicklungsgeschichtliche Einordnung im Sinne der Zielsetzung dieser Arbeit. Ein "Scheinparlament" ohne wirkliche Sachdebatte bedarf eben keiner mehrfachen Lesung eines Gesetzes. Daher ist dieses Verfahren für ein demokratisches, effektiv beratendes Parlament ungeeignet, so daß es für die weiteren Untersuchungen außer Acht bleiben kann.

Elfter Teil: Möglichkeiten zur Weiterentwicklung des Gesetzesberatungssystems des Deutschen Bundestages

Schon seit Beginn der wissenschaftlichen Auseinandersetzung mit Parlamentsfragen sind Vorschläge zur Reform des Gesetzesberatungsverfahren unterbreitet worden. Naturgemäß ergeben sich in der Parlamentspraxis im Laufe

---

1041 so treffend ausgedrückt von: Roggemann, Verfassungsrecht der DDR, S. 229. Auch die sog. Volksausspachen konnten dem Verfahren keinen demokratischen Anstrich geben (vgl. hierzu: Mampel, Die sozialistische Verfassung der Deutschen Demokratischen Republik, Art. 65, Rdnr. 15)

1042 abgedruckt bspw. in: Lieser-Triebnigg (Hrsg.), DDR-Gesetze, Ordnungsziffer 12

1043 so festgestellt durch: Lapp, Die Volkskammer der DDR, S. 214

der Verhandlungen immer wieder Probleme hinsichtlich der Auslegung und Handhabung einzelner Geschäftsordnungsregeln. Daneben zeigen sich oftmals erst innerhalb der Verhandlung Lösungsmöglichkeiten, wie einzelne Problempunkte der Gesetzesberatung effektiver behandelt werden können. Deshalb müssen die Regelungen des parlamentarischen Verfahrens, wenn der Parlamentarismus lebendig bleiben soll, ständig neu auf ihre Effektivität und Praktikabilität, aber auch auf ihre Öffentlichkeitswirkung überprüft und gegebenenfalls weiterentwickelt werden[1044].

Ziel dieser Untersuchung ist es, neben der entwicklungsgeschichtlichen Herleitung auch Schwachstellen der heutigen Gesetzesberatungspraxis des Deutschen Bundestages aufzudecken, um Anstöße für mögliche Verbesserungsversuche zu geben.

A. Unzulänglichkeiten der derzeitigen Gesetzesberatungspraxis

I. Untersuchungsgrundlage

Der Deutsche Bundestag in seiner Funktion als gesetzgebendes Organ ist sowohl ein "Arbeitsparlament" als auch ein "Redeparlament". Seine Aufgaben beschränken sich nicht nur auf die Kanalisierung verschiedener Ansichten im Wege der "Verschmelzung", um letztlich Beschlüsse zu fassen. Vielmehr ist es auch Aufgabe des Bundestages, die Auffassungen aller Abgeordneten zu Sachproblemen als "hochdifferenziertes politisches und fachliches Meinungsspektrum" der Öffentlichkeit darzustellen[1045].

Ziel der Weiterentwicklung muß daher eine Steigerung der Effizienz des internen Gesetzesberatungsverfahrens sein, die mit einer möglichst großen Transparenz für den außenstehenden Betrachter einhergeht. Neben diesen von der Parlamentarismusforschung herausgearbeiteten Kriterien für die Bewertung parlamentarischer Vorgänge und Institutionen[1046] soll diese Analyse um eine

---

1044 vgl. Ehlers, Vorwort, VII

1045 so Kruis, Abweichende Meinung zu dem Urteil des Zweiten Senats vom 13. Juni 1989, S. 302

1046 vgl. zu beiden Leitbegriffen der Parlamentarismusforschung: Thaysen, Parlamentsreform, S. 83 ff. Die "Partizipation" als dritter von Thaysen genannter Leitbegriff

dritte, historische Komponente erweitert werden. Deshalb erscheint es unentbehrlich, die damals vorherrschenden Motive für die Einführung der einzelnen Stufen des Gesetzesberatungssystems mit der aktuellen Parlamentssituation und den gegenwärtigen Zielsetzungen zu vergleichen.

II. Historische Überlegungen

Das Gesetzesberatungssystem des Deutschen Bundestages läßt sich direkt auf das vom Norddeutschen Reichstag verabschiedete Modell der dreifachen Lesung von Twesten und Lasker zurückführen. Daher ist es für eine Weiterentwicklung der Regelungen zweckmäßig, die ursprünglichen Beweggründe für die einzelnen Beratungsstufen in Erinnerung zu bringen und diese mit der derzeitigen parlamentarischen Realität in Beziehung zu setzen. Aus der Diskrepanz zwischen dem damaligen Anspruch und der heutigen Wirklichkeit läßt sich möglicherweise die Notwendigkeit einer Änderung nachweisen.

Mit der Einführung einer ersten allgemeinen Beratung bezweckten Twesten und Lasker eine umfassende Information aller Abgeordneten über den Gesetzesentwurf und die Darstellung der verschiedenen Ansichten in einer allgemeinen Diskussion. In der heutigen Parlamentspraxis sind vor der offiziellen Einbringung des Gesetzesentwurfs - vornehmlich bei weniger wichtigen Materien - in der Regel nur die zuständigen Experten der Arbeitsgruppen mit dem Vorhaben oder der zu regelnden Materie vertraut[1047]. Insofern nimmt auch die heutige erste Beratung die ursprünglich beabsichtigte Informationsfunktion für alle Abgeordneten ein.

Die Intention zur Abhaltung einer von der ersten Beratung getrennten Beratung und Abstimmung über die einzelnen Normen der Gesetzesvorlage lag für Twesten und Lasker hauptsächlich darin, der detaillierten Beratung innerhalb des Plenums Vorschub zu leisten. Insbesondere sollte der schon damals stetig steigende Ausschußeinfluß nachhaltig zurückgedrängt und die wesentlichen Sachentscheidungen in das Plenum zurückgeholt werden. Völlig konträr stellt

kann hier unberücksichtigt bleiben, da hier nur die interne Gesetzesberatung innerhalb des Deutschen Bundestages bewertet werden soll.

1047 Ismayr, Der Deutsche Bundestag, S. 307

sich - wie bereits erwähnt - die derzeitige Parlamentsrealität dar. Die wesentlichen Entscheidungen und auch die notwendigen Einzelberatungen finden innerhalb der Ausschußsitzungen statt. Dort wird über die Gesetzesvorlagen und über etwaige Änderungsanträge in der Regel eine Vorentscheidung getroffen. Mehrfach wurde bei den Untersuchungen festgestellt, daß die zweite Beratung zumeist lediglich eine Wiederholung derjenigen Argumente beinhaltet, die bereits in den Ausschußsitzungen ausgetauscht wurden. Änderungsanträge werden kaum mehr gestellt, so daß innerhalb der zweiten Beratung in der Regel kaum effektive Sacharbeit mehr geleistet wird. Dies bestätigt auch die Tatsache, daß eine Beratung der Einzelbestimmungen nur noch in den seltensten Fällen stattfindet.

Bei der zweiten Beratung zeigt sich damit eine starke Diskrepanz zwischen dem ursprünglichen Willen der Schöpfer des Gesetzesberatungssystems und der heutigen Parlamentsrealität, so daß die Regelungen der zweiten Beratung aus historischer Sicht überprüft werden müssen.

Die dritte Beratung sollte nach dem Willen von Twesten und Lasker die Möglichkeit einer zusätzlichen Beratung bieten. Dort könnten noch möglicherweise später auftretende Ungenauigkeiten in der Gesetzesformulierung ausgeglichen werden. Ebenso entsprach es aber auch ihrem Willen, daß bei unwichtigen oder einhellig begrüßten Gesetzesentwürfen die dritte Beratung lediglich eine Formalie darstellen solle. Genau diesen Charakter hat die dritte Beratung in der heutigen Parlamentspraxis fast ausschließlich angenommen. Die Untersuchungen haben ergeben, daß bei den letztlich abgelehnten Gesetzen keine dritte Beratung mehr stattfand. Aber auch bei später angenommenen Gesetzesentwürfen fand in dem Untersuchungszeitraum nur noch in einem Fall eine effektive Aussprache statt. Dies läßt den Schluß zu, daß die dritte Beratung in der Tat zumeist nur noch eine Formalie darstellt. Es liegt daher keine Diskrepanz zwischen der ursprünglichen Intention und der heutigen Parlamentsrealität vor.

III. Effizienz

Die Problematik der Effizienz i. S. d. Parlamentarismusforschung ist die Frage nach der optimal leistungsfähigen Gesamtstruktur des parlamentarischen

Regierungssystems, aber auch - gewissermaßen "betriebsorganisatorisch" - die Frage nach der inneren Leistungsfähigkeit seiner Einzelinstitute[1048]. Diese Leistungsfähigkeit kann auch als "Ergiebigkeit" und "Wirtschaftlichkeit" charakterisiert werden[1049]. Wirtschaftlichkeit bezeichnet in diesem Zusammenhang das "Verhältnis von Ertrag und Aufwand, also als Verhältnis von Nutzzugang und Nutzentgang"[1050].

Es stellt sich damit im Rahmen einer kritischen Überprüfung des Gesetzesberatungssystems die Frage, inwieweit das Verfahren des Deutschen Bundestages Defizite hinsichtlich der optimalen Ausnutzung der Arbeitskapazitäten des Parlaments aufweist. Es muß daher geprüft werden, in welchen Beratungsstufen ein solches Mißverhältnis zwischen dem Arbeitsaufwand und dem Arbeitsertrag besteht.

Hinsichtlich der ersten Beratung hat sich gezeigt, daß bei Abhaltung der allgemeinen Aussprache eine weite Variationsbreite besteht. Es wird in der Regel durch den Ältestenrat entschieden, ob eine Aussprache abgehalten und wieviel Zeit für sie in Anspruch genommen werden soll. Die erste Beratung dient bekanntlich vor allen Dingen dazu, den Gesetzesentwurf den einzelnen Abgeordneten, aber auch der Öffentlichkeit darzulegen. Diese Ziele werden durch die derzeitigen Regelungen zur ersten Beratung erreicht. So sind sowohl in den Untersuchungen des Deutschen Bundestages als auch in Analysen von Parlamentsforschern kaum Beanstandungen der Verfahrensweise bei der ersten Beratung vorgetragen worden. Folglich kann davon ausgegangen werden, daß für diesen Bereich zumindest zur Zeit kein Änderungsbedarf besteht.

Die Ausschußsitzungen stellen ein Höchstmaß an Effektivität im Sinne des hier angewandten Wirtschaftlichkeitsbegriffs dar. Dort wird die Detailarbeit am Gesetz vorgenommen, so daß unter Effektivitätsgesichtspunkten keine Änderung erfolgen muß.

1048 Thaysen, Parlamentsreform, S. 85

1049 so Thaysen, Parlamentsreform, S. 83 f, der auch noch weitere Synonyme aufführt.

1050 so die Definition von Gäfgen, Theorie der wirtschaftlichen Entscheidung, S, 163

Wesentlich uneffektiver stellt sich die Abhaltung der zweiten Beratung des Gesetzesentwurfs dar. Diese Beratung beinhaltet, wie mehrfach ausgeführt, zumeist eine Wiederholung der im Ausschuß ausgetauschten Argumente und Meinungen. Eine Einzelberatung findet kaum noch statt. Selbst das Einbringen von Änderungsanträgen ist eher unüblich. Geht man von der "Wirtschaftlichkeit" im oben definierten Sinne aus, so zeigt sich, daß der Nutzen für die Verabschiedung der Gesetzesvorlage in keinem Verhältnis zu der aufgewandten Zeit innerhalb des Plenums steht. Es wird keine effektive Sacharbeit geleistet, jedoch wertvolle Arbeitszeit des Plenums verbraucht. Dieses Mißverhältnis wurde auch durch Parlamentsforscher und eigene Untersuchungen des Bundestages oftmals festgestellt. Demzufolge besteht bei der zweiten Beratung in Hinsicht auf die Wirtschaftlichkeit starker Handlungsbedarf.

Die Regelungen der dritten Beratung zeigen eine weite Variationsmöglichkeit hinsichtlich ihrer Handhabung. Die Bundestagsmitglieder verzichten nahezu immer auf die Abhaltung einer dritten Beratung. Demnach besteht offenbar nach Ansicht der Abgeordneten keine Notwendigkeit zur Überarbeitung eines Gesetzes innerhalb einer dritten Beratung. Die Verfahrensweise des Bundestages und auch die Regelungen der Geschäftsordnung haben sich also dieser fehlenden Notwendigkeit angepaßt. Durch die weitgehend wahrgenommene Möglichkeit des Verzichts auf eine dritte Beratung ist die "Wirtschaftlichkeit" im oben genannten Sinne hergestellt, so daß - außer zu einer möglichen vollständigen Abschaffung der dritten Beratungsstufe - wie es scheint, kein Handlungsbedarf besteht.

IV. Transparenz und Öffentlichkeitswirkung

Bei der Untersuchung der Transparenz einer politischen Institution oder eines politischen Verfahrens ist "die Durchsichtigkeit des Herrschaftsverbandes sowie die darin vollzogenen Willensbildungsprozesse" zu überprüfen. Eine Forderung nach Transparenz muß darauf gerichtet sein, den Prozeß der Kommunikation innerhalb des politischen Systems durchsichtig zu machen[1051]. Das Korrelat zu dem Informationsbedürfnis des Bürgers und seiner zumindest passiven Teilhabe

---

1051 Thaysen, Parlamentsreforn, S. 86 f.

am politischen Willensbildungsprozeß ist das berechtigte Ansinnen jeder politischen Gruppierung aber auch des einzelnen Abgeordneten, eigene Ansichten, Ziele und Argumente der Öffentlichkeit und damit auch dem Wähler näher zu bringen und verständlich zu machen.

Daher muß das derzeitige Gesetzesberatungsverfahren dahingehend überprüft werden, inwieweit die einzelnen Beratungsstufen dem Bedürfnis des Bürgers entsprechen, Einblick in die Entscheidungsstrukturen des Bundestages zu erlangen. Auf der anderen Seite ist auf die Qualität der Befriedigung des Darstellungsbedürfnisses der am Gesetzesberatungsprozeß beteiligten Gruppierungen und Personen einzugehen.

Als unproblematisch gestaltet sich hierbei die erste Beratung. Gerade sie dient der Darlegung und Begründung, aber auch der Kritik des Gesetzentwurfs in der Öffentlichkeit. Hiermit ist dem Informationsbedürfnis des Bürgers und dem Darstellungsbedürfnis der Abgeordneten ausreichend Genüge getan, so daß keine Änderung der derzeitigen Praxis erfolgen muß.

Das Informationsbedürfnis des Bürgers bezieht sich naturgemäß hauptsächlich auf diejenigen Phasen des Gesetzesberatungsverfahrens, in denen die wesentlichen Diskussionen stattfinden und die Entscheidungen fallen. Der politisch interessierte Bürger möchte die Vor- und Nachteile des geplanten Gesetzes dargestellt und erörtert wissen. Er will die Argumente der Regierung und der Opposition aufnehmen und verarbeiten, um sich ein eigenes Bild zu machen. Weiterhin ist er auch am Verhandlungsverhalten der am Gesetzesberatungsprozeß beteiligten Personen und Gruppierungen im Hinblick auf die Durchsetzungs- aber auch Kompromißfähigkeit interessiert. Vornehmlich diese für das Gesetz entscheidende Diskussion und das gegenseitige Verhandeln finden innerhalb der Ausschußsitzungen statt. Diese sind jedoch nach § 69 Abs. 1 S. 1 der Geschäftsordnung des Deutschen Bundestages grundsätzlich nicht öffentlich. Der Bürger bleibt bemerkenswerterweise von der entscheidenden Phase des Meinungsbildungsprozesses ausgeschlossen. Damit ist die zu fordernde Transparenz des Entscheidungsprozesses und die mit ihr einhergehende Öffentlichkeitswirkung faktisch nicht vorhanden.

In der zweiten Beratung ist zwar die Öffentlichkeit der Sitzung wiederhergestellt, so daß hier grundsätzlich ein gewisses Maß an Transparenz vorliegen könnte, doch findet hier gerade keine "echte" Verhandlung im Sinne einer freien Diskussion statt. Es wird keine Sacharbeit mehr im Plenum geleistet, sondern es werden nur die wesentlichen Argumente der Ausschußsitzung wiederholt. Die Äußerung der Sachargumente entspricht auch dem legitimen Interesse der politischen Gruppierungen im Parlament, ihre Haltung zu jeder fachlichen Frage in einer öffentlichen Debatte deutlich zu machen und mit ihren politischen Grundvorstellungen in Einklang zu bringen[1052].

Die Öffentlichkeitswirkung ist dagegen aufgrund dieser "Scheinverhandlung" natürlich völlig unzureichend und unter anderem ein Grund für die zunehmend beklagte "Politikverdrossenheit". Derjenige Bürger, dem die Abhaltung der Scheindebatte für die Öffentlichkeit bekannt ist, fühlt sich nicht ausreichend über die Parlamentsarbeit informiert. Er kann aufgrund der Beiträge in der zweiten Beratung die entscheidende Diskussion und die letztliche Entscheidung im Ausschuß nur indirekt und lückenhaft nachvollziehen, so daß hier ein eindeutiges Transparenzdefizit besteht.

Dieser "wunde Punkt" des Gesetzesberatungssystems wird auch in Untersuchungen des Deutschen Bundestages eingeräumt: "Die detailliert ausgearbeiteten, oft lang andauernden und in vielen Fällen nicht in freier Rede vorgetragenen Ausführungen in der zweiten Beratung erfüllen gelegentlich eher die Anforderungen an eine Vorlesung oder an ein Referat zu einer Fachtagung als diejenigen an eine Parlamentsrede. Die allgemeine, politisch interessierte und politisch zu informierende Öffentlichkeit zieht daraus wenig Nutzen ... . Für die Presse - einschließlich der Fachpresse - gilt ähnliches; ihre Journalisten haben es oft schwer, aus den sehr fachorientierten Ausführungen den politisch interessierenden Kern herauszufiltern und den Lesern zu übermitteln..."[1053].

1052 vgl. hierzu die eigenen Untersuchungen des Deutschen Bundestags in: Parlamentsrecht in der Entwicklung, S. 28

1053 Drucksache 7/ 5924, S. 83

Noch schwerwiegender sind die Folgen für den weniger politikinteressierten Bürger, dem die entscheidende Stellung der Ausschußberatung bzw. die Scheindebatte in der zweiten Beratung nicht bekannt sind. Diese Unkenntnis wird auch durch die Parlamentsberichterstattung begünstigt, die über die parlamentarische Arbeit weitgehend unter der Prämisse berichtet, daß das Plenum der "eigentliche Ort der Handlung" sei[1054]. Dem Bürger, der aufgrund seiner Unkenntnis sein Hauptaugenmerk auf die Verhandlungen im Plenum legt, bietet sich das bekannte Bild eines bestenfalls halbvollen Sitzungssaals. Es wurde bereits erwähnt, daß oftmals nur die Ausschußmitglieder an der öffentlichen zweiten Beratung teilnehmen. Das fortwährende Bild vom "leeren Plenum" trägt gerade bei diesem Bürger im entscheidenden Maß zu der oft beklagten Entfremdung der Repräsentierten von den Repräsentanten bei und nährt damit die wachsende Politikverdrossenheit vieler Bürger[1055]. Die Anforderungen an die Transparenz des Gesetzesberatungsverfahrens sind durch die derzeitige Verfahrensweise bei der zweiten Beratung kaum erfüllt. Dementsprechend "katastrophal" ist auch die Öffentlichkeitswirkung.

Auf die Abhaltung einer allgemeinen oder gar speziellen Diskussion der dritten Beratung wird meistenteils verzichtet. In dieser Beratungsstufe ist kaum mehr Sacharbeit nötig, so daß das Transparenzerfordernis in der dritten Beratung nicht allzu hoch anzusiedeln ist. Auch bei der Schlußabstimmung richten sich die meisten Abgeordneten nach der Stimmabgabe ihres Fraktions- oder Stimmführers. Abgesehen von der Problematik des "leeren Plenums", welches auch innerhalb der dritten Beratung zu Tage tritt, wird hier jedoch die negative Wirkung der zweiten Beratungsstufe nicht wesentlich verstärkt.

Auch die verstärkte Öffentlichkeitsarbeit des Deutschen Bundestages ist hinsichtlich einer Steigerung der Transparenz des Gesetzesberatungsverfahrens nur ein "technokratischer Notbehelf: Sie verleiht politischen Entscheidungsprozessen nur durch amtliche Filter Transparenz; sie schafft

---

1054 So die eigene Feststellung des Bundestages in: Parlamentsrecht in der Entwicklung, S. 29.

1055 so Freytag, Parlamentsreform, S. 152; vgl. hierzu auch das Eingeständnis in eigenen Untersuchungen des Bundestages in: Parlamentsrecht in der Entwicklung, S. 29

daher nicht die optimalen Voraussetzungen für einen kommunikativen demokratischen Prozeß"[1056].

V. Konsequenzen der Untersuchung für die Weiterentwicklung des derzeitigen Gesetzesberatungssystems

Die Untersuchung der Effizienz und Transparenz der einzelnen Beratungsstufen lassen eine Reduktion der Überlegungen zu einer Weiterentwicklung des Gesetzesberatungssystems auf die Regelungen der Ausschußberatung und der zweiten Beratung zu. Speziell an diesem Punkt zeigt sich die größte Diskrepanz zwischen der effektiven Arbeitsleistung und dem Zeitaufwand im Plenum. Auch das Transparenzdefizit ist in diesen Beratungen am größten. Nicht zuletzt hat sich in diesen Bereichen die Gesetzesberatungspraxis am weitesten von den historischen Motiven für die Regelungen entfernt.

B. Behebung der Unzulänglichkeiten

Es kann sicherlich nicht Aufgabe einer vorwiegend historisch orientierten Untersuchung sein, ein vollständiges, in allen Einzelheiten positivrechtlich ausgestaltetes Gesetzesberatungssystem zu entwickeln. Vielmehr bleibt die letztliche Weiterentwicklung der Gesetzesberatung durch Änderung der Geschäftsordnung naturgemäß vorwiegend den Mitgliedern des Geschäftsordnungssausschusses des Deutschen Bundestages vorbehalten. Gleichwohl soll auch im Rahmen dieser Untersuchung versucht werden, Denkanstöße zu erarbeiten, die zu einer möglichst weitgehenden Beseitigung der aufgedeckten Schwachstellen führen können.

Eine Weiterentwicklung muß logischerweise auf eine Verbesserung der durch die Analyse aufgedeckten Schwächen des derzeitigen Gesetzesberatungssystems hinsichtlich der Effizienz und Transparenz abzielen. Das "Wechselspiel von öffentlicher, nach außen erkennbarer politischer Positionsbestimmung und interner Sachberatung"[1057] ist wieder in Einklang zu

---

1056 so Oberreuter, Zur Öffentlichkeit von Parlamentsausschüssen, S. 77

1057 so sehr treffend ausgedrückt von Jekewitz in: Luchterhand, Kommentar zum Grundgesetz, Art. 77, Rn. 7

bringen, wobei aber auf die verfassungsrechtlichen Voraussetzungen zu achten ist und insbesondere auf die parlamentarische Minderheit und auf das Mitwirkungsrecht jedes einzelnen Abgeordneten Rücksicht zu nehmen ist.

I. Verfassungsrechtliche Voraussetzungen für Abänderungen des Gesetzesberatungssystems

1. Die Regelung des Grundgesetzes

Nach dem Aufbau des Grundgesetzes ist der Bundestag "der eigentliche Gesetzgeber" der Bundesrepublik Deutschland[1058]. Der Art. 77 Abs. 1, S. 1 des Grundgesetzes bestimmt eindeutig, daß die Gesetze vom Bundestag beschlossen werden müssen. Das eigentliche Verfahren der Gesetzesberatung wird im Grundgesetz nicht angesprochen. Vielmehr eröffnet es dem Deutschen Bundestag durch Art. 40 Abs. 1, S. 2 die Möglichkeit, sich eine Geschäftsordnung zu geben. Die nähere Ausgestaltung des Gesetzesberatungsverfahrens bleibt damit dem Deutschen Bundestag selbst überlassen. Dieser Geschäftsordnungsautonomie sind jedoch durch das verfassungsrechtliche Gefüge Grenzen gesetzt.

2. Beschlußfassung durch den Bundestag

Die wichtigste Schranke der Geschäftsordnungsautonomie liegt in der Bestimmung des Art. 77 Abs. 1, S. 1 im Grundgesetz. Hiernach müssen die Gesetze zwingend vom Deutschen Bundestag beschlossen werden. Vorschläge zur Vereinfachung des Gesetzesberatungsverfahrens, die auf eine Ausschußgesetzgebung für eher unwichtige Gesetze nach italienischem Vorbild abzielen[1059], können im Rahmen dieser Arbeit nicht abschließend bewertet werden.

Durch die Verlagerung der Gesetzesvorhaben in die Ausschüsse würden Probleme hinsichtlich der Einordnung der einzelnen Gesetze als wichtig oder

---

1058 so formuliert in von Münch/Bryde, Grundgesetz-Kommentar, Art. 77, Rdnr. 3

1059 vgl. hierzu: v. Lucius, Gesetzgebung durch Parlamentsausschüsse, S. 568 ff.; dessen Vorschläge aufgreifend: Freytag, Parlamentsreform, S. 148 ff.

eher marginal entstehen. Aufgrund der geringen Zahl der Ausschußmitglieder könnten sich Sonderinteressen fast ungehindert durchsetzen. Auch muß die Zusammensetzung der Ausschüsse nicht zwingend repräsentativ für das gesamte Plenum sein[1060]. Da eine Verlagerung des Gesetzesbeschlusses aber stets eine Verfassungsänderung vornehmlich des Art. 77 Abs. 1, S. 1 zur Voraussetzung hat, können betreffende Vorschläge hier unberücksichtigt bleiben.

3. Mehrere Lesungen als ungeschriebene Verfassungsvoraussetzung

Eine weitere Schranke der Geschäftsordnungsautonomie des Deutschen Bundestages wäre unter Umständen in einer ungeschriebenen Verfassungsvoraussetzung einer mehrfachen Lesung des Gesetzesvorhabens zu sehen. Diese Ansicht vertritt Klein mit Nachdruck. Nach seiner Meinung muß "eine Mehrzahl von Lesungen nicht nur als zweckmäßig, sondern als vom Grundgesetz stillschweigend - impliziert - (mit)geschrieben angesehen werden mit der Folge, daß eine absolute Festlegung auf nur eine oder nur zwei Lesungen durch die Bundestagsgeschäftsordnung grundgesetzwidrig wäre"[1061].

Klein begründet seine Auffassung mit einem Vergleich von Gesetzesentwürfen mit Gesetzesänderungen, die zwingend in mehreren Lesungen behandelt werden müßten. Dies erklärt er mit dem vom Bundestag angewandten Verfahren. Die explizite Anordnung einer mehrfachen Lesung ist aber ebensowenig für Gesetzesänderungen durch das Grundgesetz vorgeschrieben, zumal auch Gesetzesänderungen oftmals in der Form eines separaten Gesetzes beschlossen werden.

Gewiß war den Schöpfern der Verfassung die Verfahrensweise des Deutschen Reichstages vertraut und auch für die Arbeit des Deutschen Bundestages rechneten sie mit einer mehrfachen Beratung eines Gesetzesvorhabens. Eine "stillschweigend impliziert mitgeschriebene" mehrfache Lesung eines

---

1060 vgl. zu diesen und weiteren Gesichtspunkten die Anmerkungen von Kewenig, zitiert in: Liesegang, Parlamentsreform, S. 100 f.

1061 siehe von Mangoldt/Klein, Das Bonner Grundgesetz, Art. 77, Anm. III 4b - 6 a

Gesetzesvorhabens kann aber nicht angenommen werden, wie dies auch ansonsten einhellig vertreten wird[1062]. Auch das Bundesverfassungsgericht hat bezüglich der drei Lesungen festgestellt: "Art. 77 Abs. 1, S. 1 GG besagt lediglich, daß der Bundestag die Gesetze beschließt; eine Beratung der Gesetzesentwürfe in drei Lesungen ist weder ausdrücklich vorgeschrieben, noch ist sie Verfassungsgewohnheitsrecht, noch gehört sie zu den unabdingbaren Grundsätzen der demokratischen rechtsstaatlichen Ordnung."[1063]. Daher ist aus verfassungsrechtlicher Sicht eine Reduzierung der Gesetzesberatungsstufen durchaus möglich.

4. Abgeordnetenrechte in der Gesetzesberatung

Nach Ansicht des Bundesverfassungsgerichts erfordert das Prinzip der repräsentativen Demokratie die "Mitwirkung aller Abgeordneten bei der Willensbildung des Parlaments"[1064]. Die Parlamentsorganisation und die Verfahrensgestaltung des Bundestages sind darauf angelegt, die formalen Bedingungen für diese chancengleichen Prozesse der politischen Meinungsbildung zu gewährleisten. Für die Arbeit jedes einzelnen Abgeordneten hat das Bundesverfassungsgericht bestimmte Mindestanforderungen festgelegt, damit dieser seinen Auftrag nach Art. 38 Abs. 1, Satz 2 GG erfüllen und bei der parlamentarischen Arbeit mitwirken kann[1065].

Das Bundesverfassungsgericht führt hierzu aus: "Allerdings hat ein Abgeordneter im Gesetzgebungsverfahren nicht nur das Recht, im Bundestag

---

1062 vgl. bspw. Stern, Staatsrecht, Band II, S. 623; von Münch/Bryde, Grundgesetz-Kommentar, Art. 77, Rdnr. 4; Schneider/Zeh, Parlamentsrecht und Parlamentspraxis, S. 872

1063 BVerfGE 29, 221, 234 im Anschluß an BVerfGE 1, 144 (151); vgl. sinngemäß auch Hess. StGH, Entscheidung vom 21. 9. 1966, abgedruckt in DVBl. 1967, S. 83. Die Prüfung eines eventuellen parlamentarischen Gewohnheitsrechtes wird bezüglich der früheren Entscheidung des Bundesverfassungsgerichts durch Tomuschat, Verfassungsgewohnheitsrecht, S. 85 f. kritisiert. Er hält den Ansatz der Herleitung eines Verfassungsgewohnheitsrechtes aus früheren Verfassungsepochen für schlechterdings "unvollziehbar"; vgl. zu der Problematik des parlamentarischen Gewohnheitsrechts in Geschäftsordnungen: Kraul, Ausfüllung von Lücken in parlamentarischen Geschäftsordnungen, S. 66 ff.

1064 BVerfGE 44, 308, 3. Leitsatz

abzustimmen... . Er hat vielmehr auch das Recht zu beraten... . Öffentliches Verhandeln von Argument und Gegenargument, öffentliche Debatte und öffentliche Diskussion sind wesentliche Elemente des demokratischen Parlamentarismus."[1066]. Auch einer Minderheit müsse ermöglicht werden, ihren Standpunkt in den Willensbildungsprozeß des Parlaments einzubringen. Allerdings gehe dieser Minoritätenschutz nicht soweit, die Minderheit vor Sachentscheidungen der Mehrheit zu bewahren[1067]. Voraussetzung für eine funktionierende Mitwirkung der Abgeordneten an der Gesetzesberatung ist daher die Möglichkeit jedes einzelnen Bundestagsmitglieds, seine politischen Vorstellungen in die parlamentarische Willensbildung einzubringen[1068].

Die individuelle Mitwirkung des einzelnen Abgeordneten im Gesetzgebungsverfahren wird nach Ansicht des Bundesverfassungsgerichts durch das Recht des Abgeordneten nach § 82 Abs. 1 der Geschäftsordnung des Deutschen Bundestags, in zweiter Beratung Änderungsanträge zu Gesetzesentwürfen zu stellen, gewährleistet[1069]. Der einzelne Abgeordnete kann auch innerhalb der zweiten Beratung das Wort ergreifen und seine Meinung durch die Stimmabgabe zum Ausdruck bringen[1070]. Diesen höchstrichterlich festgelegten Anforderungen muß dementsprechend auch eine Änderung der derzeitigen Gesetzesberatungspraxis des Deutschen Bundestages entsprechen.

1065 so von Westphalen, Parlamentslehre, S. 197

1066 BVerfGE 70, 324, 355

1067 BVerfGE 70, 324, 363

1068 so Czepluch, Abgeordnetenstatus und politische Partei, S. 113

1069 BVerfG, Urteil vom 13. Juni 1989, abgedruckt in EuGRZ 1989, S. 288, 294

1070 vgl. BVerfG, Urteil vom 13. Juni 1989, abgedruckt in EuGRZ 1989, S. 288, 298; vgl. auch die kritische Analyse dieses Urteils von Czepluch, Abgeordnetenstatus und politische Partei, S. 114 ff.

II. Verbesserung des Gesetzesberatung durch Einführung einer öffentlichen Ausschußberatung als zweite Beratungsstufe

1. Die Lösungsmöglichkeit einer öffentlichen Ausschußberatung als zweite Beratungsstufe

Schon bei den vorhergehenden Untersuchungen wurde festgestellt, daß der richtige Ansatzpunkt für einen Qualitätszuwachs des derzeitigen Gesetzesberatungssystems in der Ausschußberatung sowie in der zweite Lesung des Gesetzesvorhabens zu suchen ist. Gerade die fehlende Transparenz der Ausschußberatung sollte verbessert und die eingeschränkte Effizienz der zweiten Beratungsstufe gesteigert werden.

Bei näherer Betrachtung der bereits aufgezeigten Schwachstellen drängt sich die Lösungsmöglichkeit auf, die zweite Beratungsstufe nicht mehr innerhalb des Plenums abzuhalten, sondern vielmehr die vorherige, richtungsweisende Beratung des Ausschusses der Öffentlichkeit zugänglich zu machen. Mit dieser verbindlichen Einführung würde die Ausschußberatung faktisch die Rolle der zweiten Beratungsstufe einnehmen. Dieser naheliegende Grundgedanke ist schon verschiedentlich in der Parlamentswissenschaft, aber auch in theoretischen Reformvorschlägen seitens des Deutschen Bundestages in unterschiedlichen Variationen aufgegriffen worden.

So wurde teilweise vorgeschlagen, trotz der Einführung einer öffentlichen Ausschußsitzung daneben noch eine zweite Beratung innerhalb des Plenums abzuhalten, wenn dies durch Vereinbarung im Ältestenrat für erforderlich gehalten wird[1071]. Andere Vorschläge zielen auf die Abhaltung einer erweiterten Ausschußberatung mit allen beteiligten Ausschüssen ab, die in den meisten Fällen öffentlich abzuhalten sind. Am Ende der auf die Ausschußsitzung folgenden zweiten Beratung soll nach maßgeblicher

---

1071 so ein Vorschlag aus den Reihen des Deutschen Bundestags in: Parlamentsrecht in der Entwicklung, S. 29; vgl. die Analyse des Vorschlags durch: Lenz/Kretschmer, Strukturfragen, S. 190 ff.

Auffassung über die Vorlage endgültig abgestimmt werden. Nur in Ausnahmefällen sei eine dreifache Beratung abzuhalten[1072].

Die hier angedeutete Möglichkeit zur Verbesserung des derzeitigen Gesetzesberatungssystems knüpft an grundsätzliche Überlegungen von Kewenig an, die aus seinem "Bericht über Möglichkeiten einer Entlastung des Plenums im Bereich der Gesetzgebung" hervorgehen[1073]. Neben der prinzipiellen Ablehnung einer Ausschußgesetzgebung tritt Kewenig für eine Straffung des bisherigen Gesetzgebungsverfahrens "durch eine Koordination von abschließender Ausschußberatung und 2. Lesung in kleinerem Kreis" ein[1074]. Die zweite Lesung solle aus dem Plenum herausgenommen werden, um sie in eine gemeinsame öffentliche Sitzung der beteiligten Fachausschüsse zu verlagern, zu der außerdem alle interessierten Bundestagsabgeordneten Zutritt hätten[1075]. Kewenig hat sich im Bericht darauf beschränken müssen, die Auswirkungen seines Vorschlags auf die Transparenz und Effizienz des Gesetzesberatungsverfahrens nur kurz anzusprechen.

Im Rahmen dieser Untersuchung soll deshalb näher untersucht werden, inwieweit die Abschaffung der zweiten Lesung im gesamten Plenum und die öffentliche Ausschußsitzung als zweite Beratungsstufe zu einer Steigerung der Effizienz und Transparenz des Gesetzesberatungsverfahrens führen kann.

Der Vorschlag Kewenigs geht von einer gemeinsamen Ausschußsitzung aller beteiligten Ausschüsse aus. Dagegen ist kritisch einzuwenden, daß sich bei einem Zusammenschluß mehrerer Ausschüsse zu einem gemeinsamen Ausschuß nahezu zwangsläufig eine Unübersichtlichkeit des Entscheidungsgremiums in der zweiten Gesetzesberatungsstufe ergeben würde, zumal bei weitreichenden Gesetzesvorhaben fast alle Ausschüsse mitwirken. Eine gemeinsame Sitzung aller beteiligten Ausschüsse, die in der heutigen Parlamentspraxis separat an der Realisierung von Gesetzesvorhaben arbeiten,

---

1072 so ein Reformvorschlag seitens einer Enquete-Kommission des Bundestages aus dem Jahr 1976; abgedruckt in: Drucksachen 7/5924, Kapitel 5, S. 80 ff.

1073 abgedruckt in: Drucksachen, VI/3829, S. 84 ff.; auch aufgeführt in: Liesegang, Parlamentsreform, S. 98 ff.

1074 vgl. Drucksachen, VI/3829, S. 85 bzw. S. 101 f.

1075 vgl. ebenda S. 84 bzw. S. 100

würde dann faktisch zu einer Beratung eines "verkleinerten" Plenums führen. Hierbei erscheint es nicht sachgerecht, Mitgliedern eines bei diesem konkreten Gesetzesvorhaben eher nur am Rande betroffenen Ausschusses dieselben Stimmrechte zu geben, wie den Mitgliedern der Ausschüsse, die hauptsächlich mit dem Gesetzesinhalt befaßt sind.

Denkbar wäre entgegen dem Vorschlag Kewenigs eine öffentliche Sitzung des federführenden Ausschusses, die die zweite Beratungsstufe ausfüllt. Den anderen beteiligten Ausschüssen könnte dort ein Antragsrecht eingeräumt werden. Eine Beschränkung der zweiten Beratungsstufe auf eine öffentliche Sitzung ausschließlich des federführenden Ausschusses würde der Übersichtlichkeit des Entscheidungsgremiums zugute kommen. Ein neues Parlament im Parlament würde nicht entstehen.

Die oben erwähnte Transparenz und die Effizienz werden durch die Frage der Zusammensetzung des öffentlich tagenden Ausschusses nicht berührt und sind daher für beide Möglichkeiten der Ausschußzusammensetzung relevant.

Die mögliche Weiterentwicklung besteht folglich in der Abhaltung einer öffentlichen Ausschußsitzung, die innerhalb des Gesetzesberatungsverfahrens die zweite Beratungsstufe einnimmt. Neben den verfassungsrechtlichen Anforderungen muß das geänderte Modell aber auch einer Überprüfung anhand der schon oben aufgeworfenen Kriterien Transparenz und Öffentlichkeitswirkung sowie Effizienz des Gesetzesberatungsverfahrens standhalten. Nicht zuletzt ist die frühere Zielsetzung der Begründer der deutschen Gesetzesberatungstechnik in die Überlegungen mit einzubeziehen.

2. Transparenz und Öffentlichkeitswirkung

Schon in den obigen Ausführungen ist Transparenz als "Durchsichtigkeit des Herrschaftsverbandes sowie die darin vollzogenen Willensbildungsprozesse" definiert worden. Eine Verbesserung der Transparenz muß darauf zielen, den Prozeß der Kommunikation innerhalb des politischen Systems durchsichtig zu machen[1076].

1076 Thaysen, Parlamentsreforn, S. 86 f.

Die vorstehende Untersuchung der derzeitigen Gesetzesberatungspraxis hat ergeben, daß insbesondere bei der jetzigen Ausschußsitzung als entscheidende Beratungsphase er generell an der erforderlichen Transparenz mangelt. Dieser Mißstand wird sich nicht ändern, solange die Ausschußsitzung nicht öffentlich abgehalten wird.

Die konsequente Weiterentwicklung des Gesetzesberatungssystems beinhaltet die grundsätzliche Öffentlichkeit der Ausschußsitzung. Sie wird als zweite Beratungsstufe in den ungefilterten Blick des politischen Beobachters gerückt. Der politisch interessierte Bürger wie die vom Gesetzesentwurf betroffenen Institutionen wären in die Lage versetzt, die Phase des Gesetzesberatungsverfahrens zu verfolgen, in denen die wesentlichen Diskussionen stattfinden und Vorentscheidungen fallen. In den öffentlichen Ausschußsitzungen fände keine Wiederholung der Diskussion, sondern eine wirkliche Auseinandersetzung mit dem Gesetzesentwurf statt. Dem Bürger würde durch die Öffentlichkeit die Möglichkeit eingeräumt, die Argumente der Gegner und Befürworter des Gesetzesentwurfs direkt aufzunehmen und zu bewerten. Weiterhin könnte ein kritischer Beobachter auch das Verhandlungs- und Kompromißverhalten der am Gesetzesberatungsprozeß beteiligten Personen und Gruppierungen bewerten.

Die möglichen Auswirkungen einer öffentlichen Ausschußsitzung werden sehr treffend durch Oberreuter folgendermaßen beschrieben: "Dadurch (gemeint ist die Einführung der öffentlichen Ausschußsitzung) werden zumindest die bestehenden dualistischen Positionen ständig verdeutlicht, Konfrontation und Kooperation von Regierung und Opposition nachvollziehbar. Insbesondere der Opposition eröffnet sich ein zusätzliches Aktionsfeld zur öffentlichen Kritik und Kontrolle, ebenso aber auch zum öffentlichen Nachweis ihrer Kooperationsbereitschaft"[1077]. Eine heute zunehmend zu beobachtende Verweigerungshaltung einzelner Parteien ließe sich bei einer solchen öffentlichen Debatte nicht aufrechterhalten.

[1077] Oberreuter, Zur Öffentlichkeit von Parlamentsausschüssen, S. 88

Nicht zuletzt führt die öffentliche Ausschußsitzung zu "erheblichen quantitativen Verbesserungen und zur Verdichtung der Kontinuität der Parlamentsberichterstattung"[1078]. Dies hat Oberreuter anhand eines empirischen Vergleichs zwischen der Parlamentsberichterstattung über den Bayerischen Landtag mit seinen öffentlichen Ausschußsitzungen und den Landtag von Nordrhein-Westfalen mit nichtöffentlichen Ausschußsitzungen zutreffend festgestellt. Bei dem auf zwei Monate angelegten Vergleich der Parlamentsberichterstattung einer regionalen, einer mittleren und einer kleinen Tageszeitung zeigte sich insgesamt ein vierfach höherer Umfang der Parlamentsberichterstattung in Bayern. Der Umfang der Ausschußberichterstattung verhielt sich im Verhältnis 30 : 1. Während in Nordrhein-Westfalen die Ausschußberichterstattung lediglich 6 % der gesamten Parlamentsberichterstattung einnahm, verzeichnete die Ausschußberichterstattung in Bayern einen Anteil von 50 %. Insgesamt hat sich in Bayern die Sitzungsaktivität des Landtags praktisch vollständig in der Medienberichterstattung niedergeschlagen, während in Nordrhein-Westfalen die Presse noch nicht einmal von einem Drittel der Sitzungstage berichtete[1079].

Diese Untersuchungen Oberreuters, obwohl sie nacht als repräsentativ anzusehen sind, lassen folgende Feststellung zu: Eine Offenlegung der tatsächlichen Beratungs- und Entscheidungsstrukturen läßt bei der heutigen vielfältigen Medienlandschaft ein stärkeres Interesse der Öffentlichkeit und damit einhergehend auch der Medien erwarten. Durch Berichte in Fachzeitschriften wäre zudem bei Gesetzesvorhaben mit spezieller Gesetzesmaterie die Information des interessierten Bürgers gesichert.

Die Transparenzerweiterung durch die öffentliche Ausschußsitzung führt mit großer Wahrscheinlichkeit zu einer Minderung der angesprochenen Politikverdrossenheit. Dem Bürger könnte ohne Schwierigkeiten vermittelt werden, daß die entscheidenden Beratungen in der Ausschußsitzung stattfinden und er die direkte Möglichkeit hat, durch Zeitungen oder bspw. durch Parlamentsfernsehen an diesen zumindest passiv "teilzunehmen". Das die

---

1078 so Oberreuter, Zur Öffentlichkeit von Parlamentsausschüssen, S. 88

1079 vgl. die lesenswerte und aufschlußreiche Analyse in: Oberreuter, Zur Öffentlichkeit von Parlamentsausschüssen, S. 88 ff.

Politikverdrossenheit begünstigende plenumsfixierte Parlamentsverständnis würde damit zurückgedrängt.

Insofern wäre die skizzierte Weiterentwicklungsmöglichkeit des Gesetzesberatungssystems mit öffentlichen Ausschußsitzungen aus der Sicht des interessierten Bürgers und gleichzeitig auch unter Transparenzgesichtspunkten wünschenswert.

3. Effizienz

Das hier vorgestellte Gesetzesberatungsverfahren könnte - unabhängig von der beschriebenen Transparenzsteigerung - auch eine effektivere Behandlung des Gesetzes gewährleisten. Der Zuwachs an Transparenz darf nicht durch eine Minderung der Gesetzesqualität erkauft werden.

Da die demokratische Legitimation nicht mit dem Wahlakt endet, dürfen die politische Willensbildung und damit das Gesetzesberatungsverfahren nicht "faktisch zu einem unkontrollierbaren Vertrauensakt verkürzt" werden[1080]. Die Öffentlichkeit der Parlamentsverhandlungen ist möglichst weit herzustellen. Hierbei ist die Effizienz weder ein unantastbarer, noch ein ohne Grenzen antastbarer Wert[1081].

Aufgrund dieses "demokratiegemäßen Publizitätsgebots" ist faktisch eine Beweislast dahingehend festzustellen, daß "für die Verweigerung der Publizität Gründe beizubringen sind, nicht für deren Einräumung"[1082]. Unter diesem Gesichtspunkt sollte auch die Diskussion geführt werden.

Die Konsequenzen der grundsätzlichen Einführung einer Ausschußöffentlichkeit lassen sich aufgrund fehlender Erfahrungswerte im Deutschen Bundestag nur erahnen. Zwar räumt die Geschäftsordnung seit dem Jahr 1969 die fakultative Möglichkeit ein, Ausschußsitzungen öffentlich abzuhalten. Diese Gelegenheit wird aber praktisch nicht wahrgenommen. So

---

1080 so Oberreuter, Zur Öffentlichkeit von Parlamentsausschüssen, S. 79

1081 vgl. Oberreuter, Zur Öffentlichkeit von Parlamentsausschüssen, S. 79

1082 So überzeugend: Oberreuter, Zur Öffentlichkeit von Parlamentsausschüssen, S. 82

fanden beispielsweise bei etwa zweitausend Ausschußsitzungen innerhalb der 8. Wahlperiode nur vier öffentlich statt. In drei dieser Fälle beschlossen die Abgeordneten über die Zulassung der Öffentlichkeit erst zu Beginn der Sitzung. In keiner der etwa zweitausend Ausschußsitzungen gab es einen Antrag auf Herstellung der Öffentlichkeit, der nach der Debatte über diese Frage abgelehnt worden wäre[1083].

Neben diesen mangelnden Erfahrungswerten bleibt aber das Ergebnis einer Untersuchung immer ungesichert, da die Effizienz von parlamentarischen Reformen eine variable, nicht meßbare, sondern nur intuitiv zu ermittelnde Größe ist[1084].

Aus diesen Gründen darf auch von dieser Untersuchung keine abschließende Bewertung der Effizienzveränderung erwartet werden. Ein verläßliches Ergebnis ist erst durch mögliche Erfahrungen im Deutschen Bundestag zu ermitteln. Versuche könnten die Möglichkeit schaffen, ein genaueres Bild über die Vor- und Nachteile der neuen Beratungsform für den Deutschen Bundestag zu gewinnen[1085]. Vielmehr sollen hier Denkanstöße für eine neue Diskussion über die Öffentlichkeit von Ausschüssen ohne Vorurteile und angebliche "Erbhöfe" gegeben werden.

Auch wenn seitens des Deutschen Bundestages keine Erfahrungen vorliegen, besteht im Bayerischen Landtag seit 1948 und im Abgeordnetenhaus Berlins seit 1971 die grundsätzliche Ausschußöffentlichkeit. Die Erfahrungen des bayerischen Parlaments hat wiederum Oberreuter unter der Prämisse der Effizienz untersucht, so daß seine Ergebnisse - trotz der unterschiedlichen Kompetenzzuweisung an die Länderparlamente und das Bundesparlament - in die Analyse und die Abwägung der Argumente einfließen können.

Die Gegner der generellen Ausschußöffentlichkeit setzen insbesondere bei dem hier zu behandelnden Effizienzgedanken an. Sehr bezeichnend und

---

1083 Die Zahlen sind entnommen von: Scholz, Bilanz der Parlamentsreform '69, S. 164.

1084 so Thaysen, Parlamentsreforn, S. 85

1085 So auch schon das Ergebnis eigener Untersuchungen des Deutschen Bundestages in: Parlamentsrecht in der Entwicklung, S. 30

gewissermaßen repräsentativ ist die Ansicht von Majonica, der vehement gegen die Öffentlichkeit der Ausschußsitzungen argumentiert: "Nun gibt es die Forderung, grundsätzlich alle Sitzungen der Ausschüsse öffentlich stattfinden zu lassen. ... Hier erheben sich gewisse Bedenken, ... Die Öffentlichkeit aller Ausschußsitzungen würde die Spontaneität der Mitarbeit beeinträchtigen. Der einzelne Abgeordnete muß aber in einem solchen Ausschuß auch einmal die Möglichkeit haben, ins Unreine zu denken und zu sprechen, er muß vor allen Dingen auch die Möglichkeit haben, seine Meinung und Auffassung zu korrigieren, was er in einer öffentlichen Sitzung nicht so gerne tun wird. Eine vertrauensvolle und ungehinderte Diskussionsmöglichkeit befreit auch von der Scheu, eine von der Fraktion abweichende Meinung vorzutragen. Das Informationsrecht der Öffentlichkeit bleibt ja dadurch gewahrt, daß der Ausschußbericht im Plenum vorgetragen wird und daß es dort darüber eine Debatte gibt."[1086]

Bemerkenswerterweise "entlarvt" gerade der letzte Satz die hintergründige Intention der Gegner einer öffentlichen Ausschußsitzung. Sie räumen selber ein, daß in der auf den Ausschußbericht anschließenden Debatte bestenfalls nur noch eine Wiederholung der Ausschußdebatte stattfindet. Gerade diese entscheidende Phase des Gesetzesberatungsverfahrens soll dem Bürger entzogen bleiben. Diese Sichtweise verwundert um so mehr, da bei einer Umfrage unter den Bundestagsabgeordneten unter 39 möglichen Punkten, die "Unterstreichung der Funktion des Bundestages als Integrationsfaktor durch mehr Publizität" an achter Stelle genannt wurde. Selbst Majonica als Gegner der öffentlichen Ausschußsitzung führt an, "daß es der große Vorteil der parlamentarischen Demokratie sein sollte, politische Vorgänge transparent zu machen"[1087]. Die nichtöffentliche Ausschußsitzung widerspricht jedoch gerade diesem Bestreben der Bundestagsabgeordneten.

Daher muß geklärt werden, ob die Zurückhaltung vieler Abgeordneter sachlich begründet ist. Es ist zu fragen, ob durch die Öffentlichkeit wirklich - wie von Majonica behauptet - die Handlungs-, Argumentations- und

---

1086 Majonica, Bundestagsausschüsse, S. 123 f.

1087 Majonica, Bundestagsausschüsse, S. 124

Entscheidungsmöglichkeit des einzelnen Ausschußmitglieds eingeschränkt würde.

Unstreitig besteht bei einer generellen Ausschußöffentlichkeit eine Notwendigkeit, manche Sachberatungen und Sachentscheidungen aus der öffentlichen Ausschußsitzung herauszuziehen[1088]. Hier sind sicherlich in erster Linie die Verhandlungen des Verteidigungsausschusses, des Immunitätsausschusses oder einzelner Untersuchungsausschüsse zu nennen. Ihre Arbeit verlangt in der Regel Geheimhaltung und Vertraulichkeit, so daß dort der Transparenzgedanken zurücktreten muß. Denkbar wäre auch in Anlehnung an Art. 42 Abs. 1, S. 2 GG die Möglichkeit zu eröffnen, auf Antrag eines Zehntel und mit Zustimmung von zwei Dritteln der Abgeordneten eine Ausschußsitzung für nichtöffentlich zu erklären. Ein Diskretionsbereich wäre in diesem Fall gewährleistet.

Fraglich bleibt jedoch, ob die Effizienz der Beratung von Gesetzesentwürfen, deren Behandlung nicht unbedingt die generelle Geheimhaltung erfordern, durch die öffentliche Ausschußsitzung wesentlich vermindert wird.

Dagegen sprechen zunächst die Untersuchungen Oberreuters[1089]. Er hat die Beratungstätigkeit des Bayerischen Landtages neben dem schon oben angesprochenen Transparenzaspekt auch unter Effizienzgesichtspunkten untersucht. Hierfür hat er die Ausschußtätigkeit in der 6. Wahlperiode von 1966 - 1970 analysiert.

Er ermittelte, daß das Öffentlichkeitsgebot von den Mitgliedern des Bayerischen Landtags nicht unterlaufen wird. Innerhalb des Untersuchungszeitraums wurde nur in 3 % der Ausschußsitzungen das Öffentlichkeitsprinzip prinzipiell außer Kraft gesetzt. Lediglich in etwa 7 % der grundsätzlich öffentlichen Sitzungen ist partiell nicht öffentlich verfahren worden.

1088 Diese Gefahr wird auch von eigenen Untersuchungen des Bundestages gesehen, die aber grundsätzlich für eine generelle Öffentlichkeit eintreten. (siehe Drucksache 7/5924, S. 84)

1089 Sämtliche Ergebnisse sind der Untersuchung von Oberreuter, Scheinpublizität oder Transparenz ?, S. 83 ff. entnommen.

Oberreuter spricht weiter davon, daß der Bayerische Landtag "die öffentliche Form der Ausschußberatung längst als angemessenes Instrument zur Ausbalancierung von Effizienz und Transparenz der parlamentarischen Prozedur akzeptiert, ... "[1090]. Die Tatsache, daß das Verfahren der öffentlichen Ausschußsitzung in Bayern schon seit nunmehr fünfzig Jahren ungeändert praktiziert wird, läßt den Schluß zu, daß die Effektivität durch die Öffentlichkeit nicht entscheidend vermindert wird. Niemand wird behaupten können, daß die Qualität der Gesetze des Bayerischen Landtags oder des Berliner Abgeordnetenhauses hinter der anderer parlamentarischer Institutionen zurückstehen. Ein Vergleich zweier politisch konfliktbeladener Gesetzgebungsverfahren durch Meyn bestätigt diese Annahme[1091]. Er analysierte die Beratung des Rundfunk- und Pressegesetzes im Landtag von Bayern und im Landtag von Nordrhein-Westfalen, wo regelmäßig nichtöffentliche Ausschußsitzungen stattfinden. Der Vergleich ergab keine wesentlichen Unterschiede in Form und Inhalt der Beratung. Auch der Zeitaufwand im Bayerischen Landtag war nicht größer als in Nordrhein-Westfalen.

Es ist zu fragen, warum die von den Gegnern der generellen Ausschußöffentlichkeit gehegten Befürchtungen offenbar nicht eingetreten sind.

Zunächst ist anzuführen, daß Nichtöffentlichkeit noch lange keine Vertraulichkeit bedeutet[1092]. Auch bei nichtöffentlichen Sitzungen dringen Inhalt und Ergebnis der Verhandlungen nach außen. Die Nichtöffentlichkeit läßt bei den am Gesetzesentwurf interessierten Kreisen oder Bürgern möglicherweise unwahre Vermutungen über die politische Zielsetzung und Kompromißfähigkeit einzelner Ausschußmitglieder aufkommen.

Auch die Befürchtung, es werde bei der öffentlichen Ausschußsitzung mehr auf die Öffentlichkeit geachtet statt sich sachbezogen zu dem zur Debatte stehenden Gesetzesentwurf zu äußern, hat sich offenbar nicht bestätigt. "Die Erfahrung

---

1090 Oberreuter, Zur Öffentlichkeit von Parlamentsausschüssen, S. 84

1091 vgl. die Untersuchung bei Meyn, Transparenz der politischen Ordnung, S. 26 ff.

1092 so Oberreuter, Zur Öffentlichkeit von Parlamentsausschüssen, S. 85

widerlegt diesen Einwand weitgehend", wird durch den ehemaligen bayerischen Landtagspräsidenten Hanauer festgestellt[1093].

Die mangelnde Möglichkeit zum Kompromiß in einer öffentlichen Ausschußsitzung ist mit Sicherheit eine zunächst einleuchtende Besorgnis der Öffentlichkeitsgegner. Dagegen kann jedoch eingewandt werden, daß der Ausschußangehörige aufgrund seiner Fraktions- und Parteizugehörigkeit nur in seltenen Fällen ohne jede politische und inhaltliche Vorgabe in die Ausschußberatung geht. Der politische Spielraum für Kompromißbildungen in stabilen parlamentarischen Regierungssystemen ist in der Regel schmal[1094]. Die durch Interessenpluralität gekennzeichnete Gesellschaft zeichnet sich gerade dadurch im Parlament aus, daß zur Vorbereitung der Mehrheitsbildung in den Fraktionen bereits die verschiedenen Auffassungen zu einem Problem aufeinandertreffen und zu einem "gewissen ersten Ausgleich gebracht werden"[1095]. Der gesetzgeberische Entscheidungsprozeß verlagert sich zu einem großen Teil in die Ministerialbürokratie, die wegen der Gesetzesentwürfe mit den beteiligten Verbänden Absprachen treffen und auch in dieser Stufe zur Konsensbildung beitragen kann[1096]. Zum Zeitpunkt der Ausschußverweisung haben sich die Fraktionen bzw. deren zuständige Gremien in der Regel schon weitgehend festgelegt[1097]. Bei der Ausschußberatung handelt es sich also nicht um ein "wertfreies Suchen von Experten nach der objektiv besten Lösung"[1098].

Die Änderungen am Gesetz vollziehen sich zwar hauptsächlich in der Ausschußphase. Sie stellen jedoch nur in den seltensten Fällen die politische Zielsetzung des Gesetzesentwurfs in Frage, sondern betreffen zwischenzeitlich notwendig gewordene Anpassungen an die Rechtslage, technische oder

---

[1093] vgl. Hanauer, Die Vertretung des bayrischen Volkes, S. 37

[1094] so Oberreuter, Zur Öffentlichkeit von Parlamentsausschüssen, S. 86

[1095] so die Feststellung in einer eigenen Untersuchung des Bundestages: Drucksache VI/3829, S. 78; vgl. sehr anschaulich zur Behandlung des Gesetzesentwurfs in den Fraktionen: Ismayr, Der Deutsche Bundestag, S. 300 ff.

[1096] so v. Lucius, Gesetzgebung durch Parlamentsausschüsse, S. 569; vgl. zum Gestaltungsspielraum der Ministerialbürokratie auch aufschlußreich: Ismayr, Der Deutsche Bundestag, S. 289 f

[1097] Ismayr, Der Deutsche Bundestag, S. 309

ökonomische Entwicklungen, die Korrektur gesetzestechnischer Mängel und sonstige "punktuelle Verfeinerungen"[1099]. Hier wird die wesentliche Sacharbeit geleistet, die der interessierte Bürger zur Kenntnis nehmen möchte.

Trotz der weitgehend festgelegten Positionen kommt es in der Parlamentspraxis zu Kompromissen. Manchmal ist es eben nicht möglich, sich einer besseren Argumentation - wenn auch in Detailfragen - zu verschließen. Aus diesem Grunde jedoch eine Nichtöffentlichkeit der Ausschußsitzung zu verlangen, wertet die politische und auch menschliche Fähigkeit des einzelnen Abgeordneten ab. Die Vorschrift des Art. 38 Abs. 1, Satz 2 des Grundgesetzes enthält eine "Verpflichtung zur Gewissensentscheidung"[1100]. Ein Abgeordneter sollte demnach jederzeit zu seinen Argumenten und Überzeugungen stehen können. Gleichzeitig muß es jedoch auch möglich sein, seine Ansichten aufgrund der Argumente des Gegners zu ändern. Am treffendsten formuliert Oberreuter: "Wenn Parlamente meinen, den Prozeß der Kompromißfindung habe das Licht der Öffentlichkeit zu scheuen, vermögen sie zur Korrektur traditioneller Grundmuster der Parlamentskritik und des politischen Stils nicht beizutragen."[1101].

Letztlich kann festgestellt werden, daß zumindest die Öffentlichkeit der Ausschußverhandlungen nicht mehr mit dem wenig überzeugenden Hinweis auf eine angebliche Effizienzverminderung abgelehnt werden kann. Die Beibehaltung der Ausschußöffentlichkeit in der Parlamentspraxis des Bayerischen Landtags und des Berliner Abgeordnetenhauses weist deren generelle Geeignetheit für das Gesetzesberatungsverfahren beispielgebend nach.

4. Verfassungsrechtliche Unbedenklichkeit

Die Weiterentwicklung des Gesetzesberatungssystems muß in gleicher Weise den oben aufgeführten verfassungsrechtlichen Kriterien genügen. Hierbei

---

1098 so Schellknecht, Meinungsvielfalt, S. 36; vgl. auch die Schilderung der internen Ausschußarbeit durch: Blischke/Scholz, Bundestag, S. 64 ff.

1099 so Ismayr, Der Deutsche Bundestag, S. 309 f.

1100 so Achterberg, Das Parlament im modernen Staat, S. 702

ergeben sich kaum Schwierigkeiten, da die Änderungen keine wesentlichen Verfassungsgrundsätze berühren.

Die alleinige Kompetenz der endgültigen Beschlußfassung liegt nach wie vor bei der Gesamtheit aller Abgeordneten des Deutschen Bundestages. Da die Anzahl der Beratungsstufen nicht verändert wird, besteht für diejenigen Stimmen kein Anlaß zur Besorgnis, die eine mehrfache Beratung des Gesetzes verfassungsrechtlich für erforderlich halten.

Neben seinen Stimmrechten in zweiter und dritter Lesung wird dem einzelnen Abgeordneten seine verfassungsrechtlich garantierte Möglichkeit der individuellen Mitwirkung am Gesetzgebungsverfahren durch das Recht nach § 82 Abs. 1 zum Einbringen von Änderungsanträgen innerhalb der zweiten Beratung gewährleistet[1102]. Da dieses Recht durch die angedachte Herausnahme der zweiten Beratungsstufe aus dem gesamten Plenum zwangsläufig aufgehoben wird, ist es erforderlich, dem Abgeordneten entsprechend der jetzigen Regelung des § 82 Abs. 1 innerhalb der dritten Beratung das Recht zu Änderungsanträgen einzuräumen, die auch nach der angedeuteten Weiterentwicklung weiterhin im gesamten Plenum stattfinden würde. Durch die Verlagerung seines Vorschlagsrechts in die dritte Beratung hätte der einzelne Abgeordnete die Möglichkeit, vor einem vergleichbaren Forum seine Ansicht darzustellen und darüber abstimmen zu lassen.

Da innerhalb der dritten Beratung die Entscheidung über den Gesetzesentwurf aber in der Regel bereits gefallen ist bzw. kaum mehr grundlegende Änderungen zu erwarten sind, sollte in Erwägung gezogen werden, jedem einzelnen Abgeordneten schon innerhalb der öffentlichen Ausschußberatung als nunmehr zweite Beratungsstufe des Gesetzesberatungsverfahrens ein Änderungsvorschlagsrecht einzuräumen. In der beispielsweise im Hessischen Landtag üblichen Praxis hat der einzelne Abgeordnete wie ausgeführt das Recht, innerhalb der Ausschußsitzung Änderungsanträge zu stellen. Diese Einflußmöglichkeit des einzelnen Abgeordneten oder einer Gruppierung auf die Beratung des Gesetzes in seiner "entscheidenden" Phase würde auch im

---

1101 so treffend Oberreuter, Zur Öffentlichkeit von Parlamentsausschüssen, S. 85

1102 BVerfG, Urteil vom 13. Juni 1989, abgedruckt in EuGRZ 1989, S. 288, 294

Deutschen Bundestag einen zusätzlichen Anreiz geben, sich näher mit dem Gesetzesentwurf zu befassen.

5. Historische Überlegungen

Nachdem die Untersuchung von Transparenz und Effizienz des jetzigen Verfahrens die Notwendigkeit der angedeuteten Weiterentwicklung des Gesetzesberatungssystems unterstrichen hat, soll diese an den Beweggründen gemessen werden, die zur Einführung des Twesten-Laskerschen Gesetzesberatungssystem geführt haben. Selbst wenn diese historische Komponente bei anderen Untersuchungen bewußt oder unbewußt unterlassen wurde, kann die Rückbesinnung auf die Leistung von Twesten und Lasker sachdienlich sein, weil sie ein über mehr als ein Jahrhundert in den Grundzügen bestehendes Gesetzesberatungssystem entworfen haben, dessen Grundkonzeption bis heute fortbesteht. Jede Beratungsstufe ist seinerzeit aufgrund einer speziellen Intention eingeführt worden, so daß sich letztlich ein in sich geschlossenes Gedankensystem herausgebildet hat.

Eine Weiterentwicklung des heutigen Gesetzesberatungssystem hat sich grundsätzlich an dem Aufbau des Twesten-Laskerschen Systems zu orientieren. Da kein völlig neuartiges System eingeführt werden soll, ist die Frage zu stellen, ob die Änderungen den damaligen Motiven völlig entgegenlaufen oder möglicherweise einige anfängliche Zielsetzungen erst durch die angedachte Weiterentwicklung erreicht werden.

Ein wesentliches Ziel des Twesten-Laskerschen Gesetzesberatungssystem war, den damals stark gewachsenen Einfluß der Ausschüsse zurückzudrängen. Durch die vorherige Ausschußsitzung und dem dieser folgenden Bericht "verkümmerte" die Spezialdebatte immer mehr. Zusätzlich hatte der Ausschußbericht die Bereitschaft jedes einzelnen Abgeordneten vermindert, sich mit dem Gesetzesentwurf selbständig auseinanderzusetzen. Da auch die Änderungsvorschläge erst nach der Ausschußsitzung eingebracht werden konnten, bestand für den einzelnen Abgeordneten kein unmittelbarer Einfluß auf die Ausschußarbeit. Dieser Entwicklung sollte durch die Einführung der dreifachen Beratung des Gesetzes begegnet werden.

Während dem damaligen Gesetzesberatungsverfahren durch die Einführung des Gesetzesberatungssystems von Twesten und Lasker in vielen Bereichen Besserung widerfuhr, zeigt eine Betrachtung der jetzigen Gesetzesberatungspraxis des Deutschen Bundestages, daß gerade die genannten Zielsetzungen durch das Twesten-Laskersche Beratungsverfahren nicht erreicht werden konnten. Die zweite Beratungsstufe dient bekanntlich nicht mehr der effektiven Arbeit, sondern in der Regel nur noch der Außendarstellung. Das Interesse der nicht unmittelbar an der Beratung beteiligten Abgeordneten an dem Gesetzesentwurf kann dadurch nicht erhöht werden.

Hintergrund für diese Mißstände ist der schon angesprochene noch stärker angestiegene Einfluß der Ausschußarbeit. Das Hauptziel der Zurückdrängung des Ausschußwesens und der Konzentration der sachlichen Arbeit auf die öffentlichen Sitzungen konntet durch die Einführung und Weiterentwicklung des Twesten-Laskerschen Systems aus sachlichen Gründen niemals erreicht werden. Daher widerspricht das heutige System der Gesetzesberatung zumindest in diesem Punkt den Bestrebungen seiner Schöpfer.

Auch die angedeutete Weiterentwicklung des Gesetzesberatungssystems führt hier auf den ersten Blick zu keiner Annäherung an die Zielsetzungen von Twesten und Lasker. Durch das Abhalten der zweiten Beratungsstufe als öffentliche Ausschußsitzung wird vielmehr der Einfluß des Ausschusses noch verstärkt und seine Arbeit und Beratung durch die Öffentlichkeit erhellt.

Möglicherweise könnten die positiven Auswirkungen aufgrund der Spezialdebatte in der Öffentlichkeit jedoch das Gesetzesberatungsverfahren den ursprünglichen Motiven von Twesten und Lasker näherbringen. Die Spezialdebatte nähme durch die Weiterentwicklung wieder eine gewichtige Stellung innerhalb des Gesetzesberatungsverfahren ein. Die bereits seinerzeit angesprochene "Verkümmerung" der Spezialdebatte wäre augenblicklich behoben, da nunmehr in der zweiten Beratungsstufe eine wirkliche Debatte stattfinden würde. Speziell die Möglichkeit zur Teilnahme an der öffentlichen Ausschußsitzung des einzelnen Abgeordneten zu einem Zeitpunkt, zu dem noch nicht eine endgültige Entscheidung gefallen ist und die oben vertretene einzuführende Möglichkeit zu Änderungsanträgen schon innerhalb der Ausschußsitzung, begünstigt die eigene Auseinandersetzung mit dem

Gesetzesentwurf. Solche Änderungsanträge bleiben nicht mehr auf ein spätes Stadium des Beratungsverfahrens beschränkt, in dem eine Änderung kaum mehr zu erwarten ist.

Insofern werden durch die hier vorgeschlagene Weiterentwicklung des Gesetzesberatungsverfahrens die ursprünglichen Zielsetzungen verfolgt, auch wenn die gewünschte Minderung des Ausschußeinflusses aus praktischen Gründen nicht mehr zu erreichen ist. Die Weiterentwicklung verbindet jedoch die parlamentarische Realität mit den Intentionen der Schöpfer des damaligen Gesetzesberatungssystems. Das ursprünglich Gebilde wird nicht auseinandergerissen, sondern vielmehr in seinen "Fundamenten" gestärkt.

C. Konsequenzen aus der Untersuchung der Entwicklungsgeschichte und der Möglichkeiten zur Weiterentwicklung des Gesetzesberatungssystems des Deutschen Bundestages

Die Untersuchungen der Effizienz, Transparenz, der verfassungsrechtlichen Voraussetzungen und nicht zuletzt der historischen Komponente einer öffentlichen Ausschußberatung als zweite Beratungsstufe haben gezeigt, daß eine solche Ausschußberatung durchaus sinnvoll wäre.

Andererseits kann, wie die Untersuchungen gezeigt haben, nicht auf eine zwingende Notwendigkeit der Einführung einer öffentlichen Ausschußberatung geschlossen werden. Da ein theoretisches System sich erst in den parlamentarischen Verhandlungen beweisen kann, führen auch diese Überlegungen nicht zu einem gesicherten, unangreifbaren Ergebnis. Dies näher zu beleuchten, konnte aber auch nicht das Ziel dieser Untersuchung sein.

Vielmehr soll durch diese Darstellung ein Denkprozeß in Gang gebracht werden, die historischen und aktuellen Erfahrungen zu analysieren und bei vollständiger Kenntnis und Würdigung der historischen Entwicklung den Weg zu einer Weiterentwicklung der Geschäftsordnung zu ebnen. Mit dieser Untersuchung wird das historische Gerüst für eine Überprüfung vorgelegt.

Erforderlich für eine Weiterentwicklung ist darüber hinaus auch eine unvoreingenommene Bereitschaft, mit Blick auf eine jahrhundertealte Tradition das Gesetzesberatungssystem den geänderten Umständen anzupassen. Daß eine Reformbereitschaft besteht, fand in einem Interview der damaligen Bundestagspräsidentin Frau Prof. Rita Süssmuth mit der "Bild am Sonntag" vom 23. August 1998 treffenden Ausdruck. Darin regt Faro Prof. Süssmuth an, daß künftig die Abgeordneten sich zu „möglichst großer Transparenz" aufraffen. Denn wer ins Parlament gehe, müsse wissen, daß der Bürger in besonderer Form Auskunft und Rechenschaft von ihm verlange. Der Deutsche Bundestag habe „nichts zu verbergen".

Es wäre erfreulich, wenn diese Untersuchung die seit nunmehr über zwanzig Jahren ruhende Diskussion über die öffentliche Ausschußsitzung wieder beleben könnte. Nicht zuletzt geht es bei dieser Frage um die Glaubwürdigkeit der Politik schlechthin.

FSC
www.fsc.org
MIX
Papier | Fördert
gute Waldnutzung
FSC® C083411

Kolibri 360 GmbH
Ferdinand-Jühlke-Straße 7
99095 Erfurt, Deutschland
produktsicherheit@kolibri360.de

Druck:
CPI Druckdienstleistungen GmbH
im Auftrag der
Kolibri 360 GmbH
Ferdinand-Jühlke-Str. 7
99095 Erfurt